Sarah Meyer (Hrsg.)

Europapolitik durch die sub-nationale Brille

Parlamente & Bürger:innen im EU-Mehrebenen-system

Die Publikation entstand im Rahmen des Forschungsprojektes
REGIOPARL | *Regional Parliaments Lab.*

ISBN: 9783903470026
DOI: https://doi.org/10.48341/sbxe-sy59

Druck und Distribution im Auftrag von University of Krems Press:
tredition GmbH, Halenreie 40-44, 22359 Hamburg, Deutschland

Danksagung

Für das Zustandekommen dieses Buches gebührt nicht nur den Autorinnen und Autoren Dank für ihre Beiträge, sondern auch all jenen, die das Vorankommen des Forschungsprojektes REGIOPARL in unterschiedlichen Projektphasen unterstützt haben, sei es durch fortlaufende Kooperation, Unterstützung bei der Organisation von Veranstaltungen oder der Erhebung und Analyse von Daten.

Besonderer Dank geht an unsere Kooperationspartner Gabriele Abels, Jean Monnet Professorin für *Comparative Politics & European Integration* an der Eberhard Karls Universität Tübingen, und Marcin Zubek, Assistenzprofessor am Institut für Europäische Studien der Jagiellonen-Universität Krakau, sowie an Dieter Plehwe und Moritz Neujeffski vom Wissenschaftszentrum Berlin für Sozialforschung.

Zu nennen sind weiters Michael Heber, Fabian Landes, Lennart Lünemann, Sara Kikić, Annalena Rehkämper, Paul Reimers und Martín Rodríguez Alberdi, die das Projekt durch ihre ausgezeichnete Mitarbeit in unterschiedlichen Projektphasen und Aufgabenbereichen tatkräftig unterstützt haben. Für umfassende organisatorische Unterstützung in sämtlichen Projektbelangen sei Gesine Jahn, Karin Mewald und Cornelia Seper ganz herzlich gedankt – letzterer auch für ihren unermüdlichen Einsatz bei der Finalisierung des Buchmanuskripts.

Neben der inhaltlichen und organisatorischen Arbeit sind für den Erfolg eines Projektes stets auch die institutionellen und finanziellen Rahmenbedingungen von erheblicher Bedeutung. Ausdrücklicher Dank geht daher an die Universität für Weiterbildung Krems und Rektor Friedrich Faulhammer für die kontinuierliche Unterstützung der Projektarbeit sowie an die Stiftung Forum Morgen des Landes Niederösterreich für die Bereitstellung maßgeblicher Fördermittel.

Abschließend ist Mina Meyger für ihr erhebliches Maß an Geduld bis zur Fertigstellung dieses Buches zu danken.

Sarah Meyer, Februar 2023

Inhalt

Einstellungen, Partizipation & Bürgernähe in Europas Regionen

Einleitung

Paul Kindermann & Sarah Meyer

Die Europäische Union (EU) war von Beginn an und ist nach wie vor eine im Wandel begriffene Polity, deren Strukturen und Kompetenzen maßgeblich von Entscheidungen der Regierungen ihrer Mitgliedstaaten geprägt sind. Nicht umsonst werden diese auch als „Herren der Verträge" bezeichnet, auch wenn der Vertrag von Lissabon mit dem ordentlichen Änderungsverfahren nunmehr auch eine gewisse Rolle für das Europäische Parlament sowie die nationalen Parlamente der Mitgliedstaaten bei der Änderung der EU-Verträge vorsieht (Art. 48 EUV).

Änderungen in den Strukturen und Kompetenzen der EU können nur durch einstimmige Entscheidungen der Mitgliedstaaten herbeigeführt werden, und auch in wichtigen Politikfeldern wie der Gemeinsamen Außen- und Sicherheitspolitik braucht es den Konsens unter den Mitgliedstaaten. Die Heterogenität in den Positionen der Regierungen führte in den vergangenen Jahren zudem auch in weitgehend vergemeinschafteten Politikfeldern wie der Asyl- und Migrationspolitik zu verhärteten Konfliktlinien – und wiederkehrenden Debatten darüber, ob die Strukturen und Kompetenzen der EU effektive ebenso wie demokratische Politikentscheidungen überhaupt zulassen.

Während die Reformdebatten und Vertragsänderungen früher auf Möglichkeiten zur Stärkung des Europäischen Parlaments als einzig direkt legitimiertem EU-Organ fokussierten, hat sich die politische, aber auch die akademische Aufmerksamkeit in den vergangenen Jahren zunehmend auch auf die Frage nach direkten

Partizipationskanälen für Bürger:innen in der EU gerichtet.[1] Die von
EU-Kommissionspräsidentin Ursula von der Leyen im Juli 2019 an-
gekündigte und schließlich 2021 gestartete, einjährige *Konferenz zur
Zukunft Europas* mit ihren unterschiedlichen Beteiligungsformaten
ist (auch) Ausdruck dieser Entwicklungen.

Die Frage nach Einfluss auf politische Entscheidungen und Zugang zu politischen Prozessen der europäischen Ebene ist auch für
Europas Regionen von erheblicher Relevanz.[2] Auch für sie stellt sich
die Frage, ob, in welchem Maße und mit welchen Erfolgsaussichten
sie in der europäischen Politikgestaltung „mitmischen" können.
Welchen Stellenwert nimmt Europapolitik in der Tätigkeit regionaler politischer Akteure ein? Sind sie Zaungäste oder Mitgestalter?
Und lassen sich Tendenzen einer Europäisierung (verstanden hier
im Sinne einer verstärkten Hinwendung zu europapolitischen Belangen) ausmachen?

Es brauche eine stärkere Einbindung regionaler (und lokaler) Akteure in der EU, so der gemeinsame Tenor seitens zahlreicher Regionen bzw. politischer Plattformen oder Einrichtungen, die auf die
Vertretung regionaler Interessen in der EU fokussiert sind, wie etwa
der Europäischen Ausschuss der Regionen (AdR).[3] In der *Konferenz
zur Zukunft Europas* sahen sie eine Chance, ihre Anliegen nach verbesserten Mitwirkungsmöglichkeiten oder gar nach der Schaffung

---

[1] Vgl. etwa die Schwerpunkte des *Competence Centre on Participatory and Deliberative Democracy*
der Europäischen Kommission (https://knowledge4policy.ec.europa.eu/participatory-de-
mocracy_en, aufgerufen am 24.2.2023; den Bericht des AdR (2022); Landfried (2020); Abels et
al. (2022).

[2] Die Beiträge in diesem Band definieren Regionen als territoriale Einheiten innerhalb eines
Staates, die mit bestimmten administrativen, vielfach aber auch politischen Kompetenzen ausgestattet sind, d.h. Gebietskörperschaften auf der subnationalen Ebene.

[3] Siehe exemplarisch die Europapolitische Erklärung von Feldkirch, verabschiedet am 13. Juni
2017 u.a. von den Landtagspräsidenten und -präsidentinnen deutschsprachiger Regionen,
siehe https://www.bayern.landtag.de/aktuelles/presse/pressemitteilungen/pressemittei-
lungen-2017/landtagspraesidentenkonferenz-verabschiedet-europapolitische-erklaerung-
von-feldkirch-barbara-stamm-gesetzgebende-regionen-staerker-in-bruessel-einbinden/, aufgerufen am 31.1.2022; zu entsprechenden Forderungen des AdR siehe auch den Beitrag von
Meyer/Lenhart in diesem Band.

von Mitbestimmungs*rechten* voranzubringen (siehe auch Meyer/Lenhart und Beckmann/Placzek in diesem Band).

Auch in den Sozialwissenschaften finden sich Forderungen nach einer Stärkung der Regionen (vgl. Abels/Battke 2019). Häufiger Ausgangspunkt derlei Überlegungen ist der *Mehr*ebenencharakter der EU, der neben der ersten (europäischen) und zweiten (mitgliedstaatlichen) auch die Berücksichtigung der so genannten dritten Ebene, d.h. der subnationalen bzw. regionalen Ebene, erforderlich mache (vgl. Panara 2016; Piattoni 2019). Ganz besonders gelte dies für *parlamentarische* Akteure der regionalen Ebene, denen häufig Potenzial für eine Stärkung der demokratischen Legitimität der EU zugeschrieben wird (vgl. Abels/Battke 2019; Bursens 2019; Högenauer/Abels 2017; Bursens/Högenauer 2017).

Gleichzeitig sind Regionalparlamente und ihre Abgeordneten im EU-Mehrebenensystem mit einem zweifachen Nachteil konfrontiert (vgl. Abels/Eppler 2011): Als *parlamentarische* Akteure leiden sie unter der viel zitierten Exekutivdominanz der EU; als *regionale* Akteure fehlt es ihnen auf europäischer Ebene an einem effektiven Einflusskanal. Dennoch stellt sich für die Parlamentarier:innen der regionalen Ebene die Frage nach einer geeigneten europapolitischen Involvierung. Schließlich ist unbestritten, dass Regionen massiv von Politikentscheidungen der europäischen Ebene betroffen sind, die vielfach in den Regionen umgesetzt bzw. angewendet werden oder ihre Auswirkungen dort entfalten, wo die Menschen leben. Wollen die Abgeordneten dem an sie gestellten Repräsentationsanspruch gerecht werden, müssen sie sich in der Ausübung ihres Mandats daher heute mehr denn je auch mit europapolitischen Belangen befassen.

Das federführend an der Universität für Weiterbildung Krems angesiedelte Forschungsprojekt *Regional Parliaments Lab* (REGIOPARL) untersuchte vor diesem Hintergrund gemeinsam mit seinen Kooperationspartnern die europapolitischen Aktivitäten von Regionalparlamenten und ihren Abgeordneten: Welche Instrumente stehen zu Verfügung, wie werden sie von wem genutzt und wie lassen sich unterschiedliche Aktivitätsniveaus und -repertoires erklären?

Eine weitere Projektsäule bestand im laufenden Monitoring der *Konferenz zur Zukunft Europa* mit Fokus auf der regionalen Perspektive: Welche Rolle spielte der AdR in der Zukunftskonferenz, welche Erwartungen hatten Abgeordnete aus Regionalparlamenten und wie lassen sich die Konferenzergebnisse aus der Perspektive regionaler politischer Akteure und ihrem vielfach vorgebrachten Anliegen nach einer stärkeren Rolle in der EU interpretieren? Schließlich befasste sich das Projekt auch mit dem – definitorisch unscharfen – Konzept der Bürgernähe und den diesbezüglichen Erwartungen der Bürger:innen an Parlamentarier:innen auf den unterschiedlichen politischen Ebenen im Mehrebenensystem der EU (regional, national, europäisch). Der vorliegende Band trägt, angelehnt an die dreigliedrige Forschungsagenda des Projektes, in drei Teilen wesentliche Ergebnisse der Forschungstätigkeit von REGIOPARL in den vergangenen Jahren zusammen und will damit einen Beitrag zur Forschung über Regionen und Regionalparlamente in der EU und ihre Rolle in der Debatte um (eine) Europäische Demokratie leisten.

1 – Europapolitische Mobilisierung regionaler Parlamente

Der europäische Integrationsprozess hat nicht nur die Herausbildung der europäischen *Polity* mit ihren quasi-staatlichen Strukturen hervorgebracht, sondern auch Auswirkungen auf die Funktionsweise nationaler Demokratien nach sich gezogen (vgl. Schmidt 2005). Rolle und Funktionen von Parlamenten in den Mitgliedstaaten haben sich verändert, und nicht alle erlittenen Kompetenzverluste können zur Gänze durch die mit den vergangenen Vertragsreformen einhergegangene Aufwertung des Europäischen Parlaments kompensiert werden. Vor dem Hintergrund wiederkehrender Diskussionen um eine Stärkung der demokratischen Legitimität europäischen Regierens erfuhr die Rolle von Parlamenten vermehrte Aufmerksamkeit. Neben der Stärkung des Europäischen Parlaments durch die Vertragsreformen der vergangenen Dekaden betrifft dies auch die Kontrollmöglichkeiten europäischer Politik für nationale Parlamente (Stichwort Subsidiaritätskontrolle).

In der Literatur gehen zahlreiche Autoren und Autorinnen davon aus, dass demokratische Repräsentation und Legitimität im supranationalen Setting der EU nicht „isoliert" durch die Institutionen auf der einen (der europäischen) oder der anderen (der nationalen) Ebene gewährleistet werden könne, sondern durch ein Zusammenspiel und -wirken insbesondere der *parlamentarischen* Akteure auf den unterschiedlichen Ebenen (vgl. z.B. Crum/Fossum 2009). Es bedürfe, wie Abels und Eppler (2011: 27) konstatieren, einer grundlegenden „Reflexion über Rolle, Funktion und Organisation von Parlamenten und Abgeordneten […], welche die Besonderheiten des EU-Mehrebencharakters berücksichtigt", wenn „Parlamente weiterhin als Garanten demokratischer Legitimation dienen [sollen]". Dieser Perspektive wird in den Konzepten des Mehrebenenparlamentarismus (Maurer 2011) und des *Multilevel Parliamentary Field* (MLPF, Crum/Fossum 2009) Rechnung getragen, die auf die (vertikalen und horizontalen) Beziehungen parlamentarischer Akteure im EU-Mehrebenensystem fokussieren. Diese werden als Versuch verstanden, erlittene Gestaltungsverluste zu kompensieren, in dem sich die Parlamente in ihrem politischen Agieren „nicht auf das ‚eigene' politische System und die eigene Ebene" beschränken, sondern die eigene Position im Mehrebenensystem stärken (Abels/Eppler 2011, 27). Richtete sich die Aufmerksamkeit in beiden Ansätzen zunächst auf das Europäische Parlament und die nationalen Parlamente, fanden später auch die Interaktionsbeziehungen der Regionalparlamente Berücksichtigung (Eppler 2011; Crum 2015). Zugleich betont Crum (2015: 71): „there is no point in a wholesale extension of the EU multilevel parliamentary field to include all EU regional parliaments", bedingt durch ihre sich von den nationalen Parlamenten unterscheidende Rolle im EU-Mehrebenensystem. Gleichwohl täten Parlamentarier:innen auf allen Ebenen gut daran, die Vorteile wechselseitiger Kooperation zu erkennen, denn ihre institutionellen Interessen sind im *parlamentarischen* Repräsentationsanspruch grundlegend verknüpft (Crum 2015: 73; vgl. auch Crum/Fossum 2009).

Auch die Literatur zu Europäisierung argumentiert für eine Berücksichtigung von Regionalparlamenten in der Forschungsagenda.

Wie Ladrech (2015: 88) festhält, mache die „increasing density of both horizontal and vertical linkages within the mulit-level architecture of the EU, coupled with issues of subsidiarity and democratic legitimacy" die Untersuchung der Rolle subnationaler Parlamente aus einer Europäisierungsperspektive „all the more relevant". Neben Fragen der interparlamentarischen Kooperation, der Mitwirkung an der Subsidiaritätskontrolle sowie institutionellen Anpassungen der Regionalparlamente als Folge des EU-Integrationsprozesses (vgl. ebd.), betrifft dies auch eine Reihe weiterer europapolitischer Akzente, die Abgeordnete der subnationalen Ebene in ihrer politischen Arbeit setzen können. Diese sind Gegenstand der Beiträge im dritten Teil des vorliegenden Bandes.

2 – EU-Polity & die europäischen Regionen

2005 argumentierte Andrew Moravcsik, dass die EU einen Zustand „konstitutioneller Reife" erreicht habe. Sowohl im Hinblick auf das Ausmaß supranationaler Gesetzgebung als auch der Integration verschiedener Policy Felder habe die EU ein stabiles politisches Equilibrium erreicht, „unlikely to be upset by major functional challenges, autonomous institutional evolution, or demands for democratic accountability" (Moravcsik 2005: 376). Seitdem war die EU jedoch mit einer Reihe tiefgreifender politischer Herausforderungen konfrontiert, von der Eurozonen-Krise über die Migrationskrise bis hin zur Covid-Pandemie und nicht zuletzt des russischen Angriffskriegs auf die Ukraine und der damit einhergehenden Energiekrise. Obwohl mit Lissabon die letzte Vertragsänderung bereits über eine Dekade zurückliegt, „haben sich die Europäischen Institutionen angesichts dieser Vielzahl von Krisen erheblich weiterentwickelt" (Ferrara/Kriesi 2022: 1351f., eigene Übersetzung).

Heute, im Angesicht des Angriffs auf die Ukraine, stehen Fragen der verstärkten Zusammenarbeit und institutionellen Reform erneut im Fokus; Forderungen danach, „in der gemeinsamen Außenpolitik, aber auch in anderen Bereichen wie der Steuerpolitik, schrittweise zu Mehrheitsentscheidungen überzugehen" werden öffentlichkeitswirksam diskutiert.[4] Die Rolle der Regionen im EU-Mehrebenensystem ist bei diesen Debatten in zweierlei Hinsicht betroffen. Die Integration weiter Politikfelder kann Kompetenzen der Regionen in den Mitgliedstaaten (weiter) einschränken und gleichzeitig neue Kanäle der Einflussnahme für die Regionen eröffnen (vgl. Abels/Battke 2019). Bei institutionellen Reformen (auf EU-Ebene) stellt sich wiederum die Frage der (verstärkten) Einbindung der Regionen in Politikgestaltung und Entscheidungsfindung; Institutionen wie der Frühwarnmechanismus (*Early Warning System*, EWS) zur Subsidiaritätskontrolle oder die Rolle des Ausschusses der Regionen (AdR) stehen hier im Mittelpunkt (vgl. Piattoni 2019; Högenauer 2019).

Dass es weiterer, signifikanter Reformen der EU bedarf, war im vergangenen Jahr auch Gegenstand einer Resolution des Europäischen Parlaments, die den Beginn eines offiziellen Vertragsänderungsverfahren einfordert.[5] Vorausgegangen war dieser Forderung der Abschluss der *Konferenz zur Zukunft Europas* mit einer Reihe politischer Empfehlungen, die von verschiedenen politischen Akteuren genutzt wurden, um den Ruf nach Vertragsänderungen zu erneuern.

In den Prozess der Konferenz, die in der europäischen Öffentlichkeit weitestgehend ignoriert wurde, haben sich regionale Akteure aktiv eingebracht, insbesondere der AdR – im Abschlussbericht findet sich nun etwa die Forderung, regionalen Parlamenten mit eigenen Gesetzgebungskompetenzen ein legislatives Initiativrecht im EU policy-making Prozess zu gewähren. Vor diesem Hintergrund beleuchtet der zweite Teil des Buches das Engagement der Regionen

---

[4] Rede des deutschen Bundeskanzlers Olaf Scholz an der Karls-Universität am 29. August 2022 in Prag: https://www.bundesregierung.de/breg-de/aktuelles/rede-von-bundeskanzler-scholz-an-der-karls-universitaet-am-29-august-2022-in-prag-2079534, aufgerufen am 24.2.2023.

[5] Europäisches Parlament, Pressemitteilung (2022): Parliament activates process to change EU Treaties: https://www.europarl.europa.eu/news/en/press-room/20220603IPR32122/parliament-activates-process-to-change-eu-treaties, aufgerufen am 24.2.2023.

in der Zukunftskonferenz, die politische Bedeutung der Empfehlungen des Abschlussberichts, sowie grundsätzlichere normative Fragen zur Rolle regionaler Parlamente in der Europäischen Demokratie.

3 – Einstellungen, Partizipation & Bürgernähe in Europas Regionen

Die verstärkte Einbindung der Regionen wird seitens der Regionen und verschiedener politischer Kommentatoren und Kommentatorinnen insbesondere unter Berufung auf deren Bürgernähe gefordert: Das Vertrauen in subnationale Institutionen sei größer und regionale politische Akteure in besonderem Maße geeignet, die EU *closer to the citizens* zu bringen. Aus diesen (empirischen) Behauptungen leiten Akteure wie der AdR mehr oder weniger konkrete Reformforderungen und eine stärkere Rolle für regionale Administrationen und Parlamente ab.[6] Innovative und direktere Formen der Bürgerbeteiligung sollten insbesondere auf regionaler und lokaler Ebene eingesetzt werden, um der Europäischen Demokratie insgesamt mehr Legitimität zu verleihen.[7] In Abschnitt drei des Buches wird das Thema Bürgernähe der (europäischen) Regionen in einer neuen, repräsentativen Bevölkerungsbefragung untersucht. Weitere Beiträge betrachten Europas Regionen als Experimentierfeld politischer Beteiligung und stellen ein Kunstprojekt vor, das Bürger:innen vor Ort in einen Dialog über die Zukunft Europas einbindet.

Neben Fragen der demokratischen Legitimität, die die Involvierung regionaler politischer Akteure (und hier allen voran die Parlamente und ihre Abgeordneten) mit sich bringen könnte, sind europapolitische Belange für die Regionen auch mit Blick auf materielle Interessen von erheblicher Bedeutung. Oftmals steht die Beteiligung

---

[6] Siehe bspw. AdR (2018): Opinion of the European Committee of the Regions on Reflecting on Europe: the voice of local and regional authorities to rebuild trust in the European Union.
[7] Vgl. AdR (2022): European democracy, citizens' participation and the role of regions and cities.

an EU-Programmen im Rahmen der Kohäsionspolitik im Mittelpunkt der europapolitischen Mobilisierungsbestrebungen regionaler Akteure. Die große Bedeutung, die das Lukrieren von EU-Mitteln aktuell für Europas Regionen einnimmt, wirft auch Fragen nach den europapolitischen Zielen und Strategien der direkt gewählten politischen Vertreter:innen auf, den Parlamentsabgeordneten. Diese sind zwar nicht direkt in die Einwerbung von EU-Mitteln involviert, gleichwohl ist die Thematik für Regionen im Allgemeinen von erheblicher Bedeutung. Daher darf davon ausgegangen werden, dass sie auch in den Zielen und Strategien der Regionalparlamentarier:innen Niederschlag findet. Strategien des inter-regionalen Wettbewerbs stehen dabei kooperativen Ansätzen gegenüber, wie ein weiterer Beitrag im dritten Abschnitt des Buches basierend auf Daten einer Abgeordnetenbefragung herausarbeitet.

Die drei Teile des vorliegenden Bandes folgen einer gemeinsamen Struktur. Sie starten jeweils mit einer kurzen Einleitung zur Einführung in die Thematik. Danach folgen drei klassische Forschungskapitel, die an den aktuellen Forschungsstand anknüpfen. Die Mehrzahl dieser Beiträge präsentiert hierzu jüngste Erkenntnisse aus aktuellen empirischen Erhebungen und Analysen; andere nehmen eine dezidiert normativ-theoretische Perspektive ein. Sie stammen allesamt aus den Forschungsaktivitäten im Rahmen des *Regional Parliaments Labs* (REGIOPARL) bzw. in einem Fall aus jenen des ebenfalls an der Universität für Weiterbildung Krems angesiedelten Partnerprojektes *Austrian Democracy Lab* (ADL, siehe den Beitrag von Praprotnik/Perlot in diesem Band). Alle drei Buchteile schließen dann mit einem Kapitel, bei dem der *Science2Public*-Aspekt im Vordergrund steht. Damit knüpfen wir an den partizipatorischen Anspruch des Forschungsprojektes REGIOPARL und den damit einhergehenden Bemühungen um eine vielfältige Wissenschaftskommunikation an, die in ihrem Adressatenkreis über die Wissenschaftsgemeinschaft hinausgeht. Zu den diesbezüglichen Aktivitäten des Projektes zählt die Etablierung einer interaktiven

Digitalplattform zur ansprechenden Visualisierung von Daten über die demokratischen Strukturen der Regionen in Europa (die *European Regional Democracy Map*, ERDM; siehe den Beitrag von Kindermann et al.), das Monitoring und die Kommentierung der laufenden *Konferenz zur Zukunft Europas* mit Blick auf die Beteiligung und Positionierung von Regionen und ihren politischen Repräsentantinnen und Repräsentanten (siehe Beckmann/Placzek in diesem Band) und die Begleitung der Forschungsaktivitäten durch ein dialogisches Kunstprojekt im öffentlichen Raum (der *Outer Space Transmitter*, OST; siehe den Beitrag von Placzek). Damit soll nicht zuletzt verdeutlicht werden, welchen Beitrag die Wissenschaft im Rahmen aktueller politischer Ereignisse und Debatten leisten kann, um den gesellschaftlichen Diskurs über wichtige Zukunftsfragen anzuregen und mit Ergebnissen aus der Forschung zu begleiten.

Literaturverzeichnis

Abels, G./Battke, J. (2019): Regional governance in the EU or: what happened to the Europe of the regions? In: Ebd. (Hrsg.), *Regional Governance in the EU: Regions and the Future of Europe*, Cheltenham: Edward Elgar, S. 1-14.

Abels, G./Eppler, A. (2011): Auf dem Weg zum Mehrebenenparlamentarismus? In: Ebd. (Hrsg.), *Auf dem Weg zum Mehrebenenparlamentarismus? Funktionen von Parlamenten im politischen System der EU*, Baden-Baden: Nomos, S. 17-40.

Abels, G./Alemanno, A./Crum, B./Demidov, A./Hierlemann, D./Renkamp, A./Trechsel, A. (2022): *Next level citizen participation in the EU. Institutionalising European Citizens' Assemblies*, Gütersloh: Bertelsmann Stiftung.

Ausschuss der Regionen (AdR) (2018): *Opinion of the European Committee of the Regions on reflecting on Europe: the voice of local and regional authorities to rebuild trust in the European Union.* Brüssel: Committee of the Regions.

Ausschuss der Regionen (AdR) (2022): European democracy, citizens' participation and the role of regions and cities. (Konferenzbericht): 27. Juni 2022, Brüssel.

Bursens, P. (2019): The EU's multilevel parliamentary system: Escaping from the trilemma of market integration, national democracy and national sovereignty. In: Abels, G./Battke, J. (Hrsg.), *Regional Governance in the EU: Regions and the Future of Europe*, Cheltenham: Edward Elgar, S. 177–193.

Bursens, P./Högenauer, A.-L. (2017): Regional parliaments in the EU multilevel parliamentary system. *The Journal of Legislative Studies*, 23 (2), 127-43.

Crum, B. (2015): The Emergence of an EU 'Multilevel Parliamentary Field': Is there a Role for Subnational Parliaments? In: Abels, G./Eppler, A. (Hrsg.), *Subnational Parliaments in the EU Multi-Level Parliamentary*

System: Taking Stock of the Post-Lisbon Era, Innsbruck: Studien-Verlag, S. 63-76.

Crum, B./Fossum, J.E. (2009): The Multilevel Parliamentary Field: A Framework for Theorizing Representative Democracy in the EU. *European Political Science Review*, 1 (2), 249-271.

Eppler, A. (2011): Vertikal und horizontal, bi- und multilateral: Interparlamentarische Beziehungen in EU-Angelegenheiten. In: Abels, G./Eppler, A. (Hrsg.), *Auf dem Weg zum Mehrebenenparlamentarismus? Funktionen von Parlamenten im politischen System der EU*, Baden-Baden: Nomos, S. 297-314.

Ferarra, F.M./Kriesi, H. (2022): Crisis pressures and European integration. *Journal of European Public Policy*, 29 (9), 1351-73.

Högenauer, A.-L. (2019): Regions and the parliamentarisation of EU governance: is the Early Warning Mechanism the solution? In: Abels, G./Battke, J. (Hrsg.), *Regional Governance in the EU: Regions and the Future of Europe*, Cheltenham: Edward Elgar, S. 194-210.

Högenauer, A.-L./Abels, G. (2017): Conclusion: Regional parliaments – a distinct role in the EU? *The Journal of Legislative Studies*, 23 (2), 260–273.

Ladrech, R. (2015): Europeanization and Subnational Parliaments: A Research Perspective. In: Abels, G./Eppler, A. (Hrsg.), *Subnational Parliaments in the EU Multi-Level Parliamentary System: Taking Stock of the Post-Lisbon Era*, Innsbruck: Studien-Verlag, S. 77-89.

Landfried, C. (2019), Bürgerkonferenzen als Potenzial für einen Neuanfang der EU, *Forschungsjournal Soziale Bewegungen*, 32 (4), 570-83.

Maurer, A. (2011): Mehrebenenparlamentarismus – Konzeptionelle und empirische Fragen zu den Funktionen von Parlamenten nach dem Vertrag von Lissabon. In: Abels, G./Eppler, A. (Hrsg.): *Auf dem Weg zum Mehrebenenparlamentarismus? Funktionen von Parlamenten im politischen System der EU*, Baden-Baden: Nomos, S. 43-63.

Moravcsik, A. (2005): The European constitutional compromise and the neofunctionalist legacy. *Journal of European Public Policy*, 12 (2), 349-86.

Panara, C. (2016): The Contribution of Local and Regional Authorities to a "Good" System of Governance within the EU. *Maastricht Journal of European and Comparative Law*, 23 (4), 611–639.

Piattoni, S. (2019): The contribution of regions to EU democracy. In: Abels, G./Battke, J. (Hrsg.), *Regional Governance in the EU: Regions and the Future of Europe*, Cheltenham: Edward Elgar, S. 16-31.

Schmidt, V.A. (2005): Democracy in Europe: The Impact of European Integration. *Perspectives on Politics*, 3 (4), 761-779.

Europapolitische Mobilisierung regionaler Parlamente

Einleitung: Europapolitische Mobilisierung regionaler Parlamente

Sarah Meyer

Es ist weithin bekannt, dass der fortschreitende Prozess der europäischen Integration nicht nur die Kompetenzen und politischen Handlungsspielräume der Mitgliedstaaten empfindlich eingeschränkt, sondern auch massive Auswirkungen auf der subnationalen Ebene nach sich gezogen hat (Abels/Battke 2019: 2). Regionen sind von EU-Rechtsakten direkt betroffen, die vielfach von den regionalen politischen und administrativen Strukturen umzusetzen und anzuwenden sind. Anders als die nationale Ebene, deren Regierungen im Rat der EU und im Europäischen Rat repräsentiert sind, haben die Regionen keinen direkten Einflusskanal auf EU-Ebene. Zwar sind sie im vertraglich verankerten Europäischen Ausschuss der Regionen (AdR) vertreten, dieser hat jedoch ob seiner lediglich beratenden Funktion beschränkte Einflussmöglichkeiten auf EU-Politiken. Besonders in föderalen Mitgliedstaaten wie Deutschland oder Österreich wurden daher innerstaatliche Kanäle geschaffen, um die Mitwirkung der Regionen bzw. Bundesländer (auch: *Länder*) an der nationalen Positionierung in jenen EU-Angelegenheiten sicherzustellen, die den Kompetenzbereich der Länder betreffen (Rosner 2019). Von diesen Mitwirkungsrechten profitieren allerdings primär die Regional- bzw. Landesregierungen, weniger die Regionalparlamente bzw. Landtage (vgl. für Österreich Miklin 2015). Womöglich mag dies auch eine Erklärung dafür sein, dass sich die Forschung erst vergleichsweise spät mit der Rolle von regionalen Parlamenten im EU-Kontext befasst hat. Abels und Battke (2019: 9) konstatieren in diesem Zusammenhang einen „executive bias" der europäischen Regionenforschung, während die Rolle der Parlamente vernachlässigt werde.

Ungeachtet dessen deuten die Bemühungen diverser Regionalparlamente um eine bessere Koordinierung in EU-Fragen darauf hin, dass auch die Parlamente der so genannten dritten Governance-Ebene im europäischen Mehrebenensystem (Keating 2017) die Wichtigkeit europapolitischer Belange für ihre Tätigkeit erkennen. Ein Beispiel ist die bereits Ende der 1990er Jahre erfolgte Gründung der *Conference of European Regional Legislative Assemblies* (CALRE), zu der sich die Regionalparlamente mit Legislativkompetenzen aus den sieben betreffenden EU-Mitgliedstaaten[1] mit dem Ziel „to grant a place and European role to regional parliaments"[2] zusammengeschlossen haben. Auch in jüngerer Zeit finden sich entsprechende politische Initiativen, etwa der informelle Zusammenschluss der Europaausschussvorsitzenden deutscher Landtage (EUROVORS) im Dezember 2019 mit dem Ziel, die „Europakompetenz" der Landtage zu stärken, „damit die Länder auf europäischer Ebene aktiv mitgestalten können"[3].

Zwar befasst sich auch die Forschung zwischenzeitlich mit Regionalparlamenten im EU-Kontext (Bursens 2019; Abels/Högenauer 2018; Abels/Eppler 2015), tatsächlich sind vergleichende empirische Studien über die europapolitischen *Aktivitäten* von Regionalparlamenten und ihren Abgeordneten nach wie vor rar und konzentrieren sich meist auf Fragen der Subsidiaritätskontrolle im Rahmen des so genannten *Early Warning Systems* (EWS) (Högenauer 2019; Vara Arribas 2015) oder institutionelle Anpassungen an das europäisierte Umfeld der Regionalparlamente (Abels 2017). Aus der Perspektive der Europäisierungsforschung diskutiert Ladrech (2015) potenzielle Gründe für das Defizit vergleichender Zugänge und hebt dabei die Herausforderungen für ein komparatives Forschungsdesign hervor (ebd.: 79). Diese resultierten aus der großen Diversität der Regionen

---

[1] Dies sind Belgien, Deutschland, Italien, Österreich, Spanien sowie (beschränkt auf bestimmte Inselregionen) Finnland und Portugal.

[2] Siehe https://www.calrenet.eu/documentation/history/, aufgerufen am 31.12.2022.

[3] Siehe https://www.bayern.landtag.de/aktuelles/blick-nach-europa/16122019-europaausschuesse-der-landesparlamente-vorsitzende-beschliessen-engere-verzahnung-in-der-europapolitik/, aufgerufen am 31.12.2022.

und Regionalparlamente in der EU, wodurch sich ein erheblicher Forschungsaufwand für vergleichende Studien und eine Vielzahl intervenierender Variablen ergäbe (ebd.). Der erste Abschnitt des vorliegenden Bandes adressiert die skizzierte Forschungslücke, indem er komparative Beiträge zu den europapolitischen Aktivitäten von Regionalparlamenten bzw. ihren Abgeordneten versammelt.

Die Beiträge von Mario Wolf und Sarah Meyer präsentieren erste Ergebnisse einer Umfrage unter Abgeordneten regionaler Parlamente in sieben EU-Mitgliedstaaten. Das erste Kapitel widmet sich einem breiten Spektrum europapolitischer Aktivitäten, die die Abgeordneten innerhalb und außerhalb des Parlaments setzen können (z.B. parlamentarische Anfragen, aber auch der direkte Dialog mit der Bevölkerung). Dabei untersuchen sie, welche Aktivitäten bevorzugt genutzt werden und ziehen einen Vergleich sowohl zwischen Aktivitäten der beiden Arenen (parlamentarisch und außerparlamentarisch) als auch zwischen den Mitgliedstaaten. Die europapolitischen Aktivitäten werden im Kontext unterschiedlicher Zielsetzungen parlamentarischer Arbeit, aber auch ihrer verschiedenen Funktionen innerhalb demokratisch verfasster politischer Systeme diskutiert. Unter Bezugnahme auf neo-institutionalistische Ansätze in der Forschung gehen Wolf und Meyer empirisch der Annahme nach, dass sich der institutionelle Kontext bzw. der institutionalisierte Gestaltungsspielraum der Abgeordneten aus unterschiedlichen Regionalparlamenten und Mitgliedstaaten auf das Aktivitätsniveau der Regionalparlamentarier:nnen in EU-Angelegenheiten auswirke. Auf Basis der Befragungsdaten zeichnen sie ein differenziertes Bild über die potenzielle Rolle des institutionell-strukturellen Kontexts für die europapolitischen Aktivitäten der Abgeordneten, in dem manche Ergebnisse den theoriegeleiteten Erwartungen entsprechen, während andere auf intervenierende Erklärungen hindeuten.

Der zweite Beitrag von Sarah Meyer und Mario Wolf fokussiert auf eine spezifische, informelle Art der Aktivität, nämlich die Kooperations- bzw. Kontaktbeziehungen, die Abgeordnete mit anderen politischen Akteuren und Institutionen eingehen, um sich europapolitisch einzubringen. Es wird argumentiert, dass diese Form des Engagements vor dem Hintergrund der nur sehr limitierten institutionalisierten Mitwirkungskanäle für Regionalparlamente in EU-Fragen für die Abgeordneten eine besonders wichtige Ressource darstelle. Die empirische Analyse untersucht zunächst das Ausmaß und die Intensität der Kontakte zu einer Reihe politischer Akteure und Institutionen auf der regionalen, nationalen und europäischen Ebene. Die Ergebnisse deuten, mit gewissen Einschränken, auf vermehrte und intensivere europapolitische Kontakte der Abgeordneten aus Regionalparlamenten föderaler bzw. regionalisierter Mitgliedstaaten gegenüber jenen aus zentralisierteren Staaten hin und zeigen, dass parlamentarische Akteure der nationalen, aber auch der europäischen Ebene wichtige Kontaktpunkte der Regionalparlamentarier:innen darstellen. Anschließend werden mittels Clusteranalyse unterschiedliche Netzwerkstrategien der Abgeordneten mit Blick auf den Zweck der jeweiligen Kontakte untersucht und dabei vier Gruppen identifiziert, die Meyer und Wolf als *Regionalisten*, *EU-Experten*, *Informationssuchende* und *Einflusssuchende* bezeichnen. Diese Gruppen finden sich unter den Abgeordneten aller in der Untersuchung berücksichtigten Mitgliedstaaten, allerdings in unterschiedlicher Verteilung.

Der dritte Beitrag, verfasst von Henning Deters, präsentiert Ergebnisse einer Länderstudie zur Rolle deutscher Landesparlamente bei der Reform der so genannten Entsenderichtlinie. Eingebettet in das theoretische Konzept der Europäisierung „von unten" (Börzel 2002; Schmidt 2009) untersucht der Autor, ob und in welchem Maße deutsche Landtage in der laufenden Reformdebatte für bzw. gegen eine Reform der Entsenderichtlinie mobilisierten – und liefert damit einen detaillierten *inner*staatlichen Vergleich zwischen unterschiedlichen Regionalparlamenten. Deters zeigt, dass die Abgeordneten der Landesparlamente vielfach aktiv versuchten, an der europäischen Politikformulierung mitzuwirken, um eine Reform in ihrem Sinne voranzubringen. Die Mobilisierung umfasste ein breites Spektrum an Aktivitäten, darunter Anträge, Anfragen, Bundesrats-initiativen und informelles Lobbying. Der Beitrag arbeitet zudem die Bedeutung parteiprogrammatischer Unterschiede sowie von Regierungs- und Oppositionsdynamiken für ein Verständnis der unterschiedlichen Strategien der Landtage heraus: Während weder ein *Policy-Mismatch* zwischen Landes- und EU-Politiken noch der regionale Standortwettbewerb für sich stehende Erklärungen zum unterschiedlichen Mobilisierungsverhalten der Landesparlamente darstellen, zeigt Deters, dass der Großteil der Varianz durch parteiprogrammatische Unterschiede zu erklären ist.

Der vierte und letzte Beitrag dieses Abschnitts ist – wie auch die Schlusskapitel der beiden folgenden Buchabschnitte – einer *Science2Public*-Perspektive gewidmet und stellt die innovative Digitalplattform *European Regional Democracy Map* (ERDM, www.europeanregionaldemocracy.eu, siehe auch Meyer et al. 2023) vor. Die ERDM visualisiert vergleichende Daten zu regionaler Demokratie und zur europapolitischen Involvierung europäischer Regionen über eine interaktive Karte und anschauliche Regionenprofile. In ihrem Beitrag erläutern Paul Kindermann, Sarah Meyer und Mario Wolf Inhalt und Struktur der ERDM, beleuchten die Entstehung der in Kooperation mit Arjan Schakel und seinem Team konzipierten, innovativen Website und diskutieren Fragen moderner Wissenschaftskommunikation. Die ERDM ist nicht nur ein gelungenes Beispiel einer solchen modernen Wissenschaftskommunikation, sondern auch für Forschende eine seriöse, auf transparenter Datenerhebung basierende Quelle wichtiger Informationen über die demokratischen Strukturen in Europas Regionen und ihren Zugang zu EU-politischen Strukturen und Prozessen, wie sie für Regionen etwa der AdR oder der Frühwarnmechanismus zur Subsidiaritätskontrolle (EWS) darstellen.

Literaturverzeichnis

Abels, G. (2017): Mandating – a likely scrutiny instrument for regional parliaments in EU affairs? *The Journal of Legislative Studies*, 23 (2), 162-182.

Abels, G./Battke, J. (2019): Regional governance in the EU or: what happened tot he 'Europe of the regions'? In: Ebd. (Hrsg.), *Regional Governance in the EU. Regions and the Future of Europe,* Cheltenham: Edward Elgar Publishing, S. 1-14.

Abels, G./Eppler, A. (Hrsg.) (2015): *Subnational Parliaments in the EU Multi-Level Parliamentary System. Taking Stock of the Post-Lisbon Era.* Innsbruck: Studien-Verlag.

Abels, G./Högenauer, A. (Hrsg.) (2018): *Regional Parliaments. Effective Actors in EU Policy-Making?* London/New York: Routledge.

Börzel, T.A. (2000): Europäisierung und innerstaatlicher Wandel. Zentralisierung und Entparlamentarisierung? *Politische Vierteljahresschrift*, 41 (2), 225–250.

Bursens, P. (2019): The EU's multilevel parliamentary system: escaping from the trilemma of market integration, national democracy and national sovereignty. In: Abels, G./Battke, J. (Hrsg.), *Regional Governance in the EU: Regions and the Future of Europe,* Cheltenham, UK: Edward Elgar Publishing, S. 177–193.

Högenauer, A-L. (2017): Regional parliaments questioning EU affairs. *The Journal of Legislative Studies,* 23 (2), 183-199.

Keating, M. (2017): Europe as a multilevel federation. *Journal of European Public Policy,* 24 (4), 615-632.

Ladrech, R. (2015): Europeanization and Subnational Parliaments – A Research Perspective. In: Abels, G./ Eppler, A. (Hrsg.), *Subnational Parliaments in the EU Multi-Level Parliamentary System. Taking Stock of the Post-Lisbon Era.* Innsbruck: Studien-Verlag, S. 77-90.

Meyer, S./Schakel, A./Kindermann, P./Wolf, M./Verdoes, A. (2023): Regional Democracy in the EU. Region Profiles I: Western Europe: https://www.europeanregionaldemocracy.eu/ (aufgerufen am 13.2.2023).

Miklin, E. (2015): Towards a More Active Role in EU Affairs – Austrian State Parliaments after Lisbon. In: In: Abels, G./ Eppler, A. (Hrsg.), *Subnational Parliaments in the EU Multi-Level Parliamentary System. Taking Stock of the Post-Lisbon Era.* Innsbruck: Studien-Verlag, S. 157-173.

Rosner, A. (2019): Europa der Regionen oder Aushöhlung des Föderalismus? Mitwirkungsmöglichkeiten der Länder auf europäischer und bundesstaatlicher Ebene. In: Eppler, A./ Maurer, T. (Hrsg.), *Europapolitische Koordination in Österreich. Inter- und intrainstitutionelle Regelwerke, Funktionen und Dynamiken.* Innsbruck: Nomos/innsbruck university press, S. 287-305.

Schmidt, V.A. (2009): The EU and its Member States: From Bottom Up to Top Down. In: Phinnemore, D./Warleigh-Lack, A. (Hrsg.), *Reflections on European Integration: 50 Years of the Treaty of Rome,* London: Palgrave Macmillan, S. 194–211.

Vara Arribas, G. (2015): The early warning system in motion: Comparing different practices in subnational parliaments. In: Abels, G./Eppler, A. (Hrsg.), *Subnational Parliaments in the EU Multi-Level Parliamentary System. Taking Stock of the Post-Lisbon Era.* Innsbruck: Studien-Verlag, S. 127-144.

Inner- und außerhalb des Parlaments: Regionale Abgeordnete und ihre europapolitischen Aktivitäten

Mario Wolf & Sarah Meyer

Regionale Parlamente und ihre Abgeordneten sind europapolitisch mit einem zweifachen strukturellen Nachteil konfrontiert (Abels/Epper 2011: 23): Zum einen leiden sie als *legislative* Akteure unter der im EU-Mehrebenensystem vielfach diagnostizierten Exekutivdominanz. Als *subnationale* Akteure mangelt es ihnen, zweitens, an einem direkten Einflusskanal auf europäischer Ebene. Dennoch sind Regionen in hohem Maße von EU-Politiken betroffen, denn letztere müssen vielfach auf der subnationalen Ebene umgesetzt oder angewendet werden. Aus der Perspektive regionaler Parlamentsabgeordneter kann es daher trotz fehlender institutionalisierter Einflusskanäle und wahlstrategischer Anreize zweckrational sein, sich in europapolitischen Fragen zu engagieren. *Ob, in welchem Ausmaß* und *in welcher Form* sie dies in ihrem politischen Arbeitsalltag tatsächlich tun, untersucht das vorliegende Kapitel, basierend auf Daten einer Befragung unter den Abgeordneten regionaler Parlamente in sieben EU-Mitgliedstaaten.

Erklärungsansätze der *Rational Choice*-Theorie gehen von nutzenmaximierenden Abgeordneten aus, die ihr Verhalten und ihre Präferenzen strategisch an ihren persönlichen Zielen ausrichten (Fenno 1973; Mayhew 1974; Shepsle 1978; Smith/Deering 1984, zit. n. Auel 2009: 3). Der Neo-Institutionalismus erweiterte diesen Ansatz, indem er die Einschränkungen des Verhaltensspielraums der Parlamentarier:innen durch den institutionellen Kontext (formelle und informelle Regeln) berücksichtigt. Das auf Nutzenmaximierung ausgerichtete Verhalten der Abgeordneten ist demnach in einen strategischen Kontext eingebettet, der wiederum durch die Regeln und Normen der politischen Institutionen bestimmt wird (Shepsle

1989; Laver/Shepsle 1996; Huber 1996a zit. n. Auel 2009). Diese Sichtweise wurde konkretisiert durch Strøm (1997: 160), der vier Ziele im parlamentarischen Handeln formulierte, an denen die Abgeordneten ihr Verhalten ausrichten: erstens, die Wiederaufstellung (Nominierung) zur Wahl, zweitens, die Wiederwahl selbst, drittens, eine höhere Funktion innerhalb der Partei bzw., viertens, innerhalb des Parlaments zu bekleiden. Diese Ziele stehen in einem zusammenhängenden und hierarchischen Verhältnis zueinander: Die Nominierung stellt eine Voraussetzung für die Wiederwahl dar, die ihrerseits Voraussetzung für die Erlangung bestimmter Ämter und Funktionen ist.

Der europäische Integrationsprozess hat keine *direkten* Auswirkungen auf das wahl- und parteistrategische Umfeld von ParlamentarierInnen der regionalen Ebene (Ladrech 2015). Daher ist davon auszugehen, dass die Abgeordneten ihr europapolitisches Handeln ihren strategischen Zielen unterordnen. Sie tun dies vor dem Hintergrund begrenzter Ressourcen – wie Zeit, administrative Kapazitäten, Netzwerke, Stimmrechte etc. –, die ihnen zur Zielerreichung zu Verfügung stehen.

Ungeachtet der persönlichen Zielsetzungen mit Blick auf Wiederwahl und politische Ämter erfüllen Parlamentsabgeordnete wesentliche Funktionen im politischen System. Mit Blick auf nationale Parlamente nennt die Literatur hier allen voran die Auswahl und Kontrolle der Regierung, Gesetzgebung und Kommunikation (Auel 2009: 3). In europapolitischen Angelegenheiten unterscheiden sich diese Funktionen jedoch, bedingt durch die institutionelle Stellung von Parlamenten im europäischen Mehrebenensystem, weshalb die Bedeutung einiger Funktionen reduziert, jene anderer hervorgehoben wird (ebd.: 4).

Dies gilt umso mehr für regionale Parlamente, die weder eine europäische Regierung (ab-)wählen oder kontrollieren können noch am europäischen Gesetzgebungsprozess beteiligt sind (Kindermann 2021). Allerdings wurden durch unterschiedliche Instrumente Möglichkeiten zur – wenn auch nur begrenzten – Einflussnahme auf europapolitische Entscheidungsprozesse auch für bestimmte Regionalparlamente geschaffen, wie etwa die Beteiligung an der Subsidiaritätskontrolle in der EU über einen mit dem Vertrag von Lissabon geschaffenen Frühwarnmechanismus (*Early Warning System*, EWS) (Högenauer/Abels 2017). Zudem stehen den Abgeordneten klassische parlamentarische Instrumente wie das Interpellationsrecht zu Verfügung, um Informationen etwa über europäische Gesetzesvorhaben oder relevante EU-Förderprogramme von ihrer jeweiligen Regionalregierung einzuholen und damit deren europapolitisches Agieren zu kontrollieren. Angesichts der in der Forschung festgestellten Informationsasymmetrie zu EU-Vorgängen zu Lasten legislativer gegenüber exekutiven Akteuren rückt die Informationsbeschaffung für Abgeordnete in europapolitischen Angelegenheiten generell in den Vordergrund (Meyer/Wolf 2022a). Zudem sind regionale Parlamente häufig für die Implementierung europäischer Rechtsvorschriften und Programme zuständig, weshalb auch die Kommunikation dieser Vorgänge mit der Wählerschaft zunehmend wichtiger wird (Auel et al. 2018).

Das vorliegende Kapitel präsentiert explorative Ergebnisse der ersten vergleichenden Erhebung der europapolitischen Aktivitäten regionaler Parlamentsabgeordneter. Wir unterscheiden dabei zwischen Aktivitäten *innerhalb* und *außerhalb* der parlamentarischen Arena und verknüpfen diese mit unterschiedlichen Funktionen des breiten Aufgabenprofils der ParlamentarierInnen. Der nachfolgende Abschnitt diskutiert zunächst die europapolitisch relevanten Funktionen regionaler Abgeordneter und ordnet sie der jeweiligen Arena (parlamentarisch versus außerparlamentarisch) zu. Es folgt ein Überblick über Unterschiede im institutionellen Kontext, in den die Aktivitäten der Abgeordneten der Regionalparlamente aus den sieben untersuchten EU-Mitgliedstaaten eingebettet sind. Hernach werden methodische Eckpunkte der Befragungsdaten hinsichtlich Länderauswahl, Erhebung, Variablen und Rücklauf präsentiert. Daran anschließend werden die Ergebnisse zu den europapolitischen Aktivitäten der Abgeordneten dargelegt. Das Fazit stellt diese

Ergebnisse den jeweiligen institutionellen Rahmenbedingungen gegenüber und diskutiert Implikationen für künftige Forschung.

1 – Europapolitische Aktivitäten und ihre parlamentarischen Funktionen

Parlamente und ihre Abgeordneten üben in repräsentativ-demokratischen politischen Systemen wichtige Funktionen aus. Patzelt (2003: 61ff) trifft eine analytische Unterscheidung zwischen Funktionen bzw. Leistungen, die (a) für die Umwelt und (b) für die Selbsterhaltung des Parlaments erbracht werden (müssen). Letztere sind gleichsam Vorbedingung für erstere, die den Kern jener Leistungen umfassen, „die ein distinktes System für seine Umwelt erbringt, also auch eine bestimmte Institution für die sie umgebende Gesellschaft" (ebd.: 62). Dazu zählen im Fall von Parlamenten etwa die Gesetzgebung und Kontrolle des Regierungshandelns, aber auch die Schaffung von Transparenz über politische Entscheidungen und Prozesse sowie deren Kommunikation in die Gesellschaft (Auel et al. 2015a). In parlamentarischen Regierungssystemen ist hier außerdem die zentrale Aufgabe der periodischen Wahl der Regierung bzw. Abwahlmöglichkeit dieser zu ergänzen. Damit tragen Parlamente wesentlich zur effektiven Politikgestaltung und ihrer demokratischen Legitimierung bei.

Im Mehrebenenkontext der EU haben sich Aufgabenspektrum und Wirkungsmacht von nationalen wie auch subnationalen Parlamenten der Mitgliedstaaten im Laufe der Zeit gewandelt. Der fortlaufende Integrationsprozess und die Schaffung supranationaler Entscheidungsstrukturen gingen auf mitgliedstaatlicher Ebene mit einem Verlust von Kontroll- und Mitwirkungsmöglichkeiten parlamentarischer Institutionen zugunsten gestärkter Regierungsakteure einher (Follesdal/Hix 2006; Raunio 1999). Diese Exekutivdominanz zu Lasten der Parlamente führte notwendigerweise zu Veränderungen in der effektiven Ausübung parlamentarischer Funktionen: Zwar kann das Regierungshandeln im Rat der EU durch entsprechende Regularien auf mitgliedstaatlicher Ebene durch das nationale Parlament kontrolliert und gegebenenfalls auch sanktioniert werden, am jeweiligen *Policy-Output* würde dies allerdings mitunter nichts ändern, da Entscheidungen des Rates beispielsweise im Ordentlichen Gesetzgebungsverfahren mit qualifizierter Mehrheit erfolgen. Kurzum, parlamentarische Funktionen unterscheiden sich in europapolitischen Angelegenheiten von den oben genannten klassischen Funktionen, bedingt durch die institutionelle Architektur der EU und Stellung von Parlamenten im Mehrebenensystem (Auel et al. 2015a: 284). Dies gilt nicht nur für nationale Parlamente, sondern umso mehr für regionale Parlamente, deren institutionalisierte Einflusskanäle in europapolitischen Fragen ohnedies marginal sind (Patzelt 2015).

In der einschlägigen Literatur werden die europapolitischen Funktionen regionaler Parlamente und ihrer Abgeordneten vor diesem Hintergrund als auf zwei wesentliche Leistungen begrenzt oder fokussiert gesehen: erstens, die Kontrolle des bzw., zweitens, Einflussnahme auf das europapolitische Agieren der eigenen Regionalregierung (Patzelt 2015; Auel/Große Hüttmann 2015; Kindermann 2021). Auel und Große Hüttmann (2015: 352) ergänzen dies noch um die wichtige Kommunikationsfunktion und argumentieren „(…) it is not evident why subnational parliaments cannot be – or at least become – as active as national parliaments when it comes to controlling, influencing or holding accountable their governments in EU affairs and to communicating regionally relevant EU policies to their citizens".

Unsere empirische Analyse der europapolitischen Aktivitäten regionaler Parlamentsabgeordneter stützt sich auf diese Differenzierung und unterscheidet drei wesentliche Funktionen (Auel/Große Hüttmann 2015; siehe auch Auel et al. 2015a), die Regionalparlamentarier:innen in europapolitischen Belangen erfüllen können: (1) Kontrolle, (2) Einflussnahme und (3) Kommunikation. Die **Kontrollfunktion** ist im Wesentlichen auf das europapolitische Handeln der jeweils eigenen Regionalregierung beschränkt. Dieses kann sich etwa auf die erforderliche Implementierung von EU-Politiken oder die Teilnahme der Region in relevanten EU-Programmen beziehen. Sofern ein entsprechender Mechanismus vorgesehen ist, kann mitunter auch die Möglichkeit bestehen, die Regionalregierung auf Berücksichtigung der Parlamentsposition in innerstaatlichen Koordinierungsprozessen um die nationale Haltung in einer die Regionen betreffenden EU-Angelegenheit zu verpflichten. Dieser Aspekt überschneidet sich mit der Funktion der **Einflussnahme**, indem über innerstaatliche Kanäle letztlich auf europapolitische Entscheidungen einzuwirken versucht wird. Regionale Abgeordnete können aber auch europäische Institutionen und Akteure als Adressatinnen ihrer versuchten Einflussnahme identifizieren. Dies beschränkt sich nicht auf den Europäischen Ausschuss der Regionen (AdR, siehe Meyer/Lenhart in diesem Band), sondern kann auch Vertreter:innen der Kommission oder des Europäischen Parlaments einschließen (siehe Meyer/Wolf in diesem Band). **Kommunikation** meint schließlich alle Aktivitäten, die der Information der Wähler:innen bzw. Bevölkerung über für die Region relevante europapolitische Fragen dienen.

Information als Ressource spielt in europapolitischen Belangen für politische Akteure der nationalen und subnationalen Ebene, deren Kernbetätigungsfeld nicht die Europapolitik ist, eine besondere Rolle und oftmals besteht eine erhebliche Informationsasymmetrie zwischen Regierungen und Parlamenten. Zwar verfügen zahlreiche Regionalparlamente (und nationale Parlamente ohnedies) über institutionalisierte Informationsrechte und -kanäle, gleichzeitig mangelt es den Abgeordneten aber an erforderlichen Ressourcen und Kapazitäten (Zeit, Personal, Expertise etc.), um verfügbare Dokumente politisch zu bewerten und zu verarbeiten (Kropp/Buzogány 2016). Doch ohne solche bereits verarbeitete „politics information" (ebd.: 227) ist eine Ausübung der drei oben genannten parlamentarischen Funktionen kaum möglich. Wir ergänzen daher **Information** als weitere, instrumentelle Funktion, die gleichsam Vorbedingung für Kontrolle, Einflussnahme und Kommunikation durch die Abgeordneten in EU-Fragen ist (siehe auch Meyer/Wolf in diesem Band).

Auch in europapolitischen Angelegenheiten gibt es ein breites Spektrum an Aktivitäten, das von den Abgeordneten regionaler Parlamente sowohl innerhalb als auch außerhalb der parlamentarischen Arena ausgeübt werden kann. Die in unserem Survey abgefragten Aktivitäten können entlang der Arenen diesen Funktionen zugeordneten werden. Festzuhalten ist dabei, dass einzelne Aktivitäten auch mehreren Funktionen zugeordneten werden können. Dies betrifft insbesondere Informationsaktivitäten mit ihrem instrumentellen Charakter, aber etwa auch klassische parlamentarische Instrumente wie Anträge, die sowohl der Kontrolle als auch der Einflussnahme dienen können. Trennschärfer erweist sich die Differenzierung der Arenen: Während es sich bei manchen Aktivitäten um klassische parlamentarische Instrumente handelt (wie etwa Anträge oder Anfragen), verstehen wir unter außerparlamentarischen Aktivitäten all jene Aktivitäten, die zwar im Kontext der Abgeordnetentätigkeit stehen, jedoch außerhalb der parlamentarischen Arena ausgeübt werden.

2 – Die institutionelle Einbettung von Regionalparlamenten in EU-Angelegenheiten

Aus neo-institutionalistischer Perspektive ist das Verhalten der Abgeordneten eingebettet in die – und damit nicht unabhängig von den – für das jeweilige Regionalparlament als kollektiver institutioneller Akteur bestehenden formellen wie informellen Regeln und institutionellen Normen. Dieser institutionelle Kontext schließt die jeweiligen innerstaatlichen *Policy*-Kompetenzen eines Regionalparlaments ebenso ein wie das Bestehen bzw. Fehlen institutionalisierter Einflusskanäle und -instrumente in für die Region relevanten EU-Angelegenheiten. Die bestehenden *Policy*-Kompetenzen können Anreize für ein stärkeres europapolitisches Engagement der Abgeordneten schaffen oder eben nicht – abhängig davon, ob/wie viele EU-Materien in der regionalen Zuständigkeit liegen oder der Zugang zu EU-Fördermitteln oder anderen EU-Programmen zum Nutzen der Region vorhanden ist. Die vorhandenen Einflusskanäle schaffen

Möglichkeiten für konkrete europapolitische Aktivitäten der Abgeordneten auf individueller Ebene: Ein Mitglied einer Woiwodschaftsversammlung in Polen hat andere Aufgaben und Möglichkeiten als ein Landtagsabgeordneter in Österreich, was zu einem unterschiedlichen Aktivitätsniveau zwischen Abgeordneten unterschiedlicher Regionalparlamente bzw. Mitgliedstaaten führen *kann*.

Die zugehörige Literatur umfasst bislang primär Einzelfall- bzw. Small-N-Studien (Högenauer 2017; Meyer/Wolf 2022b; Palau 2021) oder ist auf Analysen der Subsidiaritätskontrolle (Borońska-Hryniewiecka 2017; Fromage 2016; Vara Aribas 2015; Vara Aribas/Högenauer 2015; Meyer et al. 2022) oder die europapolitische Netzwerkarbeit der Abgeordneten beschränkt (Schneider 2013; Scheider et al. 2014; Meyer/Wolf, im Erscheinen; siehe auch Meyer/Wolf in diesem Band). Eine vergleichende Analyse zu den europapolitischen Aktivitäten der Abgeordneten regionaler Parlamente unter Berücksichtigung des jeweiligen institutionellen Kontexts liegt bislang nicht vor. Abels (2017) legt allerdings für einige der hier untersuchten Mitgliedstaaten eine Analyse der verfügbaren *Mandating*-Strukturen vor, d.h. inwieweit Regionalparlamente die Regionalregierung an eine vom Parlament verabschiedete Position binden können. Dieses und weitere relevante Merkmale zur Stellung der Regionalparlamente im politischen System der sieben in unserer Untersuchung berücksichtigten Mitgliedstaaten fasst der folgende Überblick zusammen. Wir legen zunächst die bestehenden institutionalisierten Einfluss- bzw. Mitwirkungskanäle in europapolitischen Angelegenheiten für Regionen bzw. Regionalparlamente für jeden der Mitgliedstaaten dar. Im Anschluss heben wir Gemeinsamkeiten und Unterschiede hervor und diskutieren die Relevanz des institutionellen Kontexts als potenzielle Einflussgröße auf das europapolitische Engagement der Regionalparlamentarier:innen.

Österreichische Landtage: Österreich ist ein Bundesstaat mit symmetrischem, wenn auch schwach ausgeprägtem Föderalismus. Die neun Bundesländer (auch: Länder) verfügen in einigen Bereichen über Gesetzgebungskompetenzen, wenngleich der Großteil der Legislativkompetenzen auf Bundesebene angesiedelt ist (Bußjäger/Schramek 2020: 33). Allerdings kommen den Ländern auch zahlreiche administrative Aufgaben in Bereichen zu, in denen der Bund für die Gesetzgebung zuständig ist. Auch die Stellung der zweiten – territorial strukturierten – Parlamentskammer (Bundesrat) erweist sich als vergleichsweise schwach: Gemeinsam mit dem Nationalrat obliegt ihm zwar die Funktion des Gesetzgebers, allerdings kann ein Veto des Bundesrats vom Nationalrat überstimmt werden (Fallend 2011; Praprotnik 2022). Anders als im deutschen Bundesrat setzt sich sein österreichisches Pendent durch Entsandte der Landesparlamente (Landtage), nicht der Landesregierungen, zusammen. In der Realverfassung spielt vor allem die Landeshauptleutekonferenz (ein informelles Gremium, in dem die Regierungschefs bzw. -chefinnen der Länder zusammenkommen) eine wichtige Rolle bei der Vertretung von Länderinteressen. Die Landtage nehmen Kontroll- und Legislativfunktionen in jenen Bereichen wahr, für die gemäß Bundesverfassung in Österreich die Länder zuständig sind (etwa Naturschutz, Baurecht, Regionalentwicklung oder Tourismus). Gewählt werden ihre Mitglieder alle fünf Jahre (in Oberösterreich alle sechs Jahre) per Direktwahl nach dem Prinzip der Verhältniswahl.

In EU-Angelegenheiten verfügen die österreichischen Länder über starke Mitwirkungsrechte, deren Nutznießer allerdings primär die Landesregierungen und nicht die Landtage sind (Miklin 2015a: 162). Zur parlamentarischen Kontrolle der Landesregierung in ihrer Mitwirkung in EU-Angelegenheiten haben manche Bundesländer ein Regelwerk erlassen, das die Landesregierungen an entsprechende Entschließungen des Landtags bindet (analog zu den Rechten des Nationalrats in EU-Angelegenheiten, siehe Miklin 2015b), auch wenn von dieser Möglichkeit de facto wenig Gebrauch gemacht wird (Miklin 2015a: 163).

Weitere potentielle Informations- und Einflusskanäle in EU-Angelegenheiten stellen die von den Ländern weitgehend etablierten Regionalbüros in Brüssel und die Beteiligung an der Subsidiaritätskontrolle durch die Landtage dar, deren Stellungnahmen vom Bundesrat „zu erwägen" sind (Art. 23g(3) B-VG).

Deutsche Landtage: Im deutschen symmetrischen Föderalsystem bilden die Landtage das Legislativorgan auf der obersten substaatlichen Ebene unterhalb der Bundesorgane (Benz/Zimmer 2011: 148). Die vom Grundgesetzt garantierten Gesetzgebungskompetenzen der Länder umspannen einige wichtige Politikfelder wie Bildung, Polizei, Kultur, Gemeinderegierung etc. (ebd.: 152). Die Landtage werden im analog zum Bundestag organisierten personalisierten Verhältniswahlsystem alle fünf Jahre gewählt, wobei die Wahltermine zeitlich breit verteilt sind (ebd.: 154). Anders als in Österreich sind in Deutschland nicht die Landtage, sondern die Landesregierungen in der zweiten nationalen Parlamentskammer, dem Bundesrat, vertreten. Dieser nimmt im Gesetzgebungsverfahren eine wesentlich stärkere Rolle ein als sein österreichisches Pendant. Insofern können deutsche Landtage über die Kontrolle ihrer Landesregierungen im Bundesrat potenziell Einfluss auf europäische Politik ausüben (Abels 2016). Zu diesem Zweck haben etwa die Landtage in Baden-Württemberg und Bayern rechtlich bindende Mandatsmechanismen eingeführt, um ihre Regierung zu einer Haltung im Bundesrat verpflichten zu können (ebd.). Innerhalb der Landtage sind EU-Ausschüsse eingeführt worden, denen zumeist die Ausübung der Kontrollfunktion der Landtage in EU-Fragen zukommt (Bauer 2005). Auch die deutschen Landtage beteiligen sich durch das Verabschieden von Stellungnahmen am EU-Subsidiaritätsfrühwarnsystem. Zuletzt haben fast alle Bundesländer Regionalbüros in Brüssel eröffnet, um auf europäischer Ebene Einfluss zu nehmen (Tatham 2008).

Spanische Regionalparlamente (asambleas legislativas bzw. parlamentos autonómicos): Die 17 *communidades autónomas* bilden zusammen mit den beiden autonomen Städten (*ciudades autónomas*, Ceuta und Melilla) die erste subnationale Ebene im regionalisierten politischen System Spaniens. Anders als im österreichischen und deutschen symmetrischen Föderalismus variiert die regionale

Autonomie bzw. der Umfang der Kompetenzen der autonomen Regionen und Städte, abhängig von den Festlegungen in der spanischen Verfassung und vor allem dem jeweils spezifischen Autonomiestatut der betreffenden Region/Stadt. Gemeinsam haben alle ein gewisses Maß an gesetzgeberischer Autonomie und exekutiven und administrativen Kompetenzen. Der Umfang der Legislativkompetenzen kann variieren, angesiedelt sind diese bei den Regionalparlamenten, den *asambleas legislativas*, auch *parlamentos autonómicos* genannt. Deren Abgeordnete werden alle vier bis fünf Jahre direkt gewählt (Verhältniswahl) und wählen dann ihrerseits den/die Regierungschef:in, der/die das übrige Kabinett – häufig gebildet als Einparteienregierung – ernennt (Colino/del Pino 2011: 366). Die Zahl der Abgeordneten variiert deutlich zwischen den einzelnen Regionen, mit nur 33 in La Rioja und 135 im über sieben Millionen Einwohner:innen starken Katalonien. Um europäische Angelegenheiten wirksam zu bearbeiten, führten die spanischen Regionalparlamente EU-Ausschüsse ein und etablierten Regionalbüros in Brüssel. Allerdings bleiben sie weiterhin abhängig von der Weiterleitung von Informationen durch die vergleichsweise dominante Regionalregierung (Castellà Andreu/Kölling 2016). Als Versammlungen mit eigenen Gesetzgebungskompetenzen können die spanischen Regionalparlamente am EU-Subsidiaritätsfrühwarnsystem (EWS) teilnehmen, auch wenn die Beteiligung weitgehend konsultativ bleibt (ebd.) und stark variiert zwischen den Regionen[4].

Auf nationaler Ebene kennt das spanische Zweikammernparlament mit dem *Senado* (Senat) zwar ebenfalls eine Kammer der territorialen Repräsentation, deren realpolitische Bedeutung ist allerdings gegenüber dem politisch gewichtigeren Abgeordnetenhaus weitgehend vernachlässigbar: Ein Veto des Senats kann durch das Abgeordnetenhaus mit einfacher Mehrheit überstimmt werden (Castellà Andreu/Kölling 2016).

---

[4] Siehe Daten der *European Regional Democracy Map* (ERDM), erreichbar auf https://www.europeanregionaldemocracy.eu/, aufgerufen am 31.1.2023; vgl. auf den Beitrag von Kindermann et al. in diesem Band.

Polnische Woiwodschaftsversammlung (Sejmik województwa):
Seit einer Verfassungsreform Ende der 1990er Jahre ist Polen aktuell
in 16 Regionen, die so genannten Woiwodschaften (*województwa*),
gegliedert, die über ein eigenes parlamentarisches Kontrollorgan,
die Woiwodschaftsversammlung, verfügen und eine duale Struktur
der Regionalregierung aufweisen: Während der der Regionalregierung vorstehende Marshal vom Regionalparlament gewählte wird,
entsendet auch die Zentralregierung einen Repräsentanten (*Vovoid*).
Dieser ist zuständig für die vertikale Zusammenarbeit und Implementierung nationaler Politik (Swianiewicz 2011: 483). Die Interaktion mit der Nationalregierung findet durch ein gemeinsames Komitee der lokalen, regionalen und zentralen Regierung (*Komisja
Wspólna Rządu i Samorządu Terytorialnego*) statt, wobei alle Regionen
durch eine Interessenorganisation vertreten werden. In den nationalen Regierungsorganen haben die polnischen Regionen keine Vertretung (Swianiewicz 2011: 482).

Über die Zusammensetzung der polnischen Woiwodschaftsversammlungen wird alle fünf Jahre per Direktwahl (Verhältniswahlrecht) entschieden. Die Zahl der Sitze variiert je nach Region zwischen 30 und 51. Die regionalen Parlamente Polens besitzen keine
formalen Gesetzgebungskompetenzen und haben neben der Kontrolle der Regionalregierung wenige Zuständigkeiten, vor allem jedoch Investmentpolitik und regionale wirtschaftliche Entwicklung.
Damit fällt auch die Allokation von europäischen Fördergeldern zu
einem Großteil in ihren Kompetenzbereich (ebd.: 501).

Auch wenn EU-Fördermittel bei regionalen Wahlen eine relativ
wichtige Rolle spielen, verfügen die Woiwodschaftsversammlungen
über wenig andere Einflusskanäle in europäische Politikprozesse.
Sie haben keine formale direkte oder indirekte Möglichkeit zur Partizipation innerhalb des polnischen politischen Systems und besitzen entsprechend auch keine EU-Ausschüsse.[5] Aufgrund ihrer

---

[5] Siehe Daten der *ERDM* (vgl. Fußnote 1).

fehlenden Legislativkompetenzen sind sie nicht berechtigt am EWS teilzunehmen.

Tschechische Regionalräte: In der Tschechischen Republik bilden die 14 *Kraj*, die Regionen, die oberste substaatliche Ebene. Obwohl die tschechische Verfassung bereits Anfang der 1990er die Regionen als territoriale Selbstverwaltungseinheiten anerkannte, dauerte die Umsetzungsphase für die Etablierung der 14 Kraj bis 2000 (Hooghe et al. 2016: 423). Mit den Kraj sollte eine Regierungs- bzw. Verwaltungsebene zwischen den Bezirken (lokale Ebene) und der Zentralregierung (nationale Ebene) geschaffen werden, über die Aufteilung der Zuständigkeiten bestand jedoch lange Zeit Uneinigkeit, was zu Verzögerungen in der Umsetzung der Territorialreform führte (ebd.). Trotz des seither relativ dezentralisierten politischen Systems besitzen die Regionen keine Vertreter in der nationalen Regierungsebene (Illner 2011: 508).

Das parlamentarische Organ der *Kraj* sind die Regionalräte, deren Abgeordnete nach dem Prinzip der Verhältniswahl alle vier Jahre direkt gewählt werden. Diese Regionalparlamente entscheiden über einen jährlichen Haushalt und Steuern (ebd.: 513) und wählen den Regionalpräsidenten. Letzterer steht der Regionalregierung vor und ist dem Parlament der *Kraj* zur Auskunft verpflichtet, je nach Politikbereich gegebenenfalls aber auch der tschechischen Zentralregierung verantwortlich (Hooghe et al. 2016: 423).

Über Gesetzgebungskompetenzen verfügen die tschechischen Regionalparlamente nicht. Daher sind sie durch das nationale Parlament auch nicht am EU-Subsidiaritätsfrühwarnsystem zu beteiligen. Sie können lediglich über nicht-bindende Übereinkommen zu europäischen Angelegenheiten Position beziehen oder Einfluss nehmen.[6]

Italienische Regionalparlamente (consiglio regionale): Italien ist ein regionalisierter Staat bzw. wird teils auch als quasi-föderaler Staat bezeichnet (Hooghe et al. 2016: 471), dessen wichtigste

---

[6] Siehe Daten der *ERDM* (vgl. Fußnote 1).

subnationale politische Ebene die insgesamt 20 Regionen (*regioni*)[7] bilden. Im Zweikammern-System des italienischen parlamentarischen Regierungssystems haben die italienischen Regionen keine direkten institutionalisierten Vertreter auf der nationalen Ebene (Piattoni/Brunazzo 2011: 335). Auf der regionalen Ebene bilden die *Consiglio regionale* die Legislativorgane, die den Regionalpräsidenten bzw. die -präsidentin und seine/ihre Regierung kontrollieren, einen Haushalt verabschieden und eigene Gesetze erlassen (ebd.: 344). Zudem können sie Gesetzesvorschläge auf nationaler Ebene einbringen. Sowohl die Abgeordneten der Regionalparlamente als auch der/die Regionalpräsident:in wird direkt gewählt, für die Parlamentswahl das gilt Verhältniswahlrecht (ebd.).

Der italienische Föderalismus ist asymmetrisch organisiert, da fünf Regionen mehr Autonomie zugestanden wurde als den übrigen.[8] Erstere haben in mehr Bereichen Gesetzgebungskompetenzen als dies bei Letzteren der Fall ist. Damit geht auch mehr Einfluss auf europäische Angelegenheiten einher, da die italienische Verfassung den Regionen grundsätzlich das Recht zugesteht, bei der Ausarbeitung und Implementierung von europäischen Legislativakten mitzuwirken (Nicolini 2016: 4). Dies äußert sich realpolitisch allerdings nicht direkt in mehr Mitbestimmung für die Parlamente, sondern garantiert lediglich Mechanismen des Informationsaustauschs und der Konsultation (ebd.: 15). Um Einfluss auf europäische Politik auszuüben, sind die Regionalparlamente damit nichtsdestotrotz auf ihre Regionalregierung angewiesen. Berechtigt sind sie gemäß den Bestimmungen des EUV auch zur Teilnahme am Mechanismus zur Subsidiaritätskontrolle bei EU-Gesetzesvorschlägen, wobei die innerhalb Italiens hierfür etablierten Mechanismen von Region zu Region variieren (ebd.: 11).

---

[7] Bzw. 21 Regionen bei getrennter Zählung von Südtirol und Trentino, die jeweils über einen eigenen Landtag verfügen, deren Abgeordnete zusammen das Regionalparlament (*Consiglio regionale del Trentino-Alto Adige*) bilden.

[8] Friuli-Venezia Giulia, Sardinien, Sicilien, Trentino-Alto Adige/Südtirol und Val d'Aosta.

Französische Regionalräte (conseil régional): Frankreich ist ein zentralisierter Staat, dessen seit der Regionalreform von 2016 aktuell 13 Regionen (*régions*) die obersten substaatlichen Gebietskörperschaften im politisch-administrativen System Frankreichs bilden (Congress of Local and Regional Authorities 2016: 20).[9] Eine stärkere Regionalisierung des französischen Zentralstaates brachten insbesondere die Reformen der 1980er Jahre, mit denen auch die Direktwahl der Regionalversammlungen (bezeichnet als Regionalräte) eingeführt wurde. Diese werden alle sechs Jahre in zwei Wahlrunden direkt gewählt. Nur Parteien bzw. Listen, die in der ersten Wahlrunde über 10% der Stimmen erhalten, sind auch in der zweiten Runde wählbar, wobei die Partei mit dem höchsten Stimmanteil einen Bonus von 25% der Sitze im Regionalrat erhält (ebd.: 21). Letzterer tagt mindestens vier Mal pro Jahr, ernennt eine/n Regionalpräsidenten bzw. -präsidentin als Exekutivorgan, dessen bzw. deren Arbeit er kontrolliert. In der Regel werden die meisten Aufgaben (darunter etwa Budgetentscheidungen zu Bildung, Infrastruktur und Administration in der Region) vom Regionalrat an ein permanentes Komitee delegiert (ebd.). Der französische *Sénat* ist neben der weitaus mächtigeren Nationalversammlung (*Assemblée nationale*) die zweite Parlamentskammer auf nationaler Ebene. Der *Sénat* fristet ob seiner vernachlässigbaren Kompetenzen und Entscheidungsbefugnissen im politischen System Frankreichs jedoch lediglich ein Schattendasein neben dem die französische Politik stärker dominierenden Unterhaus, der *Assemblée nationale*. Während die französischen Regionen in einigen Bereichen über Verwaltungskompetenzen verfügen (z.B. in gewissen Schulangelegenheiten, Fragen des Bahnverkehrs, der Regionalplanung oder auch Umweltangelegenheiten), üben sie keine Legislativfunktionen aus. Daher zählen sie auch nicht zu jenen Regionalparlamenten, die gemäß EUV von den nationalen Parlamenten in Fragen der Subsidiaritätskontrolle konsultiert werden können.

---

[9] Wir beziehen uns in diesem Kapitel ausschließlich auf die kontinentalen Regionen und Departments Frankreichs.

Die institutionelle Einbettung aus vergleichender Perspektive

Wie die obigen Ausführungen zeigen, gibt es teils erhebliche Unterschiede zwischen den Regionalparlamenten hinsichtlich ihrer institutionellen Stellung im nationalen und regionalen politischen System, ihrer Aufgaben und Möglichkeiten zur politischen (Mit-)Gestaltung und Kontrolle im Allgemeinen und speziell in EU-Angelegenheiten. Dies wird auch in Tabelle 1 deutlich, die einige relevante Informationen und Kennzahlen zur Stellung der Regionen und Regionalparlamente in den betreffenden sieben EU-Mitgliedstaaten zusammenfasst. Dazu zählen die territoriale Organisation des Staates, die Anzahl der Regionen mit Regionalparlamenten im jeweiligen Mitgliedstaat, die Stärke der regionalen Autonomie basierend auf dem *Regional Authority Index* (RAI, Hooghe et al. 2016; Shair-Rosenfield et al. 2021), die Möglichkeit zur Mitwirkung an der Subsidiaritätskontrolle gemäß EUV und die Stärke der innerstaatlichen Mitwirkungsrechte für Regionen in EU-Fragen auf *nationaler* Ebene (*Domestic EU Policy Shaping Index*, DEUPS, Tatham 2011).

Bei Österreich und Deutschland handelt es sich um symmetrisch organisierte Föderalstaaten mit weitgehend gleichen Kompetenzen für alle bestehenden Bundesländer (Regionen), während die regionalisierten Systeme Spaniens und Italiens teilweise Asymmetrien in den Kompetenzen ihrer jeweiligen Regionen aufweisen. Die ehemals kommunistischen Staaten Polen und Tschechien sowie das traditionell zentralisiert strukturierte Frankreich verfügen (mittlerweile) zwar auch über eine stärker dezentralisierte territoriale Struktur, diese Gebietskörperschaften verfügen aber über ein äußerst geringes Maß an politischer Autonomie bzw. Gestaltungsspielräumen. Dennoch existieren auch in diesen Regionen Regionalparlamente, deren Abgeordnete direkt gewählt sind und eine – in ihrer Höhe sehr unterschiedliche – Vergütung für ihr politisches Amt erhalten.

Tabelle 1: Vergleich des institutionellen Kontexts

Merkmal	DE	AT	PL	ES	CZ	IT	FR
Dezentralisierungstyp	Föderal	Föderal	Zentralisiert	Regionalisiert	Zentralisiert	Regionalisiert	Zentralisiert
Art territorialer Devo-lution	Symmetrisch	Symmetrisch	Symmetrisch	Asymmetrisch	Symmetrisch	Asymmetrisch	Symmetrisch
Anzahl Regionen mit Parlamenten	16	9	16	17	14	20	13
RAI	27	23	8	22-26	9	18-19	10-13
Teilnahmeoption EWS	ja	ja	nein	ja	nein	ja	nein
DEUPS	7	8	0	7	0,5	6-7	1

DE=Deutschland, AT=Österreich, PL=Polen, ES=Spanien, CZ=Tschechien, IT=Italien, FR=Frankreich.

Quelle: Eigene Zusammenstellung basierend auf Pazos-Vidal 2019; Hooghe et al. 2016; Shair-Rosenfield et al. 2022; Tatham 2011; www.europeanregionaldemocracy.eu.

Große Unterschiede gibt es dagegen bei der Art und Breite der Zuständigkeiten, über die die jeweiligen Regionalparlamente verfügen. Keine Gesetzgebungskompetenzen haben die Regionalparlamente Polens, Tschechiens und Frankreichs, weshalb sie auch nicht am Frühwarnsystem der Subsidiaritätskontrolle (EWS) gemäß EUV teilnehmen können. Das geringere Ausmaß regionaler Autonomie spiegelt sich auch in den Werten des Regional Authority Indes (RAI, Hooghe et al. 2016; Shair-Rosenfield 2021), die für die drei genannten EU-Mitgliedstaaten deutlich geringer ausfallen als für ihre föderalen und regionalisierten Pendants.

Die institutionelle Einbindung der Regionalparlamente in EU-Politikprozesse erfolgt über eine direkte oder indirekte Beteiligung in der zweiten nationalen Kammer (Österreich, Deutschland, Spanien) in Kombination mit verfügbaren Kontrollmechanismen (*mandating*, siehe Abels 2017), um die eigene Regionalregierung in ihrer Positionierung und Agitation in EU-Angelegenheiten an die Sichtweise der Parlamentsmehrheit zu binden. Die Stärke und der Institutionalisierungsgrad solcher europapolitischer Mitgestaltungs- und Kontrollinstrumente für Regionalparlamente bzw. die Regionen insgesamt spiegelt sich in der Ausprägung des *Domestic EU Policy-Shaping Index* (DEUPS, Tatham 2011) wider, der für Österreich, Deutschland, Spanien und Italien deutlich höher ausfällt als für die Regionen der drei übrigen Staaten.

Die institutionelle Einbindung der Regionalparlamente in EU-Politikprozesse erfolgt über eine direkte oder indirekte Beteiligung in der zweiten nationalen Kammer (Österreich, Deutschland, Spanien) in Kombination mit verfügbaren Kontrollmechanismen (*mandating*, siehe Abels 2017), um die eigene Regionalregierung in ihrer Positionierung und Agitation in EU-Angelegenheiten an die Sichtweise der Parlamentsmehrheit zu binden. Die Stärke und der Institutionalisierungsgrad solcher europapolitischer Mitgestaltungs- und Kontrollinstrumente für Regionalparlamente bzw. die Regionen insgesamt spiegelt sich in der Ausprägung des DEUPS (Tatham 2011) wider,

der für Österreich, Deutschland, Spanien und Italien deutlich höher ausfällt als für die Regionen der drei übrigen Staaten.

Zusammenfassend lässt sich feststellen, dass den Regionalparlamenten in föderalen (Deutschland, Österreich) oder regionalisierten Mitgliedsstaaten (Spanien und Italien) zwar nur begrenzte, aber doch wesentlich mehr Einflusskanäle auf europäische Politikprozesse zu Verfügung stehen als jenen der traditionell zentralisierten Staaten (Frankreich, Polen, Tschechische Republik). Wie Tatham (2011) zeigt, besteht ein signifikanter Zusammenhang zwischen dem Grad der politischen Autonomie einer Region und dem Ausmaß institutionalisierter innerstaatlicher Beteiligungsmechanismen für die regionale Regierungsebene in europapolitischen Belangen. Ob sich dieses Muster auch im Ausmaß der tatsächlichen europapolitischen Aktivitäten der Abgeordneten niederschlägt, ist Gegenstand unserer empirischen Untersuchung.

3 – Datengrundlage und Operationalisierung

Die empirische Untersuchung fußt auf Daten einer standardisierten Befragung unter Abgeordneten aller Regionalparlamente in den sieben EU-Mitgliedstaaten Österreich, Deutschland, Spanien, Italien, Frankreich, Polen und Tschechien – der REGIOPARL-Abgeordnetenbefragung. Wir präsentieren zunächst allgemeine Eckdaten der Befragung, bevor auf die für dieses Kapitel herangezogenen Variablen eingegangen wird.

3.1 Eckdaten zur REGIOPARL-Abgeordnetenbefragung

Der Fragebogen umfasste insgesamt vier Themenblöcke zur Einholung von Informationen zu (a) den Einschätzungen der Abgeordneten bezüglich ihrer eigenen Region (Demokratie, Gestaltungsspielräume etc.), (b) ihren europapolitischen Einstellungen, (c) den konkreten Aktivitäten im Rahmen ihrer Abgeordnetentätigkeit (jeweils auch mit Blick auf europapolitische Aspekte) und (d) ihren Netzwerkaktivitäten mit anderen politischen Akteuren, um an EU-

Politikprozessen mitzuwirken. Damit stehen erstmals umfassende vergleichende Daten zur europapolitischen Mobilisierung regionaler Parlamentsabgeordneter aus sieben EU-Mitgliedstaaten zu Verfügung. Diese Befragungsdaten stellen bis dato ein Novum in der einschlägigen internationalen Forschung dar und decken ein breites Spektrum der in der entsprechenden Literatur identifizierten empirischen Forschungslücken zu Regionalparlamenten im europäischen Mehrebenensystem ab.

Die Befragung wurde im Zeitraum November 2020 bis November 2021 durchgeführt.[10] Um einen möglichst großen Rücklauf unter den Abgeordneten zu erzielen, wurde die Befragung in allen sieben EU-Mitgliedstaaten mit intensiver Begleitkommunikation durchgeführt.[11] Trotz dieser intensiven Bemühungen schwankt die Beteiligungsquote (gemessen an der Gesamtzahl aller Abgeordneten sämtlicher Regionalparlamente im jeweiligen EU-Mitgliedstaat) zwischen den Mitgliedstaaten erheblich: Konnte in Österreich ein unvergleichlich hoher Rücklauf von 79% erlangt werden, liegt die Quote in allen übrigen Staaten deutlich darunter. In Deutschland und Tschechien wurde eine Rücklaufquote von 26% erreicht und ist damit mit jener anderer Befragungen politischer Eliten vergleichbar (z.B. 28,5% bei Schneider et al. 2014; 28% bei Tatham 2010). Ein ähnliches Niveau wurde in der Befragung der Abgeordneten spanischer Regionalparlamente erreicht (23%).

---

[10] Erhebungszeitraum Deutschland: November 2020 bis März 2021; Österreich: Februar bis April 2021; Spanien, Polen: April bis Juni 2021; Italien, Frankreich, Tschechien: Oktober bis November 2021. Die Ergebnisse der Piloterhebung unter Abgeordneten des niederösterreichischen Landtags (Oktober 2019 bis Februar 2020) wurden in die finalen Befragungsdaten aufgenommen.

[11] Vorabinformationsschreiben an die Parlamentspräsidenten bzw. -präsidentinnen, Schreiben an die Europaausschuss- und Fraktionsvorsitzenden, mehrfache Email-Erinnerungen und zusätzlich gezielte telefonische Kontaktaufnahme mit Parlamentskanzleien und Fraktionen etc.

Im Gegensatz dazu lag die Rücklaufquote in Polen nur bei 18,6% in Frankreich bei 16% und in Italien bei 14%.[12] Diese Werte unterstreichen einerseits die auch bei anderen Studien auftretenden Schwierigkeiten, politische Eliten für die Teilnahme an Befragungen zu mobilisieren (Vis/Stolwijk 2021). Sie sind im Vergleich mit anderen Studien andererseits aber immer noch höher (z.B. 10,7% bei Crum/Miklin 2011).

Aufgrund der zum Teil geringen Gesamtsitzzahl zahlreicher Regionalparlamente[13] in Kombination mit der Rücklaufquote verzichten wir auf eine vergleichende Analyse auf regionaler Ebene und aggregieren die Befragungsergebnisse auf Ebene der Mitgliedstaaten. Zur Bewertung der Repräsentativität unserer Daten erfolgte ein Vergleich der Datenstichprobe mit der jeweiligen Gesamtpopulation aller Landtagsabgeordneten in den sieben betreffenden Staaten in folgenden Punkten: Abgeordnete nach Fraktions- bzw. Klubzugehörigkeit, Mitgliedschaft im Europaausschuss des Landtages, Gender sowie Region bzw. Bundesland. Trotz gewisser Unterschiede zwischen den Mitgliedstaaten zeigen sich insgesamt folgende Muster: Tendenziell sind Abgeordnete aus EU-skeptischen Fraktionen in unseren Befragungsdaten unter-, Mitglieder der Europaausschüsse überrepräsentiert; weitgehend repräsentativ zur Grundgesamtheit ist der Anteil männlicher und weiblicher Abgeordneter, mit einem gewissen Überhang männlicher Abgeordneter in Italien und Spanien; in allen sieben Staaten sind die Abgeordneten einiger Regionen über-, jene anderer unterrepräsentiert; grundsätzlich niedrig ist die Gesamtzahl der Befragten pro Region in Polen, Spanien und Italien.

---

[12] Die deutlich höhere Quote der Befragung österreichischer Landtagsabgeordnete ist mit großer Wahrscheinlichkeit auf die Ansiedelung des REGIOPARL-Forschungsprojektes an einer österreichischen Universität und das damit zusammenhängende ausgezeichnete Netzwerk des Forschungsteams in Politik und Verwaltung der österreichischen Bundesländer zurückzuführen. Eine weitere Ursache liegt in der zwischen den Regionalparlamenten variierenden Verfügbarkeit von Kontaktdaten (Email, Telefon), die in den übrigen Mitgliedstaaten teils deutlich von jener der österreichischen, aber auch deutschen Landtagsabgeordneten abweicht, für die derlei Informationen nahezu vollständig verfügbar waren.
[13] In Italien gibt es Regionalparlamente mit nur 21 Sitzen, in Polen häufig mit nicht mehr als 30, in Österreich zählt die Mehrheit der Landtage jeweils 36 Sitze, auch in Spanien gibt es Regionalparlamente mit weniger als 40 Sitzen.

Detaillierte Informationen hierzu sind dem Online-Appendix zur REGIOPARL-Abgeordnetenbefragung zu entnehmen, wo auch der Wortlaut der an die Abgeordnete gerichteten Fragen zu finden ist.[14]

3.2 Erhebung (außer-)parlamentarischer Aktivitäten in EU-Angelegenheiten

Regionale Abgeordnete verfügen über eine große Bandbreite unterschiedlicher Möglichkeiten, in europapolitischen Fragen aktiv zu werden. Folgende Aktivitäten wurden über den Fragebogen erhoben: parlamentarische Anfragen, Anträge auf Debatten sowie an die eigene Landesregierung oder gegebenenfalls an die territoriale Kammer des nationalen Parlaments, EWS-Stellungnahmen zur Subsidiaritätskontrolle, aktive Wahlkampfarbeit, interne Parteiarbeit, Besuch von bzw. Teilnahme an öffentlichen Veranstaltungen, Dialog mit Bürgerinnen und Bürgern sowie individueller Nachrichtenkonsum. Bestimmte Aktivitäten – wie jene im Kontext der Subsidiaritätskontrolle – resultieren aus für die Abgeordneten verfügbaren spezifischen europapolitischen Instrumenten, während die übrigen zu unterschiedlichen Themen, einschließlich der Europapolitik, getätigt werden können. Tabelle 2 ordnet die Aktivitäten nach Arena, wobei zwischen der parlamentarischen und der außerparlamentarischen Arena unterschieden wird.

Obgleich damit nicht sämtliche potenziellen Aktivitäten mit europapolitischem Bezug abgedeckt werden können, gehen wir aufgrund der obigen Ausführungen zu den Funktionen parlamentarischer Arbeit und den in europapolitischen Belangen verfügbaren bzw. fehlenden institutionalisierten Kanälen davon aus, die wichtigsten Aktivitäten im Arbeitsalltag der Abgeordneten abzudecken.

---

[14] Der Online-Appendix findet sich auf der REGIOPARL-Website, erreichbar unter https://www.regioparl.com/.

Tabelle 2: Abgefragte europapolitische Aktivitäten nach Arena

Innerparlamentarische Arena	Außerparlamentarische Arena
■ Parlamentarische Anfragen	■ Wahlkampf
■ Parlamentarische Anträge	■ Interne Parteiarbeit (Gremien etc.)
■ Auf Debatte	■ Dialog mit Bürger:innen
■ An Landesregierung	■ Öffentliche Veranstaltungen
■ An Bundesrat bzw. Äquivalent	■ Teilnahme (aktiv)
■ Stellungnahme EWS	■ Besuch (passiv)
	■ Nachrichtenkonsum

Quelle: Eigene Zusammenstellung.

Die Befragten waren gebeten, einzuschätzen, wie häufig sie den in Tabelle 2 aufgeführten Aktivitäten auf einer 5-stufigen Skala von „nie" bis „sehr oft" nachgegangen sind. Dabei wurde jede Aktivität doppelt abgefragt: zunächst wurde geprüft, wie häufig der jeweiligen Aktivität im allgemeinen Arbeitsalltag nachgegangen wurde. Anschließend sollten die Befragten angeben, wie häufig dabei europapolitische Themen im Mittelpunkt standen. Für das europapolitische Aktivitätsniveau einer Abgeordneten kann somit beispielsweise ein grundsätzlich hohes Aktivitätsniveau bei Aktivität X, allerdings mit seltenem europapolitischem Fokus, ebenso berücksichtigt werden wie ein häufiger europapolitischer Fokus bei seltener allgemeiner Ausübung von Aktivität Y durch die Abgeordnete.

Die Fragen wurden anschließend mit einem Ansatz kombiniert, der davon ausgeht, dass die beiden vorherigen Fälle am Ende insgesamt dasselbe Niveau an europapolitischer Aktivität abbildet. Dazu wurden die Antwortmöglichkeiten „sehr oft", „oft", „manchmal", „selten" und „nie" jeweils miteinander kombiniert, wobei den resultierenden Kombinationen jeweils eine Rangzahl (0: „nie"–„nie", 9: „sehr oft"–„sehr oft") zugeordnet wurde. Zu beachten ist, dass bei dieser Berechnungsweise zum Beispiel Fälle gleichbehandelt werden, bei denen Abgeordnete häufig einer Aktivität nachgingen, diese allerdings nur selten auf europapolitische Themen fokussiert war, und vice versa. Hat eine Abgeordnete angegeben, eine gewisse Aktivität generell nie auszuüben oder standen dabei nie europapolitische Themen im Mittelpunkt, so erhält sie für diese Aktivität folglich den Wert 0.

So erhält jede Abgeordnete im Datensatz für jede europapolitische Aktivität einen Wert, der die Häufigkeit der Nutzung ausdrückt. Dieser Wert ist relational, also im Vergleich mit allen anderen berechneten Aktivitätsniveaus zu sehen und erlaubt damit Aussagen über die Nutzungshäufigkeit einer bestimmten europapolitischen Aktivität einer Abgeordneten im Vergleich mit den anderen Aktivitäten wie auch den übrigen Abgeordneten.

Beim Vergleich der Aktivitätsniveaus zwischen Abgeordneten unterschiedlicher Mitgliedstaaten ist insofern Vorsicht in der Interpretation geboten, als es Unterschiede in der Verfügbarkeit der jeweiligen parlamentarischen Instrumente gibt: Wie in Tabelle 3 dargelegt, verfügen Abgeordnete aus den föderalen und regionalisierten Mitgliedstaaten über eine größere Bandbreite parlamentarischer Instrumente in EU-Fragen. Das Recht zur Teilnahme an der EU-Subsidiaritätskontrolle (EWS) obliegt etwa nur Abgeordneten aus Regionalparlamenten mit Legislativkompetenzen; Parlamentarier:innen aus französischen und tschechischen Regionalparlamenten können überdies keine Anträge an den Senat, die zweite Parlamentskammer auf nationaler Ebene, stellen. Andere Instrumente stehen den Abgeordneten sämtlicher Regionalparlamente unserer Untersuchung zu Verfügung. Dazu zählt das Einbringen von Anträgen an die jeweilige Regionalregierung oder auf Einsetzen einer Debatte. Trotz dieser Unterschiede lassen sich über den Vergleich der Ergebnisse zwischen Abgeordneten unterschiedlicher Mitgliedstaaten gewisse Tendenzen ablesen, die interessante Erkenntnisse über die europapolitischen Aktivitäten der regionalen Abgeordneten vor dem Hintergrund divergierender institutioneller Settings liefern.

Tabelle 3: Verfügbare parlamentarische Instrumente der Regionalparlamente nach Mitgliedstaat

Aktivität	DE	AT	PL	ES	CZ	IT	FR
Antrag an Landesregierung	✓	✓	✓	✓	✓	✓	✓
Antrag nationales Parlament	✓	✓	✓	✓	-	✓	-
Antrag auf Debatte	✓	✓	✓	✓	✓	✓	✓
Parlamentarische Anfrage	✓	✓	-	✓	✓	✓	✓
Stellungnahme EWS	✓	✓	-	✓	-	✓	-

DE=Deutschland, AT=Österreich, PL=Polen, ES=Spanien, CZ=Tschechien, IT=Italien, FR=Frankreich.

Quelle: Eigene Zusammenstellung.

4 – Parlamentarische Aktivitäten in europapolitischen Angelegenheiten

4.1 Parlamentarische Arena

Abbildung 1 zeigt einen Vergleich der auf Mitgliedsstaaten aggregierten Mittelwerte über die Häufigkeit der entsprechenden parlamentarischen Aktivität der Abgeordneten. Im Spektrum verfügbarer Instrumente kann der Antrag an die Regionalregierung als effektivstes Kontrollinstrument gedeutet werden, was sich auch in der Häufigkeit der Nutzung spiegelt: Mit Ausnahme von Tschechien wird dieses Instrument in europapolitischen Belangen am häufigsten oder zweithäufigsten von den Abgeordneten genutzt.

Anträge an das nationale Parlament bzw. dessen zweite Parlamentskammer werden vor allem in Deutschland vergleichsweise häufig genutzt. Dies lässt sich mit der starken Stellung des deutschen Bundesrats im politischen System Deutschlands erklären. Umgekehrt spielt dieses Instrument für die Abgeordneten österreichischer Landtage eine deutlich geringere Rolle nicht nur im Vergleich mit den deutschen Abgeordneten, sondern auch den italienischen, spanischen und polnischen. Zwei mögliche Erklärungen drängen sich hier auf. Erstens gilt der österreichische Bundesrat im Vergleich mit seinem deutschen Pendent als deutlich schwächer. Zweitens werden die Bundesratsabgeordneten in Österreich nicht von den Regionalregierungen, sondern den Regionalparlamenten, also den Landtagen, entsendet; daher ist davon auszugehen, dass hier abseits formeller Anträge zwischen den Landtags- und Bundesratsabgeordneten auch entsprechende informelle Kommunikationskanäle bestehen.

Primär kommunikative und informative Funktionen erfüllen Anträge auf Debatten und parlamentarische Anfragen. Sie zählen in allen Mitgliedstaaten zu den tendenziell häufig genutzten europapolitischen Instrumenten der Regionalparlamentarier:innen, mit einigen Unterschieden zwischen den Mitgliedstaaten. So sind in Italien, Spanien, Frankreich und Tschechien parlamentarische Anfragen die am häufigsten angewandte Aktivität, in Deutschland und Österreich die am zweithäufigsten vor Anträgen an die jeweilige Regionalregierung, während in Polen (wo das Instrument der Anfrage nicht zu Verfügung steht) am häufigsten Anträge auf parlamentarische Debatte zu europapolitischen Themen gestellt worden sein dürften.

Das fünfte und letzte untersuchte Kontrollinstrument europäischer Politik – das Verabschieden begründeter Stellungnahmen im Subsidiaritätsfrühwarnmechanismus (EWM) – steht von den befragten Abgeordneten nur jenen aus Deutschland, Österreich, Spanien und Italien zu Verfügung und ist das von diesen am seltensten genutzte parlamentarische Instrument in EU-Angelegenheiten. Dieses Ergebnis der geringen EWS-Nutzung deckt sich mit anderen verfügbaren Studien (Meyer et al. 2022; Fromage 2016), die zu dem Ergebnis kommen, dass das Instrument nur in wenigen regionalen Parlamenten eingesetzt wird.

Vergleicht man schließlich die unterschiedlichen, aggregierten Aktivitätenprofile der Abgeordneten aus den verschiedenen Mitgliedsstaaten zeichnen sich gewisse Muster ab. Deutliche Ähnlichkeiten zeigen sich in den Profilen der Abgeordneten aus Spanien und Italien, wo parlamentarische Anfragen sowie Anträge an die eigene Regionalregierung am häufigsten zur Anwendung kommen, dicht gefolgt von Anträgen auf Debatte, während Anträge an das

nationale Parlament (zweite Kammer) und vor allem Subsidiaritätsstellungnahmen eine nachgeordnete Rolle spielen dürften. Berücksichtigt man, dass die Regionalparlamentarier:innen in Frankreich
weder einen Antrag an das nationale Parlament stellen noch an der
Subsidiaritätskontrolle teilnehmen können, reiht sich Frankreich
ebenfalls in diese Gruppe ein, ebenso wie Polen, wo die Abgeordneten zwar Anträge an das nationale Parlament richten können, jedoch
keine parlamentarischen Anfragen stellen oder am EWS teilnehmen
können.

*Abbildung 1: Nutzungshäufigkeit parlamentarischer europapolitischer Ak-
tivitäten (aggregierte Mittelwerte je Aktivität & Mitgliedstaat; Skala 0-9)*

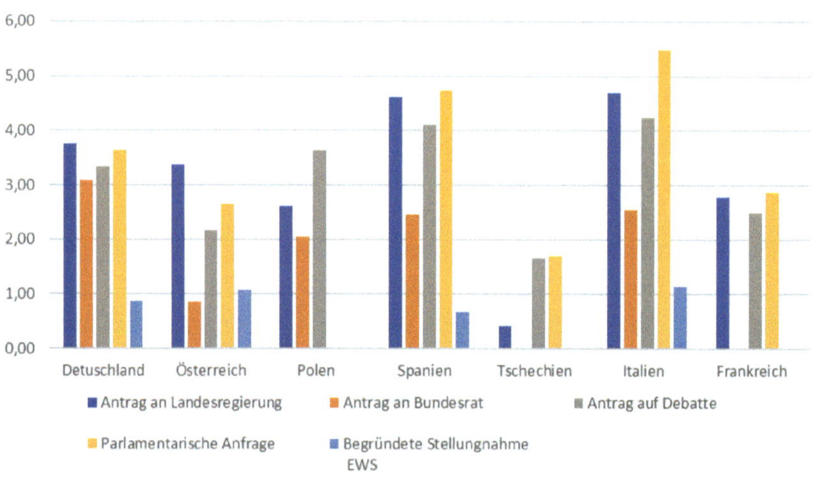

Quelle: Eigene Zusammenstellung.

Ähnlichkeiten bestehen auch zwischen Deutschland und Österreich: Mit der Ausnahme, dass Anträge an den Bundesrat in
Deutschland weit wichtiger sind als in Österreich, zeigen sich Parallelen in der Reihung der Aktivitäten, mit der häufigsten Nutzung
von Anträgen an die Landesregierung, gefolgt von parlamen-

tarischen Anfragen und Anträgen auf Debatte, während Subsidiaritätsstellungnahmen auch hier nur eine marginale Rolle spielen und die Nutzung der übrigen Instrumente in Deutschland weit ausgewogener scheint als in Österreich.

In Tschechien stehen den Abgeordneten, analog zu Frankreich, nur drei der fünf untersuchten parlamentarischen Instrumente in EU-Angelegenheiten zu Verfügung. Das Aktivitätenniveau dürfte hier insgesamt am niedrigsten und auf Instrumenten mit primär kommunikativer bzw. informativer Funktion fokussiert sein.

4.2 Außerparlamentarische Arena

Im Arbeitsalltag regionaler Abgeordneter gibt es neben der eigentlichen politischen Arbeit im Parlament eine Reihe von Tätigkeiten, die sich in der Öffentlichkeit bzw. im eigenen Wahlkreis, der eigenen Partei oder auch im Rahmen passiver Medienarbeit abspielen. Die Bedeutung von derlei Tätigkeiten zur Erreichung der eingangs genannten strategischen Ziele der Abgeordneten ist nicht zu unterschätzen: Die Wiederaufstellung zur Wahl durch die eigene Partei verlangt womöglich interne Parteiarbeit, die Wiederwahl aktive Wahlkampfbeteiligung sowie den Dialog mit der Bevölkerung und den Besuch öffentlicher Veranstaltungen auch außerhalb von Wahlkampfzeiten etc. Schließlich sind Tätigkeiten zu Informationszwecken, wie der persönliche Nachrichtenkonsum oder die Teilnahme an Veranstaltungen, womöglich wichtig für die eigene parlamentarische Arbeit.

Abbildung 2 zeigt die Häufigkeit in der Nutzung der erhobenen außerparlamentarischen europapolitischen Aktivitäten. Da zwischen den Abgeordneten aus unterschiedlichen Mitgliedstaaten nur geringe Unterschiede bestehen, werden die aggregierten Ergebnisse für das Nutzungsniveau sämtlicher Abgeordneter je Aktivität gezeigt. Als häufigste europapolitische Aktivität jenseits der eigentlichen Parlamentsarbeit erweist sich der Nachrichtenkonsum, gefolgt von aktivem Wahlkampf, dem Dialog mit Bürgerinnen und Bürgern sowie dem Besuch öffentlicher Veranstaltungen zu europapolitischen Themen. Eine geringere Rolle in europapolitischen Belangen spielen demgegenüber die interne Parteiarbeit sowie die passive Teilnahme an Veranstaltungen.

Abbildung 2: Nutzungshäufigkeit außerparlamentarischer europapolitischer Aktivitäten (aggregierte Mittelwerte je Aktivität & Mitgliedstaat; Skala 0-9)

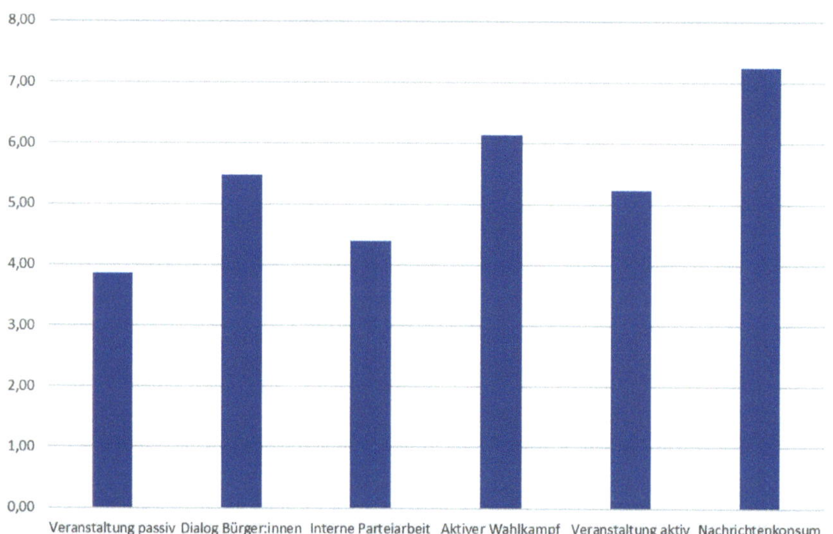

Quelle: Eigene Zusammenstellung.

4.3 Vergleich nach Arenen

Im letzten Schritt der explorativen Analyse wollen wir die aggregierten Aktivitäten der Abgeordneten innerhalb und außerhalb der parlamentarischen Arena und zwischen den Mitgliedsstaaten vergleichen. Dazu berechnen wir aus den oben präsentierten Mittelwerten für jede einzelne Aktivität einen gesamten Indikator für jeweils die parlamentarischen sowie die außerparlamentarischen Aktivitäten. Auch wenn die einzelnen parlamentarischen Tätigkeiten zwischen den Ländern in der Praxis eine leicht unterschiedliche Form oder Bedeutung haben und nicht in allen Mitgliedstaaten das volle

Spektrum der fünf untersuchten Instrumente verfügbar ist, ist ein Ländervergleich mittels Aggregation der jeweiligen Mittelwerte möglich und zulässig. Abbildung 3 zeigt die Verteilung und Höhe der zwei Indikatoren über die von unserer Untersuchung umfassten EU-Mitgliedsstaaten hinweg.

Abbildung 3: Vergleich der europapolitischen Aktivitäten in der parlamentarischen & außerparlamentarischen Arena nach Mitgliedstaat (Skala 0-9)

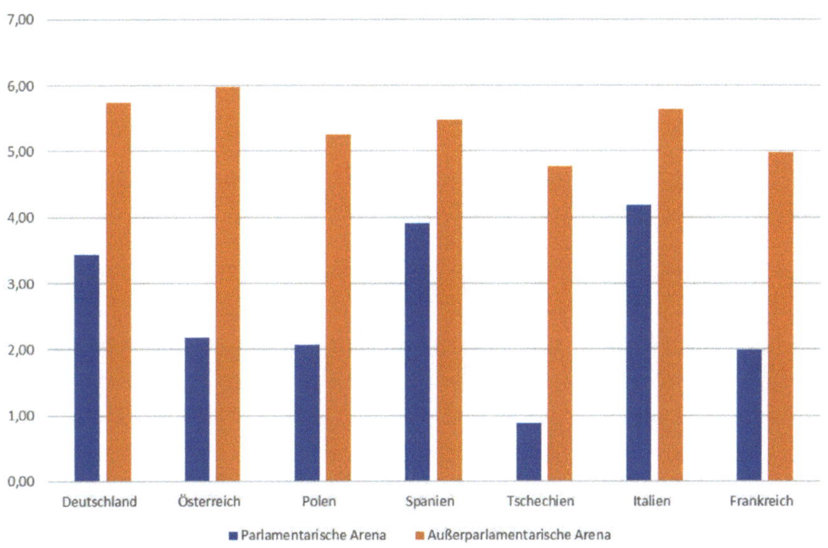

Quelle: Eigene Zusammenstellung.

Wie deutlich wird, liegt das Ausmaß der außerparlamentarischen Aktivität in allen Mitgliedsstaaten über dem der parlamentarischen Aktivität. Angesichts der nur begrenzten formellen bzw. institutionalisierten Einflusskanäle auf europäische Politikprozesse, die für Abgeordnete in Regionalparlamenten verfügbar sind, ist dies wenig überraschend. Trotz des doch beträchtlich variierenden institutionellen Kontextes (siehe oben) zeigen sich bei den außerparlamentarischen EU-bezogenen Aktivitäten zudem recht geringe Unterschiede zwischen den einzelnen Mitgliedstaaten. Allerdings weisen die Abgeordneten der föderalen bzw. regionalisierten Staaten (Deutschland, Österreich, Spanien, Italien) ein etwas höheres Aktivitätenniveau auf als jene aus stärker zentralisierten Staaten (Polen, Tschechien, Frankreich).

Wird der Blick auf die parlamentarischen Aktivitäten der Abgeordneten gerichtet, verschwindet dieses Muster: Ein vergleichsweise hohes Aktivitätsniveau zeigt sich dann nur mehr in Spanien und Italien, gefolgt von Deutschland, während das Niveau in Österreich, Polen und Frankreich praktisch gleichauf liegt und Tschechien als Ausreißer am unteren Ende betrachtet werden kann.

5 – EU-Aktivitäten geprägt durch institutionelle Gegebenheiten? Eine Gegenüberstellung

Das vorliegende Kapitel präsentierte die erste vergleichende Untersuchung EU-bezogener Aktivitäten von Abgeordneten aus den Regionalparlamenten in sieben EU-Mitgliedstaaten. Ausgangspunkt der explorativen Analyse war die theoriegeleitete Annahme, dass sich der institutionelle Kontext bzw. genauer der institutionalisierte politische Gestaltungsspielraum eines Regionalparlaments auch auf das Aktivitätsniveau der Abgeordneten in EU-Angelegenheiten auswirkt. Dies vor dem Hintergrund der eingangs diskutierten, zweifachen strukturellen Benachteiligung von Regionalparlamenten und ihren Abgeordneten in EU-Angelegenheiten, die wenig Anreiz für Regionalparlamentarier:innen erzeugt, sich europapolitisch zu engagieren. Da Regionen aber dennoch unwidersprochen massiv von europäischer Politik betroffen sind, kann ein solches Engagement aus Sicht der Abgeordneten dennoch zweckrational sein.

Die empirische Basis der Untersuchung bildet die REGIOPARL-Abgeordnetenbefragung, die mit den Angeordneten regionaler Parlamente aus sieben EU-Mitgliedstaaten durchgeführt wurde. Die ausgewählten Staaten repräsentieren unterschiedliche Dezentralisierungstypen (föderal, regionalisiert, zentralisiert), in denen Regionen und Regionalparlamenten ein unterschiedliches Ausmaß politischer Autonomie gewährt wird. Daraus ergeben sich auch Unterschiede in den institutionellen Rahmenbedingungen, aber auch konkreter europapolitischer Instrumente, die in den Regionalparlamenten der einzelnen Mitgliedstaaten für die Abgeordneten verfügbar sind. Der Vergleich dieses institutionellen Kontexts weist deutlich auf die teils großen Unterschiede in der generellen Stellung und Autonomie der Regionalparlamente in den verschiedenen Mitgliedstaaten sowie ihren Einflussmöglichkeiten auf europäische Politikprozesse hin: Im föderalen Deutschland und Österreich besteht jeweils eine besondere institutionelle Verbindung in die nationale Legislative; auch gibt es teils umfassende Befugnissen der Landtage mit Blick auf Regierungskontrolle und die Mitwirkung im Subsidiaritätsfrühwarnmechanismus der EU. Ähnlich viel Autonomie, allerdings teils mit geringerer Durchsetzungskraft in EU-Angelegenheiten, weisen Spanien und Italien auf. Demgegenüber haben die Regionalparlamente in den zentralisierteren Mitgliedstaaten Polen, Tschechien und Frankreich weit geringere Befugnisse und Zuständigkeiten. So fehlt ihnen etwa eine eigene Legislativkompetenz, weshalb sie auch nicht teilnahmeberechtigt am Verfahren zur Subsidiaritätskontrolle (EWS) sind.

Vergleicht man die institutionelle Ausgangslage mit den Ergebnissen unserer explorativen Analyse der europapolitischen Aktivitäten der Regionalparlamentarier:innen zeigt sich ein durchwachsenes Bild. Während manche aufgetretenen Muster nahezu ein ideales Abbild der institutionellen Rahmenbedingungen darstellen, deuten andere Ergebnisse auf intervenierende Erklärungen für das Ausmaß europapolitischer Aktivitäten der Abgeordneten hin. Ein Beispiel für ersteres stellen etwa die auf Mitgliedstaaten aggregierten Ergebnisse der außerparlamentarischen europapolitischen Aktivitäten dar, während das Bild bei den parlamentarischen Aktivitäten weniger kohärent ist. Plausibel vom institutionellen Kontext ableitbar scheint beispielsweise die im Vergleich große Bedeutung von Anträgen an den Bundesrat in Deutschland, ebenso wie die geringere Bedeutung dieses Instruments für österreichische Landtagsabgeordnete. Insgesamt zeigt sich auch, dass das allgemeine

Aktivitätsniveau der Abgeordneten in EU-Angelegenheiten aus den vermeintlich starken Regionalparlamenten Deutschlands und Österreichs unter den Erwartungen bleibt. Auch gibt es deutliche Unterschiede zwischen Polen und Frankreich auf der einen und Tschechien auf der anderen Seite, trotz ähnlich begrenzter institutioneller Rahmenbedingungen: Die befragten tschechischen Regionalparlamentarier:innen scheinen in geringerem Maß europapolitisch aktiv zu sein.

Für die nationale Ebene stellten Auel et al. (2015b) fest, dass ein Zusammenhang zwischen institutioneller Stärke und europapolitischer Aktivität auf nationaler Ebene nur im Bereich der Einflussnahme und Kontrollfunktion feststellbar sei, nicht jedoch bei Aktivitäten zum Zwecke europapolitischer Kommunikation. Dies lässt sich aus unserer Analyse der subjektiven Selbsteinschätzung der regionalen Abgeordneten durchaus bestätigen: Während die institutionell ‚starken' Regionalparlamentarier:innen Österreichs und Deutschlands, aber auch Italiens und Spaniens ihre Einfluss- und Kontrollmechanismen – insbesondere Anträge an die eigene Regionalregierung – häufig nutzen, sind diese bei Tschechien, Polen und Frankreich eher selten Teil des Handlungsspektrums der Abgeordneten. Insgesamt zeigt sich jedoch ein weitaus komplexeres Bild der Aktivitäten, was auf ein Zusammenspiel weiterer Faktoren jenseits rein institutionell abgeleiteter Erklärungen hindeutet – und die Notwendigkeit detaillierter Folgeuntersuchungen unterstreicht.

Literaturverzeichnis

Abels, G. (2015): No Longer Losers – Reforming the German Länder Parliaments in EU Affairs. In: Abels, G./Eppler, A. (Hrsg.), *Subnational Parliaments in the EU multilevel field. Taking Stock of the Post-Lisbon Era*, Wien: Studienverlag, S. 193-209.

Abels, G. (2017): Mandating – a likely scrutiny instrument for regional parliaments in EU affairs? *The Journal of Legislative Studies*, 23(2), 162-182.

Abels, G./Eppler, A. (2011): Auf dem Weg zum Mehrebenenparlamentarismus? In: Ebd. (Hrsg.), *Auf dem Weg zum Mehrebenenparlamentarismus? Funktionen von Parlamenten im politischen System der EU*, Baden-Baden: Nomos, S. 17-40.

Auel, K. (2009): ‚Servants of the People' or 'Masters of the Government'? Explaining Parliamentary Behaviour in EU Affairs, *Konferenzbeitrag, 11th Biennial Conference of the European Union Studies Association*, Los Angeles.

Auel, K./ Eisele, O./Kinski, L. (2018): What Happens in Parliament Stays in Parliament? Newspaper Coverage of National Parliaments in EU Affairs. *Journal of Common Market Studies*, 56 (3), 628-645.

Auel, K./Große Hüttmann, M. (2015): A Life in the Shadow? Regional Parliaments in the EU. In: Abels, G./Eppler, A. (Hrsg.), *Subnational Parliaments in the EU Multi-Level Parliamentary System. Taking Stock of the Post-Lisbon Era.* Foster Europe - International Studies Series (3). Innsbruck/Wien/Bozen: Studienverlag, S. 339-350.

Auel, K./Rozenberg, O./Tacea, A. (2015a): To Scrutinise Or Not To Scrutinise? Explaining Variation in European Activities Within National Parliaments. *West European Politics*, 38 (2), 282–304.

Auel, K./Rozenberg, O./Tacea, A. (2015b): Fighting Back? And if Yes, How? Measuring Parliamentary Strength and Activity in EU Affairs. In: Hefftler, C./Neuhold, C./Rozenberg, O./Smith, J. (Hrsg.), *The Palgrave Handbook of National Parliaments and the European Union*. London: Palgrave, S. 60-93.

Bauer, M. (2005): Europaausschüsse – Herzstück landesparlamentarischer Beteiligung in Angelegenheiten der Europäischen Union? In:

Europäisches Zentrum für Föderlismus-Forschung Tübingen (Hrsg.), *Jahrbuch des Föderalismus 2005. Föderalismus, Subsidiarität und Regionen in Europa*. Baden-Baden: Nomos, S. 632-647.

Benz, A./Zimmer, C. (2011): Germany: Varieties of Democracy in a Federal System. In: Hendriks, F./Lidström, A./Loughlin, J. (Hrsg.), *The Oxford Handbook of Local and Regional Democracy in Europe*. Oxford: Oxford University Press, S. 146–172.

Borońska-Hryniewiecka, K. (2017): Regional parliamentary empowerment in EU affairs. Building an analytical framework. *The Journal of Legislative Studies*, 23 (2), 144-161.

Bußjäger, P./Schramek, C. (2020): Föderalismus und Verfassung. In: Hermann, A.T./Ingruber, D./Perlot, F./Praprotnik, K./Hainzl, C. (Hrsg.), *Regional. National. Föderal. Zur Beziehung politischer Ebenen in Österreich*. Wien: Facultas, S. 29-42.

Castellà Andreu, J.-M./Kölling, M. (2015): Asymmetrical Involvement of Spanish Autonomous Parliaments in EU Affairs. In: Abels, G./Eppler, A. (Hrsg.), *Subnational Parliaments in the EU multilevel field. Taking Stock of the Post-Lisbon Era*. Wien: Studienverlag, S. 269-288.

Colino, C./Del Pino, E. (2011): Spain: The Consolidation of Strong Regional Governments and the Limits of Local Decentralization. In: Hendriks, F./Lidström, A./Loughlin, J. (Hrsg.), *The Oxford Handbook of Local and Regional Democracy in Europe*. Oxford: Oxford University Press, S. 356–383.

Congress of Local and Regional Authorities (2016): Local and regional democracy in France (Bericht): https://rm.coe.int/CoERMPublicCommonSearchServices/DisplayDCTMContent?documentId=090000168071a028 (aufgerufen am 31.12.2022).

Crum, B./Miklin, E. (2011): *Inter-Parliamentary Contacts of Members of the European Parliament. Report of a Survey*. RECON Online Working Papers Nr. 2011/08, ARENA Centre for European Studies.

Fallend, F. (2011): Austria: From Consensus to Competition and Participation? In: Hendriks, F./Lidström, A./Loughlin, J. (Hrsg.), *The Oxford Handbook of Local and Regional Democracy in Europe*. Oxford: Oxford University Press, S. 173–195.

Follesdal, A./Hix, S. (2006): Why There is a Democratic Deficit in the EU: A Response to Majone and Moravcsik. *Journal of Common Market Studies,* 44 (3), 533–62.

Fromage, D. (2016): *Regional parliaments and the early warning system: An assessment six years after the entry into force of the Lisbon treaty.* Working Paper Series, SOG-WP33/2016, Luiss School of Government.

Högenauer, A-L. (2017): Regional parliaments questioning EU affairs. *The Journal of Legislative Studies,* 23 (2), 183-199.

Högenauer, A-L./Abels, G. (2017): Conclusion: regional parliaments – a distinct role in the EU? *The Journal of Legislative Studies,* 23 (2), 260-273.

Hooghe, L./Marks, G./Schakel, A.H./Chapman Osterkatz, S./Niedzwiecki, S./Shair-Rosenfield, S. (2016): *Measuring Regional Authority. A Postfunctionalist Theory of Governance,* Volume I. Oxford: Oxford University Press.

Illner, M. (2011): The Czech Republic: Local Government in the Years after the Reform. In: Hendriks, F./Lidström, A./Loughlin, J. (Hrsg.), *The Oxford Handbook of Local and Regional Democracy in Europe,* Oxford: Oxford University Press, S. 505–527.

Kindermann, P. (2021): Assessing the Role of Regional Parliaments in the EU: Parliamentary Functions and Problems of Democratic Legitimacy. In: Abels, G. (Hrsg.): *From Takers to Shapers? Challenges for Regions in a Dynamic EU Polity.* Occasional Papers Nr. 43, Tübingen: Europäisches Zentrum für Föderalismus-Forschung Tübingen, S. 45–71.

Kropp, S./Buzogány, A. (2016): Europäisierung informaler Regierungskontrolle: Informationsgewinnung im deutschen, schwedischen und ungarischen Parlament. *Zeitschrift für Politikwissenschaft (ZPol),* 26 (1), 215-230.

Ladrech, R. (2015): Europeanization and Subnational Parliaments: A Research Perspective. In: Abels, G./Eppler, A. (Hrsg.), *Subnational Parliaments in the EU Multi-Level Parliamentary System: Taking Stock of the Post-Lisbon Era,* Innsbruck: Studien-Verlag, S. 77-89.

Meyer, S./Wolf, M. (2022a): Getting involved despite obstacles? Regional MPs' cooperation efforts in EU affairs. *Paper präsentiert bei der ECPR General Conference,* 22-26 August 2022, Innsbruck.

Meyer, S./Wolf, M. (2022b): The Politicization of EU Issues in Sub-state Parliaments: Europeanization, Party Politics, or Regional Context? *Paper präsentiert bei den 9th European Workshops in International Studies, 6.-9. Juli 2022, Thessaloniki.*

Meyer, S./Wolf, M. (im Erscheinen): Wer mit wem wie oft? Europapolitische Kontakte österreichischer Landtagsabgeordneter. *Österreichische Zeitschrift für Politikwissenschaft.*

Meyer, S./Wolf, M./Reimers, P. (2022): Getting involved in EU affairs? Regional parliaments' participation in the EWS. *Paper präsentiert bei der 11th Biennial Conference of the ECPR Standing Group on the European Union, 10.-12. Juni, Rom.*

Miklin, E. (2015a): Towards a More Active Role in EU Affairs: Austrian State Parliaments After Lisbon. In: Abels, G./Eppler, A. (Hrsg.): *Subnational Parliaments in the EU Multi-Level Parliamentary System: Taking Stock of the Post-Lisbon Era,* Innsbruck: Studien-Verlag, S. 157-173.

Miklin, E. (2015b): The Austrian Parliament and the Affairs: Gradually Living Up to Its Legal Potential. In: Heffler, C./Neuhold, C./Rozenberg, O./Smith, J. (Hrsg.), *The Palgrave Handbook of National Parliaments and the European Union,* London: Palgrave Macmillan, S. 389-405.

Nicolini, M. (2015): The New Italian Framework for Regional Involvement in EU Affairs – Much Ado and Little Outcomes. In: Abels, G./Eppler, A. (Hrsg.): *Subnational Parliaments in the EU multilevel field. Taking Stock of the Post-Lisbon Era,* Wien: Studienverlag, S. 233-250.

Patzelt, W. (2003): Institutionalität und Geschichtlichkeit von Parlamenten. Kategorien institutioneller Analyse. In: Ebd. (Hrsg.), *Parlamente und ihre Funktionen. Institutionelle Mechanismen und institutionelles Lernen im Vergleich.* Wiesbaden: Westdeutscher Verlag, S. 50-118.

Patzelt, W. (2015): Changing parliamentary roles – what does this mean for subnational parliaments and European integration? In: Abels, G./Eppler, A. (Hrsg.), *Subnational parliaments in the EU multi-level parliamentary system: taking stock of the post-Lisbon era,* Innsbruck/Wien: Studienverlag, S. 327–341.

Pazos-Vidal, S. (2019): *Subdidiarity and EU Multilevel Governance. Actors, Networks and Agendas.* London/New York: Routledge.

Piattoni, S./Brunazzo, M. (2011): Italy: The Subnational Dimension to Strengthening Democracy Since the 1990s. In: Hendriks, F./Lidström, A./Loughlin, J. (Hrsg.), *The Oxford Handbook of Local and Regional Democracy in Europe*. Oxford: Oxford University Press, S. 331–355.

Praprotnik, K. (2022): Das Parlament: Nationalrat und Bundesrat. In: Praprotnik, K./Perlot, F. (Hrsg.), *Das politische System Österreichs. Basiswissen und Forschungseinblicke*. Wien: Böhlau, S. 157-185.

Raunio, T. (1999): Always One Step Behind? National Legislatures and the European Union. *Government and Opposition,* 34 (2), 180-202.

Schneider, E. (2013): *It's the Individual, not the Context! German Regional Parliamentarians and European Politics*. Dissertationsschrift, Mannheim: Universität Mannheim.

Schneider, E./Rittberger, B./Wonka, A. (2014): Adapting to Europe? Regional MPs' Involvement in EU Affairs in Germany. *Regional & Federal Studies,* 24 (4), 407-427.

Shair-Rosenfield, S./Schakel, A.H./Niedzwiecki, S./Marks, G./Hooghe L./Chapman-Osterkatz, S. (2021): Language difference and regional authority. *Regional & Federal Studies,* 31 (1), 73–97.

Strøm, K. (1997): Rules, Reasons and Routines: Legislative Roles in Parliamentary Democracies. *Journal of Legislative Studies,* 3 (1), 155-174.

Palau, A. (2021): Attention to EU Affairs in the Spanish Parliament: The Role of Credit-Claiming and Issue Saliency Strategies. *Parliamentary Affairs,* 74 (1), 180–205.

Swianiewicz, P. (2011): Poland: Europeanization of Subnational Governments. In: Hendriks, F./Lidström, A./Loughlin, J. (Hrsg.), *The Oxford Handbook of Local and Regional Democracy in Europe*. Oxford: Oxford University Press, S. 480–504.

Tatham, M. (2008): Going Solo. Direct Regional Representation in the EU. *Regional & Federal Studies,* 18 (5), 493-515.

Tatham, M. (2010): 'With or without you'? Revisiting territorial state-by-passing in EU interest representation. *Journal of European Public Policy,* 17 (1), 76-99.

Tatham, M. (2011): 'Devolution and EU policy-shaping: bridging the gap between multi-level governance and liberal intergovernmentalism'. *European Political Science Review,* 3 (1), 53-81.

Vara Arribas, G. (2015): The early warning system in motion: Comparing different practices in subnational parliaments. In: Abels, G./Eppler, A. (Hrsg.), *Subnational Parliaments in the EU Multi-Level Parliamentary System. Taking Stock of the Post-Lisbon Era.* Innsbruck: Studien-Verlag, S. 127-144.

Vara Arribas, G./Högenauer, A.-L. (2015): Legislative Regions after Lisbon: A New Role for Regional Assemblies? In: Hefftler, C./Neuhold, C./Rozenberg, O./Smith, J. (Hrsg.): *The Palgrave Handbook of National Parliaments and the European Union.* Hampshire: Pallgrave Macmillan, S. 133-149.

Vis, B./Stolwijk, S. (2021): Conducting quantitative studies with the participation of political elites: best practices for designing the study and soliciting the participation of political elites. *Quality & Quantity,* 55, 1281–1317.

Europapolitische Netzwerke regionaler Parlamentsabgeordneter: Einblicke aus sieben Mitgliedstaaten

Sarah Meyer & Mario Wolf

Regionalparlamente und ihre Abgeordneten verfügen nur über sehr begrenzte Einflussmöglichkeiten auf europäische Politiken – es mangelt ihnen an institutionalisierten Mitwirkungs- und Mitbestimmungskanälen sowohl auf der europäischen Ebene als auch vielfach in der innerstaatlichen Koordinierung der europapolitischen Positionierung nationaler Regierungen. Auch die mit dem Vertrag von Lissabon erfolgte Einführung des Frühwarnmechanismus (*Early Warning System*, EWS) zur Subsidiaritätskontrolle, an dem bestimmte Regionalparlamente beteiligt werden können (Vara Arribas/Högenauer 2015; Fromage 2016; Borońska-Hryniewiecka 2017a), ändert nichts an diesem Befund. Dennoch ist EU-Politik für die regionale politische Ebene, und damit auch für ihre direkt gewählten politischen Vertreter:innen, von erheblicher Bedeutung: EU-Recht wird vielfach von den Regionen implementiert und wichtige EU-Förderprogramme adressieren die regionale Ebene bzw. erfordern die Zusammenarbeit regionaler mit nationalen und europäischen Akteuren, um EU-Mittel für die Region abgreifen zu können (Abels/Battke 2019: 2).

Gerade in einem Setting fehlender formalisierter Einflusskanäle rückt die Bedeutung informeller Wege zur politischen Einflussnahme, aber auch zur Informationsbeschaffung in den Vordergrund. Gestützt auf Daten aus der REGIOPARL-Abgeordnetenbefragung (siehe dazu auch Wolf/Meyer in diesem Band) untersucht dieses Kapitel daher die europapolitischen Kontakte regionaler Parlamentsabgeordneter mit anderen institutionellen Akteuren. Wir analysieren die Häufigkeit, mit der die verschiedenen Akteure von den Abgeordneten kontaktiert werden, und identifizieren unterschiedliche Netzwerkstrategien der Parlamentarier:innen mit Blick auf den Zweck der jeweiligen Kontakte, gestützt auf eine explorative Clusteranalyse unserer Daten.

Kontakte und Netzwerke zu anderen politischen Akteuren aufzubauen ist eine allen Abgeordneten offenstehende Option, ihre Interessen in europapolitischen Angelegenheiten voranzubringen (Auel 2009) – und wichtige Informationen zu EU-Programmen und -Vorhaben einzuholen. Viele Regionalparlamente verfügen zwar über institutionalisierte Informationsrechte und -kanäle, wichtig ist aber vor allem die so genannte „politics information" (Kropp/Buzogany 2016: 227), d.h. politisch bereits bewertete Informationen. Für die Abgeordneten ist dies eine wichtige Ressource – gerade in EU-Angelegenheiten, die nicht zur Kernkompetenz von Regionalparlamenten zählen. Die Netzwerkarbeit lohnt, wenn andere Akteure über derlei „politics information" verfügen. Auch ist sie eine Voraussetzung, wenn regionale Parlamente bzw. ihre Abgeordneten in EU-Politikprozessen eine *Akteurs*position einnehmen möchten (Abels/Eppler 2011: 27). Aus Sicht der Abgeordneten regionaler Parlamente ist es daher rational, auf informelle Instrumente zurückzugreifen, um ihre bzw. die Interessen ihrer Region in europapolitischen Angelegenheiten voranzubringen und, gleichsam als Voraussetzung für letzteres, Informationen einzuholen.

Das Kapitel gliedert sich wie folgt. Der nächste Abschnitt gibt einen kurzen Einblick in den Forschungsstand zu Regionalparlamenten – und ihren Netzwerk- und Kooperationsaktivitäten – im EU-Kontext. Danach skizzieren wir die methodische Vorgangsweise unserer nachfolgenden empirischen Analyse. Die Ergebnisse werden anschließend in zwei Schritten vorgestellt: Zunächst folgt eine deskriptive Darstellung der Häufigkeiten und Verteilung europapolitischer Kontakte in den ausgewählten Mitgliedstaaten. Daran anschließend präsentieren wir die Ergebnisse unserer Clusteranalyse und vergleichen die identifizierten Netzwerkstrategien mit dem institutionellen Kontext, in den die Kontaktaktivitäten der

Abgeordneten aus den unterschiedlichen Regionen bzw. Mitgliedstaaten eingebettet sind. Das Fazit fasst die zentralen Erkenntnisse der Analyse zusammen und identifiziert Anknüpfungspunkte für künftige Forschung.

1 – Regionalparlamente und EU-Forschung

1.1 Vom Kollektivakteur zur Individualebene

Nachdem sich die Wissenschaft seit den 1990er Jahren intensiv mit der Reaktion nationaler Parlamente auf die mit der fortschreitenden EU-Integration einhergehenden Herausforderungen befasste, sind Regionalparlamente erst in der letzten Dekade in den Fokus der Forschung gerückt. In den betreffenden Studien zeigt sich ein ähnliches Muster wie in der Forschung zu nationalen Parlamenten (siehe Auel et al. 2015; Auel/Tapio 2015), wenn auch mit zeitlicher Verzögerung: Zunächst lag der Fokus auf dem institutionellen Setting der Parlamente im EU-Kontext (Abels/Eppler 2016; Högenauer/Abels 2017), Regionalparlamente wurden primär als Kollektivakteure betrachtet. Die Mikroebene, also das Verhalten bzw. die Aktivitäten der einzelnen Abgeordneten, blieben dagegen weitgehend unberücksichtigt. Beleuchtet wurden insbesondere die Rahmenbedingungen, später auch die Nutzung des Frühwarnmechanismus (*Early Warning System*, EWS) zur Subsidiaritätskontrolle, der seit dem Vertrag von Lissabon neben den nationalen Parlamenten auch eine gewisse Rolle für bestimmte Regionalparlamente[1] vorsieht (Abels/Eppler 2015; Fromage 2016; Vara Aribas 2015; Borońska-Hryniewiecka 2017b; Abels/Högenauer 2018; Abels/Högenauer, Meyer et al. 2022). Auch wurde die Bedeutung interparlamentarischer Kooperation im Rahmen institutionalisierter Netzwerke diskutiert (Eppler 2011, 2016; Eppler/Maurer 2017; Crum 2015; Beyers/Donas 2014). Wie bei nationalen Parlamenten rückte

---

[1] Genauer: Regionalparlamente mit eigenen Legislativkompetenzen. Solche gibt es in den sieben EU-Mitgliedstaaten Deutschland, Österreich, Belgien, Spanien, Italien, Portugal und Finnland.

schließlich auch die tatsächliche Anwendung parlamentarischer Instrumente und Aktivitäten in den Forschungsfokus, etwa die Nutzung von *Mandating*-Mechanismen (Abels 2017) und parlamentarischer Anfragen (Högenauer 2017; Meyer/Wolf 2022; Palau 2021).

Ein weiterer Forschungsstrang widmet sich schließlich der Mikroebene, d.h. dem Verhalten bzw. den Aktivitäten der einzelnen Abgeordneten, und untersucht die Kontaktbeziehungen regionaler Abgeordneter zu anderen politischen und gesellschaftlichen Akteuren in europapolitischen Belangen (Schneider 2013; Scheider et al. 2014; Meyer/Wolf im Erscheinen; Wonka 2017; Wonka/Rittberger 2014; Meissner/Rosén 2021). Solche Kooperationsbeziehungen (Wonka/Haunss 2020) verstehen wir als einen nicht-institutionellen, informellen Weg für die Abgeordneten, sich in EU-Angelegenheiten zu engagieren – auch jenseits institutionalisierter Zugangsmöglichkeiten, wie etwa dem EWS zur Subsidiaritätskontrolle oder dem Standardrepertoire parlamentarischer Instrumente, wie Anträge oder Anfragen, die zum Teil nur bestimmten Regionalparlamenten zu Verfügung stehen (siehe Wolf/Meyer in diesem Band). Wir argumentieren, dass informelle Netzwerke und Kontakte umso wichtiger sind, je schwächer die institutionalisierten Einflussmöglichkeiten ausfallen – wie dies in EU-Angelegenheiten für Abgeordnete regionaler Parlamente der Fall ist.

1.2 Zur Bedeutung europapolitischer Kontakte und Netzwerke für Abgeordnete der regionalen Ebene

Trotz begrenzter formaler Einfluss- und Kontrollmöglichkeiten kann es für subnationale Abgeordnete von erheblicher Bedeutung sein, ihre Regionalregierung in EU-Angelegenheiten zu kontrollieren und über aktuelle EU-Gesetzgebungsvorhaben und -Förderprogramme umfassend informiert zu sein. Dies liegt daran, dass die EU-Politik für die Regionen von großer Bedeutung ist: Nicht nur müssen zahlreiche EU-Gesetze auf regionaler Ebene übernommen bzw. angewendet werden, sondern es geht auch um umfängliche EU-Finanzinstrumente, von denen die Regionen finanziell profitieren können (Abels/Battke 2019: 2). Aus Sicht der einzelnen

Abgeordneten ist es daher sinnvoll, auch auf informelle Instrumente zurückzugreifen, um ihre Interessen in europapolitischen Fragen durchzusetzen. Der Aufbau von Kontakten und Netzwerken mit anderen politischen Akteuren ist eine Option, die allen Abgeordneten offensteht (vgl. Auel 2009). Zwar verfügen viele Regionalparlamente über institutionalisierte Informationsrechte und -kanäle, wichtig ist aber vor allem sogenannte „politics information" (Kropp/Buzogany 2016: 227), d.h. „Informationen, die bereits politisch bewertet sind, also nicht erst noch aufwendig zu verarbeitende spezialisierte Expertise beinhalten" (ebd.). Dies stellt gerade in EU-Angelegenheiten eine wichtige Ressource für Abgeordnete dar, „weil sie angesichts knapp bemessener Entscheidungsfristen oft selbst keine intensive Informationsverarbeitung (...) vornehmen können und sie auf eine Einordnung und Bewertung von Informationen durch Dritte Bezug nehmen müssen" (ebd.: 229). Wenn andere Akteure die Parlamentarier:innen mit solchen Informationen versorgen können, lohnt sich die Vernetzung zusätzlich zu anderen Informationsquellen, „um im zeitlich eng geschnittenen Korsett des europäischen Politikzyklus Kontrolle gegenüber der Exekutive ausüben zu können" (ebd.).

Auch Abels und Eppler (2011: 27) weisen darauf hin, dass die Einbindung nationaler und regionaler Parlamente in europäische Governance-Prozesse das Netzwerken zwischen Parlamenten aber auch mit nicht-parlamentarischen Akteuren erfordere. Schließlich argumentiert Kropp (2010: 128), dass die Nutzung informeller Kanäle als Instrument in EU-Angelegenheiten mehrere Vorteile für die Abgeordneten mit sich bringen kann. Dazu zählen das Sammeln und Weiterleiten relevanter Informationen noch während laufender Agenda Setting-Prozesse auf EU-Ebene ebenso wie die gegenüber institutionalisierten Instrumenten größere Flexibilität und Zugänglichkeit informeller Netzwerke für zuvor nicht involvierte Akteure im Mehrebenenkontext (ebd.). Kropp (ebd.: 129) weist zudem auf die Bedeutung parlamentarischer Rollen für die Erklärung informeller Kontakte von Abgeordneten hin, indem sie die Rolle so genannter „EU policy experts" konzeptualisiert: Abgeordnete, die häufiger mit europäischen oder nationalen Akteuren in europapolitischen

Angelegenheiten interagieren und dadurch eine entsprechende Expertise entwickeln.[2]

Meyer und Wolf (im Erscheinen) konnten in ihrer Untersuchung österreichischer Landtagsabgeordnete zeigen, dass sich die europapolitischen Kontaktbeziehungen solcher „EU-ExpertInnen" tatsächlich von jenen anderer Abgeordneter unterscheiden: Sie sind, wenn auch in geringem Maß, aktiver in ihren europapolitischen Kontakten, vor allem aber unterscheidet sich ihr Netzwerk von jenem anderer Abgeordneter dadurch, dass sie weit mehr Kontakte mit auf der EU-Ebene angesiedelten Akteuren eingehen.

Während es mittlerweile zahlreiche Studien zur europapolitischen Vernetzung und den Kontaktbeziehungen für Abgeordnete nationaler Parlamente gibt (Miklin 2013; Wonka/Rittberger 2014; Wonka 2017; Norton 2019; Wonka/Haunss 2020; Kropp 2010), sind vergleichbare Aktivitäten von Landesparlamentariern und -parlamentarierinnen auf regionaler Ebene bislang weitgehend unerforscht geblieben. Neben Meyer und Wolf (im Erscheinen) bilden die Beiträge von Eppler (2011; 2015), Schneider (2013) und Schneider et al. (2014) eine Ausnahme, die sich am Beispiel Österreichs bzw. Deutschlands auf die subnationale Ebene konzentrieren. Eppler (2011; 2015) betrachtet die Parlamente als kollektive, institutionelle Akteure und untersucht die interparlamentarische Vernetzung auf der Ebene von Plattformen und geschaffenen Gremien sowie durch Ausschüsse, Parlamentspräsidenten/-präsidentinnen und auf der Verwaltungsebene. Im Gegensatz dazu konzentrieren sich Schneider (2013) und Schneider et al. (2014) auf die individuelle Ebene und präsentieren eine systematische Untersuchung der Kontaktbeziehungen deutscher Landtagsabgeordneter zu EU-Themen. Sie kommen zu dem Schluss, dass sich Unterschiede in den Kontaktbeziehungen durch Faktoren auf der individuellen Ebene erklären lassen, vor allem durch die Bedeutung, die eine Abgeordnete der EU

---

[2] Kropps (2010) Beitrag bezieht sich empirisch auf deutsche Bundestagsabgeordnete, die Konzeptualisierung von „EU policy experts" lässt sich jedoch auch auf Landesparlamentarier:innen übertragen.

beimisst und wie groß ihr eigener Einfluss auf EU-Gesetzgebungsvorhaben eingeschätzt wird. Sie betonen zudem die wichtige Rolle der politischen Parteien bei den Kontakten der Abgeordneten zu allen Ebenen: Deutsche Abgeordnete pflegen einen weitaus intensiveren Kontakt zu Kollegen und Kolleginnen aus der eigenen Partei als zu Mitgliedern anderer Parteien (Schneider et al. 2014: 416). Buzogány und Häsing (2017) befassen sich ebenfalls mit der interparlamentarischen Vernetzung der deutschen Landtage zu europäischen Themen, richten den empirischen Fokus aber nicht auf die Abgeordneten, sondern auf die Parlamentsverwaltung. Sie verweisen auf deren wichtige Funktion für die parlamentarische Kontrolle durch die Abgeordneten und auf die große Bedeutung der Vernetzung mit anderen Landesparlamenten auf politischer und administrativer Ebene.

Die Vernetzungsaktivitäten von Landtagsabgeordneten können von unterschiedlicher Natur sein und verschiedenen Zielen dienen: Sie können vertikal, d.h. mit einem politischen Akteur auf einer anderen Ebene, oder horizontal, d.h. mit anderen politischen Akteuren auf derselben politischen Ebene, sein (Eppler 2011); sie können sowohl parlamentarische als auch außerparlamentarische Akteure einbeziehen (Abels/Eppler 2011); und sie können der Informationsbeschaffung (als instrumentellem Zweck) oder der Einflussnahme bzw. dem gezielten Lobbying dienen (Norton 2019). Vor dem Hintergrund des Mehrebenencharakters der EU, der begrenzten formalen oder institutionalisierten Einflussmöglichkeiten der Regionalparlamente in EU-Angelegenheiten, der Informationsasymmetrie zwischen Regierungen und Parlamenten, die im Bereich der Europapolitik besonders ausgeprägt ist, und den begrenzten zeitlichen und personellen Ressourcen von Abgeordneten (erst recht in EU-Angelegenheiten, siehe Kropp/Buzogány 2016) erwarten wir, dass Abgeordnete eine Vielzahl unterschiedlicher Verhaltensmuster bei ihrer Vernetzung und Kontaktaufnahme verfolgen. Im empirischen Teil dieses Beitrags wollen wir diese Strategien auf der Grundlage einer Befragung unter Abgeordneten regionaler Parlamente in sieben verschiedenen europäischen Mitgliedstaaten untersuchen.

Zudem überprüfen wir, ob Abgeordnete aus Regionalparlamenten in Regionen mit mehr Autonomie bzw. besseren institutionalisierten Einflusskanälen in EU-Angelegenheiten aktiver in ihrer europapolitischen Vernetzung sind als jene aus schwächeren Regionen. Hierfür ziehen wir den im vorigen Kapitel (siehe Wolf/Meyer in diesem Band) präsentierten Vergleich des institutionellen Kontextes der Regionalparlamente in den sieben EU-Mitgliedstaaten für unsere Analyse heran. Demnach würden wir häufigere und intensivere Kontakte der Abgeordneten aus dem föderalen Deutschland und Österreich sowie dem regionalisierten Spanien und quasi-föderalen Italien im Vergleich mit den Abgeordneten aus den stärker zentralisierten Staaten Polen, Frankreich und Tschechien erwarten.

2 – Datengrundlage und Operationalisierung

Die empirische Analyse zu den europapolitischen Kontakten der Abgeordneten regionaler Parlamente stützt sich auf Daten der REGIOPARL-Abgeordnetenbefragung, die in Wolf/Meyer (in diesem Band) näher beschrieben wurde. Grundlage dieses Kapitels ist der Fragekomplex zu den Kooperationsbeziehungen der Abgeordneten. Abgefragt wurden die Häufigkeit und der Zweck der Kontakte mit 15 vorgegebenen Akteuren, angesiedelt auf unterschiedlichen territorialen Ebenen (lokal/regional, national, europäisch). In die nachfolgende Analyse werden von der Liste aller abgefragten Akteure nur politisch-institutionelle Akteure aufgenommen. Dies, da davon ausgegangen werden kann, dass die Kontakte mit den übrigen Akteuren (Organisationen der Zivilgesellschaft, Medien etc.) andere Zwecke erfüllen als jene mit Repräsentanten politischer Institutionen und staatlicher Behörden. Für die übrigen zehn Akteure (siehe Tabelle 1) wurde jeweils in einem ersten Schritt erfragt, wie häufig der/die Abgeordnete mit diesem Akteur in Kontakt getreten ist, um politische Prozesse in der EU im Interesse der eigenen Region zu beeinflussen. Die Befragten waren gebeten, auf einer fünfstufigen Skala zu antworten, die Antwortoptionen lauteten „nie", „selten", „manchmal", „oft" oder „sehr oft". Um die Gesamthäufigkeit der europapolitischen Kontakte der Abgeordneten zu bewerten, wurden den fünf Antwortoptionen Punkte zwischen null („nie") bis 4 („sehr oft") zugewiesen. Die Werte für jeden abgefragten Akteur wurden für jede Abgeordnete zu einem additiven Indikator kumuliert. Um fehlende Angaben auszugleichen und die Interpretation des Indikators zu vereinfachen, wurde dieser anschließend standardisiert, sodass der Kontaktindikator jedes/jeder Abgeordneten schließlich einen Wert zwischen 0 und 1 aufweist.

In einem zweiten Schritt wurde abgefragt, zu welchem Zweck die Abgeordneten diese Kontakte eingehen, wobei den Befragten vier Antwortoptionen zu Verfügung standen und Mehrfachnennungen erlaubt waren. Zwei der abgefragten Zwecke betreffen den Umgang mit Informationen, konkret den *Erhalt* und die *Weitergabe von Informationen*; die zwei übrigen widmen sich der Einflussnahme, nämlich die *Durchsetzung* und die *Weiterleitung von Anliegen*. Jeder Antwort wurde der Wert 1 zugeordnet, wenn der/die Befragte angab, zu diesem bestimmten Zweck mit dem jeweiligen Akteur in Kontakt gewesen zu sein, anderenfalls wurde der Wert 0 vergeben.

Nach annähernd derselben Logik wie bei der oben beschriebenen Häufigkeitsmessung wurde für jeden Akteur und jeden Zweck ein Indikator gebildet, indem die Punktzahlen der beiden ersten Antwortmöglichkeiten zu einem *informationsbezogenen* Indikator und die anderen beiden zu einem *einflussbezogenen* Indikator für jede Abgeordnete je Akteur addiert. Die Werte dieser beiden Indikatoren wurden dann für jede Abgeordnete addiert und durch die jeweilige Anzahl der Akteure auf einen Wert zwischen 0 und 1 geteilt, um für jede Befragte einen informations- und einen einflussbezogenen Indikator für die jeweilige Regierungsebene zu erhalten.[3] Tabelle 1 zeigt die Zusammensetzung jedes dieser Indikatoren. Anders ausgedrückt: Mit jedem Indikator wurde gemessen, ob der/die Befragte in der Regel beispielweise mit Akteuren der regionalen Ebene

---

[3] Dieses Verfahren erfolgte separat immer für all jene Kontaktakteure der europäischen, nationalen und lokalen/regionalen Ebene (siehe Tabelle 1).

zusammenarbeitet, in der Hoffnung, in EU-Angelegenheiten Einfluss nehmen zu können.

Im letzten Schritt führten wir eine dreistufige Clusteranalyse unter Verwendung der sechs resultierenden Indikatoren durch, um zu analysieren, ob die Abgeordneten bei der Nutzung ihres mehrstufigen Netzwerks unterschiedliche Strategien verfolgen. Zunächst führten wir ein *Single-Linkage Clustering* durch, um mögliche Ausreißer in der Stichprobe zu beseitigen. Anschließend folgte ein *Ward's-Linkage Clustering*, um eine Lösung mit vier Gruppen zu erhalten. Schließlich spezifizierten wir mit Hilfe des *k-means Clustering* die vier Gruppen und wiesen sie jedem Abgeordneten bzw. jeder Abgeordneten in unserer Stichprobe zu.

Tabelle 1: Zusammensetzung der Indikatoren zur Messung der Kontaktzwecke der Abgeordneten in euroapolitischen Angelegenheiten

Informationsbezogenene Zwecke (Erhalt & Weiterleitung von Informationen)		Einflussbezogene Zwecke (Durchsetzung & Weiterleitung von Anliegen)	
Lokale/regionale Ebene	Regionale Administration	**Lokale/regionale Ebene**	Regionale Administration
	Gemeindevertreter Regionalregierung Regionale Parlamente in anderen EU-Staaten Regionale Parlamente im eigenen Staat		Gemeindevertreter Regionalregierung Regionale Parlamente in anderen EU-Staaten Regionale Parlamente im eigenen Staat
Nationale Ebene	Nationale Regierung Nationales Parlament	**Nationale Ebene**	Nationale Regierung Nationales Parlament
Europäische Ebene	Europäische Kommission Europäisches Parlament Europäischer Ausschuss der Regionen Regionalvertretung in Brüssel	**Europäische Ebene**	Europäische Kommission Europäisches Parlament Europäischer Ausschuss der Regionen Regionalvertretung in Brüssel

Quelle: Eigene Zusammenstellung.

3 – Empirische Befunde

3.1 Europapolitische Kontakte der Regionalparlamentarier:innen: deskriptive Befunde im Ländervergleich

Wir beginnen mit unserer empirischen Analyse, indem wir einige deskriptive Befunde für das Kooperationsverhalten der Abgeordneten und den erklärten Zweck ihrer Interaktionen aus einem vergleichenden Blickwinkel liefern. Die Vernetzungsaktivität der Abgeordneten in EU-Angelegenheiten ist insgesamt eher gering, was mit früheren Ergebnissen übereinstimmt (Schneider et al. 2014): Die Mittelwerte für alle Kontaktakteure liegen (bei einem Maximalwert des Indikators von 1) zwischen 0,24 und 0,4.

Beim Vergleich der Länderdurchschnitte sind zwei Beobachtungen hervorzuheben: Erstens liegen die Länderdurchschnitte der Akteure recht nahe beieinander. Zweitens, und anders als von uns erwartet, weist Spanien eine eher niedrige Kontaktquote unter den Akteuren auf, während wir erwartet hatten, dass Polen aufgrund der unterschiedlichen institutionellen Kapazitäten der Regionalparlamente, die sich aus der verfassungsmäßigen Architektur Polens als Einheitsstaat ergeben, näher an den Werten von Frankreich und Tschechien (deren Regionalparlamente eine ähnliche Stellung haben) liegen würde.

Im Durchschnitt wurde jeder Akteur von 73% der an unserer Umfrage teilnehmenden Abgeordneten kontaktiert. Dies führt uns zu der Einschätzung, dass, obwohl die Häufigkeit der Zusammenarbeit insgesamt eher gering ist, die Vielfalt der Akteure, mit denen regionale Abgeordnete in EU-Angelegenheiten interagieren, relativ hoch ist. Zum Beispiel besteht selbst mit den am wenigsten kontaktierten Akteuren, den Mitgliedern der Europäischen Kommission, bei immerhin 45% der Abgeordneten Kontakt.

Anders stellt sich Bild dar, wenn nur jene Abgeordneten herangezogen werden, die angaben, (sehr) oft mit einem bestimmten Akteur Kontakt zu haben (siehe Tabelle 2). In diesem Fall wurde jeder Akteur im Durchschnitt von nur mehr 21% der regionalen

Abgeordneten kontaktiert. Zu den Akteuren, mit denen der größte Anteil der Abgeordneten regelmäßig zusammenarbeitet, gehören die Regionalregierung (an der Spitze der Liste), Vertreter der lokalen Ebene und die öffentliche Verwaltung der jeweiligen Region.

Während diese Reihenfolge in Österreich, Deutschland, Spanien, Italien und Frankreich zu beobachten ist, stehen in Polen und Tschechien lokale Gemeindevertreter an der Spitze der Liste. Dies ist nicht überraschend, da die Regionalverwaltung in der Verfassungsordnung dieser Länder als Einheitsstaat eine andere (und weitaus weniger wichtige) Rolle spielt als in den (quasi-)föderalen (Deutschland, Österreich und Italien) und dezentralisierten (Spanien) Staaten.

Tabelle 2: Anteil an Abgeordneten mit (sehr) häufigem Kontakt

Kontaktakteur	AT	DE	PL	ES	CZ	IT	FR
Europäische Kommission	3%	5%	5%	5%	0%	6%	5%
Regionalparlamente: andere EU-Staaten	3%	6%	5%	4%	2%	15%	6%
Regionalbüro in Brüssel	12%	15%	13%	11%	15%	6%	5%
Ausschuss der Regionen	16%	14%	10%	9%	3%	6%	10%
Bundesregierung	18%	13%	19%	10%	3%	18%	11%
Regionalparlamente: eigener Staat	19%	22%	13%	12%	9%	34%	19%
Nationales Parlament	20%	39%	23%	16%	6%	25%	7%
Europäisches Parlament	25%	30%	18%	21%	5%	21%	16%
Regionale Administration	43%	43%	39%	27%	34%	54%	44%
Gemeindevertreter:innen	46%	35%	52%	36%	39%	44%	29%
Landesregierung	51%	57%	36%	41%	33%	56%	45%
Mittelwert	23%	25%	21%	17%	14%	26%	18%
N	246	279	84	154	117	68	114

AT=Österreich, DE=Deutschland, PL=Polen, ES=Spanien, CZ=Tschechien, IT=Italien, FR=Frankreich.

Quelle: Eigene Zusammenstellung.

Vergleicht man den Anteil der Abgeordneten, die über (sehr) häufige Kontakte berichten, mit dem Kontaktindikator, der die Intensität aller (!) Kontakte zu einem bestimmten Akteur misst (siehe Tabelle 3), ergibt sich ein ähnliches Bild: Die Akteure der regionalen und lokalen Ebene stehen an der Spitze der Liste, gefolgt (in unterschiedlicher Reihenfolge) von den Abgeordneten des Europäischen

Parlaments, dem nationalen Parlament und anderen Regionalparlamenten desselben Mitgliedstaates. Letztere liegen unter dem Durchschnitt bezogen auf den Anteil der Abgeordneten mit (sehr) häufigem Kontakt, aber über dem Durchschnitt bezüglich der Intensität der Kontakte.

Tabelle 3: Kontaktindikator basierend auf sämtlichen Kontakthäufigkeiten (Skala 0-1)

Kontaktakteur	AT	DE	PL	ES	CZ	IT	FR
Europäischen Kommission	0,16	0,17	0,18	0,21	0,06	0,24	0,16
Regionalparlamente: andere EU-Staaten	0,24	0,24	0,22	0,21	0,16	0,25	0,21
Bundesregierung	0,36	0,32	0,34	0,30	0,19	0,33	0,22
Regionalbüro in Brüssel	0,29	0,33	0,26	0,25	0,09	0,26	0,23
Nationales Parlament	0,43	0,52	0,39	0,38	0,09	0,26	0,23
Ausschuss der Regionen	0,33	0,30	0,24	0,21	0,09	0,26	0,23
Europäisches Parlament	0,42	0,47	0,38	0,41	0,20	0,44	0,28
Regionalparlamente: eigener Staat	0,40	0,44	0,39	0,38	0,29	0,49	0,37
Gemeindevertreter:innen	0,57	0,47	0,60	0,51	0,51	0,53	0,42
Regionale Administration	0,55	0,54	0,52	0,44	0,47	0,61	0,52
Landesregierung	0,62	0,63	0,51	0,53	0,47	0,64	0,54
Mittelwert	0,40	0,40	0,37	0,35	0,24	0,39	0,31
N	246	279	84	154	117	68	114

AT=Österreich, DE=Deutschland, PL=Polen, ES=Spanien, CZ=Tschechien, IT=Italien, FR=Frankreich.

Quelle: Eigene Zusammenstellung.

Das nationale Parlament nimmt in Deutschland im Vergleich zu den anderen Mitgliedstaaten eine deutlich wichtigere Rolle als Kontaktakteur der regionalen Abgeordneten ein, bezogen sowohl auf die Häufigkeit als auch die Intensität der Kontakte. Da in unserem Fragebogen nicht zwischen erster und zweiter Kammer unterschieden wird (für diesen Akteur wurde der Begriff „nationales Parlament" verwendet), könnte dies auf die stärkere Stellung des deutschen Bundesrats im Vergleich zu den territorialen Parlamentskammern der anderen EU-Mitgliedstaaten zurückzuführen sein.

In allen Ländern liegt die nationale Regierung unter den Durchschnittswerten für den Anteil der Abgeordneten mit (sehr) häufigen Kontakten und die Kontaktintensität, ebenso wie der Europäische

Ausschuss der Regionen, die Regionalbüros in Brüssel, die Regionalparlamente der anderen EU-Mitgliedstaaten und die Mitglieder der Europäischen Kommission.

Forschende haben in der Vergangenheit eine mögliche Tendenz regionaler Akteure diagnostiziert, die nationale Ebene zu „umgehen", wenn sie in EU-Angelegenheiten tätig sind (für ein ähnliches Argument mit Blick auf subnationale Abgeordnete siehe Schneider et al. 2014). In Einklang mit neueren Forschungen zur regionalen Beteiligung an der EU-Politikgestaltung (Keating et al. 2015; Tatham 2011) spiegeln unsere Daten jedoch ein differenzierteres Muster wider, werden die Akteure nach territorialer Ebene betrachtet: Während Kontakte mit auf der europäischen Ebene angesiedelten Akteuren und Institutionen wie dem Europäischen Ausschuss der Regionen, Mitgliedern der Europäischen Kommission und den in Brüssel ansässigen Regionalbüros bei beiden Kontaktmaßen unter dem Durchschnitt liegen, scheinen Mitglieder des Europäischen Parlaments (MdEP) für regionale Abgeordnete wichtige Ansprechpartner zu sein: Mit Ausnahme von Polen und Tschechien liegen die Kontakte mit MdEP in allen anderen Fällen über dem Durchschnitt für beide Kontaktmaße.

Wenig überraschend zählen Akteure der regionalen Ebene zu den wichtigsten Kontakten (siehe oben), während die Rolle der nationalen legislativen und exekutiven Akteure von Land zu Land unterschiedlich ist. Anstatt also die nationale Ebene zu umgehen, scheinen sich die regionalen Abgeordneten in europapolitischen Belangen an Akteure und Institutionen auf allen territorialen Ebenen zu wenden, wahrscheinlich in Abhängigkeit von den bestehenden Zugangsmöglichkeiten und dem vermuteten Einflussbereich.

Betrachtet man die Intensität der Kontakte der regionalen Abgeordneten nach Akteuren, so ergibt sich ein interessantes Muster: In Deutschland, Österreich, Polen, Spanien und Italien liegen neben den wichtigen Akteuren der regionalen Ebene auch das nationale Parlament, die Abgeordneten des Europäischen Parlaments und andere Regionalparlamente desselben Mitgliedstaats allesamt oberhalb des Durchschnittswertes, in Tschechien und Frankreich trifft dies nur teilweise zu. Nichtsdestotrotz scheint die *interparlamentarische* Zusammenarbeit für die regionalen Abgeordneten in EU-Angelegenheiten von nicht zu vernachlässigender Bedeutung zu sein.

3.2 Netzwerkstrategien regionaler Abgeordneter

Die bisher vorgelegte empirische Analyse weist eine wesentliche Einschränkung auf: Indem sie das Verhalten einzelner regionaler Abgeordneter aggregiert, verdeckt sie die Herangehensweise des/der individuellen Abgeordneten an die Herausforderung, Einfluss auf und Zugang zu Informationen über europäische Themen zu erlangen, die es ihnen ermöglichen, die EU-Politik ihrer Regierung wirksam zu kontrollieren bzw. sich europapolitisch einzubringen. Daher untersuchen wir nun mittels Clusteranalyse die Strategien der einzelnen Abgeordneten mit Blick auf die angestrebten Ziele (d.h. Kontaktzwecke) ihrer europapolitischen Kooperationsnetzwerke.

Abbildung 1 zeigt die Ergebnisse dieser explorativen Analyse. Dargestellt sind die Mittelwerte unserer Indikatoren für den erklärten Zweck der Kontakte entlang der einzelnen Regierungsebenen und für die vier aus der Clusteranalyse resultierenden Gruppen. Die farblich ausgefüllten Balken stellen den Mittelwert jeder Gruppe für unseren Informationsindikator dar, während die aus waagrechten Linien bestehenden Balken den Mittelwert des Einflussindikators darstellen, jeweils für die Akteure der verschiedenen Regierungsebenen (unterschieden durch die Farbe des Balkens). Nach dem weiter oben dargelegten Analyseverfahren konnten wir schließlich vier Gruppen von Abgeordneten in unserer Stichprobe ausmachen, die sich in ihren Kontaktstrategien bei der Zusammenarbeit mit anderen Akteuren zu europäischen Themen deutlich unterscheiden. In Interpretation der Ergebnisse bezeichnen wir die erste Gruppe als

Regionalisten, die zweite als EU-Experten, die dritte als Informationssuchende und die vierte Gruppe als Einflusssuchende.[4]

Abbildung 1: Mittelwert der Indikatoren (Kontaktzwecke) über die Cluster

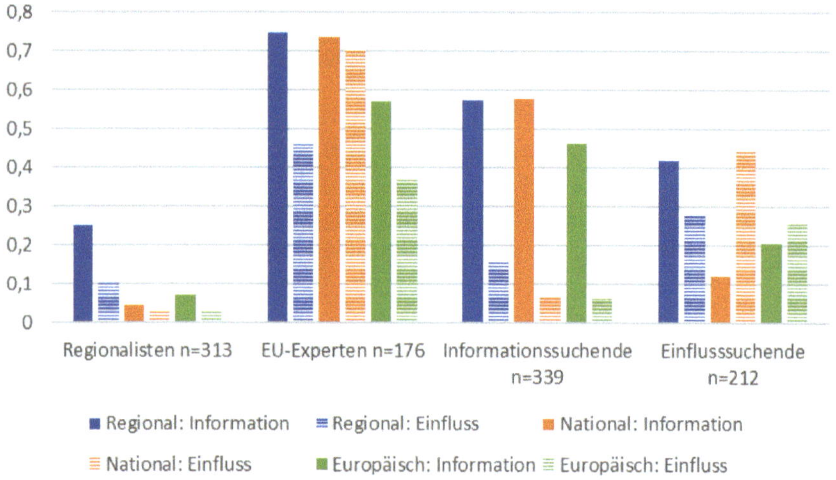

Quelle: Eigene Zusammenstellung.

Von den vier Gruppen, die sich aus unserer Clusteranalyse ergeben haben, ist die Gruppe der **Regionalisten** am wenigsten daran interessiert, sich in EU-Fragen zu engagieren, was sich in einer durchschnittlichen Kontaktintensität von 0,24 widerspiegelt. Wie in Abbildung 1 dargestellt, sind die primären Akteure, die sie ansprachen, um Informationen oder Einfluss zu gewinnen, auf regionaler Ebene angesiedelt. Alle anderen Akteure werden für beide Zwecke praktisch nicht kontaktiert. Offensichtlich sind die regionalen Abgeordneten dieser Gruppe in EU-Angelegenheiten nicht allzu aktiv, und wenn doch, dann wenden sie sich hauptsächlich an ebenfalls auf der regionalen Ebene angesiedelte Akteure. Es überrascht nicht, dass sich in dieser Gruppe der geringste Anteil (12%) von

---

[4] Wie in Clusteranalysen üblich, wurden diese Labels vom Autorenteam vergeben und sind als tentative Konzepte zu verstehen.

Abgeordneten findet, die Mitglieder im Europaausschuss ihres Regionalparlaments sind. Nach den Informationssuchenden ist dies mit 313 Abgeordneten die zweitgrößte Gruppe unseres Samples.

Im Gegensatz dazu weist die Gruppe der **EU-Experten** die höchste durchschnittliche Kontaktpunktzahl auf (0,49), und dies gilt auch für die Mittelwerte der angegebenen Zwecke für Akteure aller Regierungsebenen. Die am häufigsten genannten Ziele in dieser Gruppe sind die Suche nach Informationen über die europäische Politik bei regionalen und nationalen Akteuren. Wenn sie Einfluss nehmen wollen, wenden sie sich an das nationale Parlament und die Regierung – die innerstaatlich gewichtigsten europapolitischen Akteure. Allerdings werden von Abgeordneten dieser Gruppe Akteure auf europäischer Ebene (allen voran MdEP) weit häufiger mit Anliegen zur Information und Einflussnahme adressiert als von jenen der anderen drei Gruppen. Wenig überraschend ist diese Gruppe mit 176 Abgeordneten die kleinste in der Stichprobe. Überraschender ist demgegenüber, dass der Anteil von im Europaausschuss tätigen Abgeordneten in dieser Gruppe nicht wesentlich höher ist als in den beiden verbleibenden Gruppen.

Die dritte Gruppe der regionalen Abgeordneten bezeichnen wir als **Informationssuchende**, da ihr Hauptinteresse bei der Interaktion mit anderen Akteuren darin zu bestehen scheint, spezifische Informationen zu erhalten und weiterzuleiten. Sie sammeln Informationen von Akteuren des gesamten Mehrebenensystems, da der Indikator für den Informationsbedarf auf allen Ebenen annähernd gleich hoch ist. Vermutlich ist diese Gruppe von Abgeordneten vor allem daran interessiert, die Informationsasymmetrie gegenüber ihrer Regierung über informelle Kanäle abzubauen, während sie weniger versuchen, ihre Anliegen zu EU-Themen auch aktiv gegenüber anderen politischen Akteuren zu vertreten bzw. durchzusetzen. In Anbetracht des weiter oben beschriebenen Bedarfs an politisch bewerteten Informationen scheint diese Strategie eine logische Folge der gegebenen Rahmenbedingungen zu sein. Insofern ist es auch nicht verwunderlich, dass diese Gruppe mit 339 Abgeordneten die bei weitem größte Gruppe in unserer Stichprobe darstellt. Der durchschnittliche Kontaktwert für die Informationssuchenden liegt mit 0,37 sehr nahe am Gesamtdurchschnitt von 0,35. Zusammengenommen stellen diese Abgeordneten gleichsam den Regelfall in unserer Stichprobe dar.

Die vierte und letzte Gruppe kann als **Einflusssuchende** bezeichnet werden und ist eine Zwischengruppe zwischen Informationssuchenden und EU-Experten. Wir bezeichnen sie als Einflusssuchende, da ihr Hauptinteresse bei der Kontaktaufnahme mit Akteuren auf nationaler und europäischer Ebene darin besteht, ihre Anliegen über andere Akteure durchsetzen zu lassen. Sie bitten jedoch auch Akteure auf regionaler und europäischer Ebene um relevante Informationen. Der Wert der Kontakthäufigkeit dieser Gruppe liegt mit 0,39 ebenfalls nahe am Gesamtmittelwert. Offensichtlich gibt sich diese Gruppe (bestehend aus 212 regionalen Abgeordneten) nicht damit zufrieden, formale Einflusskanäle zu nutzen oder sich auf die Informationssuche zu beschränken, sondern strebt danach, ihre Forderungen zu europäischen Themen und Entscheidungen aktiv und auch auf informellem Weg gegenüber anderen Akteuren zu vertreten.

Keine signifikanten Unterschiede zwischen den vier Gruppen können wir in Bezug auf sozioökonomische Unterschiede wie Geschlecht oder Bildungsgrad der Abgeordneten feststellen.[5]

Wie deutlich wurde, wenden die Abgeordneten unterschiedliche Strategien in der Kooperation mit anderen Akteuren an, um sich in EU-Angelegenheiten zu involvieren. Die von uns identifizierten vier Gruppen oder Typen unterscheiden sich erheblich darin, mit wem sie typischerweise zu welchem Zweck in Kontakt treten. Welche Faktoren auch immer die unterschiedlichen Strategien bestimmen, die Verteilung der Gruppen unterscheidet sich teils erheblich zwischen den Mitgliedstaaten, wie in Abbildung 2 zu sehen ist.

---

[5] Die große Diversität des Parteihintergrunds der im Sample enthaltenen Abgeordneten (bedingt durch die Vielzahl an Regionalparteien) macht einen systematischen Vergleich zwischen den Staaten entlang parteiideologischer Zugehörigkeit unmöglich.

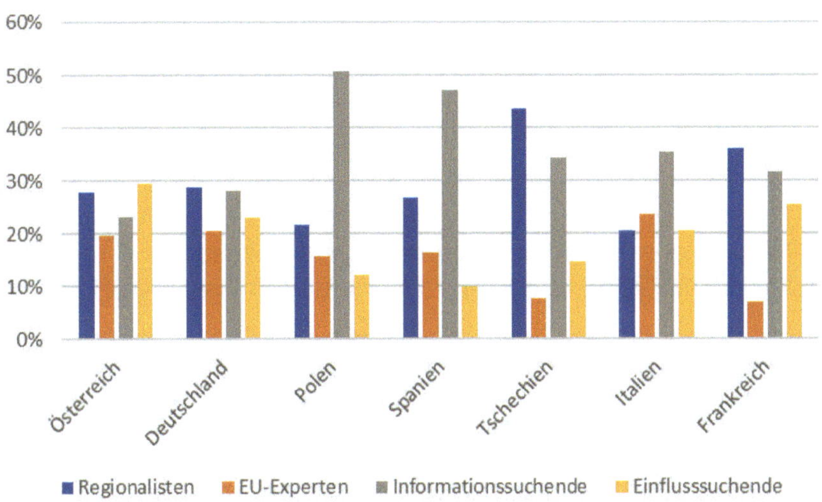

Quelle: Eigene Zusammenstellung.

Erstens finden wir in Österreich und Deutschland eine recht ähnliche Verteilung der vier Gruppen. Während auf Deutschland etwas mehr Informationssuchende entfallen als auf Österreich (28 % in Deutschland, 23 % in Österreich), gibt es in Österreich mehr Einflusssuchende als in Deutschland (23 % in Deutschland, 29 % in Österreich). Fast jeder fünfte Abgeordnete wurde in beiden Fällen als EU-Experte eingeordnet. Die Ähnlichkeiten in diesen Ergebnissen spiegeln möglicherweise Parallelen in der Struktur der politischen Systeme Österreichs und Deutschlands: In beiden Staaten gibt es einen ausgeprägten, symmetrischen Föderalismus mit direkt gewählten Regionalparlamenten, die über verfassungsmäßig garantierte Gesetzgebungskompetenzen verfügen. Auch gibt es in beiden Staaten eine zweite, territorial zusammengesetzte Parlamentskammer auf nationaler Ebene, den jeweiligen Bundesrat. Dieser hat zwar in Deutschland weit mehr politisches Gewicht, andererseits ist er in Österreich durch Entsandte der Landesparlamente, nicht der

Landesregierungen, zusammengesetzt. Auch die Verlagerung politischer Entscheidungskompetenz auf die regionale Ebene ist in beiden Staaten weit fortgeschritten, was sich auch an hohen Werten des *Regional Authority Index* (RAI; Hooghe et al. 2016; Shair-Rosenfield 2021) ablesen lässt, der für deutsche Regionen bei 27, für die österreichischen bei 23 liegt (maximaler RAI-Wert: 30). Auch beim von Michael Tatham (2011) entwickelten *Domestic EU Policy Shaping-Index* (DEUPS) zeigen sich Parallelen: Beide Staaten weisen die höchsten Werte aller in die Analyse einbezogenen Länder auf (7 für deutsche Regionen, 7,5 für die österreichischen). Mit diesen Werten werden die Beteiligungsmöglichkeiten der Regionen in der innerstaatlichen europapolitischen Positionierung ausgedrückt, der maximal erreichbare DEUPS-Wert liegt bei 8. In Österreich und Deutschland scheint diese institutionell starke Rolle der regionalen Ebene mit einer stärkeren informellen Aktivität regionaler Abgeordneter in EU-Angelegenheiten und mehr EU-Experten in den Regionalparlamenten einherzugehen.

Parallelen in der Verteilung der vier in unserer Clusteranalyse identifizierten Gruppen zeigen sich auch in Frankreich und Tschechien. In beiden Staaten sind die größte Gruppe die Regionalisten (44% in Tschechien, 36% in Frankreich), dicht gefolgt von den Informationssuchenden. Darüber hinaus ist der Anteil der EU-ExpertInnen in den Regionalparlamenten beider Mitgliedstaaten im Vergleich zu den übrigen Fällen sehr gering (8% in Tschechien, 7% in Frankreich). Beide Mitgliedstaaten haben ein relativ zentralisiertes politisches System, mit einem deutlich niedrigeren RAI-Wert der Regionen von 9 (Tschechien) bzw. 10 (Frankreich). Obwohl ihre Regionalparlamente ebenfalls direkt gewählt werden, haben sie keine formellen legislativen Befugnisse. Darüber hinaus ist die regionale Beteiligung an der nationalen EU-Politikgestaltung sehr gering (DEUPS-Wert 0,5 für Tschechien, 1 für Frankreich). Diese institutionell schwache Stellung und begrenzten Beteiligungsmöglichkeiten in EU-Fragen spiegeln sich in den Kontakt- und Kooperationsstrategien der Abgeordneten tschechischer und französischer Regionalparlamente.

Ähnlichkeiten in den Kooperationsstrategien zeigen sich auch bei Abgeordneten aus Polen und Spanien – trotz der doch deutlichen Unterschiede in den politischen Systemen beider Staaten bezüglich der Stellung der Regionen und ihrer Einbindung in EU-Angelegenheiten: Während die meisten Abgeordneten in beiden Staaten zu den Informationssuchenden gehören, ist die kleinste Gruppe die der Einflusssuchenden. Außerdem ist der Anteil der EU-Experten in beiden Ländern kleiner als in Österreich und Deutschland, allerdings deutlich größer als in Tschechien und Frankreich. Während Regionen in Spanien eine ähnlich starke Position haben wie in Österreich (RAI: 23,5) und über beträchtliche innerstaatliche Mitwirkungsmöglichkeiten in EU-Angelegenheiten verfügen (DEUPS: 6,5), sind ihre polnischen Pendants in beiden Bereichen deutlich schwächer aufgestellt (RAI: 8; DEUPS: 0), ähnlich wie in Tschechien und Frankreich.

Die italienischen Regionalparlamentarier:innen schließlich stellen einen hohen Anteil an Informationssuchenden und EU-Experten. Aufgrund ihrer geringen Stichprobengröße im Vergleich zur Gesamtheit der regionalen Abgeordneten in Italien bleibt die Aussagekraft dieser Ergebnisse jedoch limitiert.

4 – Diskussion und Schlussbemerkung

Im Zentrum des Kapitels standen die Kooperationsbemühungen von Abgeordneten regionaler Parlamente in EU-Angelegenheiten. Wir argumentieren, dass solche informellen Wege der Informationsbeschaffung und Einflussnahme gerade dann wichtig sind, wenn den Abgeordneten wenige formalisierte Mitwirkungskanäle zu Verfügung stehen, wie das in EU-Angelegenheiten grundsätzlich der Fall ist – trotz bestehender Unterschiede zwischen den Regionalparlamenten verschiedener Mitgliedstaaten. Unsere Annahme war, dass eine stärkere Rolle der Regionen im politischen System und bessere innerstaatliche Mitwirkungsmöglichkeiten in EU-Fragen mehr und intensivere Kontakte begünstigen und andere Kooperationsstrategien nach sich ziehen würden. Grundsätzlich wäre auch die umgekehrte Annahme schlüssig, nämlich dass gerade Abgeordnete aus schwächeren Regionen mit noch weniger Kanälen für die Mitwirkung an EU-Angelegenheiten stärker auf informelle Pfade angewiesen sind und diese daher stärker nutzen. Allerdings scheint diese Variante insofern weniger plausibel, als das Engagement in europapolitischen Fragen für Regionalparlamentarier:innen gewisse Ressourcen (etwa institutionelle und administrative Kapazitäten) voraussetzt, damit sie ihre „(domestic) regional competence" in „EU regional capacity" übersetzen können (Borońska-Hryniewiecka 2017b: 147; Carter/Pasquier 2010) – und diese sind in den besser ausgestatteten Regionalparlamenten aus Regionen mit mehr Autonomie und Entscheidungsbefugnissen eher vorhanden.

Unsere deskriptive Analyse der Kontakthäufigkeit und -intensität zeigt – mit einigen Einschränkungen – tatsächlich mehr und intensivere europapolitische Kontakte der Abgeordneten aus den Regionalparlamenten der (quasi-)föderalen Staaten Österreich, Deutschland und Italien gegenüber niedrigeren Werten im eher zentralisierten Tschechien und Frankreich. Anders als erwartet liegt Polen näher an der ersten Gruppe und Spanien insbesondere beim Anteil der Abgeordneten mit (sehr) häufigen Kontakten zu den abgefragten Akteuren näher an der zweiten Gruppe.

Berücksichtigt man die territoriale Ebene der von den meisten Abgeordneten kontaktieren Akteure zeigt sich die große Bedeutung der eigenen Region als wichtiger Referenzrahmen der Abgeordneten auch in EU-Angelegenheiten: Regionale Akteure (Regionalregierung und -verwaltung, aber auch Vertreter:innen der lokalen Ebene) sind in allen sieben Untersuchungsfällen die von den meisten Abgeordneten kontaktierten Akteure, mit denen auch die intensivsten Kontakte bestehen.

Hervorzuheben sind die Ergebnisse bezüglich kontaktierter *parlamentarischer* Akteure: Über die politischen Ebenen hinweg stellen diese für einen gewichtigen Anteil der Abgeordneten wesentliche Kontaktpunkte dar. Von den europäischen Akteuren stechen Mitglieder des Europäischen Parlaments hervor, die für viele

Regionalparlamentarier:innen eine wichtige Bezugsquelle für Informationen sein dürften. Auch zeigt sich, dass die Abgeordneten bei ihren europapolitischen Informations- und Einflussanliegen die nationale Ebene nicht „überspringen", sondern mit unterschiedlichen Akteuren *aller* politischen Ebenen kooperieren.

Die Clusteranalyse, bei der die Befragten nach dem von ihnen angegebenen Zweck der Kontakte zu anderen Akteuren entlang der drei territorialen Ebenen (lokal/regional, national, europäisch) gruppiert wurden, ergab vier Gruppen, die wir als Regionalisten, EU-Experten, EU-Experten, Informations- und Einflusssuchende benennen. Die in diesen vier Gruppen abgebildeten deutlich unterschiedlichen Kooperationsstrategien korrespondieren mit der von Kropp (2010) hervorgehobenen Bedeutung unterschiedlicher Rollenkonzeptionen von Abgeordneten und den von ihr in diesem Zusammenhang identifizierten „EU policy experts".

Die Verteilung der vier Gruppen in den sieben Mitgliedstaaten unserer Untersuchung sowie das Kontaktniveau insgesamt legen nahe, dass für die Strategien der Abgeordneten auch der institutionelle Kontext eine nicht unwesentliche Rolle spielen dürfte: In Österreich und Deutschland spiegelt sich die starke Stellung der Regionen in hohen Kontaktwerten und einem hohen Anteil an EU-Experten; im zentralisierteren Tschechien und Frankreich finden wir niedrigere Kontaktwerte, den geringsten Anteil an EU-Experten und den größten Anteil von Regionalisten unter den Befragten. Wir ziehen daraus die – vorläufige – Schlussfolgerung, dass ein höheres Maß formalisierter Beteiligungsmöglichkeiten von Regionalparlamenten auch mit einer stärkeren informellen Aktivität ihrer Abgeordneten einhergeht und dass mehr Abgeordnete Kontakte auf allen Ebenen pflegen, um Informationen zu erhalten und Einfluss zu nehmen. Auf der anderen Seite könnte eine geringe institutionalisierte Einbindung in EU-Angelegenheiten und generell schwache Regionen und Regionalparlamente zwar einen erhöhten Informations*bedarf* der Abgeordneten nach sich ziehen; dies scheint aber, wie im Falle Tschechiens und Frankreichs, nicht zu einem größeren Anteil an Abgeordneten mit intensiverem europapolitischen Kontaktaufbau einherzugehen. Hingegen sehen wir am Beispiel Polens und Spaniens, dass die erwarteten Muster nicht in allen Fällen auftreten, während die geringe Stichprobe italienischer Regionalparlamentarier:innen Zurückhaltung in der Interpretation gemahnt.

Generell muss abschließend nochmals auf das Manko zu geringer Stichprobengrößen in den einzelnen Regionen hingewiesen werden, wodurch wir uns in unserer Analyse mit der Aggregation der Befragungsergebnisse auf Ebene der Mitgliedstaaten begnügen mussten. Dies wiederum schränkt die institutionellen Merkmale und regionalen Spezifika ein, die in der vergleichenden Analyse sinnvollerweise berücksichtigt werden können. Eine wichtige Aufgabe künftiger Forschung wird auch sein, adäquate Lösungswege für diese Problematik zu finden – nur eine von vielen Herausforderungen vergleichender Studien zu Regionen und Regionalparlamenten im EU-Kontext (vgl. Ladrech 2015).

Literaturverzeichnis

Abels, G. (2017): Mandating – a likely scrutiny instrument for regional parliaments in EU affairs? *The Journal of Legislative Studies,* 23 (2), 162-182.

Abels, G./Eppler, A. (2011): Auf dem Weg zum ‚Mehrebenenparlamentarismus? In: Ebd. (Hrsg.), *Auf dem Weg zum Mehrebenenparlamentarismus? Funktionen von Parlamenten im politischen System der EU,* Baden-Baden: Nomos, S. 17-40.

Abels, G./Eppler, A. (2015): *Subnational Parliaments in the Eu Multi-Level Parliamentary System: Taking Stock of the Post-Lisbon Era.* Innsbruck, Austria: Studienverlag.

Abels, G./Högenauer, A. (Hrsg.) (2018): *Regional Parliaments. Effective Actors in EU Policy-Making?* London/New York: Routledge.

Abels, G. & Högenauer, A. (2018): *Regional Parliaments: Effective Actors in EU Policy-Making?* 1st edition, London, Unite Kingdom: Routledge.

Auel, K. (2009): ‚Servants of the People' or 'Masters of the Government'? Explaining Parliamentary Behaviour in EU Affairs, *Konferenzbeitrag, 11th Biennial Conference of the European Union Studies Association,* Los Angeles.

Auel, K./Raunio, T. (Hrsg.) (2015): *Parliamentary Communication in EU Affairs. Connecting with the Electorate?* London/New York: Routledge.

Auel, K./Rozenberg, O./Tacea, A. (2015): To Scrutinise or Not to Scrutinise? Explaining Variation in EU-Related Activities in National Parliaments. *West European Politics,* 38 (2), 282-304.

Carter, C./Pasquier, R. (2010): The Europeanization of regions as 'spaces for politics: A research agenda'. *Regional & Federal Studies,* 20 (3), 295–314.

Beyers, J./Donas, T. (2014): Inter-regional networks in Brussels: Analyzing the information exchanges among regional offices. *European Union politics,* 15 (4), 547–571.

Borońska-Hryniewiecka, K. (2017a): Differential Europeanization? Explaining the impact of the early warning system on subnational parliaments in Europe. *European Political Science Review,* 9 (2), 255-278.

Borońska-Hryniewiecka, K. (2017b): Regional parliamentary empowerment in EU affairs. Building an analytical framework. *The Journal of Legislative Studies,* 23 (2), 144-161.

Buzogány, A./Häsing, J. (2017): Spokes in the wheel. European affairs and the parliamentary administration of German Landtage. *The Journal of Legislative Studies,* 23 (2), 200-220.

Crum, B. (2015): The emergence of an EU 'Multilevel Parliamentaery Field' - Is there a role for subnational parliaments? In: Abels, G./Eppler, A. (Hrsg.), *Subnational Parliaments in the EU Multi-Level Parliamentary System: Taking Stock of the Post-Lisbon Era.* Innsbruck: StudienVerlag, S. 63-76.

Eppler, A. (2011): Vertikal und horizontal, bi- und multilateral: Interparlamentarische Beziehungen in EU-Angelegenheiten. In: Abels, G./Eppler, A. (Hrsg.), *Auf dem Weg zum Mehrebenenparlamentarismus? Funktionen von Parlamenten im politischen System der EU,* Baden-Baden: Nomos, S. 297-314.

Eppler, A. (2015): Interparliamentary Relations of Subnational Parliaments: Delayed or Different? In: Abels, G./Eppler, A. (Hrsg.), *Subnational Parliaments in the EU Multi-Level Parliamentary System: Taking Stock of the Post-Lisbon Era,* Innsbruck: Studien-Verlag, S. 289-307.

Eppler, A./Maurer, A. (2017): Parliamentary scrutiny as a function of interparliamentary cooperation among subnational parliaments. *The Journal of Legislative Studies,* 23 (2), 238-259.

Fromage, D. (2016): *Regional parliaments and the early warning system: An assessment six years after the entry into force of the Lisbon treaty.* Working Paper Series, SOG-WP33/2016, Luiss School of Government.

Hooghe, L./Marks, G./Schakel, A.H./Chapman Osterkatz, S./Niedzwiecki, S./Shair-Rosenfield, S. (2016): *Measuring Regional Authority. A Postfunctionalist Theory of Governance,* Volume I. Oxford: Oxford University Press.

Högenauer, A.-L. (2017): Regional parliaments questioning EU affairs. *The Journal of Legislative Studies,* 23 (2), 183-199.

Högenauer, A.-L./Abels, G. (2017): Conclusion: regional parliaments – a distinct role in the EU? *The Journal of Legislative Studies,* 23 (2), 260-273.

Keating, M./Hooghe, L./Tatham, M. (2015): Bypassing the nation state? Regions and the EU policy process. In: Richardson, J./Mazey, S. (Hrsg.), *European Union: Power and policy-making.* 4th edition. London: Routhledge, S. 445–466.

Kropp, S./Buzogány, A. (2016): Europäisierung informaler Regierungskontrolle: Informationsgewinnung im deutschen, schwedischen und ungarischen Parlament. *Zeitschrift für Politikwissenschaft (ZPol),* 26 (1), 215-230.

Ladrech, R. (2015): Europeanization and Subnational Parliaments: A Research Perspective. In: Abels, G./Eppler, A. (Hrsg.), *Subnational Par-liaments in the EU Multi-Level Parliamentary System: Taking Stock of the Post-Lisbon Era,* Innsbruck: Studien-Verlag, S. 77-89.

Meissner, K./Rosén, G. (2021): Who Teams Up with the European Parliament? Examining Multilevel Party Cooperation in the European Union. *Government and Opposition,* 1-22.

Meyer, S./Wolf, M. (2022): The Politicization of EU Issues in Sub-state Parliaments: Europeanization, Party Politics, or Regional Context? *Paper, 9th European Workshops in International Studies,* Thessaloniki.

Meyer, S./Wolf, M. (im Erscheinen): Wer mit wem wie oft? Europapolitische Kontakte österreichischer Landtagsabgeordneter. *Österreichische Zeitschrift für Politikwissenschaft.*

Meyer, S./Wolf, M./Reimers, P. (2022): Getting involved in EU affairs? Regional parliaments' participation in the EWS. *Konferenzbeitrag, 11th Biennial Conference of the ECPR Standing Group on the European Union,* Rom.

Miklin, E. (2013): Inter-Parliamentary Cooperation in EU Affairs and the Austrian Parliament: Empowering the Opposition? *The Journal of Legislative Studies,* 19 (1), 22-41.

Norton, P. (2019): Power behind the Scenes: The Importance of Informal Space in Legislatures. *Parliamentary Affairs,* 72 (2), 245-266.

Schneider, E. (2013): *It's the Individual, not the Context! German Regional Parliamentarians and European Politics.* Dissertationsschrift, Mannheim: Universität Mannheim.

Schneider, E./Rittberger, B./Wonka, A. (2014): Adapting to Europe? Regional MPs' Involvement in EU Affairs in Germany. *Regional & Federal Studies,* 24 (4), 407-427.

Shair-Rosenfield, S./Schakel, A.H./Niedzwiecki, S./Marks, G./Hooghe L./ Chapman-Osterkatz, S. (2021): Language difference and regional authority. *Regional & Federal Studies*, 31 (1), 73–97.

Tatham, M. (2011): Devolution and EU policy-shaping: bridging the gap between multi-level governance and liberal intergovernmentalism. *European Political Science Review,* 3 (1), 53-81.

Vara Arribas, G. (2015): The early warning system in motion: Comparing different practices in subnational parliaments. In: Abels, G./Eppler, A. (Hrsg.), *Subnational Parliaments in the EU Multi-Level Parliamentary System. Taking Stock of the Post-Lisbon Era.* Innsbruck: Studien-Verlag, S. 127-144.

Vara Arribas, G./Högenauer, A.-L. (2015): Legislative Regions after Lisbon: A New Role for Regional Assemblies? In: Hefftler, C./Neuhold, C./Rozenberg, O./Smith, J. (Hrsg.), *The Palgrave Handbook of National Parliaments and the European Union.* Hampshire: Pallgrave Macmillan, S. 133-149.

Wonka, A. (2017): German MPs and interest groups in EU multilevel policy-making: the politics of information exchange. *West European politics,* 40 (5), 1004–1024.

Wonka, A./Haunss, S. (2020): Cooperation in networks: Political parties and interest groups in EU policy-making in Germany. *European Union politics,* 21 (1), 130–151.

Wonka, A./Rittberger, B. (2014): The Ties that Bind? Intra-party Information Exchanges of German MPs in EU Multi-level Politics. *West European politics,* 37 (3), 624–643.

Von Anpassung zur Mitgestaltung? Die Rolle deutscher Landesparlamente bei der Reform der Entsenderichtlinie

Henning Deters

Lohnfindung und Tarifpolitik zählen nicht zu den Kompetenzen der Europäischen Union („EU"). Dennoch begrenzt auch in diesem Bereich die Rechtsprechung des Europäischen Gerichtshofs („EuGH") zu den Marktfreiheiten den Spielraum nationaler Politik. In der Bundesrepublik Deutschland betrifft das nicht nur die Bundes- sondern auch die Landespolitik, wie die Reaktion der deutschen Länder auf das *Rüffert*-Urteil[1] von 2008 veranschaulicht. Mit einem Federstrich erklärte der EuGH die „Tariftreue" genannte Praxis vieler Bundesländer, öffentliche Aufträge bevorzugt an tarifgebundene Unternehmen zu vergeben, für unionsrechtswidrig. Dabei folgte das Gericht einer umstrittenen Auslegung der Arbeitnehmerentsenderichtlinie[2] („Entsenderichtlinie") (Rödl 2009). Nachdem die Länder erst sämtliche Tariftreueklauseln aufgehoben hatten, fanden sie nach und nach Wege, die Landesvergabepolitik europarechtskonform zu erneuern, ohne ihren sozialen Gehalt aufzugeben (Blauberger 2012; Sack 2012; Sack/Sarter 2018b; Seikel 2015). Diese Anpassung fand jedoch in einem Rahmen rechtlicher Möglichkeiten statt, der, fernab der Landespolitik, in Brüssel und Luxemburg abgesteckt wurde.

Wo supranationale Akteure und intergouvernementale Verhandlungen immer mehr innerstaatliche Entscheidungen beeinflussen oder gar ersetzen, drohen nationale Parlamente abgehängt zu werden (Auel/Benz 2005; Börzel 2000). Für Landesparlamente gilt das erst recht. Sie haben deshalb Strategien und Verfahren entwickelt,

---

[1] EuGH, Rs. C-346/06, *Rüffert*.
[2] Richtlinie 96/71/EG, seit Februar 2022 gilt die durch Richtlinie 2018/95 geänderte Fassung.

um ihre Stimme in die EU-Politikformulierung einzubringen und „ihre" Exekutiven auf allen Ebenen in Rechenschaft zu halten (Abels 2013; Auel/Benz 2005; Bursens/Högenauer 2017). Auch der Vertrag von Lissabon sorgt zumindest formell für mehr Einflussmöglichkeiten, unter anderem durch den Frühwarnmechanismus (Cooper 2019). Inwiefern diese neuen Möglichkeiten praktisch genutzt werden, steht jedoch auf einem anderen Blatt. Denn obwohl die aktuelle Forschung – wie auch dieser Band zeigt – mittlerweile über deskriptive Inventuren hinausgeht, wissen wir noch immer recht wenig darüber, wann und wie regionale Parlamente aktiv Einfluss im europäischen Politikprozess nehmen.

Um dieser Frage nachzugehen, untersucht das vorliegende Kapitel, ob und in welchem Maße die sechzehn deutschen Landesparlamente für bzw. gegen eine Reform der Entsenderichtlinie mobilisierten und mithin auf die Unionsgesetzgebung einwirkten, um das unerwünschte Richterrecht zu korrigieren (vgl. Larsson/Naurin 2016). Das *Rüffert*-Urteil basierte wesentlich auf der Entsenderichtlinie in der damals geltenden Fassung von 1996. Im Juni 2018 wurde sie nach äußerst kontroversen Verhandlungen reformiert (Seikel 2022). Die einschlägige Literatur zur Europäisierung der Landestarif- und Vergabepolitik (etwa Blauberger 2012; Sack/Sarter 2018b) konzentriert sich bisher auf die Anpassung der Länder an die Rechtsprechung, und somit auf die Europäisierung „von oben". Im Gegensatz dazu befasst sich dieses Kapitel mit dem aktiven Beitrag der Landesparlamente in der europäischen Politikformulierung, also mit der Europäisierung „von unten" (vgl. Börzel 2002; Schmidt 2009). Wie ich zeigen werde, schloss die Antwort der deutschen Landesparlamente auf *Rüffert* in vielen Fällen aktive Mobilisierung ein: von Anträgen über Wortmeldungen, Anfragen und Anhörungen bis hin zu Bundesratsinitiativen und informellem Lobbying. Damit ging sie oft deutlich über stumme Anpassung hinaus.

Neben Ausmaß und Form der Mobilisierung erhellt die Entsendereform auch die Bedingungen, unter denen Landesparlamente und ihre Fraktionen sich einbringen. Der Vergleich aller Fraktionen der sechzehn Parlamente zeigt, dass parteiprogrammatische Unterschiede den Großteil der beobachteten Varianz in der Mobilisierung erklären. Die Wirkung der Parteiendifferenz wird teilweise verstärkt durch Oppositionsdynamiken. Der inhaltliche *Mismatch* zwischen Landes- und EU-Politiken, sowie der regionale Standortwettbewerb und die sich daraus ergebenden Interessenkonstellationen der Tarifparteien scheiden hingegen als für sich stehende Erklärungen aus. Das Ergebnis kontrastiert mit der selektiven Anpassung an die Europäisierung „von oben", in der neben parteipolitischen auch politökonomische Faktoren den Ausschlag gaben (vgl. besonders Seikel 2015). Es qualifiziert zudem politikfeldübergreifende Umfragen über das europapolitische Mobilisierungsverhalten deutscher Landtagsabgeordneter, die weder regionale Unterschiede noch Parteiendifferenzen erkennen (Schneider et al. 2014).

Im Folgenden skizziere ich zunächst die Bedeutung und Entwicklung der Landesvergabepolitik und Tariftreue vor der *Rüffert*-Entscheidung, um dann auf Basis bestehender Forschung ihre differenzielle Europäisierung „von oben" durch die EuGH-Rechtsprechung zu beschreiben. Danach stelle ich dar, wie diese Ausgangslage den Landesparlamenten Anreize zur Mobilisierung für eine Reform der Entsenderichtlinie bot, ihre Möglichkeiten aber auch beschränkte. Der folgende Abschnitt stellt Hypothesen über das zu erwartende Ausmaß landesparlamentarischer Mobilisierung unter verschiedenen Bedingungen auf und stützt sich dabei auf Theorien der vergleichenden *Policy*-Analyse, der Europäisierung und des Parlamentarismus. Die Hypothesen werden nach einer kurzen Darstellung des Forschungsdesigns in den übrigen Abschnitten einer empirischen Überprüfung unterzogen. Dabei erweist sich vor allem die Parteiendifferenz als bedeutsam. Das Fazit diskutiert schließlich mögliche Wechselbeziehungen zwischen den Erklärungsfaktoren, interpretiert das Ergebnis im Lichte der existierenden Forschung und betrachtet seine Bedeutung für die demokratische Beteiligung der Landesparlamente in EU-Angelegenheiten.

1 – Tariftreue vor *Rüffert*

Je nach Inhalt und Umfang werden öffentliche Aufträge nach Kriterien und Verfahren ausgeschrieben und vergeben, die in Europa-, Bundes- und Landesrecht festgelegt sind. Diese Vorschriften sollen transparente Wettbewerbsbedingungen, Kosteneffizienz und Qualität im Sinne der Ausschreibungskriterien sichern (Arrowsmith 2012). In den Neunziger-Jahren entdeckte die Politik das Vergaberecht als Mittel zur Förderung verschiedener öffentlicher Belange, darunter – unter dem Eindruck sinkender Tarifabdeckung – nicht zuletzt die Sozial- und Lohnpolitik. Verschiedene deutsche Bundesländer erweiterten seither ihre Vergabegesetze um sogenannte Tariftreueklauseln, die öffentliche Auftragnehmer auf tarifliche Löhne und Arbeitsbedingungen verpflichten (Sack 2012: 242).

Tabelle 1: Tariftreueklauseln vor dem Rüffert-*Urteil (April 2008)*

Bundesland	Regierung	Tariftreue
Baden-Württemberg	CDU-FDP	Nein
Bayern	CSU	Ja
Berlin	CDU-SPD	Ja
Brandenburg	SPD-CDU	Nein
Bremen	CDU-SPD	Ja
Hamburg	CDU-FDP-PRO	Ja
Hessen	CDU	Ja
Niedersachsen	SPD	Ja
Mecklenburg-Vorpommern	SPD-FDP, dann SPD-CDU	Nein
Nordrhein-Westfalen	SPD-Grüne, dann CDU-FDP	2006 abgeschafft
Rheinland-Pfalz	SPD-FDP, dann SPD	Gesetzesentwurf
Saarland	CDU	Ja
Sachsen	CDU, dann CDU-SPD	Nein
Sachsen-Anhalt	SPD, dann CDU-FDP	2002 abgeschafft
Schleswig-Holstein	SPD-Grüne	Ja
Thüringen	CDU	Nein

Quelle: Sack (2012).

Zwischen 1999 und dem *Rüffert*-Urteil im April 2008 führten zehn Länder Tariftreueklauseln ein (siehe Tabelle 1). Nachdem in Nordrhein-Westfalen und Sachsen-Anhalt CDU-FDP-Koalitionen an die Regierung gekommen waren, schafften diese Länder ihre Tariftreuevorschriften noch vor 2008 wieder ab. Die übrigen acht Länder ohne Tariftreue befanden sich entweder in Ostdeutschland oder wurden von der FDP mitregiert. Nachdem die FDP in Rheinland-Pfalz aus der Koalition ausgeschieden war, legte die SPD 2006 einen ersten Gesetzesentwurf zur Einführung einer Tariftreueklausel vor. Diesem kam das Urteil jedoch zuvor (Blauberger 2012: 118–121; Sack 2012). Während in den westlichen Ländern die Parteifarbe der Regierungen (besonders die Beteiligung der FDP) die Verbreitung von Tariftreueklauseln erklärt, waren in den neuen Bundesländern sozioökonomische Faktoren entscheidend. Das niedrigere Lohnniveau und die schwächere Tarifbindung, vor allem im Bausektor, galten dort als Wettbewerbsvorteil gegenüber westdeutschen Unternehmen (Sack 2012: 247).

2 – Anpassung an judizielle Europäisierung

Als der EuGH am 3. April 2008 in der Sache *Rüffert* entschied, waren somit in der Hälfte aller Bundesländer Tariftreuebestimmungen in Kraft. In seinem Urteil hatte der EuGH die Frage zu klären, ob das Niedersächsische Landesvergabegesetz mit der Dienstleistungsfreiheit nach Artikel 56 des Vertrags über die Arbeitsweise der Europäischen Union (AEUV) vereinbar war. Das Gericht stellte fest, dass die im Landesvergabegesetz enthaltene Tariftreueklausel die Dienstleistungsfreiheit einschränke, und dass diese Einschränkung nicht als Schutz der Arbeitsbedingungen im Sinne der damals geltenden Entsenderichtlinie zu rechtfertigen sei. Das Schutzniveau der Richtlinie vom Mindeststandard zum Deckel umdeutend (Rödl 2009: 152), argumentierte der EuGH, dass nationale Bestimmungen zum Schutz von Arbeitnehmer:innen nur dann auf ausländische Unternehmen angewendet werden dürften, wenn die Bestimmungen allgemeinverbindlich seien. Da Tariftreueklauseln aber nur den öffentlichen und nicht den Privatsektor betreffen, war diese Voraussetzung nicht erfüllt. Vergabegesetze nach niedersächsischem Vorbild waren europarechtswidrig (Malmberg 2010; Seikel/Absenger 2015).

Mit der *Rüffert*-Entscheidung ging eine Schockwelle durch sämtliche deutsche Bundesländer mit Tariftreueklauseln. Zunächst setzten alle betroffenen Länder die entsprechenden Bestimmungen außer Kraft, doch die weiteren Reaktionen unterschieden sich maßgeblich voneinander. In Bayern, Hessen und Schleswig-Holstein blieb die Tariftreue ausgesetzt. Kurz nach dem Urteil waren hier Koalitionen aus CDU und FDP an die Regierung gekommen. Niedersachsen (ebenfalls regiert von CDU und FDP) und Hamburg (CDU und Grüne) begrenzten die Tariftreue auf den im Arbeitnehmerentsendegesetz[3] festgelegten sektorspezifischen Mindestlohn. In Niedersachsen setzte sich die CDU infolge des gemeinsamen Drucks von Gewerkschaften und Mittelstandsvertretungen gegen Forderungen der mitregierenden FDP nach gänzlicher Abschaffung der Tariftreue durch (Blauberger 2012: 119; Sack 2012: 252–255).

Tabelle 2: Tariftreueklauseln im Jahr 2019

Bundesland	Zuletzt geändert durch	Vergabemindestlohn	Sozialkriterien
Baden-Württemberg	Grüne-SPD	ja	nein
Bayern	CSU-FDP	nein	nein
Berlin	SPD-Grüne	ja	ja
Brandenburg	SPD-Linke	ja	nein
Bremen	SPD-Grüne	ja	ja
Hamburg	SPD	ja	ja
Hessen	CDU-Grüne	ja	ja
Niedersachsen	SPD-Grüne	ja	ja
Mecklenburg-Vorpommern	SPD-CDU	ja	ja[*]
Nordrhein-Westfalen	SPD-Grüne	ja	ja
Rheinland-Pfalz	SPD	ja	ja
Saarland	CDU-SPD	ja	ja
Sachsen	CDU-FDP	nein	nein[†]
Sachsen-Anhalt	CDU-SPD	nein	ja
Schleswig-Holstein	CDU-FDP	ja	nein[†]
Thüringen	CDU-SPD	nein[§]	ja[§]

**Nur ILO-Kernarbeitsnormen. †Förderung kleiner und mittelständischer Unternehmen. §Umfassende Vergabereform im Jahr 2019 geplant.*

Quelle: Sack und Sarter (2018), Forum Vergabe (2019), Schulten (2021).

---

[3] Das ist das nationale Umsetzungsgesetz der Entsenderichtlinie. Es handelt sich um ein Bundesgesetz.

Länder mit SPD-geführten Regierungen loteten hingegen Möglichkeiten aus, trotz *Rüffert* „vergabefremde" Ausschreibungskriterien rechtlich zu verankern. Wie Hamburg und Niedersachsen beschränkten sie zwar die Tariftreueklauseln auf die im Arbeitnehmerentsendegesetz enthaltenen Sektoren, doch schrieben sie außerdem gesetzliche Vergabemindestlöhne vor und führten soziale und ökologische Zuschlagskriterien ein. Sechs Jahre nach *Rüffert* hatten bereits mehr Länder Vergabegesetze mit Mindestlöhnen oder Sozialkriterien als vor dem Urteil Tariftreueklauseln (Sack/Sarter 2018a: 681–682).[4] Nur in Bayern und Sachsen sind derzeit weder vergabespezifische Mindestlöhne noch Sozialkriterien in Kraft (siehe Tabelle 2).

3 – Ausgangslage und Entsendereform

Bundesländern mit einem entsprechenden politischen Willen war es also gelungen, dem Liberalisierungsdruck der Europäisierung „von oben" standzuhalten, indem sie die Landesvergabepolitik der europäischen Rechtsprechung selektiv unter Beibehaltung sozialer Ziele anpassten. Diese Anpassungsreaktion ist mittlerweile gut dokumentiert (siehe obige Literaturverweise). Doch reagierten die Länder und ihre Parlamente auch mit Europäisierung „von unten"? In welchem Maß forderten die subnationalen Legislativen die judizielle Europarechtsschöpfung aktiv heraus? Da *Rüffert* von einer Interpretation abhing, die die Entsenderichtlinie zu einem Deckel für die Regulierung von Arbeitsbedingungen machte, die ein Gastland auf aus dem Ausland entsandte Arbeitnehmer:innen erstrecken darf (Rödl 2009: 152), bestand für die Landesparlamente Anlass, sich für eine legislative Korrektur des EuGH-Rechts mittels Reform der Entsenderichtlinie einzusetzen (vgl. Larsson/Naurin 2016). Fehlende Passung zwischen nationalen und europäischen Politik-

---

[4] Ironischerweise drängten die Länder so zwar den Einfluss Luxemburgs auf die Lohnpolitik zurück, eigneten sich damit aber Entscheidungen an, die vorher den Tarifparteien vorbehalten waren.

inhalten – der sogenannte *Misfit* – erzeugt bekanntlich starken Anreiz für Mitgliedstaaten, auf EU-Ebene für Politikwechsel zu mobilisieren, denn je besser es gelingt, das EU-Recht dem nationalen Recht anzupassen, desto geringer fällt der innerstaatliche Anpassungsdruck aus (Börzel 2002; Héritier 1996).

Aus Sicht der Länder sprachen zudem konkrete Gründe dafür, neben selektiver Anpassung auch aktiv für eine europäische Kurskorrektur zu mobilisieren. Anfangs war erstens unklar, ob eine europarechtskonforme Umgestaltung der Tariftreue überhaupt möglich sein würde. Da die Länder mit Folgeklagen rechnen mussten, waren alle Anpassungsreaktionen von erheblicher Rechtsunsicherheit betroffen und improvisiert (Blauberger 2012: 121). Der sich sodann abzeichnende Spielraum erforderte zweitens immer noch schmerzhafte Veränderungen. Denn obwohl die Länder ein „unkontrolliertes Absinken der Arbeitsbedingungen" (Seikel/Absenger 2015: 62) verhindern konnten, waren entsendende Unternehmen in Gebieten ohne allgemeinverbindliche Tarifverträge zum einen nicht mehr automatisch an das vollständige regionale Tarifgitter gebunden und konnten nur auf den vergabespezifischen Mindestlohn verpflichtet werden – so er denn existierte (Seikel 2015: 1178). Zum anderen stand *Rüffert* einem wesentlichen Ziel der ursprünglichen Tariftreue im Wege, nämlich die zunehmend löchrige Tarifabdeckung zu flicken (Sack/Sarter 2018a: 674).

Die legislative Korrektur europäischen Richterrechts ist gleichwohl schwierig. Zunächst einmal sind dazu eine formelle Initiative der Europäischen Kommission, mindestens eine qualifizierte Mehrheit der Mitgliedstaaten im Rat der EU und meistens eine einfache Mehrheit der Abgeordneten des Europäischen Parlaments erforderlich. Mithilfe von Folgeklagen und einem primärrechtlichen Hebel wie etwa Artikel 56 AEUV kann der EuGH außerdem auch sekundärrechtliche Korrekturen außer Kraft setzen (Davies 2016).[5] Und nicht zuletzt sind die formellen Einflusskanäle der Bundesländer

---

[5] Tatsächlich reichten Ungarn (EuGH, Rs. C-620/18) und Polen (EuGH, Rs. C-626/18) Nichtigkeitsklagen gegen die reformierte Entsenderichtlinie ein, die jedoch erfolglos blieben.

und erst recht die ihrer Parlamente schwach und indirekt. Die Stimme der Landesparlamente ist gleich mehrfach vermittelt: erst durch ihre Landesregierungen, dann durch den Bundesrat, und schließlich durch die Bundesregierung, die im besten Fall die „Auffassung des Bundesrates maßgeblich zu berücksichtigen" hat (Artikel 23, Abs. 5 Grundgesetz).

Indessen boten bereits laufende Gespräche auf EU-Ebene eine Gelegenheit, die die Landesparlamente nur zu ergreifen brauchten. Angesichts von Rechtsunsicherheit, Implementationsmängeln und Furcht vor „Sozialdumping" forderten verschiedene Akteure eine Reform der Entsenderichtlinie; darunter das Europäische Parlament, der Europäische Gewerkschaftsbund und Mitgliedstaaten wie Dänemark, Schweden, Deutschland und Luxemburg, die von den EuGH-Urteilen des sogenannten *Laval*-Quartetts[6] zur Dienstleistungsfreiheit und Arbeitnehmer:innen-Freizügigkeit unmittelbar betroffen waren (Malmberg 2010: 43–44; Seikel 2022). Im Jahr 2009 kündigte die Europäische Kommission deshalb eine Initiative an, die schließlich in die Durchsetzungsrichtlinie (2014/67) und die reformierte Entsenderichtlinie (2018/957) mündete. In weiteren Urteilen dämpfte der EuGH zudem seine vorherige Betonung der Marktfreiheiten gegenüber dem nationalen Arbeits- und Sozialrecht und ebnete der Reform so auch rechtlich den Weg (Martinsen/Blauberger 2021: 53; Seikel 2022). Den Landesparlamenten eröffnete sich damit eine Chance, ihre Interessen im laufenden EU-Politikprozess zu artikulieren. Wie ich zeigen werde, mobilisierten zahlreiche Landesparlamente tatsächlich für eine Entsendereform, die die Anwendung innerstaatlichen Arbeitsrechts, einschließlich der Tariftreuevorschriften, in der Entsendung erleichterte.

Die Kommission veröffentlichte ihren Richtlinienvorschlag im März 2016. Im Juni 2018 wurde er, mit zahlreichen Änderungen, von

---

[6] Die Urteile *Laval* (EuGH, Rs. C-341/05), *Viking* (EuGH, Rs. C-438/05), *Rüffert* (C-346/06) und *Europäische Kommission gegen Luxemburg* (EuGH, Rs. C-319/06) interpretierten die Entsenderichtlinie sehr restriktiv (Malmberg 2010: 31) und führten zu großer Rechtsunsicherheit hinsichtlich der Anwendbarkeit nationalen Arbeitsrechts auf entsandte Arbeitnehmer:innen (Blauberger 2014).

Rat und Parlament angenommen. Die Verhandlungen waren lang und kontrovers, denn die zentrale Frage der Austarierung von individuellen Marktfreiheiten und kollektivem Arbeitsrecht war vor allem zwischen den osteuropäischen Netto-Entsendestaaten und den westeuropäischen Netto-Empfängerländern äußerst umstritten (Lubow/Schmidt 2021; Seikel 2022: 22). Vierzehn Parlamentskammern aus elf Mitgliedstaaten – abgesehen vom dänischen *Folketing* alle aus Osteuropa – hatten auf den Kommissionsvorschlag mit einer begründeten Stellungnahme reagiert. Das Resultat war die dritte „gelbe Karte" seit Einführung des Frühwarnmechanismus, was die Kommission jedoch nicht veranlasste, den Vorschlag zurückzunehmen (Fromage/Kreilinger 2017: 126–127). Die Reform wurde von ihren Befürwortern als Erfolg für das „soziale Europa" gefeiert, da sie die Anwendung nationalen Rechts auf Entsendevorgänge erleichterte. Dies verdeutlicht schon das Kernprinzip der neuen Entsenderichtlinie, „gleicher Lohn für gleiche Arbeit am gleichen Ort" (vgl. Martinsen/Blauberger 2021: 54–55; Seikel 2022). Die Reform erlaubte zudem ausdrücklich, die Einhaltung von nicht-allgemeinverbindlichen Tarifverträgen zu verlangen (Seikel 2022; WD 7 2019: 4–5). Die Unklarheit der ursprünglichen Entsenderichtlinie in genau dieser Frage hatte dem EuGH in *Rüffert* ermöglicht, Vergabegesetze nach niedersächsischem Vorbild teilweise außer Kraft zu setzen.

4 – Theoretische Erwartungen

Wie oben dargestellt, hatten die deutschen Landesparlamente gute Gründe, sich aktiv für eine Reform der Entsenderichtlinie einzusetzen, die den vom EuGH eingeschränkten tarifpolitischen und vergaberechtlichen Spielraum wieder erweitert. Doch erfolgreicher Europäisierung „von unten" stehen die bereits genannten Hürden im Wege. Erwarteter Misserfolg mag indes dazu führen, dass die Landesparlamente gar nicht erst in Mobilisierung investieren (vgl. Schneider et al. 2014). Das tatsächliche Ausmaß der Mobilisierung bleibt daher in erster Linie eine empirische Frage, die in den folgenden Abschnitten geklärt wird. Dennoch lassen sich, ausgehend von

Theorien der vergleichenden *Policy*-Analyse (vgl. Obinger 2014) des Parlamentarismus (vgl. Martin et al. 2014) und der Europäisierung (vgl. Börzel/Panke 2019), verschiedene Faktoren identifizieren, von denen ich erwarte, dass sie Grad und Zielrichtung der parlamentarischen Mobilisierung in den Ländern beeinflussen. Dieser Abschnitt beschreibt daher zunächst die hypothetischen Rollen von *Misfit* (1), Parteiendifferenz (2), politökonomischen Bedingungen (3) und Oppositionsstrategien (4).

(1) Aus grundsätzlichen Überlegungen der *Europäisierungsliteratur* folgt, dass die Passfähigkeit zwischen EU- und Landespolitiken, also der *Misfit*, das Ausmaß der Mobilisierung beeinflusst. Zusammen mit der rechtlichen Verpflichtung, EU-Gesetzgebung und EuGH-Rechtsprechung umzusetzen und anzuwenden, erzeugt dieser *Misfit* Anpassungsdruck (Börzel/Panke 2019; Héritier 1996). Je größer der erwartete oder tatsächliche *Misfit*, desto schwieriger die Anpassung und desto stärker der Anreiz innerstaatlicher politischer Akteure, auf laufende EU-Entscheidungen so einzuwirken, dass sie den *Misfit* im Voraus oder nachträglich vermindern (Börzel 2002; Héritier 1996). Dies kann mittels „hochladen" (Börzel 2002: 194) innerstaatlicher Politikmodelle auf die EU-Ebene geschehen, oder durch den Versuch, im Rahmen von Verhandlungen über geplante EU-Gesetze innerstaatliche Handlungsspielräume zu erhalten (Héritier 1996: 156–158). Im vorliegenden Fall rief nicht eine legislative, sondern eine judizielle Entscheidung ein salientes *Misfit* zwischen dem europäischen Entsenderecht und den Vergabepolitiken einer Mehrheit der Bundesländer hervor. Die oben beschriebenen Reaktionen sind Zeichen dieses Anpassungsdrucks. In Ländern ohne Tariftreueklauseln löste das Urteil hingegen keinen Anpassungsdruck aus, so dass die dortigen Parlamente keinen Anlass hatten, für eine unionsgesetzliche Korrektur zu mobilisieren. Wenn *Misfit* auf diese Weise tatsächlich zur Mobilisierung durch die Landesparlamente beiträgt, sollte die empirische Analyse folgende Hypothese (H1) erhärten: *Abgeordnete von Parlamenten in Bundesländern, in denen zum Zeitpunkt des* Rüffert-*Urteils Tariftreueklauseln in Kraft*

waren, mobilisierten stärker als Abgeordnete von Parlamenten in Bundesländern ohne Tariftreueklauseln.

Neben Bundesländern, in denen zu keinem Zeitpunkt Tariftreueklauseln galten, gibt es auch solche, die das Urteil nutzen, um ihre Vergabepolitik zu liberalisieren und existierende Tariftreuebestimmungen abzuschaffen. Diesen Ländern diente der EuGH als Staffage bei der Umgehung politischen Widerstands gegen den „Rückbau" (vgl. Knill et al. 2009) von Arbeitnehmer:innen-Rechten. Nach der Liberalisierung ihrer Vergabegesetze im Sinne des EuGH-Urteils bestand kein *Misfit* mehr, im Gegensatz zur Situation in den Ländern, die verbleibende Spielräume für Re-Regulierung ausloteten und daher weiter mit Rechtsunsicherheit kämpften (vgl. Blauberger 2012: 121). Dies führt zu einer zweiten Spezifikation der Europäisierungshypothese (H2) über die Zielrichtung der Mobilisierung: *Abgeordnete von Parlamenten in Bundesländern, die nach dem* Rüffert-*Urteil ihre Vergabepolitik re-regulierten, mobilisierten für die Entsendereform, während Abgeordnete von Parlamenten in Bundesländern, die ihre Vergabepolitik liberalisierten, gegen die Reform mobilisierten.*

(2) Gemäß der *Parteiendifferenzthese* beeinflusst die Parteizugehörigkeit der Landtagsabgeordneten ihre politischen Präferenzen und damit auch ihr Verhalten im Parlament (vgl. Castles 1982; Schmidt 1995). Das trifft besonders auf saliente Themen wie die Tarif- und Lohnpolitik zu, zumal diese redistributive Auswirkungen zeitig, die der Hauptachse des Parteienwettbewerbs zwischen linken und rechten bzw. liberalen Parteien entsprechen (vgl. Klingemann et al. 2006). So stellt etwa Treib (2003) fest, dass die Umsetzung der von ihm untersuchten Richtlinien im Bereich des Arbeitsrechts nicht allein vom *Misfit*, sondern auch davon abhängt, welche Parteien die Regierung stellen. Parteien des linken Spektrums – in Deutschland vor allem die SPD und die Linkspartei – neigen stärker zu Staatseingriffen in das Marktgeschehen zugunsten von Arbeitnehmer:innen, während konservative und marktliberale Parteien – CDU bzw. FDP – staatliche Zurückhaltung und „wirtschaftsfreundliche" Politik bevorzugen. Hinter dieser Tendenz steht zum einen das Motiv der

Stimmenmaximierung. Denn besonders hinsichtlich redistributiver Politik werben die Parteien teils um verschiedene Wähler:innengruppen. Zum anderen ergeben sich aber auch aus ihrer Parteibasis und den jeweiligen Programmen unterschiedliche ideologische Ausrichtungen (Wenzelburger 2015: 82–91).

In welchem Maß Parteiendifferenzen die Landespolitik tatsächlich prägen, ist wissenschaftlich nicht abschließend geklärt und hängt jedenfalls vom Politikfeld und anderen Randbedingungen ab (Dose/Reus 2016; Hildebrandt/Wolf 2016; Jeffery et al. 2014; Sack/Töller 2018). Die oben eingehender diskutierte Forschung zur selektiven Europäisierung der Landesvergabepolitik „von oben" zeigt jedoch, dass die Anpassungsreaktionen der Länder stark mit den jeweils regierenden Parteien zusammenhängen (Sack 2012). Der Einfluss der Parteiendifferenz auf das Abgeordnetenverhalten sollte zumindest ähnlich groß sein, da auf letzteres weniger Determinanten einwirken als auf die erst am Ende der Kausalkette stehenden Politikentscheidungen. So zeigen namentliche Abstimmungen, dass „perfekte Geschlossenheit in den deutschen Länderparlamenten die Norm ist" (Stecker 2011: 435). Bundesstaatliche und europäische Restriktionen der Landespolitik scheinen sogar eine gewisse Selbstdarstellung zu begünstigen, bei der die Landesparteien ihre Positionen trotz fehlender Umsetzungschancen umso deutlicher voneinander abgrenzen (Stecker 2015). Wenn die Parteimitgliedschaft der Landtagsabgeordneten die Mobilisierung beeinflusst, dann sollte sich folgende Hypothese (H3) bestätigen: *Landtagsabgeordnete der SPD und der Linkspartei mobilisierten stärker als Landtagsabgeordnete der CDU und der FDP.* Hinsichtlich der Zielrichtung der Mobilisierung ergibt sich die alternative Spezifikation (H4): *Landtagsabgeordnete der SPD und der Linkspartei mobilisierten für eine Reform der Entsenderichtlinie, während Landtagsabgeordnete der CDU und der FDP gegen eine Reform mobilisierten.* Da sich für das gegebene Politikfeld keine eindeutigen Erwartungen bezüglich der Positionen der sozialprogressiv-ökologischen Partei Die Grünen und der rechtspopulistisch-europaskeptischen Partei AfD ableiten lassen, schließe ich diese Parteien nicht in die Hypothesen ein, sondern untersuche ihre Mobilisierung explorativ.

(3) Der *politökonomische* Erklärungsansatz betont die wirtschaftsgeographischen Unterschiede der deutschen Bundesländer und die damit einhergehenden regionalen Kräfteverhältnisse zwischen den maßgeblichen ökonomischen Interessengruppen. Zwischen den west- und ostdeutschen Ländern springen zunächst große Unterschiede in der fiskalischen und wirtschaftlichen Leistungskraft (Auel 2014: 435–436) und damit einhergehend ein markantes Lohngefälle ins Auge. Im Jahr 2016 betrug der über alle Sektoren gemittelte Bruttomonatsverdienst in Westdeutschland 3819 Euro und in Ostdeutschland lediglich 2974 Euro (Statistisches Bundesamt 2022a). Dazu trägt auch die im Osten geringere Tarifabdeckung bei. Während im Jahr 2016 59% der westdeutschen Lohnerwerbstätigen der Tarifbindung unterlagen, traf dies nur auf 47% im Osten zu (Statistisches Bundesamt 2022b). Dennoch existierten vor dem *Rüffert*-Urteil in keinem der neuen Bundesländer Tariftreueklauseln (siehe Tabelle 1). Zwar ist das Lohngefälle bei der im von der Entsendung hauptsächlich betroffenen Bausektor vorherrschenden geringeren Qualifikation etwas schwächer (Statistisches Bundesamt 2017), doch fallen Lohnkostendifferenzen hier wegen der großen Arbeitsintensität aus Sicht der Unternehmen besonders ins Gewicht (Seikel 2015: 1170).

Da eine Entsendereform, die den europarechtlichen Spielraum für Tariftreue in den Landesvergabegesetzen wiederherstellt, die Arbeitsbedingungen der Arbeitnehmer:innen verbessert und die Tarifbindung stützt, darf angenommen werden, dass sowohl west- als auch ostdeutsche Gewerkschaften sie befürworten (Sack 2012: 245; Seikel 2015: 1178–1179). Auf der Kapitalseite sind die Interessen jedoch keineswegs so homogen. Einerseits profitieren Unternehmen von Liberalisierung, da sie das Arbeitsangebot erhöht, die Lohnkosten verringert und den Einfluss der Gewerkschaften beschneidet. Andererseits stehen die Unternehmen untereinander in einem innerdeutschen und europäischen Wettbewerb (Afonso 2012; Seikel

2015: 1170). Vor allem für Firmen in Westdeutschland bot die Tariftreue einen gewissen Schutz vor Lohnkonkurrenz. Aus genau diesem Grund wurde sie von ostdeutschen Unternehmen als diskriminierende Wettbewerbsverzerrung abgelehnt (Sack 2012: 246; Sack/Sarter 2018a: 676). Zwar stehen auch ostdeutsche Unternehmen in Wettbewerb mit dem innereuropäischen Ausland, doch waren sie erstens noch bis Mai 2011 durch Übergangsklauseln von Konkurrenz aus den neuen Mitgliedstaaten geschützt, und zweitens sind sie davon weniger betroffen als die westdeutschen Unternehmen (vgl. Seikel 2015: 1179–1180). Der Interessengegensatz wird noch dadurch verstärkt, dass die ostdeutsche (Bau-) Wirtschaft stärker als die westdeutsche von kleinen und mittelständischen Firmen geprägt ist, die oftmals als Subunternehmen auftreten und innerhalb des Arbeitgeber:innen-Lagers teils in eigenen Verbänden organisiert sind (Bosch et al. 2011: 34–37; Sack 2012: 246, 249). Kurz: Während westdeutsche Arbeitgeber:innen aus protektionistischer Motivation einen Burgfrieden mit den Gewerkschaften schlossen, um die Tariftreue zu unterstützen, waren ostdeutsche Gewerkschaften auf sich allein gestellt. Unter der Voraussetzung, dass „die Wirtschaftspolitik eines Landes (…) ihre Firmen politisch begünstigen will" (Sack/Sarter 2018a: 732), sollte die empirische Analyse folgende Hypothese (H5) bestätigen: *Abgeordnete der westdeutschen Landesparlamente mobilisierten stärker als Abgeordnete der ostdeutschen Landesparlamente.* Im Hinblick auf die Zielrichtung der Mobilisierung lautet die entsprechende Hypothese (H6): *Abgeordnete der westdeutschen Landesparlamente mobilisierten für eine Reform der Entsenderichtlinie, während Abgeordnete der ostdeutschen Landesparlamente gegen eine Reform mobilisierten.*

(4) Aus der vergleichenden Parlamentarismusforschung ist bekannt, dass sich die europapolitischen *Strategien der Opposition* in nationalen Parlamenten von denen der Regierungsfraktionen unterscheiden. Da sich in parlamentarischen Systemen wie den deutschen Bundesländern die Regierung auf eine Parlamentsmehrheit stützt, stimmen die Abgeordneten der Regierungsmehrheit offensichtlich stärker als jene der oppositionellen Minderheit mit den Positionen

der Regierung überein. Regierungsabgeordnete dürfen also eher damit rechnen, dass die Landesregierung schon von sich aus in ihrem Interesse handelt, so dass sie geringeren Anreiz zur Mobilisierung haben als Oppositionsabgeordnete. Gleichwohl will auch die Mehrheitsfraktion die Mandatserfüllung ihrer Regierung überwachen, gerade in EU-Angelegenheiten. Dabei wird sie sich aber eher auf parteiinterne Einfluss- und Informationskanäle hinter verschlossenen Türen verlassen als auf formelle parlamentarische Instrumente. Denn erstens verfügen nur Regierungsabgeordnete über den „direkten Draht" zur Regierung (Holzhacker 2002; Wonka/Rittberger 2014), zweitens kann öffentliche Kritik der Reputation ihrer Landesregierung schaden und die Wiederwahlchancen schmälern (Raunio/Wiberg 2010: 80; Wonka/Göbel 2016: 218), und drittens können öffentliche Positionsfestlegungen den Raum für Kompromisse in Verhandlungen der Landesregierung auf höheren Ebenen über Gebühr verengen (Auel/Benz 2005).

Im Gegensatz dazu lebt die Opposition viel stärker von der Öffentlichkeit. Ihre normative Rolle besteht darin, das Regierungshandeln öffentlich zu hinterfragen, es im Lichte von Alternativen zu debattieren und die Wähler:innen über beides kritisch zu informieren (Auel/Benz 2005: 375–376). Vor allem aber können oppositionelle Abgeordnete nicht über den Parteiapparat Einfluss auf die Landesregierung nehmen und Informationen von ihr beziehen, sondern sind auf die formellen parlamentarischen Mittel der Kontrolle und Gesetzgebung angewiesen.[7] Parlamentarische Anfragen dürften den oppositionellen Abgeordneten dabei helfen, ihr relatives Informationsdefizit zu verringern (Stecker 2018: 44–45; vgl. aber Navarro/Brouard 2014). Oppositionelle Gesetzesinitiativen und Beschlussanträge haben zwar in der Regel keine Aussicht auf Annahme, doch genau wie Anfragen signalisieren sie den Medien, Wähler:innen und relevanten Interessengruppen, für welche Politik

---

[7] Darüber hinaus können sie versuchen, Parteikontakte auf EU- und Bundesebene oder in anderen Mitgliedstaaten zu nutzen (Auel and Benz 2005; Wonka and Rittberger 2014; vgl. aber Schneider et al. 2014).

die zeichnenden Abgeordneten sich einsetzen (Holzhacker 2002; Stecker 2018: 44–45; Wonka/Göbel 2016). Alle formellen Instrumente dienen somit auch als Mittel der Positionierung, Politisierung und Profilierung. Für die Opposition sind sie besonders attraktiv, um ihren Mangel an direktem Einfluss auf die Landesregierung zu kompensieren. Wenn die parlamentarische Mobilisierung, wie beschrieben, tatsächlich vor allem eine Oppositionsstrategie ist, sollte sich die folgende Hypothese (H7) bewahrheiten: *Abgeordnete der Oppositionsfraktionen mobilisierten stärker als Abgeordnete der Regierungsfraktionen.*

5 – Forschungsdesign

Wie die Reaktion der Länder auf *Rüffert* zeigt, ist die Reform des europäischen Entsenderechts wegen seiner Bedeutung für die Landestarif- und Vergabepolitik äußerst salient. Empirisch hat sich Salienz als wichtige Voraussetzung für Mobilisierung erwiesen (Schneider et al. 2014: 15). Die Entsendereform ist deshalb im Hinblick auf das erwartbare Ausmaß an Mobilisierung ein *Most-likely Case* (vgl. Gerring 2007: 120): Wenn schon hier die Landesparlamente geschwiegen hätten, dann wäre auch in weniger salienten Fällen keine Mobilisierung zu erwarten. Als *Pathway Case* (vgl. Gerring 2007: 122) ist die Reform außerdem besonders geeignet, die von den Parlamenten gewählten Mobilisierungsstrategien zu beleuchten und die genannten hypothetischen Voraussetzungen der Mobilisierung vergleichend zu prüfen. Ferner variieren innerhalb des Falls sowohl die Mobilisierung als auch die Erklärungsfaktoren zwischen den einzelnen Landesparlamenten und ihren Fraktionen, so dass eine vergleichende Analyse zweckmäßig ist.

Im Folgenden analysiere ich daher die Mobilisierung durch alle Fraktionen in den sechzehn deutschen Landesparlamenten in ihrem Ausmaß und ihrer Zielrichtung zwischen 2008, als der EuGH in der Sache *Rüffert* urteilte, und 2018, als die reformierte Entsenderichtlinie verabschiedet wurde. Die Mobilisierung ist somit die abhängige

Variable. Ihre Zielrichtung kann entweder befürwortend oder ablehnend sein. Ihr Ausmaß definiere ich wie folgt: Anträge, die eine Reform der Entsenderichtlinie fordern, sie unterstützen oder ablehnen; ausdrückliche Bezugnahmen auf die Entsendereform in Plenardebatten und in mündlichen oder schriftlichen Anfragen; Sachverständigenanhörungen zum Thema der Entsendereform; und Bundesratsinitiativen, die die Entsendereform zum Gegenstand haben. Die Anzahl dieser Mobilisierungsaktivitäten wird jeweils mit der sie hervorbringenden Fraktion über den genannten Zeitraum erhoben und durch qualitative Informationen ergänzt. Darüber hinaus beziehe ich soweit möglich auch informelle Mobilisierungaktivitäten, etwa die Kontaktaufnahme mit Entscheidungsträger:innen anderer Politikebenen, mit ein.

Die Daten zur formellen Mobilisierung wurden aus den digitalen Archiven der Landesparlamente und des Bundesrats erhoben. Dabei habe ich je nach Schnittstelle verschiedene Such- und Stichwortkombinationen verwendet (siehe Anhang). Wo die Reliabilität in Frage stand, wurden der interparlamentarische „Parlamentsspiegel" und, wenn möglich, beteiligte Personen zur Gegenprobe konsultiert. Zu diesem Zweck und um informelle Mobilisierungsaktivitäten zu erheben, habe ich zehn semi-strukturierte Leitfadeninterviews mit Abgeordneten und parlamentarischen Mitarbeitenden durchgeführt (siehe Anhang).

6 – Landesparlamentarische Mobilisierung im Rahmen der Entsendereform

Dieser Abschnitt untersucht die landesparlamentarische Mobilisierung zur Entsendereform empirisch. Zunächst beschreibe ich die abhängige Variable, also das Ausmaß und die Zielrichtung der Mobilisierung im Ländervergleich. Die nachfolgenden Abschnitte befassen sich mit den unabhängigen Variablen, überprüfen also die Hypothesen über die Triebfedern der Mobilisierung.

6.1 Ausmaß und Zielrichtung nach Landesparlament

Das Ausmaß der Mobilisierung unterscheidet sich stark zwischen den sechzehn Landesparlamenten (siehe Tabelle 3). Drei Gruppen mit ähnlichen Mustern treten hervor. In der ersten Gruppe fand wenig bis keine Mobilisierung statt. So war in Baden-Württemberg, Bremen, Hessen und Rheinland-Pfalz keine relevante Mobilisierung sichtbar.[8] In Thüringen und Sachsen-Anhalt beschränkte sich die Mobilisierung auf schwammige Bezugnahmen innerhalb von Plenardebatten. Im Gegensatz dazu mobilisierten die Landesparlamente der zweiten Gruppe sehr stark. Mit 23 Mobilisierungsaktivitäten war der von *Rüffert* unmittelbar betroffene Niedersächsische Landtag am weitaus aktivsten, gefolgt vom Landtag Brandenburg mit fünfzehn Aktivitäten. Diese Parlamente stechen durch eine Mobilisierung hervor, die fast dem sechs- bzw. vierfachen des Medians entspricht. Alle Fraktionen beteiligten sich darüber hinaus mittels verschiedenster Aktivitäten. Die dritte und größte Gruppe besteht aus den übrigen acht Landesparlamenten mit mäßiger Mobilisierung. Neben der moderaten Anzahl der festgestellten Aktivitäten unterscheidet sich diese Gruppe von der ersten dadurch, dass Abgeordnete jedes Parlaments mindestens einen Antrag einbrachten.

Über alle Parlamente hinweg bestand die häufigste Mobilisierungsaktivität in Bezugnahmen auf die laufende oder eine gewünschte Reform der Entsenderichtlinie im Rahmen von Plenardebatten zu unterschiedlichen Tagesordnungspunkten (44 Aktivitäten). Am zweithäufigsten waren Anträge (33), darunter sieben Anträge, eine Bundesratsinitiative einzubringen oder ihr beizutreten. Es folgen vier Sachverständigenanhörungen und zwei Anfragen. Unter den Anträgen, die sich auf eine Bundesratsinitiative richteten, betrafen zwei das Instrument der begründeten Stellungnahme im Rahmen des Frühwarnmechanismus. Interessanterweise richteten sich diese nicht nur, wie in Bayern auf Initiative der Freien Wähler und der CSU, gegen den Richtlinienentwurf. In Sachsen versuchte

---

[8] In Baden-Württemberg und Rheinland-Pfalz gab es schwache Mobilisierungsaktivität in Bezug auf die Durchsetzungsrichtlinie 2014/67/EU.

die Fraktion der Linken, eine begründete Stellung mit dem Ziel zu veranlassen, die Entsendereform zu unterstützen und inhaltlich auszuweiten. Dies wurde jedoch von der Regierungsmehrheit unter Verweis auf den ihrer Ansicht nach rein negierenden Zweck einer solchen Stellungnahme abgelehnt.

Tabelle 3: Aggregierte Mobilisierung und Anpassungsreaktion nach Landesparlament und Region

Landesparlament	Region	Tariftreue	Anpassungsreaktion	Aktivitäten
Niedersachsen	Westen	Ja	Re-regulierung	23
Brandenburg	Osten	Nein	Re-regulierung	15
Berlin	Osten, Stadtstaat	Ja	Re-regulierung	8
Hamburg	Westen, Stadtstaat	Ja	Re-regulierung	8
Nordrhein-Westfalen	Westen	Nein	Re-regulierung	8
Schleswig-Holstein	Westen	Ja	Liberalisierung	8
Bayern	Westen	Nein	Liberalisierung	7
Thüringen	Osten	Nein	keine	5
Saarland	Westen	Ja	Re-regulierung	3
Mecklenburg-Vorpommern	Osten	Nein	Re-regulierung	2
Sachsen	Osten	Nein	keine	2
Sachsen-Anhalt	Osten	Nein	Re-regulierung	1
Baden-Württemberg	Westen	Nein	Re-regulierung	0
Bremen	Westen, Stadtstaat	Ja	Re-regulierung	0
Hessen	Westen	Ja	Liberalisierung	0
Rheinland-Pfalz	Westen	Ja[*]	Re-regulierung	0
Summe	–	8	–	90
Mittelwert	–	–	–	5,6

Tariftreue = Existenz von Tariftreueklauseln am Tag des Rüffert-Urteils *(3. April 2008). Anpassungsreaktion = Landespolitische Reaktion auf das* Rüffert-Urteil *im Zeitraum zwischen Urteilsverkündung (April 2008) und abgeschlossener Entsendereform (Juni 2018). Aktivitäten=Anzahl an Mobilisierungsaktivitäten. *Gesetzentwurf*

Quelle: Sack (2012), Sack und Sarter (2018), Schulten (2021), Forum Vergabe (Forum Vergabe 2019) und eigene Zusammenstellung.

Neben den genannten, formalen parlamentarischen Instrumenten nutzten einige Abgeordnete auch Kontakte auf Bundes- und EU-Ebene zur informellen Mobilisierung. Deren quantitativer Umfang konnte nicht systematisch erfasst werden, doch legen die Interviews nahe, dass hierbei vor allem Parteikontakte genutzt wurden. Der Weg über die Bundesregierung wurde besonders dann gewählt, wenn die eigene Partei auf Bundesebene regierte. „Wenn wir in der Opposition wären in Berlin, dann ginge das nicht. Gut, es ginge auch, aber halt nicht so durchschlagend" (Interview 3). „Was für mich auch wichtig ist in all diesen Bereichen, ist der Kontakt ins Arbeitsministerium. Das ist natürlich, solange das ein Minister ... oder eine Ministerin [der eigenen Partei ist], ein sehr direkter Kontakt" (Interview 1). Vor allem Abgeordneten, deren Partei nicht im Bund regierte, blieb noch der Weg über die Mitglieder des Europäischen Parlaments und des Bundestags, besonders über solche aus dem eigenen Bundesland. Dies war in erster Linie für Abgeordnete der Minderheitsfraktionen attraktiv. „Da hat man ... eine sehr einfache Ebene, und die ist leichter zu bedienen als ... über den Landtag" (Interview 1). Insgesamt dient die informelle Mobilisierung vor allem der – oft zeitkritischen – Informationsbeschaffung und weniger der Einflussnahme. Kontakte auf anderen Ebenen sind „wirklich viel wert, weil man da einfach Informationen schneller bekommt" (Interview 7), doch „es ist nicht so, dass wir aus bayerischer Sicht die Kollegen in Brüssel oder Straßburg bewegen müssten, sondern die ... drücken eher nach dem Prinzip von oben nach unten. ... Wir waren jetzt nicht die Treiber der Europakollegen im EP" (Interview 4).

Das Mobilisierungsausmaß gipfelte im Jahr des *Rüffert*-Urteils und vergrößerte sich ein weiteres Mal gegen Ende des Beobachtungszeitraums zwischen Vorschlag und Verabschiedung der neuen Entsenderichtlinie. Dieser Verlauf legt nahe, dass gewisse Landesparlamente in Folge des Urteils aktiv die Initiative ergriffen, statt nur im Rahmen ihrer Frühwarnverfahren auf den Vorschlag der Europäischen Kommission zu reagieren. Inhaltliche Bezugnahmen erhärten die Vermutung. So reichte die Fraktion der Linken in Mecklenburg-Vorpommern wenige Tage nach dem Urteil einen Antrag mit dem Titel „Landesvergabegesetz auch nach Entscheidung des Europäischen Gerichtshofes möglich und nötig" ein.[9] In der Plenardebatte erklärte einer der Urheber:innen, es sei „an der Zeit, gerade nach diesem Urteil, dass die Bundesregierung endlich in Brüssel

---

[9] Drucksache 5/1418.

tätig wird. Sie muss für eine Änderung der relevanten Richtlinien streiten, mit dem Ziel einer arbeitnehmerfreundlichen Reform der europäischen Entsenderichtlinie".[10]

Mit Blick auf die Zielrichtung der Mobilisierung gab es – vor allem anfangs – mehr Aktivitäten, die einer „arbeitnehmerfreundlichen" Reform zustimmten als solche, die dies ablehnten. Da die durch *Rüffert* geschaffene Rechtslage eine marktkonforme Vergabepraxis erleichterte, lag es nicht im Interesse der konservativen und liberalen Parteien, das Fallrecht mittels Änderung der Entsenderichtlinie aufzuheben. Erst als die Kommission ihren Vorschlag für die Entsendereform vorgelegt hatte, so dass eine legislative Urteilskorrektur ins Haus stand, mobilisierten auch die Gegner:innen der Reform. Diese Beobachtungen legen bereits nahe, dass nicht *Misfit* allein die Mobilisierung antreibt, sondern dass die politische Wahrnehmung und Bewertung der Rechtslage zumindest mitentscheidet. Die folgenden Abschnitte untersuchen die Mobilisierungfaktoren im Einzelnen.

6.2 Europäisierung und Misfit

Die an die Europäisierungsliteratur angelehnten Hypothesen sagen voraus, dass Parlamente in Ländern, in denen vor dem *Rüffert*-Urteil Tariftreuevorschriften in Kraft waren, stärker mobilisieren (H1), und dass die jeweilige Anpassungsreaktion – die entweder zu einer liberalisierten oder re-regulierten Landesvergabepolitik führte – die Zielrichtung der Mobilisierung bestimmt (H2). Wie in Tabelle 3 dargestellt, gibt es keinen direkten Zusammenhang zwischen dem regulativen *Status quo* vor dem Urteil und dem Ausmaß der anschließenden parlamentarischen Mobilisierung. Unter den beiden am stärksten mobilisierenden Landtagen befindet sich einer in einem Bundesland mit und einer in einem Bundesland ohne Tariftreueklauseln im Jahr der Urteilsverkündung. Auch in den übrigen Gruppen mit mittlerer und schwacher Mobilisierung gibt es Länder

---

[10] Helmut Holter, 40. Plenarsitzung Landtag Mecklenburg-Vorpommern, 24. April 2008.

mit und ohne Tariftreue, wobei unter den am schwächsten mobilisierenden Parlamenten sogar die Länder mit Tariftreueklauseln vorherrschen. Offenbar kann der bloße *Misfit* zwischen der jeweiligen Landesvergabepolitik vor *Rüffert* und der vom EuGH konkretisierten Entsenderichtlinie das Ausmaß der Mobilisierung nicht erklären.

Wie steht es um die Bedeutung des *Misfit* zwischen Europarecht und Landesvergabepolitik *nach* ihrer Anpassung an das Urteil? Viele Parlamente mit schwacher oder fehlender Mobilisierung befinden sich in Ländern, die ihre Vergabepolitik re-reguliert haben. Umgekehrt mobilisierten die Parlamente der Länder mit liberalisierter Vergabepolitik, also Schleswig-Holstein, Bayern und Hessen, im Durchschnitt nur geringfügig schwächer als der Mittelwert. Nimmt man die Länder hinzu, die bereits von Vornherein ein marktliberales Vergaberecht hatten („keine" Anpassungsreaktion in Tabelle 3), so liegt ihre mittlere Mobilisierungsaktivität tatsächlich etwas deutlicher unter dem Mittelwert aller Parlamente (3,4 gegenüber 5,6 Aktivitäten). Mit Blick auf die Zielrichtung, mobilisierten in den drei Ländern mit liberalisierter Vergabepolitik jedoch nur Abgeordnete des Bayerischen Landtags gegen die Entsendereform, etwa indem sie Subsidiaritätsbedenken vorbrachten.[11] Zudem gab es auch in Bayern Abgeordnete, die sich für die Reform aussprachen. Der Schleswig-Holsteinische Landtag forderte trotz Liberalisierung, dass „die Entsenderichtlinie dahingehend reformiert wird, dass sie wieder Mindest- und nicht Minimalstandards definiert"[12] und somit Tariftreueklauseln erlaubt. In Hessen schließlich fand das Thema Entsendereform keinerlei Widerhall. Insgesamt lassen sich die beiden Europäisierungshypothesen somit nicht bestätigen. Damit ist nicht ausgeschlossen, dass *Misfit* etwa als notwendige Bedingung eine Rolle spielt, doch müssen weitere Triebfedern hinzutreten, um Ausmaß und Zielrichtung der Mobilisierung zu erklären.

---

[11] Drucksache 17/10874.
[12] Drucksache 17/1284.

6.3 Politökonomische Mobilisierungsfaktoren

Stimmen die beschriebenen Mobilisierungsmuster mit den wirtschaftsgeographischen Unterschieden zwischen den Ländern überein? Gemäß H5 und H6 steht zu erwarten, dass die westdeutschen Parlamente stärker zugunsten der Entsendereform mobilisieren, während die ostdeutschen Parlamente gegen die Reform und insgesamt schwächer mobilisieren. In der bestehenden Forschung zur selektiven Anpassung an die Europäisierung des Vergaberechts „von oben" erwiesen sich politökonomische Erklärungen als relevant (siehe dritter Abschnitt). Auf die landesparlamentarische Mobilisierung „von unten" trifft das allenfalls in geringem Maß zu.

Denn das gemittelte Mobilisierungsniveau im Westen war tatsächlich kaum größer als das im Osten (siehe Tabelle 4). Sowohl ostdeutsche als auch westdeutsche Parlamente sind zudem jeweils in der stark, moderat und schwach mobilisierenden Gruppe vertreten (siehe Tabelle 3). Vergleicht man jedoch die Aktivitätsformen, zeigt sich, dass die Mobilisierung im Osten vor allem von Beiträgen in Plenardebatten getragen wurde, während im Westen Anträge die häufigste Aktivität waren. Von Anfragen und Sachverständigenanhörungen machten nur die westdeutschen Parlamente Gebrauch. Unter der Annahme, dass Anträge aufwendiger und einflussversprechender als Wortmeldungen sind, war die Mobilisierung der westdeutschen Parlamente im Durchschnitt substantieller als die der ostdeutschen. Diese Beobachtung stützt H5, wenn auch nur schwach.

Tabelle 4: Mittlere Anzahl verschiedener Mobilisierungsaktivitäten nach Region

Region	Anträge	Wort-meldungen	Anfragen	Anhörungen	Bundesrats-initiativen	Summe
Westen	2,4	2,3	0,2	0,4	0,4	5,7
Osten	1,5	3,5	0	0	0,5	5,5

Quelle: Eigene Zusammenstellung.

Anders als H6 vorhersagt, waren sich jedoch Fraktionen der gleichen Parteifamilie in Ost und West über die Zielrichtung ihrer jeweiligen Mobilisierung einig. Unter denen, die in Sachen Entsendereform mobilisierten, waren linke Abgeordnete in ost- wie westdeutschen Parlamenten fast immer für eine „arbeitnehmerfreundliche" Reform. Umgekehrt mobilisierten oder votierten konservative und liberale Abgeordnete fast immer dagegen. Die Ausnahmen bilden Mecklenburg-Vorpommern und Niedersachsen. Im ostdeutschen Mecklenburg-Vorpommern lehnte die SPD mit den Grünen einen Antrag der Linken ab, der unter weitergehenden Forderungen eine Reform der Entsenderichtlinie vorschlug,[13] und im westdeutschen Niedersachsen brachte die CDU zusammen mit ihrem Koalitionspartner, der SPD, einen reformorientierten Antrag ein.[14]

Während sich die mittlere Mobilisierung in den ostdeutschen Parlamenten von 5,5 auf 5,0 leicht verringert, wenn man Berlin nicht berücksichtigt, war die Mobilisierung in den Stadtstaaten (5,33) etwas schwächer als in den Flächenstaaten (5,67). Sie war moderat in Berlin und Hamburg, fehlte aber ganz in Bremen. Angesichts der frühen Einführung und der starken Befürwortung eines sozialen Vergabesystems in Bremen, scheint es eher unwahrscheinlich, dass der Unterschied auf Bremens notorisch schlechte wirtschaftspolitische Lage zurückzuführen ist. Diese Beobachtungen ziehen die politökonomische Erklärung zusätzlich in Zweifel, die in urbanen Regionen stärkere Mobilisierung erwarten ließe.

In der Wahrnehmung der befragten Landtagsangehörigen waren die alten Bundesländer stärker als die neuen von der Entsendung betroffen. Zwar hätten gewisse ostdeutsche Länder zwar lange eine standortpolitische Niedriglohnstrategie verfolgt, doch sei dies nicht auf die Konkurrenz mit Unternehmen aus Osteuropa zurückzuführen, die ihre Arbeitnehmer:innen eher nach Westdeutschland entsendet hätten (Interviews 5, 7, 9, 10). Entgegen der H5 und H6 zugrunde liegenden Überlegung, waren die ostdeutschen Arbeitgeber

---

[13] Drucksache 5/2624.
[14] Drucksache 18/1535.

zum Zeitpunkt der Entsendereform nach Aussage eines/einer sächsischen Regierungsabgeordneten nicht mehr grundsätzlich gegen Tariftreue eingestellt (Interview 10). Gleichwohl stimmt die starke Gegenmobilisierung in Bayern mit den Positionen der organisierten Interessen überein. So erklärte ein Mitglied des Bayerischen Landtags, die dortigen Gewerkschaften seien „peinlich bemüht ... parteipolitische Neutralität zu zeigen", während die Arbeitgeber „obwohl ja eine geschärfte Arbeitnehmerentsenderichtlinie die heimische Wirtschaft schützen würde", diese als „dirigistische Maßnahme" ablehnten (Interview 4).

6.4 Parteiendifferenz

Im Unterschied zur Wirtschaftsgeographie stimmen die programmatischen Unterschiede zwischen den in den Landesparlamenten vertretenen Parteien deutlich mit dem empirischen Mobilisierungmuster überein. Die SPD und die Linke mobilisierten von allen Parteien am stärksten für die Entsendereform (siehe Tabelle 5). Der Mobilisierungsmittelwert liegt über alle Fraktionen und Parlamente hinweg bei dreizehn Aktivitäten, doch sozialdemokratische Abgeordnete mobilisierten 30-mal, und Abgeordnete der Linken 22 mal. Die Rolle der Linken ist damit noch unterschätzt, da sie im Gegensatz zur SPD wegen der bei allen Landtagswahlen geltenden Sperrklausel nicht überall und durchgängig in den Landesparlamenten vertreten war. So entsandte die Linke zu keinem Zeitpunkt Abgeordnete in den Bayerischen Landtag, und in Nordrhein-Westfalen war sie nur zwischen 2010 und 2012 vertreten, einem Zeitraum allgemein niedriger Mobilisierung. Die Mobilisierung durch SPD und Linke zielte stets darauf, die Entsenderichtlinie so zu reformieren, dass sie Spielräume für nationales Arbeits- und Tarifrecht eröffnet. Nur in Mecklenburg-Vorpommern votierte die SPD gegen einen einschlägigen Antrag der Linken, vermutlich wegen weitergehender Forderungen, denen die zu diesem Zeitpunkt mit der CDU koalierende SPD nicht zustimmte.[15]

---

[15] Drucksache 18/1535.

Tabelle 5: Aggregierte Mobilisierung nach Fraktion

Fraktion	Anträge	Wort-meldungen	Anfragen	Anhörungen	Bundesrats-initiativen	Summe
SPD	14	10	0	3	3	30
Linke	8	12	0	0	2	22
CDU/CSU	4	8	0	1	1	14
Grüne	2	7	1	0	0	10
FDP	3	4	0	0	0	7
Andere	2	1	0	0	1	4
AfD	0	2	1	0	0	3
Summe	33	44	2	4	8	90
Mittelwert	4,7	6,3	0,3	0,6	1,1	13

Quelle: Eigene Zusammenstellung.

Wie von H3 vorhergesagt, mobilisierten umgekehrt Abgeordnete der CDU/CSU (vierzehn Aktivitäten) und der FDP (sieben) deutlich seltener (siehe Tabelle 5). Entsprechend H4 waren diese Parteien zudem gegenüber einer möglichen Entsendereform kritisch eingestellt – mit Ausnahme der niedersächsischen Landtagsfraktionen. In den meisten Parlamenten engagierten sie sich gar nicht, doch wenn, dann um die Entsendereform zu verhindern oder abzuschwächen. So mobilisierte die CSU in Bayern intensiv gegen den Kommissionsentwurf und rief die Landesregierung in einem formellen Beschluss dazu auf, im Bundesrat für eine Subsidiaritätsrüge im Rahmen des Frühwarnmechanismus' einzutreten.[16] CDU-Abgeordnete in Berlin, Nordrhein-Westfalen und Thüringen äußerten sich im Plenum gegen die Entsendereform. Abgeordnete der FDP stellten in Brandenburg einen Antrag zur Abstimmung, der sich gegen die Ausweitung sozialpolitischer Aspekte in der Entsenderichtlinie wandte.[17] Auch in Hamburg und Nordrhein-Westfalen meldeten sich FDP-Abgeordnete entsprechend zu Wort.

Der Fall Niedersachsens erfordert gesonderte Betrachtung. Als Beklagter im *Rüffert*-Prozess waren Entsendung und Tariftreue saliente Anliegen des westdeutschen Bundeslandes. Das schlug sich

---

[16] Drucksache 17/10874.
[17] Drucksache 5/3930.

nicht nur in außergewöhnlich starker Mobilisierung nieder (siehe Tabelle 3), sondern auch in der zwiespältigen Haltung der CDU-Fraktion. Die CDU regierte in Niedersachsen während des Großteils des Untersuchungszeitraums (2008–2017) zusammen mit der FDP. Gegen den Widerstand des kleineren, marktliberalen Koalitionspartners führte die CDU Vergabemindestlöhne und soziale Ausschreibungskriterien in Reaktion auf die judizielle Europäisierung „von oben" ein (Sack 2012: 253). Sie ergriff jedoch nicht die Initiative für eine landesrechtlichen Spielraum schaffende Reform des EU-Entsenderechts „von unten". Diese Rolle nahmen stattdessen SPD und Linke ein, die unabhängig voneinander eine Reihe von entsprechenden Anträgen einbrachten. Das früheste Beispiel, vom Januar 2009, ersuchte die Landesregierung, Druck auf die Europäische Kommission auszuüben, damit diese einen Richtlinienvorschlag erarbeitet, der das *Rüffert*-Urteil ausdrücklich aufhebt.[18] Statt bloß gegen die linken und sozialdemokratischen Anträge zu stimmen, unterbreiteten die Regierungsfraktionen gemeinsame Änderungsanträge. Im genannten Beispiel schwächten sie die Reformforderungen ab und unterwarfen sie gewissen Bedingungen; in einem anderen Fall wiesen sie die Reform grundsätzlich zurück.[19] Nachdem die CDU mit der aus den Landtagswahlen vom Oktober 2017 als Sieger hervorgegangenen SPD eine Koalition gebildet hatte, verabschiedeten die Regierungsfraktionen einen gemeinsamen Antrag, der unter anderem auf die Anwendbarkeit regionaler Lohnbestimmungen unter der neuen Entsenderichtlinie abzielte.[20] Kurz: Der Fall Niedersachsens verdeutlicht die programmatische Heterogenität der CDU auf Landesebene und die Notwendigkeit, zwischen regionalen Positionen und Koalitionszwängen zu lavieren.

Die Mobilisierung durch die Fraktion der Grünen war vergleichsweise schwach und in ihrer Zielrichtung unklar. Obwohl die Anzahl der Aktivitäten immerhin dem Mittelwert entspricht, brachten

---

[18] Drucksache 16/808.
[19] Drucksache 16/2879.
[20] Drucksache 18/1535.

Grünen-Abgeordnete nur zwei Anträge ein, davon einen (in Schleswig-Holstein) gemeinsam mit ihrem Koalitionspartner, der SPD. Die übrigen Aktivitäten sind eine Anfrage in Nordrhein-Westfalen und sieben Wortmeldungen, von denen nur vier die Entsendereform eindeutig befürworten. In Bayern votierte die Grünenfraktion sogar zusammen mit der CSU und den Freien Wählern für den Appell an die Landesregierung, im Bundesrat eine Subsidiaritätsrüge gegen den Richtlinienentwurf zu erwirken.[21] Die Grünen gelten grundsätzlich als streng pro-europäisch und verfolgen eine zentristische bis linke Ausrichtung in der Sozialpolitik, doch diese Beobachtungen zeigen deutliche Unterschiede auf Landesebene.

Auch die Wahrnehmung der befragten Abgeordneten stützt die Bedeutung der Parteiendifferenz. „Von der tarifgerechten Bezahlung … und keine Nachteile für entsandte Arbeitskräfte, das liegt ja in der Linken-Fraktion" (Interview 9), bestätigte ein:e Linken-Abgeordnete:r die Relevanz für die Partei. Für SPD-Abgeordnete übersetzte sich die thematische Übereinstimmung mit „dem Herzensprojekt" (Interview 7) und „dem Markenkern unserer SPD" (Interview 4) auch in erhöhte Mobilisierung: „Immer wieder, wenn es auf EU-Ebene Änderungen gegeben hat, die man beschleunigen kann, dadurch, dass man sie in die Länderparlamente einbringt, sind wir da initiativ geworden" (Interview 4). „Arbeitnehmerrechte auf EU-Ebene werden eher von der SPD aufs Tableau gebracht," stimmte auch ein:e konservative:r Abgeordnete:r zu (Interview 3). Die Unterschiede lägen jedoch nicht allein in der Salienz, sondern vor allem in der Bewertung, und damit weniger im Ausmaß als in der Zielrichtung der Mobilisierung: „Die Stoßrichtung … der schwarz-gelben Fraktionen ist, dass sie zwar … sagen, 'ja, Entsenderichtlinie ist wichtig,' aber diese ganze soziale Komponente, gleicher Lohn für gleiche Arbeit am gleichen Ort, für die nicht die Rolle spielt" (Interview 8).

---

[21] 71. Plenarsitzung Bayerischer Landtag, 20. April 2016, Anlage 2.

6.5 Oppositionsstrategien

Mobilisierten oppositionelle Abgeordnete stärker als Abgeordnete der Regierungsfraktionen, wie es H7 vorhersagt? Tatsächlich übersteigt die Summe aller Mobilisierungsaktivitäten der Oppositionsfraktionen die der regierenden Parteien um mehr als elf Prozentpunkte. Dieser Unterschied geht ausschließlich auf Wortmeldungen zurück. Parlamentarier:innen der Opposition äußerten sich in Plenardebatten doppelt so oft zum Thema Entsenderichtlinie wie Regierungsabgeordnete (siehe Tabelle 6). Der Unterschied resultiert jedoch teils aus der Zählmethode, da die Oppositionsfraktionen zumeist aus mehr Parteien bestehen als die Regierungsfraktionen, und die größeren Parteien sich regelmäßig bei Antragsdebatten im Plenum zu Wort melden.

Tabelle 6: Aggregierte Mobilisierung nach Oppositionsstatus

Status	Anträge	Wort-meldungen	Anfragen	Anhörungen	Bundesrats-initiativen	Summe
Opposition	15	29	2	2	2	50
Regierung	18	15	0	2	5	40
Summe	33	44	2	4	7	90

Quelle: Eigene Zusammenstellung.

Um dieser Möglichkeit nachzuforschen, ist es hilfreich, die Mobilisierung der Fraktionen vor und nach einem Wechsel in die Opposition zu vergleichen. Die SPD in Nordrhein-Westfalen dient hier als Beispiel für eine Fürsprecherin der Entsendereform auf dem Weg in die Opposition, während die CDU-FDP-Koalition in Niedersachsen die entsprechende Entwicklung einer Reformgegnerin veranschaulicht. Wie im vorigen Abschnitt dargelegt, zielte die (Gegen-) Mobilisierung durch CDU und FDP während ihrer gemeinsamen Regierungszeit in Niedersachsen darauf ab, die Reformforderungen der

größten Oppositionsfraktion, der SPD, einzuhegen.[22] Nachdem die
FDP infolge der Landtagswahlen des Jahres 2017 in die Opposition
gewechselte war, stellte die CDU gemeinsam mit ihrer neuen Koalitionspartnerin, der SPD, einen Antrag zur Abstimmung, der unter
anderem den Kern des neuen (vom Europäischen Parlament nun
schon angenommenen) Richtlinienentwurfs unterstützte.[23] Die Zielrichtung der CDU-Mobilisierung hing also davon ab, mit welcher
Partei sie regierte, während die FDP ihre ablehnende Position in der
Opposition beibehielt.

In Nordrhein-Westfalen erlitten die bis dahin regierenden Parteien SPD und Grüne bei den Landtagswahlen des Jahres 2017 starke
Verluste. Die scheidende Regierung hatte sich durchgängig für eine
Entsendereform mit Spielräumen für regionale Tariftreue eingesetzt,[24] ohne dass irgendwer im Landtag, einschließlich der SPD-Abgeordneten, dafür mobilisiert hätte. Gleich nach dem Gang in die
Opposition legte die SPD-Fraktion jedoch einen Antrag vor, der die
neue Landesregierung aufforderte, „sich für eine Reform der europäischen Entsenderichtlinie auszusprechen und aktiv auf allen politischen Ebenen auf eine Reform hinzuwirken".[25] Die Abgeordneten
unterstrichen ihre Forderungen in der Plenardebatte, an der auch
der Landessozialminister teilnahm, und die SPD-Fraktion berief
eine Sachverständigenanhörung im Europaausschuss ein. Grüne
Abgeordnete unterstützten die SPD in der Debatte, enthielten sich
aber bei der Stimmabgabe. Eine der seltenen Anfragen zum Thema
Entsendung geht ebenfalls auf einen Grünen-Abgeordneten nach
dem Wechsel in die Opposition zurück.[26] Zwar mag der Zeitpunkt
auch auf die Annahme der „Sozialen Säule" am Göteborger EU-

---

[22] Die Regierungsfraktionen setzten sich dabei im Rahmen von Änderungsanträgen aktiv mit
den Anträgen der SPD auseinander, während sie die Anträge der Linken per Votum ablehnten.

[23] Drucksache 18/1535.

[24] So werben etwa die „Europapolitische[n] Prioritäten 2011 der Landesregierung" mit ausdrücklichem Bezug zu *Rüffert* für eine Entsendereform mit „Spielräume[n] für Tariftreueregelungen im europäischen Vergaberecht" (Drucksache 15/247, 21. Dezember 2011, S. 12).

[25] Drucksache 17/1122.

[26] Kleine Anfrage 351, 27. September 2017.

Gipfel zurückgehen, doch spricht vieles dafür, dass hier Oppositionsstrategien am Werk waren. Da die Entsendereform bereits auf der Agenda der scheidenden Landesregierung stand, hatte die SPD vor dem Regierungswechsel weniger Anlass, im Landtag dafür zu mobilisieren.

In diesem Sinne spekulierte ein:e Angehörige:r des nordrhein-westfälischen Landtags, „ich weiß nicht, ob wir das als regierungstragende Fraktion auch so gefordert hätten" (Interview 7). Umgekehrt sah ein:e Regierungsabgeordnete:r Brandenburgs wenig Anlass, die Regierung von der Bedeutung der Entsendereform zu überzeugen, denn das „Europaministerium und auch die jeweiligen Europaminister waren immer welche, die [gegenüber] diesem Thema sehr offen waren" (Interview 6). Ein:e Oppositionsangehörige:r stellt ähnliche Vermutungen über die Motivlage der sächsischen Regierungsfraktion an: „Es langt ja zu, wenn die sächsische Staatsregierung amtsintern da ein Schreiben schickt. Was wollen wir da als Parlamentarier mitmachen? … Wir tragen die Staatsregierung, die hat unser Vertrauen. Das hat natürlich die Opposition etwas anders gesehen" (Interview 9). Als Regierungsabgeordnete:r ist es „relativ einfach mal einen Gesprächspartner im Ministerium zu bekommen", doch nach dem Wechsel in die Opposition ist das „komplett abgeschrieben. Also, man bekommt keine Termine." (Interview 8). Diese Aussagen stützen die hinter H7 stehende Vermutung, dass Regierungsabgeordnete sich auf Interessenübereinstimmung mit und direkte Kontakte zur Regierung verlassen, während parlamentarische Mobilisierung für die Opposition eine notwendige Alternative darstellt. Dies treffe auch auf die informelle Mobilisierung von (Partei-)Kontakten auf anderen Ebenen zu (Interviews 1, 8). Zudem ist für die Opposition auch das Herstellen von Öffentlichkeit leitendes Motiv, etwa mittels „Schaufensterantrag" (Interview 10). Auch ohne Mehrheiten kann die Opposition „Themen reinbringen, … mit Anträgen Diskussionen befördern" (Interview 1) und „das Thema am Köcheln … halten" (Interview 2).

7 – Diskussion

Die Europäische Integration schmälert die Möglichkeiten regionaler Parlamente, Politik zu gestalten, und zwar selbst im Rahmen nationaler Zuständigkeit wie der Lohn- und Tarifpolitik. Regionale Parlamente haben ihre Verfahren und Kapazitäten dieser Herausforderung angepasst, um besser auf europäische Impulse und Entwicklungen reagieren zu können. Seit Lissabon bietet ihnen auch die EU spezielle Möglichkeiten, sich Gehör zu verschaffen. Am Beispiel der Entsendereform und der Reaktion der deutschen Landesparlamente auf das *Rüffert*-Urteil des EuGH untersuchte das vorliegende Kapitel, wie und wann regionale Abgeordnete diese Optionen nutzen und sich tatsächlich in den europäischen Politikprozess einbringen.

Die Untersuchung zeigt erstens, dass Abgeordnete aus nicht weniger als drei Vierteln der deutschen Landtage mindestens einmal zum Thema Entsendereform mobilisierten. Die Landesgesetzgebung beschied sich also nicht damit, die Vergabepolitik dem judiziellen Europäisierungsdruck „von oben" selektiv anzupassen. Vielmehr betrieben Abgeordnete aus zwölf Landtagen auch aktive Europäisierung „von unten". Sie bauten mit verschiedenen landesparlamentarischen Instrumenten politischen Druck auf, um die EU-Gesetzgebung zu beeinflussen, und zwar nicht nur während der laufenden Verhandlungen, sondern teils schon zur Agendasetzung. In den meisten Fällen bestand das Mobilisierungsziel darin, durch Reform der Entsenderichtlinie das europäische Richterrecht zu korrigieren. Weitaus seltener versuchten Abgeordnete, die Reform zu verhindern. Dabei mobilisierten die Landtage und Fraktionen keinesfalls gleich stark. Vielmehr weist die Mobilisierungsaktivität große Varianz zwischen Bundesländern und Fraktionen auf.

Das zweite Hauptergebnis betrifft die Erklärung für diese Varianz. Von allen untersuchten Hypothesen über die Bedingungen der Mobilisierung ist die Parteiendifferenz am aussagekräftigsten. In welchem Maß und mit welcher Zielrichtung die Abgeordneten mobilisierten, hängt in erster Linie von ihrer Parteizugehörigkeit ab.

Dass sich die SPD und die Linkspartei dabei am stärksten für die Entsendereform einsetzten, kann nicht überraschen, da Arbeiternehmer:innen- und Lohnpolitik zu ihren Kernthemen gehören. Die Reformgegner:innen fanden sich bei den konservativen (CDU/CSU) und marktliberalen (FDP) Parteien, wobei die Gegenmobilisierung wie erwartet schwächer war. Das lag zum einen an der ambivalenten und von ihren jeweiligen Koalitionspartnerinnen abhängigen Position der CDU, und zum anderen daran, dass noch nicht das *Rüffert*-Urteil, sondern erst der neue Richtlinienentwurf den Anlass zur Gegenmobilsierung bot. Zwar waren die Subsidiaritätsbedenken der CSU und der Freien Wähler in Bayern auch dem regionalistischen Programm dieser Parteien geschuldet, doch zeigt das Mobilisierungsmuster, dass die Entsendereform überwiegend im Rahmen des sozioökonomischen Links-Rechts-Schemas verhandelt wurde. Die starke Rolle der Parteiendifferenz bei der Europäisierung „von unten" und die dabei zutage tretenden Konfliktlinien stimmen mit den Befunden zur selektiven Reaktion auf die Europäisierung „von oben" überein (siehe dritter Abschnitt). Da die Mobilisierung von den substantiellen Präferenzen der Parteien abhängt, spricht jedoch wenig dafür, dass linke Abgeordnete auch bei anderen Themen stärker mobilisieren als konservative und liberale (vgl. Schneider et al. 2014).

In deutlich geringerem Maß war der Mobilisierungsgrad außerdem davon abhängig, ob die Abgeordneten zur Regierungs- oder Oppositionsfraktion gehörten. Die Vermutung liegt nahe, dass Oppositionsangehörige parlamentarische Instrumente nutzen, um die Öffentlichkeit und möglicherweise politische Akteure auf anderen Ebenen zu mobilisieren, da sie auf die Regierung keinen direkten Einfluss nehmen können. Angesichts der geringen Zahl von Anfragen und Anhörungen scheint die Informationsbeschaffung nicht im Vordergrund zu stehen. Die genauen Motive können im Rahmen dieser Studie jedoch nicht geklärt werden. Die Mobilisierung war indessen nicht auf die Oppositionsparteien beschränkt, vor allem nicht, wenn linke Parteien regierten. Im Gegensatz zu existierenden Untersuchungen der deutschen Landesvergabepolitik (siehe

Abschnitt 3), spielten regionale Unterschiede zwischen west- und ostdeutschen Ländern, etwa im Lohnniveau und in der wirtschaftlichen Leistungskraft, keine Rolle bei der Mobilisierungsaktivität. Möglicherweise sehen sich ostdeutsche Unternehmen seit Ende der Übergangsbestimmungen für die Arbeitsmigration aus den neuen Mitgliedstaaten ähnlichem Wettbewerbsdruck ausgesetzt wie die westdeutschen Unternehmen, so dass sie mittlerweile ebenfalls von regulativer Abschottung profitieren. Verworfen wurde schließlich auch die Hypothese einer unmittelbaren Auswirkung des *Misfits* zwischen der Landesvergabepolitik und dem europäischen Entsenderecht. Insbesondere linke Parteien mobilisierten auch in Ländern mit liberalem Vergaberecht für die Entsendereform. Nicht die Passform zwischen EU-Recht und dem landespolitischen *Ist*-Zustand war hier ausschlaggebend, sondern die zwischen EU-Recht und dem je nach Partei verschiedenen *Soll*-Zustand.

Das Ziel der für die Entsendereform mobilisierenden Abgeordneten war erreicht, als im Juni 2018 eine neue Richtlichtlinie verabschiedet wurde, die den Anwendungsbereich innerstaatlicher Arbeitsstandards erweiterte. Damit, so ein:e Abgeordnete:r, „sind weitgehend eigentlich unsere Argumente, die wir damals in dem Antrag … nicht haben durchsetzen können …, aufgenommen worden" (Interview 2). Das Forschungsdesign dieser Studie lässt keine Schlussfolgerungen über die Wirksamkeit der landesparlamentarischen Mobilisierung zu. Gleichwohl legen die im zweiten Abschnitt genannten Hindernisse erhebliche Zweifel daran nahe, dass die Stimme der Landesparlamente die Reform im Einzelnen inhaltlich geprägt hat. So sehen es auch die interviewten Abgeordneten selbst: „Wir wissen natürlich auch, dass das … ganz wenig Wind macht" (Interview 9).

„Die Reform [zu] beeinflussen, ist für eine Oppositionsfraktion auf Landesebene eigentlich nur über informelle Kanäle möglich. … Aber wir haben natürlich versucht, Öffentlichkeit herzustellen für das Thema und so Druck auf die Landesregierung auszuüben" (Interview 7). „Möglicherweise war es nicht der größte Einfluss. Mir war aber immer wichtig, dass wir überhaupt unsere Rechte wahrnehmen" (Interview 6).

Trotz des mutmaßlich geringen Einflusses der Landtage auf die Entsendereform, geben die Ergebnisse der Fallstudie in demokratiepolitisch-normativer Hinsicht Anlass zu leisem Optimismus. Die deutschen Regionalparlamente haben sich der fortschreitenden europäischen Integration nicht nur institutionell angepasst (vgl. dazu Abels 2013; Auel/Benz 2005; Bursens/Högenauer 2017). Zumindest bei der hier untersuchten, politisch salienten Entscheidung von landespolitischem Belang haben sie ihre institutionellen Mittel in großem Umfang auch praktisch eingesetzt. Die Landtage erschienen somit in ihrer Kommunikations- und Kontrollfunktion weniger eingeschränkt als in ihrer Gesetzgebungsfunktion (vgl. Auel et al. 2015). Sie machten die europäische Politikformulierung transparenter, formulierten Alternativen, und übernahmen damit als Ganzes eine Rolle, die üblicherweise der Opposition zugerechnet wird. Dabei spiegelte die Mobilisierung weitestgehend bekannte gesellschaftlichen Konfliktstrukturen wider und bezog sich auf konkrete Politikinhalte, anstatt zu einer Auseinandersetzung zwischen pro-europäischen Kräften und euroskeptischer Fundamentalopposition zu geraten. Einmal mehr zeigt der Fall aber auch die Grenzen des Frühwarnmechanismus' auf. Diese bestehen nicht bloß in seinem fast prohibitiven Koordinationsaufwand (Malang/Leifeld 2021), sondern auch darin, dass selbst eine erfolgreiche „gelbe Karte" die legislative Korrektur judizieller Europäisierung allenfalls verhindern, aber nicht ermöglichen kann.

Literaturverzeichnis

Abels, G. (2013): Adapting to Lisbon: Reforming the Role of German Landesparlamente in EU Affairs. *German Politics*, 22 (4), 353–378.

Afonso, A. (2012): Employer Strategies, Cross-class coalitions and the Free Movement of Labour in the Enlarged European Union. *Socio-Economic Review*, 10 (4), 705–730.

Arrowsmith, S. (2012): The Purpose of the EU Procurement Directives: Ends, Means and the Implications for National Regulatory Space for Commercial and Horizontal Procurement Policies. *Cambridge Yearbook of European Legal Studies*, 14, 1–47.

Auel, K. (2014): Intergovernmental Relations in German Federalism: Cooperative Federalism, Party Politics and Territorial Conflicts. *Comparative European Politics*, 12 (4), 422–443.

Auel, K./Benz, A. (2005): The Politics of Adaptation: The Europeanisation of National Parliamentary Systems. *The Journal of Legislative Studies*, 11 (3–4), 372–393.

Auel, K./Rozenberg, O./Tacea, A. (2015): To Scrutinise or Not to Scrutinise? Explaining Variation in EU-Related Activities in National Parliaments. *West European Politics*, 38 (2), 282–304.

Blauberger, M. (2012): With Luxembourg in Mind … The Remaking of National Policies in the Face of ECJ Jurisprudence. *Journal of European Public Policy*, 19 (1), 109–126.

Blauberger, M. (2014): National Responses to European Court Jurisprudence. *West European Politics*, 37 (3), 457–474.

Börzel, T.A. (2000): Europäisierung und innerstaatlicher Wandel. Zentralisierung und Entparlamentarisierung? *Politische Vierteljahresschrift*, 41 (2), 225–250.

Börzel, T.A. (2002): Pace-Setting, Foot-Dragging, and Fence-Sitting, Member State Responses to Europeanization. *Journal of Common Market Studies*, 40 (2), 193–214.

Börzel, T.A./Panke, D. (2019): Europeanization. In: Cini, M./Borragán, N.P.-S. (Hrsg.), *European Union Politics*, Oxford, UK: Oxford University Press, S. 115-126.

Bosch, G./Weinkopf, C./Worthmann, G. (2011): *Die Fragilität des Tarifsystems: Einhaltung von Entgeltstandards und Mindestlöhnen am Beispiel des Bauhauptgewerbes*. Berlin: Edition Sigma.

Bursens, P./Högenauer, A.-L. (2017): Regional Parliaments in the EU Multilevel Parliamentary System. *The Journal of Legislative Studies,* 23 (2), 127–143.

Castles, F.G. (Hrsg.) (1982): *The Impact of Parties: Politics and Policies in Democratic Capitalist States*. London: Sage Publications.

Cooper, I. (2019): National Parliaments in the Democratic Politics of the EU: The Subsidiarity Early Warning Mechanism, 2009–2017. *Comparative European Politics,* 17 (6), 919–939.

Davies, G. (2016): The European Union Legislature as an Agent of the European Court of Justice. *Journal of Common Market Studies,* 54 (4), 846–861.

Dose, N./Reus, I. (2016): The Effect of Reformed Legislative Competences on Länder Policy-making: Determinants of Fragmentation and Uniformity. *Regional & Federal Studies,* 26 (5), 625–644.

Forum Vergabe (2019): Übersicht über den Stand der Tariftreue- und Vergabegesetze in den Ländern. (Online-Artikel): https://forum-vergabe.de/fileadmin/user_upload/Weiterf%C3%BChrende_Informationen/UEbersicht_UEbersicht_Vergabe-_und_Tariftreuegesetze_Laender_August_2019.pdf (aufgerufen am 03.10.2022).

Fromage, D./Kreilinger, V. (2017): National Parliaments' Third Yellow Card and the Struggle Over the Revision of the Posted Workers Directive. *European Journal of Legal Studies,* 10 (1), 125–160.

Gerring, J. (2007): *Case Study Research: Principles and Practices*. Cambridge: Cambridge University Press.

Héritier, A. (1996): The Accommodation of Diversity in European Policy-making and its Outcomes: Regulatory Policy as a Patchwork. *Journal of European Public Policy,* 3 (2), 149–167.

Hildebrandt, A./Wolf, F. (2016): Länderpolitik revisited. Zwei Föderalismusreformen und ihre Folgen. In: Ebd. (Hrsg.), *Die Politik der Bundesländer: Zwischen Föderalismusreform und Schuldenbremse*, Wiesbaden: Springer, S. 391–399.

Holzhacker, R. (2002): National Parliamentary Scrutiny Over EU Issues: Comparing the Goals and Methods of Governing and Opposition Parties. *European Union Politics, 3* (4), 459–479.

Jeffery, C./Pamphilis, N.M./Rowe, C./Turner, E. (2014): Regional Policy Variation in Germany: The Diversity of Living Conditions in a "Unitary Federal State". *Journal of European Public Policy, 21* (9), 1350–1366.

Klingemann, H.-D./Volkens, A./Bara, J./Budge, I./McDonald, M.D. (2006): *Mapping Policy Preferences II: Estimates for Parties, Electors, and Governments in Eastern Europe, European Union and OECD 1990-2003,* Oxford: Oxford University Press.

Knill, C./Tosun, J./Bauer, M.W. (2009): Neglected Faces of Europeanization: The Differential Impact of the EU on the Dismantling and Expansion of Domestic Policies. *Public Administration, 87* (3): 519–537.

Larsson, O./Naurin, D. (2016): Judicial Independence and Political Uncertainty: How the Risk of Override Affects the Court of Justice of the EU. *International Organization, 70* (2), 377–408.

Lubow, A./Schmidt, S.K. (2021): A Hidden Champion? The European Court of Justice as an Agenda-setter in the Case of Posted Workers. *Public Administration, 99* (2), 321–334.

Malang, T./Leifeld, P. (2021): The Latent Diffusion Network among National Parliaments in the Early Warning System of the European Union. *Journal of Common Market Studies, 59* (4), 873–890.

Malmberg, J. (2010): *The Impact of the ECJ Judgments on Viking, Laval, Rüffert and Luxembourg on the Practice of Collective Bargaining and the Effectiveness of Social Action.* Brussels: European Parliament.

Martin, S./Saalfeld, T./Strøm, K. (Hrsg.) (2014): *The Oxford Handbook of Legislative Studies.* Oxford, UK: Oxford University Press.

Martinsen, D.S./Blauberger, M. (2021): The Court of Justice of the European Union and the Mega-Politics of Posted Workers. *Law and Contemporary Problems, 84* (4), 29–57.

Navarro, J./Brouard, S. (2014): Who Cares About the EU? French MPs and the Europeanisation of Parliamentary Questions. *The Journal of Legislative Studies, 20* (1), 93–108.

Obinger, H. (2014): Vergleichende Policy-Analyse. Eine Einführung in makro-quantitative und makro-qualitative Methoden. In: Schubert, K./Bandelow N.C. (Hrsg.), *Vergleichende Policy-Analyse. Eine Einführung in makro-quantitative und makro-qualitative Methoden*, München: De Gruyter Oldenbourg, S. 231–258.

Raunio, T./Wiberg, M. (2010): How to Measure the Europeanisation of a National Legislature? *Scandinavian Political Studies, 33* (1), 19.

Rödl, F. (2009): Transnationale Lohnkonkurrenz: Ein neuer Eckpfeiler der „sozialen" Union? In: Fischer-Lescano, A./Schmid, C.U. (Hrsg), *Europäische Gesellschaftsverfassung. Zur Konstitutionalisierung sozialer Demokratie in Europa*, Baden-Baden: Nomos, S. 145–160.

Sack, D. (2012): Europeanization Through Law, Compliance, and Party Differences – The ECJ's "Rüffert" Judgment (C-346/06) and Amendments to Public Procurement Laws in German Federal States. *Journal of European Integration, 34* (3), 241–260.

Sack, D./Sarter, E. (2018a): Collective Bargaining, Minimum Wages and Public Procurement in Germany: Regulatory Adjustments to the Neoliberal Drift of a Coordinated Market Economy. *Journal of Industrial Relations, 60* (5), 669–690.

Sack, D./Sarter, E.K. (2018b): Policy-Varianz durch Europäisierung? Zur Wettbewerbs- und Vergabepolitik der deutschen Länder. *Zeitschrift für Vergleichende Politikwissenschaft, 12* (4), 725–742.

Sack, D./Töller, A.E. (2018): Einleitung: Policies in den deutschen Ländern. *Zeitschrift für Vergleichende Politikwissenschaft, 12* (4), 603–619.

Schmidt, M.G. (1995): The Parties-do-matter Hypothesis and the Case of the Federal Republic of Germany. *German Politics, 4* (3), 1–21.

Schmidt, V.A. (2009): The EU and its Member States: From Bottom Up to Top Down. In: Phinnemore, D./Warleigh-Lack, A. (Hrsg.), *Reflections on European Integration: 50 Years of the Treaty of Rome*, London: Palgrave Macmillan, S. 194–211.

Schneider, E./Rittberger, B./Wonka, A. (2014): Adapting to Europe? Regional MPs' Involvement in EU Affairs in Germany. *Regional & Federal Studies, 24* (4), 407–427.

Schulten, T. (2021): Tariftreue und Vergabe - Mindestlohn in Thüringen.

WSI Policy Brief No. 58 (Bericht): http://hdl.handle.net/10419/240938 (aufgerufen am 03.10.2022).

Seikel, D. (2015): Class Struggle in the Shadow of Luxembourg. The Domestic Impact of the European Court of Justice's Case Law on the Regulation of Working Conditions. *Journal of European Public Policy*, 22 (8), 1166–1185.

Seikel, D. (2022): Die Revision der Entsenderichtlinie: Wie die Hürden marktkorrigierender EU-Politik überwunden werden konnten. *Politische Vierteljahresschrift*, 63, 499-527.

Seikel, D./Absenger, N. (2015): Die Auswirkungen der EuGH-Rechtsprechung auf das Tarifvertragssystem in Deutschland. *Industrielle Beziehungen*, 22 (1), 51–71.

Statistisches Bundesamt (2017): Verdienste und Arbeitskosten. *Fachserie 16 Reihe 2.5* (Online-Artikel): https://www.statistischebibliothek.de/mir/receive/DEHeft_mods_00071636 (aufgerufen am 03.10.2022).

Statistisches Bundesamt (2022a): Durchschnittliche Bruttomonatsverdienste, Zeitreihe. (Online-Artikel): https://www.destatis.de/DE/Themen/Arbeit/Verdienste/Verdienste-Verdienstunterschiede/Tabellen/liste-bruttomonatsverdienste.html (aufgerufen am 03.10.2022).

Statistisches Bundesamt (2022b): Tarifbindung von Arbeitnehmern. (Online-Artikel): https://www.destatis.de/DE/Themen/Arbeit/Arbeitsmarkt/Qualitaet-Arbeit/Dimension-5/tarifbindung-arbeitnehmer.html (aufgerufen am 03.10.2022).

Stecker, C. (2011): Bedingungsfaktoren der Fraktionsgeschlossenheit. Eine vergleichende Analyse der deutschen Länderparlamente. *Politische Vierteljahresschrift*, 52 (3), 424–447.

Stecker, C. (2015): Parties on the Chain of Federalism: Position-Taking and Multi-level Party Competition in Germany. *West European Politics*, 38 (6), 1305–1326.

Stecker, C. (2018): Germany: Heated debates but cooperative behaviour. In: Giorgi, E.D./Ilonszki, G. (Hrsg.), *Opposition Parties in European Legislatures*, New York: Routledge.

Treib, O. (2003): Die Umsetzung von EU-Richtlinien im Zeichen der Parteipolitik: Eine akteurszentrierte Antwort auf die Misfit-These. *Politische Vierteljahresschrift*, 44 (4), 506–528.

WD 7 (Wissenschaftlicher Dienst 7 des Deutschen Bundestages) (2019): Vergaberechtliche Tariftreueklauseln im Lichte der Änderung der EU-Entsenderichtlinie im Jahre 2018. *Sachstand WD 7 - 3000 - 010/19* (Online-Artikel): https://www.bundestag.de/resource/blob/632968/af06ef9fc13e1d31cafb54f9204c62ed/WD-7-010-19-pdf-data.pdf (aufgerufen am 03.10.2022).

Wenzelburger, G. (2015): Parteien. In: Wenzelburger, G./Zohlnhöfer, R. (Hrsg.), *Handbuch Policy-Forschung*, Wiesbaden: Springer, S. 81–112.

Wonka, A./Göbel, S. (2016): Parliamentary Scrutiny and Partisan Conflict in the Euro crisis. The Case of the German Bundestag. *Comparative European Politics*, 14 (2), 215–231.

Wonka, A./Rittberger, B. (2014): The Ties that Bind? Intra-party Information Exchanges of German MPs in EU Multi-level Politics. *West European Politics*, 37 (3), 624–643.

Anhang

Tabelle A1: Datenbankabfragen und -quellen

Landesparlament	Abfrage	URL
Niedersachsen	Freie Suche: entsend* arbeit* europ*, Verknüpfung: UND	www.nilas.niedersachsen.de
Brandenburg	Erweiterte Suche, Freie Eingabe: : entsend* arbeit* europ*, Verknüpfung: UND	www.parlamentsdokumentation.brandenburg.de
Berlin	Volltextsuche: entsend* arbeit* europ*	pardok.parlament-berlin.de
Hamburg	Freie Suche in Dokumenttext: entsend* arbeit* europ*, Verknüpfung: UND	www.hamburgische-buergerschaft.de/parlamentsdatenbank
Nordrhein-Westfalen	entsend* arbeit* europ*	www.landtag.nrw.de/home/dokumente/dokumentensuche.html
Schleswig-Holstein	Vorgänge: entsend* arbeit* europ*	https://e-lissh.landtag.ltsh.de
Bayern	Suchbegriff: entsend* arbeit* europ*, Dokumentart: alle	www.bayern.landtag.de/parlament/dokumente/drucksachen/
Thüringen	Freie Suche in Dokumenttext: entsend* arbeit* europ*, Verknüpfung: Und	parldok.thueringer-landtag.de
Saarland	Freie Suche: "entsend*", alle Dokumenttypen	www.landtag-saar.de/dokumente
Mecklenburg-Vorpommern	Freie Suche in Dokumenttext: entsend* arbeit* europ*, Verknüpfung: UND	www.dokumentation.landtag-mv.de
Sachsen	Volltextrecherche: entsend*	edas.landtag.sachsen.de
Sachsen-Anhalt	Schlagwort: Arbeitnehmerfreizügigkeit, Freie Suche: entsend* arbeit*	padoka.landtag.sachsen-anhalt.de
Baden-Württemberg	Vorgang, Suchbegriff: arbeit* europ*	parlis.landtag-bw.de/parlis
Bremen	Erweiterte Suche: arbeit* europ*	paris.bremische-buergerschaft.de
Hessen	Erweiterte Suche/Stichwörter aus Betreff und Abstract: entsend*, Schlagwörter: entsend*	starweb.hessen.de/starweb/LIS/Pd_Eingang.htm
Rheinland-Pfalz	Erweiterte Suche/Erweiterte Suche: entsend*, Schlagwort: "Arbeitnehmerentsendung"	opal.rlp.de/starweb/OPAL_extern/index.htm

Tabelle A2: Interviews

Nummer	Landesparlament	Rolle, Fraktion	Datum
1	Bayern	Abgeordnete:r, SPD	16. März 2021
2	Bayern	Abgeordnete:r, SPD	23. April 2021
3	Bayern	Abgeordnete:r, CSU	29. März 2021
4	Bayern	Abgeordnete:r, SPD	31. Mai 2021
5	Brandenburg	Abgeordnete:r, SPD	1. April 2021
6	Brandenburg	Abgeordnete:r, Die Linke	28. April 2021
7	Nordrhein-Westfalen	Parlamentarische:r Mitarbeiter:in	15. April 2021
8	Nordrhein-Westfalen	Abgeordnete:r, SPD	6. April 2021
9	Sachsen	Abgeordnete:r, Die Linke	31. Mai 2021
10	Sachsen	Abgeordnete:r, SPD	5. Mai 2021

Die *European Regional Democracy Map* – europeanregionaldemocracy.eu[1]

Paul Kindermann, Sarah Meyer & Mario Wolf

Seit dem Ende des Zweiten Weltkriegs ist in Europa ein Trend zur Regionalisierung zu beobachten. Die Regionen Europas haben mehr politische Kompetenzen erhalten; regionale politische Repräsentant:innen werden zunehmend öffentlich gewählt anstatt (durch andere Autoritäten) ernannt zu werden (Hooghe et al. 2010; Abels/Battke 2019). Parallel dazu entstand im Zuge der europäischen Integration ein politisches Mehrebenensystem, in dem regionale Akteure zunehmend in europapolitische Angelegenheiten außerhalb und innerhalb ihrer Mitgliedsstaaten involviert sind (Schakel 2020: 768). Reformen der Europäischen Verträge haben sukzessive die (potenziellen) Möglichkeiten für Regionen ausgeweitet, sich über transnationale Netzwerke, in nationalen Kontexten oder direkt in Brüssel in die europäische Politik einzubringen (Hooghe/Marks 1996). Vor diesem Hintergrund setzen sich zahlreiche Regionen und Organisationen wie der Europäische Ausschuss der Regionen (AdR) oder der Europarat für den Ausbau der „regionalen Demokratie" ein – in einem „framework of the multi-tier governance which nowadays appears as the best way of reconciling democracy, efficiency and service to the population" (Europarat 2009: 5).

Ungeachtet dieses allgemeinen Trends zur Regionalisierung sind die europäischen Regionen sehr divers hinsichtlich ihres institutionellen Aufbaus, ihrer politischen Befugnisse und ihrer Rolle in europapolitischen Angelegenheiten. Insbesondere die föderalen Mitgliedstaaten wie Deutschland oder Belgien und die stark

---

[1] Dieses Kapitel basiert auf den Ausführungen von Kindermann et al. (2022) zur *European Regional Democracy Map*. Wir danken dem Europäischen Zentrum für Föderalismus-Forschung für die freundliche Genehmigung zur Verwertung und teilweisem Nachdruck des Aufsatzes.

dezentralisierten Regionen Spaniens oder Italiens nehmen im Mehrebenensystem eine Sonderstellung ein (vgl. Abels 2015). Die vergleichende, politikwissenschaftliche Forschung hat diese regionale Vielfalt umfassend untersucht. Mit Hilfe von Zeitreihendaten können wir historische Entwicklungen erfassen und analysieren; der *Regional Authority Index* (RAI), ein komplexes Messinstrument der relativen politischen Autonomie von sub-nationalen Regierungen, wird regelmäßig aktualisiert und stellt neue Datensätze für die wissenschaftliche Gemeinschaft und politische Beobachter:innen offen zur Verfügung (Hooghe et al. 2016; Shair-Rosenfield et al. 2021).

Die *European Regional Democracy Map* (ERDM) möchte nicht zuletzt diese reichhaltige, vergleichenden Forschung und die Vielfalt regionaler Demokratie in Europa vermitteln. Dabei ist die ERDM zunächst aus einer gewissen Frustration entstanden: Als Forschungsprojekt, das sich mit der Rolle regionaler Parlamente beschäftigt, wurde unsere Arbeit vielfach durch das Fehlen zentraler, wissenschaftlich verlässlicher Quellen für grundlegende Informationen über die Politik und die Institutionen regionalen Demokratie behindert. Im Bestreben hier eine Übersicht über basale Infos zu erstellen, hat sich die ERDM zu einer innovativen digitalen Plattform weiterentwickelt, die es einem breiten Publikum ermöglichen soll, eine Vielfalt an Daten zu erkunden, zu visualisieren und für eigene Forschungen und Projekte zu verwenden.

In diesem Kapitel stellen wir die ERDM vor, erläutern die Ziele des Projekts und die wichtigsten Features der Plattform. Zunächst skizzieren wir eine Reihe von Informationslücken und Problemen bei der Datenbeschaffung, denen wir im Rahmen unserer Forschung zu Regionalparlamenten in Europa begegnet sind. Anschließend erläutern wir die Vor- und Nachteile verschiedener Möglichkeiten, solche Informationen und Daten zur Verfügung zu stellen, zu kommunizieren, und zu verbreiten. Im vierten Abschnitt stellen wir die ERDM als innovative digitale und interaktive Plattform vor und gehen auf wichtige technische Features ein. Abschließend geben wir einen Ausblick auf anstehende Pläne und Updates für die ERDM.

1 – Basisdaten in der Forschung zu regionaler Demokratie

Die Idee der ERDM entstand aus einer schwelenden Diskussion im Rahmen des REGIOPARL Forschungsprojekts. Bei der Planung der nächsten Phase unseres Projekts und verschiedener Forschungsvorhaben wurden wir immer wieder von der mangelnden Verfügbarkeit basaler Informationen und Daten aufgehalten. Die notwendigen Grundlagenrecherchen erschienen uns zunächst vor allem lästig: Bestimmt könnte man schnell herausfinden, ob es in den französischen Regionalversammlungen EU-Ausschüsse gibt, wie oft die Bürgerinnen und Bürger in der Toskana und in Wallonien an Regionalwahlen teilnehmen und mit welchem System die entsprechenden Regionalregierungen gewählt werden. In unserem digitalen Zeitalter und im Kontext eines politisch vernetzten Europas erwarten wir nicht, dass diese Fragen schwer zu beantworten sind. Aber obwohl solche Informationen im Prinzip „gefunden" werden können, war die Suche oft mühsam, die Datenquellen schwer zu überprüfen oder veraltet. Unsere Diskussion dieser Schwierigkeiten berührte schnell allgemeinere Fragen zu Open-access, wissenschaftlicher Praxis und der Kommunikation empirischer Forschung. Wir werden diese Punkte im Folgenden kurz skizzieren und erläutern, wie wir mit der ERDM versuchen, eine integrierte, Plattform zu schaffen, die eine Fülle grundlegender und aktueller Informationen und Daten auf transparente und ansprechende Weise zur Verfügung stellt.

Online-Plattformen wie Wikipedia haben enorm dazu beigetragen, den Zugang zu Wissen zu demokratisieren (The Economist 2021). Dabei es ist nicht nur die Offenheit der Plattform, sondern auch die ständige Aktualisierung der Einträge, die Wikipedia so attraktiv macht. Crowdsourcing auf Wikipedia übertrifft die Informationsdichte- und Breite traditioneller Quellen wie Lexika und Handbücher bei weitem (Stone et al. 2016). Tatsächlich finden sich auf Wikipedia viele Informationen zu regionaler Demokratie – von der Verwaltungsstruktur Bulgariens bis zu den neusten regionalen Wahlergebnissen in Bayern, Wien oder der Toskana. Dass diese

Informationen auf einer zentralen Plattform organisiert sind und teils tagesaktuell aktualisiert werden, ist ein großer Vorteil, auch aus Sicht der vergleichenden Sozialforschung. Grade bezüglich wissenschaftlicher Recherchen hat Wikipedia allerdings gravierende Einschränkungen.

Die erste betrifft die Verfügbarkeit komplexerer Informationen, die in der Regel nicht in offiziellen Statistiken oder anderen öffentlichen Quellen verfügbar sind. Zum Beispiel die Institutionalisierung regionaler Beteiligung am EU-Frühwarnsystem (EWS) oder der Prozess, anhand dessen das politische Führungspersonal regionaler Regierungen ernannt oder gewählt wird. Solche Arten von qualitativen Daten sind grundlegend und wichtig für empirisches Forschungsdesign oder politische Analysen. Sie scheinen aber zu spezifisch zu sein, um von der „digital crowd" berücksichtigt und recherchiert zu werden.

Ein weit grundsätzlicherer Vorbehalt liegt jedoch in Wikipedias „No Origial Research" Doktrin begründet. Diese besagt, dass jede Tatsachenbehauptung auf der Website durch „verlässliche, veröffentlichte Quellen" belegt werden muss, die „in direktem Zusammenhang mit dem Thema stehen"; Wikipedia beruht „im Wesentlichen auf Forschungsergebnissen, die aus verlässlichen Quellen zusammengetragen" werden (unsere Übersetzung). Im Gegensatz zum Aufbau und den Prozessen zentraler Institutionen (wie etwa des Europäischen Parlaments) gibt es jedoch keine autoritative Quelle für die Funktionsweise regionaler Regierungssysteme; und im Gegensatz zu nationalen und internationalen Wirtschaftsdaten gibt es keine zentrale Quelle für die Wahlergebnisse und Entwicklungen regionaler Politik. Große wissenschaftliche Projekte wie der *Regional Authority Index* sind enorm informativ, allerdings darauf ausgelegt, ein spezifisches Konzept zu messen – nämlich die Autorität sub-nationaler Regierungen bzw. Administrationen (Hooghe et al. 2016). Das Gleiche gilt für den Fokus der meisten Fallstudien (zu einzelnen Ländern) und auch Handbücher bieten, wenn überhaupt, nur einen unvollständigen Überblick über grundlegende Fakten und institutionelle Entwicklungen (z.B. Hendriks et al. 2010).

Spezifischere Übersichten werden etwa vom Europäischen Ausschuss der Regionen (siehe AdR 2013) oder der Organisation für wirtschaftliche Zusammenarbeit und Entwicklung (siehe OECD/U-CLG 2016) in Auftrag gegeben. Diese fassen jedoch nur Informationen auf Länderebene zusammen oder veralten schnell, wenn sich Hunderte von Regionen in 27 Mitgliedstaaten sowohl an nationale als auch an transnationale Entwicklungen anpassen – etwa an neue EU-Gesetze oder Fördermittel. Ein weiteres Problem solcher Studien sind die oft unzureichenden Primärquellen: Schaut man sich Tatsachenbehauptungen über regionale Institutionen genauer an, dann findet sich eine Fülle von Sekundärliteratur, in der Bezüge zu Verfassungstexten, politischen Entscheidungen oder parlamentarischen Geschäftsordnungen fehlen. Aus Sicht der Forschung erschweren solche intransparenten Vorgehensweisen die Reproduzierbarkeit von Kodierungsentscheidungen – zum Beispiel über die diplomatische Akkreditierung regionaler Vertreter:innen in Brüssel (vgl. Tatham 2008). Die rigorose Erhebung von Daten und Überprüfung von Informationen an Primärquellen erfordert Zeit und Ressourcen. Diese Kosten schränken die Zugänglichkeit und Aktualität von Daten zusätzlich ein: Forscherinnen und Forscher müssen Publikationen platzieren und stellen erhobene Daten daher oft strategisch und im Laufe der Zeit (wenn überhaupt) zur weiteren Verwendung zur Verfügung.

Grob gesagt, finden wir also ein Spannungsverhältnis zwischen leicht zugänglichen und aktuellen Informationen und Daten, auf der einen, und Daten, die auf Primärquellen beruhen und mit transparenten, systematischen Methoden erhoben wurden auf der anderen Seite. Die ERDM soll dieses Spannungsverhältnis auflösen und eine ganze Bandbreite an Informationen über regionale Politik und Institutionen bereitstellen: Daten, die regelmäßig aktualisiert werden, frei zugänglich sind und nach transparenten, wissenschaftlichen Standards zusammengestellt wurden.

Der dritte Teil unserer Diskussion schließlich drehte sich um Fragen der Wissenschaftskommunikation. Denn wenn ein systematisches, wissenschaftliches Vorgehen die Verlässlichkeit der Informationen und Qualität der Daten garantiert, dann stellt sich die Frage, wer Zugang haben und diese nutzen können sollte. Sind primär Analysten mit statistischen Interessen und Kenntnissen adressiert, für die ein spreadsheet am nützlichsten ist? Was ist mit Beamtinnen oder politischen Beratern, die spezifische Informationen über eine bestimmte Region oder ein bestimmtes Land suchen? Oder sollen die Inhalte auch von fachfremden, von interessierten Bürger:innen erkundet werden und verstehbar sein? Auch hier haben wir versucht, mit der ERDM eine integrierte Lösung zu entwickeln, die ein möglichst breites Spektrum an Userinnen und Usern anspricht.

2 – Visualisieren regionaler Diversität in Europa

Über die letzten Jahrzehnte haben sich zunehmend Standards für die Nutzung und das Teilen von Daten in der sozialwissenschaftlichen Praxis durchgesetzt. Manche sprechen gar von einer „Transparenzrevolution", die Forscherinnen und Forscher dazu anhält, „Daten, Analysen, Methoden und Interpretationsentscheidungen, die ihren Behauptungen zugrunde liegen, in einer Weise sichtbar zu machen, die es anderen ermöglicht, sie zu bewerten" (Moravcsik 2019, unsere Übersetzung). Insbesondere quantitative Daten sollten zunehmend interoperabel und reproduzierbar sein. Dennoch ist es meist die Form, in der die Daten geteilt werden, die ihre Nutzbarkeit für viele Akteure außerhalb der Wissenschaft, für politische Entscheidungsträgerinnen und Beamte einschränkt. Komplexe Tabellen, Datenbanken und Code-Bücher sind für Laien meist unverständlich und wenig ansprechend.

Der Schlüssel zur effektiven Kommunikation von Daten ist Visualisierung. Die Nutzerinnen und Nutzern zeitgenössischer, digitaler Medien sind mit Datenvisualisierungen vertraut, nutzen dieser gar intuitiv. So sehen wir beispielsweise Daten zur öffentlichen

Meinung fast täglich in einer Reihe von Torten- und Balkendiagrammen. Gleichzeitig verlangen die Fördergeber akademischer Forschungsprojekte zunehmend, dass Forschungsergebnissen öffentlich kommuniziert werden, dass eine science2public Komponente entwickelt wird. Das Projekt *EMU Choices* beispielsweise hat für alle 28 EU-Mitgliedsstaaten offene Datensätze und Factsheets zu den rechtlichen Grundlagen der wirtschaftlichen und monetären Integration erstellt. Die Projektwebsite enthält jedoch auch vier Module mit Datenvisualisierungen, die es den Nutzer:innen ermöglichen, eine Reihe von Variablen zu untersuchen und Ausprägungen in den verschiedenen Ländern zu vergleichen. Wenn es um die Darstellung von Variationen und Gemeinsamkeiten zwischen Europas Regionen geht, ist das Mapping, die Darstellung von Daten auf einer Karte eine sehr ansprechende Form der Visualisierung.

Mit dem *Geographical Information System* (GISCO) verfügt die Europäische Kommission über einen eigenen Dienst zur Verwaltung von Geodaten und Erstellung thematischer Karten. Auch hier gibt es jedoch zwei wichtige Einschränkungen, die sowohl den Nutzen für die Forschung als auch die Nachhaltigkeit der Produkte beeinträchtigen. Erstens werden digitale Karten meistens als one-off Dateien erstellt: für einen bestimmten Zweck, um eine bestimmte Variable zu visualisieren.[2] Allgemeinere Mapping-Projekte – wie die interaktive Webkarte des AdR mit seinen Vertreter:innen und verschiedenen regionalen Aktivitäten zum European Green Deal – bieten dagegen meist nur sehr schlichte Visualisierungsformen.[3] Diese ermöglichen kaum oder gar keine Darstellung von regionsübergreifenden Merkmalen oder regionsspezifischen Details.

Demgegenüber ist das *Migration Data Portal* (MDP) eine leistungsstarke Plattform, die viele der bis dato skizzierten

---

[2] Siehe den Eurostat report von 2019 zu „Merging statistics and geospatial information": https://ec.europa.eu/eurostat/documents/7870049/9809882/KS-FT-19-004-EN-N.pdf/aec76d11-967e-4d67-aad2-49c52b264748?t=1559812901000 (25.07.2022).
[3] Siehe Ausschuss der Regionen (CoR) „Local politicians at the heart of Europe": https://cor.europa.eu/en/regions/Pages/EIR-map.aspx (24.07.2022).

Einschränkungen und Probleme vermeidet.[4] Das 2017 gestartete MDP ist eine digitale Anlaufstelle für Statistiken und zuverlässige Informationen über Migrationsdynamiken auf der ganzen Welt. Das Herzstück der Plattform ist eine interaktive Karte, die mehr als 70 Variablen aus verschiedenen Datenbanken der UN und Forschungsprojekten wie DEMIG und IMPC visualisieren kann.[5] Das MDP kombiniert drei zentrale Funktionen, an denen sich auch die Entwicklung der ERDM orientiert hat:

- eine integrierte Lösung für verschiedene Nutzerprofile mit einem mehrschichtigen Design, das es Experten ermöglicht, Quellen und Methoden zu sichten und mit offenen Datensätzen weiterzuarbeiten;

- ein Kartenmodul, das für Userinnen und User digitaler Medien intuitiv bedienbar ist, mit einer Navigation, die Standard-(Browser-)Anwendungen wie Google Maps ähnelt;

- umfangreiche Dokumentation und weitere Ressourcen zum Thema.

Die ERDM schließt hier an, geht aber insbesondere bei der Datenvisualisierung, der Benutzerfreundlichkeit und der Verfügbarkeit offener Daten einen Schritt weiter.

3 – Features der ERDM

Die ERDM ist eine Kooperation zwischen unserem Forschungsprojekt *REGIOPARL* an der Donau-Universität Krems und dem Forschungsteam um Arjan Schakel an der Universität Bergen, das viele der neuen Datensätze im Rahmen des Projekts *Strengthening Regional Democracy - Contributing to Good Democratic Governance* zur

---

[4] Migration Data Portal: https://www.migrationdataportal.org (23.07.2022).
[5] *United Nations Department of Economic and Social Affairs, Population Division* 2020: International Migrant Stock 2020“; *DEMIG* 2015: DEMIG POLICY, version 1.3, Online Edition, International Migration Institute, University of Oxford; Helbling et al. 2017.

Verfügung stellt. Die Informationen auf der ERDM basieren im Wesentlichen auf sechs Datensätzen zu folgenden Dimensionen regionaler Demokratie: 1) regionale Wahlergebnisse, 2) regionale Wahlsysteme, 3) regionale Regierungen (Exekutive), 4) der *Regional Authority Index* (RAI), 5) der *Domestic EU Policy Shaping Index* (DEUPS), 6) sowie die regionale Einbindung in europapolitischen Angelegenheiten.

Für alle europäischen Regionen, die ein direkt gewähltes Parlament oder eine direkt gewählte Versammlung haben, enthält die ERDM die jüngsten Wahlergebnisse; alle Sitz- und Stimmenanteile können nach EU-Parteigruppen angezeigt werden.[6] Daten zu Regionalwahlen werden durch eine breite Palette von Variablen zu den institutionellen Strukturen des demokratischen Prozesses ergänzt – etwa die Anzahl der Wahlbezirke, die Form der Stimmabgabe oder Art des Wahlrechts. Was die regionalen Exekutiven betrifft, so enthält die ERDM Daten zu den Regierungsparteien, Informationen darüber, wie exekutive Akteure ernannt bzw. gewählt werden oder wie ihre Beziehung zum Regionalparlament institutionalisiert ist. Die ERDM visualisiert auch den RAI mit seinen verschiedenen Dimensionen, von der Fiskalautonomie einer Region bis zu ihrer Fähigkeit, die nationale Gesetzgebung mitzubestimmen. In der Einleitung haben wir bereits die Rolle der Regionen im europäischen Mehrebenensystem angesprochen: Die ERDM trägt dieser Dimension Rechnung und enthält eine Reihe von Daten über die europapolitische Beteiligung der Regionen. Verfügt ein Regionalparlament über einen Ausschuss für Europapolitik? Welchen institutionellen Hintergrund hat der/die AdR-Vertreter:in einer Region? Ergänzt werden diese Daten durch den *Domestic Policy Shaping Index* (DEUPS): basierend auf den Arbeiten von Michaël Tatham misst er die Institutionalisierung regionaler Beteiligung am Prozess der innerstaatlichen EU-Politikgestaltung.

---

[6] Nach ihrer ersten Veröffentlichung im Sommer 2022 befindet sich die ERDM nach wie vor im Aufbau: für verschiedene Länder sind Datensätze und Aktualisierungen ausstehend.

Abbildung 1: Screenshot der interaktiven, digitalen Karte der ERDM

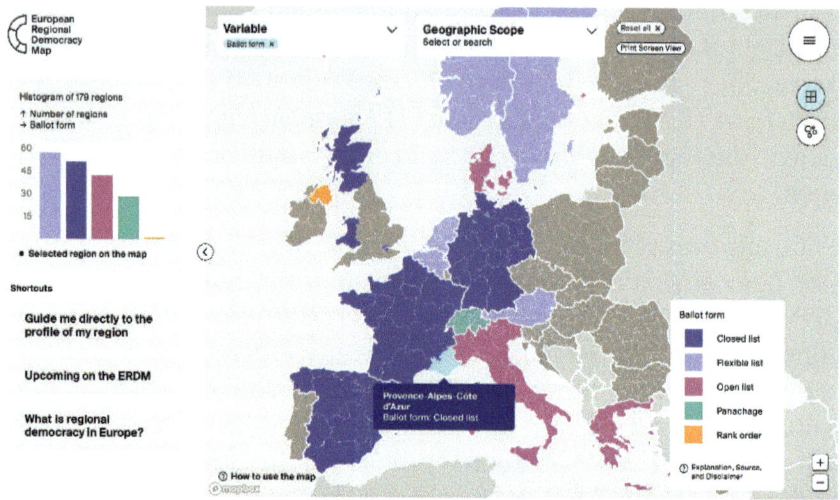

Das intuitive Webdesign der ERDM ermöglicht es den Nutzerinnen und Nutzern, sich in dieser Vielzahl von Daten zurechtzufinden; Tutorials und Legenden erleichtern das Verständnis der zugrunde liegenden theoretischen Konzepte und Forschungsergebnisse.[7] In Zusammenarbeit mit den Berliner Unternehmen Goldland und InfografikPro haben wir eine leistungsstarke Plattform geschaffen, die das Potenzial hat, zu einem zentralen Hub für aktuelle und zuverlässige Informationen über die politischen Dynamiken und die Institutionen regionaler Demokratie in Europa zu werden. Eine visuell ansprechende Online-Karte lädt Expert:innen und fachfremde Nutzer:innen gleichermaßen dazu ein, die Diversität regionaler Demokratie länderübergreifend zu erkunden; dynamische Visualisierungen zeigen die Dimensionen, Unterschiede und Gemeinsamkeiten zwischen den Regionen; regionale Profile integrieren Informationen für jede in unserem Datensatz enthaltene Region; eine umfangreiche Forschungssektion stellt bzw. soll mittelfristig Daten,

---

[7] *Goldland*: https://www.goldland-media.com (26.07.2022); *InfografikPro*: https://www.infografik.pro/de (26.07.2022).

152

Codebücher und weitere wissenschaftliche Resources offen zur Verfügung stellen.

3.1 Navigation

Seit mehr als 15 Jahren macht Google Maps weite Teile der Weltbevölkerung mit der Navigation von Geodaten auf einem digitalen Bildschirm vertraut. Das Herzstück des ERDM ist eine interaktive Online-Karte: stufenloses Zoomen, Pop-up-Informationen und intuitive Klickpfade machen es den Nutzer:innen leicht, durch die Länder und Regionen Europas zu navigieren. Aus zwei zentralen Dropdown-Menus können eine Vielzahl von Variablen ausgewählt werden, die direkt auf der Karte visualisiert werden; der Vergleich von Regionen und (individuellen und kombinierten) Variablen ermöglicht es den Nutzerinnen und Nutzern, Gemeinsamkeiten und Kontraste zwischen Regionen zu erkunden. Die Datenvisualisierung ist dynamisch und passt sich je nach Form und Komplexität der betreffenden Variablen an. Jede Region, die auf der ERDM enthalten ist, ist mit einer Reihe von Daten verknüpft: Individuelle, regionale Profile bieten einen detaillierten und integrierten Überblick über alle für die jeweilige Region verfügbaren Informationen. Sortiert nach den verschiedenen Themen der ERDM bieten die Regionalprofile eine Reihe von Visualisierungen, die es den Nutzer:innen ermöglichen, ausgewählte Datenpunkte schnell zu erfassen; Diagramme und Tabellen eignen sich hervorragend zur externen Verwendung in Berichten und Präsentationen. Alle Profile und einzelnen Variablen können über integrierte Suchfunktionen gefunden werden.

Abbildung 2: Screenshot eines Regionalprofils auf der ERDM

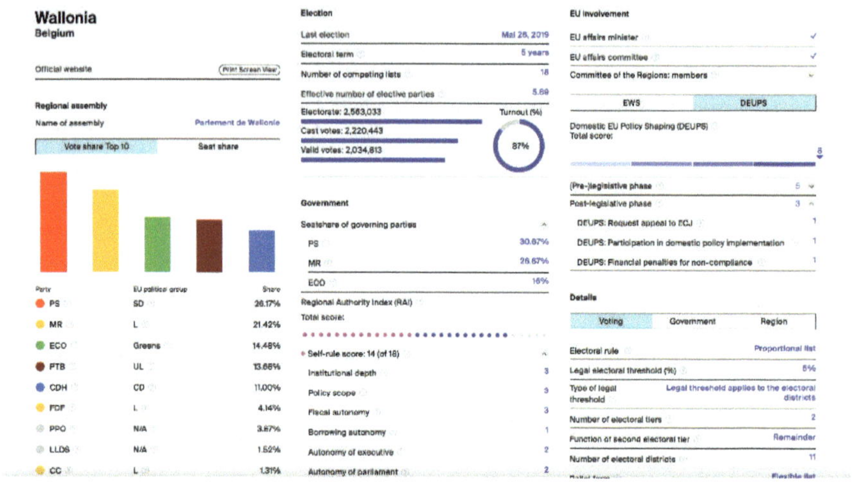

3.2 Visualisierungen

Auf dem ERDM erhält jede von der Userin/dem User ausgewählte Kombination von Ländern, Regionen und Variablen eine stabile URL, so dass die Kartenkonstellationen und Visualisierungen leicht geteilt werden können. Darüber hinaus ist das Kartenmodul vollständig dynamisch, einschließlich der Visualisierungen, die sich automatisch an verschiedene Bildschirmgrößen oder bevorzugte Zoomstufen anpasst. Zudem können Schaltflächen und Menüs ausgeblendet werden, um Vollbildansichten für Präsentationen und Publikationen zu nutzen.

3.3 Open Access und Dokumentation

Ein Hauptanliegen des Projekts besteht darin, zu einer vertieften Beschäftigung mit regionaler Demokratie und der dahinterstehenden Forschung anzuregen. Nutzerinnen und Nutzer sollten nicht erst in Sekundärquellen nach der Bedeutung eines Begriffs wie EWS oder „Single Transferable Vote" suchen müssen. Kurze Erklärungen können direkt beim Klick auf eine Variable angezeigt werden, während umfassende Erklärungen sowie Datenquellen nur einen weiteren Klick entfernt sind. Um möglichst große Transparenz zu gewährleisten, werden in einer separaten Forschungssektion die Datenerhebungsprozesse beschrieben, Kodierungsentscheidungen veranschaulicht und die vollständigen Codebücher zum Download bereitgestellt. Links zu zugrundeliegenden und weiterführenden wissenschaftlichen Publikationen laden dazu ein, die Rolle regionaler Demokratie in Europa und aktuelle Forschungsfragen zu erkunden.

Um dem Anspruch eines zentralen Hubs für Informationen und Daten zu regionaler Demokratie gerecht zu werden, wollen wir mit der ERDM alle zugrunde liegenden Datensätze frei zugänglich machen. Wo Finanzierungsvereinbarungen und Publikationspläne es zulassen, können offene Datensätze direkt heruntergeladen werden, um von der wissenschaftlichen Gemeinschaft genutzt zu werden.

4 – Ausblick

Die ERDM wurde im Sommer 2022 in Betrieb genommen und befindet sich in ihrer ersten Projektphase. Das Grundgerüst der Website ist äußerst flexibel und kann durch die Integration weiterer und neuer Datentypen erweitert werden. Dahingehend gibt es drei wesentliche Weiterentwicklungen, die wir in der nächsten Zeit vornehmen wollen. Erstens eine Integration der Daten für Mittel- und Osteuropa: Polen, die Tschechische Republik, die Slowakei, Ungarn, Slowenien, Kroatien, Rumänien und Bulgarien werden demnächst vollständig auf der ERDM enthalten sein. Zweitens verbessern wir die Zugänglichkeit der Daten weiter: Standardisierte Codebücher und verschiedene Dateiformate sollen vor allem die Nutzbarkeit für Forscherinnen und Forscher verbessern. Schließlich versuchen wir, bei der Aktualisierung dynamischer Daten (z.B. zu Wahlergebnissen) künftig auch Zeitreihendaten in die ERDM mit aufzunehmen.

Mittelfristig wird der Erfolg des ERDM davon abhängen, ob die ursprünglichen Ambitionen des Vorhabens beibehalten werden können. Mehr Funktionalität und mehr Daten dürfen nicht auf Kosten von Benutzerfreundlichkeit gehen, während die Qualität der Daten und die Transparenz der zugrunde liegenden Forschung nicht ins Hintertreffen geraten dürfen. Vor allem aber muss die ERDM sowohl bei Wissenschaftler:innen als auch bei politischen Referent:innen Anklang finden, die die Daten und Visualisierungen der ERDM zu nutzen wissen.

Literaturverzeichnis

Abels, G. (2015): Subnational parliaments as „latecomers" in the EU multi-level parliamentary system. In: Abels, G. (Hrsg.), *Subnational parliaments in the EU multi-level parliamentary system: taking stock of the post-Lisbon era*, Innsbruck: Studien Verlag, S. 23–61.

Abels, G./Battke, J. (Hrsg.) (2019): *Regional Governance in the EU*. Cheltenham: Routledge.

Committee of the Regions (2013): The Role of Regional Parliaments in the Process of Subsidiarity Analysis within the Early Warning System of the Lisbon Treaty. (Studie): https://cor.europa.eu/en/engage/studies/Documents/Role-Regional-Parliaments-in%20Process-of-Subsidiarity-Analysis-within-Early-Warning-System-of-Lisbon-Treaty/EN.pdf (aufgerufen am 20.07.2022).

Europarat (2009): Council of Europe Reference Framework for Regional Democracy, Congress of Local and Regional Authorities of the Council of Europe, Strasbourg.

Helbling, M./Bjerre, L./Römer, F./Zobel, M. (2017): Measuring immigration policies: the IMPIC database. *European Political Science,* 16, 79–98.

Hendriks, F./Lidström, A./Loughlin, J. (2010): *The Oxford Handbook of Local and Regional Democracy in Europe*. Oxford: Oxford University Press.

Hooghe, L./Marks, G. (1996): „Europe with the Regions": Channels of Regional Representation in the European Union. *Publius,* 26 (1), 73–91,

Hooghe, L./Marks, G./Schakel, A. (2010): *The Rise of Regional Authority*. London: Routledge & CRC Press.

Hooghe, L./Marks, G./Schakel, A./Chapman Osterkatz, S./Niedzwiecki, S./Shair-Rosenfield, S. (2016): *Measuring Regional Authority*. Oxford: Oxford University Press.

Kindermann, P./Meyer, S./Wolf, M. (2022): The European Regional Democracy Map – europeanregionaldemocracy.eu. In: Europäisches Zentrum für Föderalismus-Forschung Tübingen (Hrsg.), *Jahrbuch des Föderalismus*, Baden-Baden: Nomos, S. 228-236.

Moravcsik, A. (2019): Transparency in Qualitative Research. In: Atkinson, P./Delamont, S./Cernat, A./Sakshaug, J.W./Williams, R.A. (Hrsg.), *SAGE Research Methods Foundations*, London: SAGE Publications.

OECD/UCLG (2016): Subnational Governments around the world: Structure and finance. (Bericht): https://www.oecd.org/regional/regional-policy/sngs-around-the-world.htm (aufgerufen am 27.07.2022).

Schakel, A. (2020): Multi-level governance in a „Europe with the regions". *The British Journal of Politics and International Relations,* 22 (4), 767–775.

Shair-Rosenfield, S./Schakel, A./Niedzwiecki, S./Marks, G./Hooghe L./Chapman-Osterkatz, S. (2021): Language difference and regional authority. *Regional & Federal Studies,* 31 (1), 73–97.

Stone, P./ Brooks, R./ Brynjolfsson, E./Calo, R./Etzioni, O./Hager, G./Hirschberg, J./Kalyanakrishnan, S./Kamar, E./Kraus, S./ Leyton-Brown, K./Parkes, D./Press, W./Saxenian, A.L./Shah, J./Tambe, M./Teller, A. (2016): Artificial Intelligence and Life in 2030. One Hundred Year Study on Artificial Intelligence: Report of the 2015-2016 Study Panel. *Standford University* (Bericht): http://ai100.stanford.edu/2016-report (aufgerufen am 23.07.2022).

Tatham, Michaël (2008): Going solo: Direct regional representation in the European Union. *Regional & Federal Studies,* 18 (5), 493–515.

Tatham, Michaël (2011): Devolution and EU policy-shaping: bridging the gap between multi-level governance and liberal intergovernmentalism. *European Political Science Review,* 3 (1), 53–81.

The Economist (2021): Wikipedia is 20, and its reputation has never been higher. *The Economist* (Online-Artikel): https://www.economist.com/international/2021/01/09/wikipedia-is-20-and-its-reputation-has-never-been-higher (aufgerufen am 27.07.2022).

EU-Polity & die europäischen Regionen

Einleitung: EU-Polity & die europäischen Regionen

Paul Kindermann

Anders als einige Beobachter im Zuge des gescheiterten, europäischen Verfassungsentwurfs behaupteten (Moravcsik 2005), scheinen die politische Integration in Europa und die institutionelle Architektur der EU noch kein stabiles Equilibrium erreicht zu haben. Die Union ist weiterhin eine „polity in formation" (Schmitter 2001). Erst kürzlich wurde die im Mai 2022 beendete *Konferenz zur Zukunft Europas* von verschiedenen Akteuren zum Auftakt eines neuen Reformprozesses der Europäischen Verträge stilisiert. Insbesondere eine Mehrheit der pro-Europäischen Fraktionen im Europäischen Parlament nutzte die mit partizipativen und deliberativen Elementen durchgeführte Konferenz, um weitere Integrationsschritte zu fordern – darunter die Ausweitung von Mehrheitsentscheidungen auf fast alle Politikfelder im Ministerrat oder die Institutionalisierung eines formalen Initiativrechts des Parlaments.[1] Gleichzeitig haben die geopolitischen Entwicklungen der letzten Jahre und insbesondere der russische Angriffskrieg auf die Ukraine neue Dynamik in die Diskussion über die Erweiterung der Union gebracht – insbesondere um die Länder des West-Balkans. Hier hat nicht zuletzt der deutsche Bundeskanzler die Aufnahme weiterer Mitgliedsländer mit einer Reform der institutionellen Entscheidungsprozesse verbunden.[2]

Von diesen Entwicklungen ist auch die Rolle der diversen europäischen Regionen betroffen, die ihre politische Stellung im

---

[1] Europäisches Parlament, Pressemitteilung (2022): Parliament activates process to change EU Treaties: https://www.europarl.europa.eu/news/en/press-room/20220603IPR32122/parliament-activates-process-to-change-eu-treaties.

[2] Rede des deutschen Bundeskanzlers Olaf Scholz an der Karls-Universität am 29. August 2022 in   Prag: https://www.bundesregierung.de/breg-de/aktuelles/rede-von-bundeskanzler-scholz-an-der-karls-universitaet-am-29-august-2022-in-prag-2079534.

Mehrebenensystem und der institutionellen Architektur der EU behaupten: regionale Vertretungen in Brüssel, Zusammenschlüsse wie CALRE und vor allem der Ausschuss der Regionen tragen aktiv zum institutionellen Diskurs in der EU bei. Vor diesem Hintergrund widmen sich die Beiträge des folgenden Abschnitts aus verschiedenen Perspektiven der Zukunft der Rolle der Regionen in der EU. Sie beleuchten die politischen Strategien und Ziele regionaler Akteure im Streit um die zukünftige Form und Politik der EU, analysieren aber auch theoretisch, welche institutionellen und normativen Konflikte bei diesem Streit auf dem Spiel stehen. Dabei liegt ein Schwerpunkt der Beiträge auf der Rolle der regionalen Parlamente und ihrer Bedeutung für eine (weitere) Demokratisierung des europäischen Mehrebenensystems.

Der erste Beitrag des Abschnitts widmet sich der normativen Frage, welche Rolle die Regionen im europäischen Mehrebenensystem spielen *sollten*. Paul Kindermann nimmt dabei die regionalen Parlamente in den Blick und hinterfragt das demokratische Potenzial einer stärkeren Einbindung dieser Institutionen in die EU. In einer theoretischen Analyse (potentieller) regionalparlamentarischer Funktionen im europäischen Mehrebenensystem zeigt der Beitrag, dass dieses Potenzial keineswegs offensichtlich, sondern an eine Reihe sozio-politischer und institutioneller Voraussetzungen geknüpft ist bzw. wäre. Im Ergebnis appelliert der Beitrag an Forscher:innen und politische Kommentator:innen, die stärkere Einbindung der Regionalparlamente nicht pauschal unter Berufung auf die demokratische Legitimität der Union zu begründen. Vielmehr sollte deren demokratischer Mehrwert mit Blick auf konkrete Probleme des demokratischen Funktionierens der Union diskutiert werden.

Die weiteren Beiträge des Abschnitts richten den Fokus auf den Ausschuss der Regionen (AdR). Zunächst widmet sich Simon Lenhart der Rolle des AdR und diskutiert, inwieweit dieser als Repräsentant regionaler Parlamente in der EU fungiert. Nach einer umfassenden Einführung in den politischen Aufbau und die Funktionsweise des AdR, präsentiert der Beitrag neue Daten aus einer

Befragung unter Abgeordneten regionaler Parlamente sowie qualitativen Interviews mit Regionalparlamentariern, um das Verhältnis der Regionalparlamente und des AdR zu beleuchten.

Der politischen Arbeit der AdR widmet sich auch der Beitrag von Sarah Meyer und Simon Lenhart, indem er den „institutionellen Aktivismus" des AdR im Rahmen der *Konferenz zur Zukunft Europas* analysiert. Tatsächlich forderte der AdR nicht nur aktiv seine umfassende Einbindung in die Konferenzstrukturen ein, sondern brachte auch eine Reihe von Forderungen zu seiner sowie zur Stärkung regionaler Vertreterinnen und Vertreter in der europäischen Politik vor.

Rosa Beckmann und Gunnar Placzek schließen hier an und untersuchen die offiziellen Ergebnisse der Konferenz aus der Perspektive der Regionen. Aus einer Analyse der 49 Empfehlungen des Konferenzberichts entwickeln sie die These, dass sich in diesen ein grundsätzliches Dilemma der europäischen Integration fortsetzt, zwischen Partizipation und Handlungsfähigkeit bzw. Input- und Output-Legitimation der EU. Vor diesem Hintergrund erscheint ihnen die wiederkehrende Forderung nach einer stärkeren Mitsprache der Regionen in Brüssel aufgrund der eigenen Bürgernähe weder erfolgsversprechend noch zeitgemäß.

Literaturverzeichnis

Moravcsik, A. (2005): The European constitutional compromise and the neofunctionalist legacy, *Journal of European Public Policy*, 12 (2), 349-386.

Schmitter, P.C. (2001): What is there to legitimize in the European Union... and how might this be accomplished? *Reihe Politikwissenschaft*, 75. Wien: Institut für Höhere Studien (IHS).

Das demokratische Potential regionaler Parlamente in der EU: ein problemorientierter Ansatz[1]

Paul Kindermann

Unter den vielen Auswirkungen, die die europäische Integration auf die EU-Mitgliedstaaten hatte, haben vor allem die Herausbildung eines politischen Mehrebenensystems der EU (Hix 2007) und die Konstitutionalisierung der Union (Grimm 2017: 89f.) zu signifikanten Veränderungen der politischen Systeme der Mitgliedsstaaten geführt: Die europäische Integration hat die institutionellen Strukturen der nationalen politischen Systeme und damit „die traditionellen Funktionsweisen der nationalen Demokratie" (Schmidt 2005: 761) nachhaltig beeinflusst. Ein wichtiger Aspekt dieser Europäisierung der nationalen *polities* ist ihr Einfluss auf die legislative Rolle und die institutionellen Verfahren der Parlamente in den Mitgliedstaaten. In dem Maße, in dem die Integration wesentliche Teile der Gesetzgebungskompetenzen von der nationalen auf die europäische Ebene verlagert hat, hat die nationale parlamentarische Souveränität abgenommen. Gleichzeitig bilden die europäische Gesetzgebung und die politische Dynamik des Mehrebenensystems einen Rahmen, den die nationalen Parlamente bei der Wahrnehmung ihrer legislativen Aufgaben berücksichtigen müssen (Auel/Benz 2005): EU-Politik ist zu einem Querschnittsthema der parlamentarischen Arbeit geworden, und die Beziehungen zwischen Exekutive und Legislative in den Mitgliedsstaaten haben sich durch die Entwicklung der institutionellen Positionen der verschiedenen Akteure im Mehrebenensystem verändert (Auel 2015).

---

[1] Dieses Kapitel basiert auf den Ausführungen in Kindermann (2021), erschienen in den *Occasional Papers* Nr. 43 des Tübinger Zentrums für Föderalismus-Forschung. Ich danke den Herausgebern für die freundliche Genehmigung zur Verwertung und teilweisem Nachdruck des Aufsatzes.

Konzentriert man sich allerdings auf die Nationalstaaten als „Herren der Verträge" und konstitutive Einheiten des dualen demokratischen Repräsentationssystems der EU, dann geraten die Auswirkungen der europäischen Integration auf subnationale bzw. regionale Parlamente leicht aus dem Blick. Diese sind jedoch ein wichtiger Bestandteil der „traditionellen Funktionsweise der nationalen Demokratie": Regionalparlamente mit eigenen Gesetzgebungskompetenzen sind eine essentielle Komponente föderaler Regierungssysteme, und eine Reihe von Mitgliedstaaten haben Gesetzgebungskompetenzen an alle oder einen Teil ihrer Regionen abgegeben (Devolution).[2] In sieben EU-Mitgliedstaaten gibt es etwa 70 solcher Regionalparlamente, die ein gewisses Maß an gesetzgeberischer Autonomie besitzen. Als direkt gewählte (also legitimierte) Gesetzgeber betreffen die Auswirkungen der europäischen Integration auch die Rolle der Regionalparlamente mit Gesetzgebungskompetenzen: Die Verlagerung von (neuen) Kompetenzen auf die europäische Ebene schränkt auch ihren legislativen Spielraum ein; auch sie müssen mit der Komplexität und politischen Dynamik des mehrstufigen EU-Systems umgehen.

Im Zuge der institutionellen Reformen des Vertrags von Lissabon haben Regionalparlamente in der EU neue Aufmerksamkeit erfahren. Mit der Reform der Subsidiaritätskontrolle in der EU wurden die Regionalparlamente zum ersten Mal ausdrücklich in den Europäischen Verträgen erwähnt (EUV, Protokoll Nr. 2, Artikel 6). Insbesondere die Einführung des „Early Warning Systems" (EWS) führte zu einer Reihe von wissenschaftlichen Studien über die institutionelle Anpassung von Regionalparlamenten und deren politische Aktivitäten (Abels/Eppler 2015; Abels/Högenauer 2018; Cornell/Goldoni 2017). Ungeachtet der bisherigen Auswirkungen des EWS auf das *tatsächliche* Engagement dieser regionalen Gesetzgeber in EU-Angelegenheiten geht man im sozialwissenschaftlichen Diskurs vielfach davon aus, dass die neuen Vertragsbestimmungen das Potenzial haben, die Regionalparlamente in der EU zu stärken

---

[2] Für einen Überblick, siehe: Loughlin et al. (2011).

(Borońska-Hryniewiecka 2017a); die Reformen böten ein „window of opportunity", indem sie eine Norm fördern, die „proaktives parlamentarisches Verhalten begünstigt" (Abels 2015: 23, meine Übersetzung).

Eine weitere Stärkung der Regionalparlamente wird von politischen Akteuren und Kommentatoren aus (explizit) normativen Gründen befürwortet: Die „Stärkung der Rolle der Regionalparlamente" in der EU (AdR 2014) wird als institutionelle Strategie empfohlen, um die demokratische Qualität der Politik- und Entscheidungsfindung in der EU zu verbessern. Die Einbeziehung der regionalen Ebene „und ihr Beitrag zur demokratischen Legitimität" (Högenauer/Abels 2017: 270, meine Übersetzung) wird als eine wichtige Aufgabe für die akademische Forschung bezeichnet. Dieser Diskurs knüpft an frühere Narrative über die Bedeutung der Regionalparlamente für die „demokratische Legitimität der europäischen Politik" an, die auf ihre „Nähe" zu den Problemen und Interessen der Bürgerinnen und Bürger verweisen (Straub/Hrbek: 1998: 17). Das Problem dieses Diskurses ist, dass uns ein kohärenter, theoretischer Rahmen für die normative Analyse des demokratischen Mehrwerts der Regionalparlamente in der EU fehlt. Die weit gefassten und bisweilen kühnen Behauptungen über das Potenzial der Regionalparlamente stehen im Widerspruch zum Fehlen einer systematischen Analyse, wie genau die „Rolle der subnationalen Parlamente in der EU-Demokratie" aussehen sollte (Bursens/Högenauer 2017: 129).

Die institutionellen Reformen des Vertrags von Lissabon brachten der Rolle der Regionalparlamente in der EU neue Aufmerksamkeit. Mit der Überarbeitung der Subsidiaritätskontrolle in der EU wurden die Regionalparlamente zum ersten Mal ausdrücklich in der Verfassungsarchitektur der EU erwähnt. Insbesondere die Einführung des Frühwarnsystems (EWS) führte zu einer Reihe von wissenschaftlichen Beiträgen über die institutionelle Verankerung von Regionalparlamenten und deren politische Aktivitäten (Abels/Eppler 2015; Abels/Högenauer 2018; Cornell/Goldoni 2017). Ungeachtet der bisherigen Auswirkungen des EWS auf das tatsächliche Engagement dieser regionalen Gesetzgeber in EU-Angelegenheiten haben Wissenschaftler festgestellt, dass die neuen Vertragsbestimmungen das Potenzial haben, die regionalen Parlamente in der EU zu stärken (Borońska-Hryniewiecka 2017a) und ihnen ein „Fenster der Möglichkeiten" zu öffnen, indem sie „eine Norm, die proaktives parlamentarisches Verhalten begünstigt" (Abels 2015: 23), ermöglichen.

Im folgenden Beitrag skizziere ich einen solchen Ansatz zur normativen Analyse von Regionalparlamenten in der europäischen Demokratie. Der analytische Ansatz soll eine pragmatische Grundlage für die Bewertung der (potentiellen) demokratischen Rolle von Regionalparlamenten schaffen, die nicht auf bestimmten demokratietheoretischen Annahmen oder Positionen zur europäischen Integration beruht. Er ist auf verschiedene regionale parlamentarische Funktionen und Institutionen anwendbar und bietet einen Ausgangspunkt, um die normativen Ansprüche des politischen und wissenschaftlichen Diskurses zu differenzieren und zu relativieren. Die wesentliche Pointe des Ansatzes besteht darin, von bestimmten normativen Problemen der europäischen Demokratie auszugehen und zu fragen: Welche regionale parlamentarische Funktion kann welchem demokratischen Zweck dienen, der wiederum welches Problem demokratischer Legitimität in der EU eindämmen würde? Ich werde die analytischen Vorzüge eines solchen Ansatzes im Folgenden näher erläutern. Das Kapitel gliedert sich in fünf Abschnitte.

Der erste Abschnitt (1) führt in die normative Dimension des Themas ein: die demokratische Rolle von Parlamenten in der Politikgestaltung und Gesetzgebung der EU. Der folgende Teil (2) befasst sich dann mit dem spezifischen Fall der regionalen Parlamente mit eigenen Gesetzgebungskompetenzen in der EU. Über die bisherigen Beiträge zur demokratischen Rolle dieser regionalen Gesetzgeber hinausgehend, stelle ich im nächsten Abschnitt (3) meinen Ansatz zur normativen Analyse im Rahmen der Debatte um das Demokratiedefizit der EU vor. Anschließend skizziere ich den Ansatz (4), erörtere die verschiedenen parlamentarischen Funktionen der Regionalparlamente im europäischen Mehrebenensystem und verbinde sie mit möglichen Lösungen spezifischer Probleme der europäischen Demokratie. Der letzte Teil des Kapitels (5) zeigt exemplarisch, wie der Ansatz den vermeintlichen demokratischen Mehrwert einer stärkeren Rolle der Regionalparlamente in der EU aufklären kann.

1 – Regionale Parlamente und die demokratische Legitimität der EU

Die EU stützt ihre politische Legitimität auf den Grundsatz der repräsentativen Demokratie. In Artikel 10 EUV heißt es: „Die Arbeitsweise der Union beruht auf der repräsentativen Demokratie"; im weiteren Verlauf werden die Repräsentationskanäle sowie die Rolle der Parteien als politische Bindeglieder zwischen den Bürgern und den gewählten Vertretern erläutert. Zwei Arten von Parlamenten tragen dieses duale System der demokratischen Repräsentation der EU (Hobolt 2020: 623): das supranationale Europäische Parlament (EP) und die nationalen Parlamente, die im Rat die gesetzgeberischen Maßnahmen ihrer Regierungen kontrollieren. Die Europäische Kommission (EK) hat eine weniger klare Position in Bezug auf die repräsentative Demokratie, mit ihrer „besonderen Rolle als institutioneller Vermittler, der auf die Verwirklichung des gemeinsamen europäischen Interesses ausgerichtet ist" (Borragán/Smismans 2014: 138, meine Übersetzung). Das Bild wird durch verschiedene Formen der Interessenvertretung und die Einbindung der Zivilgesellschaft auf EU-Ebene (Finke 2007) weiter verkompliziert. Im europäischen Mehrebenensystem sind somit die Parlamente verschiedener Ebenen an einer komplexen Form der „compounded representation" beteiligt (Pollak 2014).

Aus der normativen Perspektive repräsentativer Demokratie betrachtet, sind zwei wesentliche Fragen demokratischer Legitimität berührt, wenn es um die Auswirkungen der europäischen Integration auf nationale Parlamente geht. Zum einen die Schwächung der nationalen Legislative und zum anderen die relative Schwäche der parlamentarischen Akteure insgesamt im Mehrebenensystem der EU. Gesetzgebungskompetenzen, die den mitgliedstaatlichen Parlamenten im Zuge der europäischen Integration abhandengekommen sind, so das Argument, seien nicht ausreichend durch supranationale parlamentarische Kontrolle kompensiert worden: Es entstehe ein „doppeltes Defizit" an parlamentarischer Kontrolle im Mehrebenensystem (Lodge 1996: 190f.; Maurer 2020: 417f.). Die institutionellen Reformen seit Maastricht und insbesondere in Artikel 12 des Vertrags von Lissabon haben neue Beteiligungsrechte und -mechanismen für die nationalen Parlamente geschaffen. Dabei sind sich wissenschaftliche und politische Kommentator:innen darüber uneins, ob diese Rechte und Instrumente das doppelte Defizit an parlamentarischer Kontrolle oder das demokratische Legitimationsdefizit der EU im Allgemeinen erfolgreich eindämmen können.

Der (jüngere) akademische und politische Diskurs über die Rolle der Regionalparlamente knüpft dabei an den Begriff der demokratischen Legitimität an und verweist auf das Potenzial der Regionalparlamente, die Defizite an parlamentarischer Beteiligung in der EU zu verringern (Bursens/Högenauer 2017; AdR 2014; Högenauer/Abels 2017). Aus Sicht der repräsentativen Demokratie mag die normative Rechtfertigung für eine stärkere Einbindung der Regionalparlamente auf der Hand liegen. Man könnte annehmen, dass die EU dadurch um eine regionale Ebene der elektoralen Repräsentation erweitert wird: „eine regionale Untermauerung der repräsentativen Funktion des politischen Systems insgesamt" (Reutter 2015: 225, meine Übersetzung). Und insofern das Demokratiedefizit der EU auf einem „repräsentativen Demokratiedefizit" (Fossum/Crum, 2012: 74) beruht, könnte die Einbeziehung und Stärkung von Regionalparlamenten – als direkt gewählten, repräsentativen Versammlungen – in einem parlamentarischen Mehrebenensystem als parlamentarische „Abhilfe für das berüchtigte Demokratiedefizit der EU" (Högenauer/Abels 2017: 270, meine Übersetzung) angesehen werden. Mit anderen Worten: Wenn die (Re-)Parlamentarisierung des Mehrebenensystems wesentlichen demokratischen Defiziten der EU entgegenwirken soll, dann sollte die regionale Ebene einbezogen werden, da dies die repräsentative Funktion des Mehrebenensystems insgesamt verbessert bzw. verbessern würde.

Dieses Narrativ wird durch die politische Arbeit des AdR und (anderer) regionaler Akteure gefördert, die behaupten, dass die „bessere Einbindung der Regionen und der Regionalparlamente in den EU-Entscheidungsprozess die demokratische Kontrolle verbessern könnte" (AdR 2018: Ziffer 92, meine Übersetzung).[3] Im wissenschaftlichen Diskurs wurden eine Reihe von Argumenten vorgebracht, ob und warum Regionalparlamente in das Mehrebenensystem der EU einbezogen werden sollten: um den Verlust an parlamentarischer Souveränität auf subnationaler Ebene zu kompensieren (z. B. Reutter 2013) oder um bestimmte Funktionen demokratischer Prozesse auszufüllen, die üblicherweise von nationalen Gesetzgebern übernommen werden (Crum 2015). In der Forschung wurde bis dato allerdings nicht analysiert, wie (genau) regionale parlamentarische Aktivitäten oder Funktionen zur demokratischen Legitimität der EU beitragen würden. Wissenschaftliche Analysen und Argumente beziehen sich also nicht auf die Frage des demokratischen Mehrwerts der Regionalparlamente für die Politik- und Entscheidungsfindung der EU im engeren Sinne. Wenn wir den Anspruch eines genuinen Beitrags der Regionalparlamente zur Legitimität der EU bewerten wollen, brauchen wir einen anderen, umfassenderen Ansatz, der die Rolle der Regionalparlamente systematisch mit Fragen der Legitimität der EU verbindet. Zu diesem Zweck schlage ich vor, die normative Analyse der demokratischen Rolle der Regionalparlamente auf bestimmte Aspekte des Demokratiedefizits der EU zu gründen. Diese alternative Perspektive geht von bestimmten normativen Problemen demokratischer Legitimität in der EU aus und fragt, auf welche Weise die Beteiligung der Regionalparlamente Teil einer Lösung für diese aktuellen Probleme sein könnte – und klärt so das theoretische Potenzial der Regional-

---

[3] Siehe auch recommendation 40 im Abschlussbericht der *Konferenz über die Zukunft Europas* (Europäische Union 2022: 84).

parlamente, diese Probleme einzudämmen. Der nächste Abschnitt
erläutert diesen Ansatz genauer.

2 – Analytischer Ansatz: Regionalparlamentarische Funktionen und demokratische Defizite der EU

Bei der systematischen Betrachtung des demokratischen Mehrwerts von Regionalparlamenten in der EU ist das Konzept der institutionellen *Rolle* ein hilfreicher analytischer Startpunkt. Solche Rollen beschreiben stabile Muster parlamentarischer Aktivitäten, „die als solche durch regelgeleitetes Verhalten strukturiert sind" (Patzelt 2015: 328, meine Übersetzung), und sie stellen Regionalparlamente zum Beispiel als „gatekeeper" oder „networkers" dar (vgl. Raunio 2011). Wie einzelne parlamentarische Tätigkeiten, die gleichzeitig verschiedenen parlamentarischen Funktionen dienen können, so können auch parlamentarische Rollen verschiedenen parlamentarischen Funktionen entsprechen. So üben Regionalparlamente als „scrutinisers" Funktionen der Regierungskontrolle oder der Gesetzgebung aus, indem sie „versuchen zu kontrollieren, wie ihre nationalen und regionalen Regierungen in der europäischen Politikgestaltung agieren" oder „versuchen, die Politikgestaltung der EU-Institutionen direkt zu beeinflussen" (Bursens/Högenauer 2017: 132, meine Übersetzung).

Im Gegensatz zu empirischen Studien untersuchen normative Analysen nicht, warum, wie und mit welchen Auswirkungen Parlamente bestimmte Funktionen erfüllen, sondern ob und wie die Erfüllung dieser Funktionen einem demokratischen Zweck dienen würde – also demokratischen Wert besitzen. In diesem Sinne erfordert jede normative Argumentation über die Rolle der Regionalparlamente in der EU eine Analyse ihrer parlamentarischen Funktionen *als* demokratische Funktionen. Nun ist die Bestimmung angemessener demokratischer Prozesse und Institutionen in der EU, gelinde gesagt, umstritten. Einerseits ist es umstritten, welche Art von politischem System die EU ist und sein sollte. Ist sie zum Beispiel ein föderales oder „föderalisiertes" Gemeinwesen oder eher eine konföderale Union mit ausgeprägter zwischenstaatlicher Zusammenarbeit (Watts 2013)? Solche Fragen haben normative Implikationen für die Bewertung und Entwicklung demokratischer Institutionen (Abels 2019). Andererseits kann man sich auf verschiedene Demokratiemodelle berufen (Held 2006), um die demokratische Legitimität der Politik- und Entscheidungsfindung der EU zu bewerten – zum Beispiel repräsentative oder deliberative Demokratie (vgl. Kröger 2015; Crespi 2014).

Für meinen Ansatz ist wichtig, dass diese konkurrierenden Interpretationen und Ansätze zwar in ihren institutionellen Rezepten variieren, aber in ihren Problemdiagnosen oft übereinstimmen. Die Phänomene, die institutionellen und politischen Konstellationen, die mit dem Demokratiedefizit der EU in Verbindung gebracht werden, werden von vielen geteilt (Abels 2020). Vor diesem Hintergrund präsentieren Føllesdal & Hix (2006: 534f.) ihre aktualisierte „Standardversion" des Demokratiedefizits, die auf „dünnen" normativen Annahmen beruht. Ihrer Darstellung liegt ein Skizze von Demokratie zugrunde, „[that] is robust in the sense that many theorists would agree to many of its components, though specifying them differently" (ebd.: 547). So gibt es zwar grundsätzliche Meinungsverschiedenheiten darüber, wie dem geringen Grad an öffentlicher Auseinandersetzung und politischem Wettbewerb in europäischen Fragen begegnet werden sollte, aber die „lacunæ concerning a political public sphere" (ebd.: 556) als solche ist kaum umstritten. Ein solcher pragmatischer oder "ökumenischer" Ansatz (vgl. Lafont 2020) ist besonders geeignet, um das Potenzial der Regionalparlamente für die EU-Demokratie zu analysieren. In Ermangelung einer positiven, föderalen Vision sollten die institutionellen Rollen, die sie in der EU spielen oder (theoretisch) spielen können, im Hinblick darauf bewertet werden, ob und wie sie spezifische Defizite demokratischen Regierens in der Union eindämmen könnten.

Carina Sprungk (2013) analysiert die veränderte Rolle der nationalen Parlamente in der EU, indem sie „Facetten" des

Demokratiedefizits der EU unterscheidet. Diese erscheinen als (normative) Probleme, für die die (weitere) Einbeziehung der nationalen Parlamente – die von ihr identifizierten „neuen Rollen für die nationalen Parlamente" – eine institutionelle Lösung darstellt (550). Überträgt man einen solchen Ansatz auf die Rolle der Regionalparlamente in der europäischen Demokratie, lassen sich m.E. drei wesentliche Probleme identifizieren: (a) das Problem der Exekutivdominanz, (b) das Problem der indirekten Responsivität und (c) das Problem der politischen Entfremdung. Wenn die Konstruktion dieser demokratischen Probleme der EU und das damit einhergehende Muster regionaler parlamentarischer Funktionen überzeugend sind, dann sollte der Ansatz ein geeigneter Ausgangspunkt für die Analyse des Potenzials regionaler Parlamente sein. In der Darstellung des Ansatzes skizziere ich eine Antwort auf die Frage, welche regionalen parlamentarischen Funktionen welchem demokratischen Zweck (oder welcher Funktion) dienen, der (theoretisch) welches Problem der demokratischen Legitimität in der EU eindämmen könnte.

Aufbauend auf verschiedenen Beiträgen der empirischen Demokratietheorie (Marschall 2018; Patzelt 2003; Raunio 2011) gibt Tabelle 1 einen Überblick über die Funktionen von Regionalparlamenten, die der analytische Ansatz in Betracht zieht. Dabei ähnelt sich das grundlegende Funktionsmuster der Regionalparlamente im (demokratischen) Gemeinwesen der EU dem Muster der nationalen Parlamente. Empirisch und hinsichtlich ihrer normativen Bedeutung unterscheiden sich die einzelnen Funktionen allerdings erheblich (Höpcke 2014). Von den üblicherweise einbezogenen Funktionen können wir „Wahlfunktionen" sowie Funktionen der „institutionellen Reproduktion" außen vorlassen, da sie für das analytische des Beitrags nicht relevant sind.[4] Im Mehrebenensystems der EU können wir zudem zwischen parlamentarischen Funktionen

---

[4] Zwar erfüllen Regionalparlamente Wahlfunktionen, aber eben nicht in Bezug auf einen Akteur, der direkt an der Politikgestaltung der EU beteiligt ist. Nationale Parlamente hingegen wählen zum Beispiel Minister:innen und oft auch Regierungschef:innen, die im Rat bzw. im Europäischen Rat vertreten sind.

unterscheiden, die auf die Wählerschaft ausgerichtet sind, und solchen, die auf andere Institutionen ausgerichtet sind. Zur ersten Kategorie gehören die Aggregations-, Informations- (oder: Unterrichts-) und Öffentlichkeitsfunktionen. Zu den letzteren gehören die Funktionen der Mandatserteilung bzw. Sanktionierung, der Regierungskontrolle, der Politikgestaltung, der Meinungsäußerung und der Vernetzung.

Tabelle 1: (Potentielle) regionalparlamentarische Funktionen im EU Mehrebenensystem

Funktionskategorie	*Funktion*
Kontrolle	**Mandatserteilung** und **Sanktionierung** der Exekutive
	Regierungskontrolle – ex-ante & ex-post
	Politikgestaltung (*policy shaping*)
Kommunikation	**Artikulation** politischer Meinungen & Konflikte
	Aggregation von Informationen und Interessen
	Information der Bürger:innen / Wählerschaft
	Öffentlichkeit für die politische Auseinandersetzung
	Vernetzung mit anderen Institutionen

Quelle: Eigene Zusammenstellung.

3 – Drei Probleme der EU-Demokratie

Im Folgenden werde ich die drei Probleme der europäischen Demokratie einführen, die meine Analyse der regionalparlamentarischen Funktionen strukturieren. Dabei skizziere ich das theoretische Potenzial der Regionalparlamente, zur Eindämmung dieser Defizite beizutragen.

3.1 Exekutivdominanz

Das erste Problem demokratischer Legitimität beschreibt eine Konstellation, in der die politische Entscheidungsfindung exekutiver Akteure einer effektiven parlamentarischen Kontrolle entzogen ist. Eine solche Dominanz der Exekutive in der EU hat (mindestens) zwei relevante Facetten für die potenzielle Rolle der Regionalparlamente. Beide haben mit der Herausforderung zu tun, die Exekutive „accountable" zu machen, und zwar auf den verschiedenen Ebenen des Mehrebenensystems der EU (Crum/Curtin 2015: 63): Erstens die exekutiven Freiheiten auf EU-Ebene und zweitens die institutionelle Stellung subnationaler, exekutiver Akteure im Mehrebenensystem der EU. Vor dem Hintergrund des Funktionskatalogs, beziehen sich die beiden Aspekte auf die Funktionen der regionalparlamentarischen Kontrolle der Exekutive sowie auf die Vernetzungsfunktion der Regionalparlamente – die (theoretisch) eine wirksame Entscheidungsfindung durch die Bündelung von Ressourcen und den formellen oder informellen Austausch von Informationen ergänzen und unterstützen kann.

(a) Der erste Aspekt des Problems der Exekutivdominanz betrifft die supranationale Ebene und umfasst zwei Dimensionen: den „nationalen Kanal" der Repräsentation in der EU, bei dem die Regierungen der Mitgliedstaaten Entscheidungen im Rat und im Europäischen Rat ausüben, und die Europäische Kommission als „distinctive executive centre at the European level, outside of the intergovernmental locus" (Curtin/Egeberg 2008: 639). Trotz unterschiedlicher normativer Einschätzungen herrscht weitestgehende Einigkeit darüber, dass die Eurozonen-Krise nachhaltige Auswirkungen auf die europäischen Institutionen und die europäische Politik hatte (vgl. Schmidt 2020). Im Zuge der Krise hat der „Europäische Rat Exekutivbefugnisse im Bereich der Wirtschaftspolitik übernommen, die zuvor der nationalen Entscheidungsfindung vorbehalten waren" (De Schoutheete/Micossi 2013: 4, meine Übersetzung). Und obwohl die Auswirkungen auf (nationale) Gesetzgebungen offensichtlich asymmetrisch waren, galt doch: „the principal measures of this period have generally been implemented at speed, with opportunities for meaningful argument in parliaments and publics significantly reduced" (White 2015: 589). Die institutionellen Neuerungen der Krise haben es insgesamt schwieriger gemacht, exekutive Akteure in der europäischen Entscheidungsfindung parlamentarisch zu kontrollieren (Crum/Curtin 2015; Scharpf 2014).

Diese Entwicklungen verstärken, zum einen, allgemeine Informationsasymmetrien zwischen der Exekutive und der Legislative (Raunio 2011: 304). Verhandlungsprozesse zwischen den Vertreter:innen der Mitgliedstaaten im Rat erschweren die parlamentarische Kontrolle, da ihre konsolidierte(n) Arbeitsweise(n) und nicht-öffentliche Aushandlungen zwischen Regierungsvertreter:innen es den (nationalen) Parlamenten erschweren, Informationen zu sammeln, die eine wirksame Kontrolle des Rates ermöglichen (Curtin 2013) – so betrachtet, beeinträchtigt die Dominanz der Exekutive die demokratische „throughput" Legitimität der europäischen Politikgestaltung (Schmidt 2013). Auf der anderen Seite stellt die europäische Kommission eine eigenständige Exekutive dar, mit einem signifikanten Maß an Unabhängigkeit von den nationalen Regierungen (Curtin/Egeberg 2008: 640). Obwohl die Zuständigkeiten der Kommission in den Verträgen verankert sind, die wiederum von nationalen Parlamenten gebilligt werden, kann es in verschiedenen Policy-Feldern dazu kommen, dass die Kommission als „motor of integration" in einer Weise agiert, die über die ursprünglichen Absichten der Mitgliedstaaten hinausgeht (Hobolt 2020: 624).

(b) Der zweite Aspekt des Problems der Exekutivdominanz betrifft den Ermessensspielraum sub-nationaler Exekutiven im europäischen Mehrebenensystem (siehe Bursens 2019: 178). Im Zusammenhang mit Regionalisierung und europäischer Integration haben regionale Regierungen verschiedene Optionen entwickelt, um den Nationalstaat zu umgehen und neue, direkte Einflusskanäle auf europäischer Ebenen geschaffen (Hooghe/Marks 1996). Darüber hinaus werden die Institutionen und Normen regionaler Beteiligung und Interessenvertretung im Rahmen der nationalen bzw. innerstaatlichen EU-Politikkoordinierung häufig von den regionalen Regierungen dominiert. So zum Beispiel im Fall der österreichischen Regionalparlamente, wo EU-Angelegenheiten „vom jeweiligen Landeshauptmann oder – allenfalls – von der Landesregierung dominiert werden, während der parlamentarische Einfluss weitgehend vom ‚Wohlwollen' der Regierung abhängt" (Miklin 2015: 164, meine Übersetzung).

Was ist, vor dem Hintergrund dieser beiden Aspekte der Exekutivdominanz, nun das demokratische Potenzial von Regionalparlamenten? Theoretisch könnten sie die (bestehende) parlamentarische Kontrolle über die genannten Exekutiv-Akteure stärken. Dabei kommen vier Dimensionen auf EU-Ebene in Frage, sowie die Möglichkeit, nationale und regionale Regierungen im Rahmen der innerstaatlichen EU-Politikkoordinierung zu kontrollieren.

Erstens können Regionalparlamente über ihre (heterogene) Vertretung im AdR theoretisch eine Kontrollfunktion auf EU-Ebene ausüben: Obwohl der AdR keine formellen Sanktions- oder Entscheidungsbefugnisse hat, können seine Stellungnahmen sowie sein formelles Lobbying auf EU-Ebene dazu dienen, auf Grundlage der Subsidiaritätskontrolle Einwände gegen Kommissionsvorschläge zu erheben – und damit eine (sehr) indirekte parlamentarische Kontrollfunktion auszuüben. Zweitens wurde mit dem Vertrag von Maastricht die Möglichkeit geschaffen, dass Regionalregierungen ihr Land in den Sitzungen des Ministerrats vertreten. In einigen Ländern gibt es auch spezielle institutionelle Mechanismen für die Beteiligung von Regionen in Arbeitsgruppen der Kommission und des Rates (Tatham 2011: 515). In beiden Fällen sind die Regionalparlamente mit weiteren Formen des Regierungshandels konfrontiert, über das ihre Regierung an der EU-Politikgestaltung teilnimmt und parlamentarischer Kontrolle bedarf. Darüber hinaus können Regionalparlamente ihre Kontrollfunktion über Vertreter:innen in Foren der transnationalen, parlamentarischen Zusammenarbeit wie CALRE ausüben: Die interparlamentarische Zusammenarbeit soll die Funktionen der Parlamente als „Arenen der öffentlichen Beratung" (Benz 2017: 515) „erweitern" und die effektive Umsetzung parlamentarischer Kontrolle fördern, indem kooperierende Parlamente "Informationen austauschen, um die bilaterale und multilaterale Kontrolle ihrer Regierungen zu erleichtern" (Eppler/Maurer 2017: 242, meine Übersetzung).

Schließlich kann die Beteiligung am EWS den Regionalparlamenten Kontrolle über das Agenda-Setting im EU-Politikzyklus geben, wobei deren Ausmaß von der nationalen Institutionalisierung des EWS abhängt (vgl. Arribas 2015). Bei der normativen Analyse ist jedoch zu beachten, dass die „reasoned opinions", die regionale Parlamente im Rahmen des EWS abgeben können, zwischen einer kontrollierenden und einer politik*gestaltenden* Funktion schwanken. Einige Beobachter:innen argumentieren, dass das EWS von seiner Konzeption her „ein deliberatives Forum" ist, in dem die „Kommission auf die Einwände mit einer weiteren Rechtfertigung ihrer vorgeschlagenen Maßnahmen reagieren muss". Aus dieser Perspektive wäre das EWS ein Forum demokratischer Kontrolle, das den öffentlichen Rechtfertigungsdruck auf die Kommission erhöht (Cooper 2012: 458). Andere bezweifeln, dass eine solche „virtuelle" Beratung durch das EWS, die von den europäischen Bürger:innen kaum wahrgenommen wird, parlamentarischer, öffentlicher Kontrolle gleichkommen kann (De Wilde/Raunio 2016). Stattdessen könnte das EWS eher eine politikgestaltende Funktion erfüllen, indem die „reasoned opinions" der Parlamente die Kommission über die politischen Aussichten spezifischer policy Vorschläge informieren (Van Gruisen/Huysmans 2020).

Die beiden anderen Dimensionen möglicher parlamentarischer Kontrolle betreffen die Fähigkeit der Regionalparlamente, ihre regionalen Exekutiven im Rahmen der innerstaatlichen EU-Politikkoordinierung zur Rechenschaft zu ziehen und andererseits nationale Exekutiven in EU-Angelegenheiten zu kontrollieren – „formell durch zweite Kammern der nationalen Parlamente oder gemeinsame Ausschüsse oder informell durch Parteinetzwerke" (Bursens/Högenauer 2017: 134, meine Übersetzung). Im Hinblick auf kommunikative Funktionen, die die Kontrollkapazitäten unterstützen können, hat die jüngere Forschung die Entstehung interparlamentarischer Netzwerke untersucht, in denen regionale Parlamente Informationen über die europäische Politik erhalten (Eppler 2013). Dies kann auch über den Austausch mit anderen Parlamenten zu politischen Themen erfolgen, sowie formelle und informelle Aktivitäten zur Informationsbeschaffung über Partei- und andere Netzwerke (z. B. Schneider et al. 2013).

3.2 Indirekte Responsivität

Die Frage der indirekten Responsivität der europäischen Politik
hängt mit der Dominanz der Exekutive zusammen, hat aber einen
anderen normativen Schwerpunkt. Sie lenkt die Aufmerksamkeit
auf die Output-Dimension der europäischen Demokratie. Grob gesagt, ist Responsivität „das, was passiert, wenn der demokratische
Prozess die Regierung dazu bringt, eine Politik zu gestalten und umzusetzen, die von den Bürgern gewünscht wird" (Powell 2004: 91,
meine Übersetzung). *Demokratische* Responsivität bedeutet, dass wir
erwarten, dass der Prozess der politischen Repräsentation und nicht
„Glück oder vorteilhafte Umstände" dazu führt, dass bürokratische
und politische Akteure ihr Verhalten an den Präferenzen der Wäh-
ler:innen orientieren (ebd., Fn. 108: 92). Die Behauptung, dass die
öffentliche Politik der EU systematisch Ergebnisse produziert, die
von einer Mehrheit der EU-Bürger:innen eigentlich nicht unterstützt
werden, wird seit einiger Zeit kontrovers diskutiert (vgl. Scharpf
1997). Weniger umstritten als diese Behauptung ist das allgemeinere
Problem, dass die europäische Politik in dem Sinne von den europäischen Bürgern abgekoppelt ist, dass die verfügbaren Mechanismen
der öffentlichen Kontrolle indirekt sind: Aus einer Vielzahl von
Gründen, insbesondere der Isolierung der Regierungen im Rat, haben die „Präferenzen der Bürger zu Themen auf der politischen
Agenda der EU bestenfalls einen indirekten Einfluss auf die Ergebnisse der EU-Politik" (Føllesdal/Hix 2006: 536, meine Übersetzung).
In neueren Beiträgen wird hingegen argumentiert, dass die Politisierung der europäischen Integration (Hooghe/Marks 2009) und die
„expansion of domestic electoral politics to encompass European affairs" dazu geführt haben, dass nationale Regierungen die „willens
und in der Lage sind, die Interessen der jeweiligen nationalen Wählerschaft im EU-Gesetzgebungsprozess zu vertreten" durchaus
responsiv agieren (Schneider 2018: 2, meine Übersetzung).

Ungeachtet des Stands dieser Diskussion, besteht die normative
Begründung für die Einbindung regionaler Parlamente aufgrund
der indirekten Responsivität der EU darin, dass sie die „chain of

representation" erweitern könnten, indem sie regionalen Interessen eine Stimme verleihen. Diese Erwartung einer „heightened representativity" (Fossum 2015: 368) hängt von der Fähigkeit der Regionalparlamente ab, regionale Präferenzen über die eigenen institutionellen Kanäle zu aggregieren und sie gegenüber anderen Akteuren im Mehrebenensystem zum Ausdruck zu bringen. Die Fähigkeit, dieser regionalen „Stimme" Gehör zu verschaffen, beruht wiederum auf dem Potenzial der Regionalparlamente, öffentliche Kontrolle über die Entscheidungsfindung auf nationaler und auf EU-Ebene auszuüben. Es gibt jedoch noch eine weitere relevante (theoretische) Funktion der Regionalparlamente, die sich auf ihre besonderen repräsentativen Eigenschaften bezieht: auf Grundlage der verbreiteten Annahme, dass Regionalparlamente „näher an den Bürgern und ihren Problemen" sind (Abels 2015: 42; Straub/Hrbek 1998: 17), könnten sie die Rolle eines „vehicle to register" „the voice and decent of EU citizens as citizens of local and regional authorities" spielen (Piattoni 2019: 29).[5] Damit eine solche parlamentarische Beteiligung die politische Entscheidungsfindung *ohne* öffentlichen Druck und institutionalisierte Sanktionsmechanismen beeinflussen kann, könnten Regionalparlamente Einfluss auf der Grundlage von „voice without will" ausüben – wie Piattoni (2019) es ausdrückt.

Eine erste Möglichkeit für Regionalparlamente, die regionalen Interessen ihrer Wählerschaft zu kanalisieren und die Politikgestaltung der EU zu beeinflussen, ist wiederum der AdR. Obwohl der AdR nicht über die Befugnis verfügt, politische Entscheidungen auf EU-Ebene zu treffen oder ein Veto einzulegen, hat er die Möglichkeit, „Politik zu gestalten, indem er die Art und Weise beeinflusst, wie sie definiert, umgesetzt und bewertet wird" (Piattoni 2019: 22, meine Übersetzung). Regionalparlamente können darüber hinaus auf informellem Wege Einfluss auf die europäische Politikgestaltung sowohl auf nationaler als auch auf EU-Ebene nehmen: vom politischen Dialog mit der Kommission über ihre nationalen Parlamente bis hin zur Lobbyarbeit über regionale Verbindungsbüros in

---

[5] Hier in Analogie zu der supranationalen Rolle, die Piattoni dem AdR zuschreibt.

Brüssel oder separaten Bemühungen der „ad-hoc-Lobbyarbeit" auf EU-Ebene (Auel/Hüttmann 2015: 348). Theoretisch können solche informellen Formen der Beteiligung nicht nur präferierte Politikinhalte vermitteln, sondern auch Kontext-Wissen, das Entscheidungsträger:innen für regionale Besonderheiten empfänglicher machen könnte.

Damit jedoch all diese (potenziell) politikgestaltenden Aktivitäten zu einer Erweiterung der europäischen „chain of representativeness" beitragen, muss es zutreffen, dass die Regionalparlamente in europapolitischen Fragen tatsächlich responsiv für regionale Interessen sind: Da die Regionalparlamente „näher an den Menschen agieren", müssten sie „in der Lage [sein], gesellschaftliche Forderungen besser zu erfassen und im EU-Entscheidungsprozess zu vertreten" (Borońska-Hryniewiecka 2017b: 139, meine Übersetzung). Die (demokratische) Repräsentativität von Regionalparlamenten hängt nun davon ab, ob ihre Zusammensetzung soziologisch repräsentativ ist und ob sie wirksame Kanäle der Kommunikation mit ihren Bürgerinnen und Bürgern bieten (vgl. Reutter 2015: 217). Da wir uns jedoch mit dem spezifischen Bereich der EU-Politik befassen, hängt die zusätzliche Responsivität von der kommunikativen Fähigkeit der Regionalparlamente ab, die spezifischen europapolitischen Präferenzen der Bürger und Verbände zu aggregieren und (gegenüber anderen Institutionen) auszudrücken.

Dieser letzte Punkt führt zum dritten Problem demokratischer Legitimität, dass den analytischen Ansatz strukturiert. Die Bündelung politischer Präferenzen in und durch repräsentative Institutionen wie Regionalparlamente ist eine Sache. Aber Parlamente sollten auch ein zentraler Ort für die öffentliche Herausbildung dieser Präferenzen sein: als „institutionelle Arenen für öffentlichen Diskurs" und politische Mobilisierung (De Wilde/Raunio 2016: 313, meine Übersetzung). In diesem Sinne könnten die Regionalparlamente theoretisch zur Lösung des Problems der Demokratieverdrossenheit in der EU beitragen.

3.3 Europäische Öffentlichkeit und euroskeptische Mobilisierung

Das dritte Problem des analytischen Ansatzes umfasst schließlich zwei Aspekte, die in den European Studies ausgiebig diskutiert wurden: das Fehlen einer europäisierten Öffentlichkeit und öffentlicher Meinungsbildung zu europäischen Themen einerseits und die (einseitige) Politisierung der europäischen Integration und Politik andererseits. Demokratieverdrossenheit bezieht sich also auf die Art und Weise, wie die EU und europäische Politik in der Öffentlichkeit kommuniziert werden und wie solche Prozesse der politischen Kommunikation das politische Engagement und die Präferenzen der Bürgerinnen und Bürger hervorbringen und prägen. Aus der normativen Perspektive der repräsentativen Demokratie ist das „Fehlen eines europaweiten politischen Diskurses" ein seit langem bestehendes Problem der europäischen Demokratie (Scharpf 1998: 187). Viele Beobachter:innen sind sich jedoch einig, dass wir im Zuge und seit der Eurozonenkrise „die Entstehung von europäisierten Öffentlichkeiten erleben, die eine transnationale, grenzüberschreitende Kommunikation über Fragen von europäischem Interesse mit sich bringen" (Risse 2015: 1, meine Übersetzung). Es fehlt zumindest nicht mehr prinzipiell an öffentlichen Auseinandersetzungen und medialer Aufmerksamkeit für die EU-Politik. Diese Europäisierung ist mit einer Politisierung verbunden: der Politisierung europäischer (politischer) Themen in verschiedenen öffentlichen Bereichen (Risse 2010), aber auch - und vor allem – der Politisierung der europäischen Integration selbst (de Wilde/Zürn 2012). In dieser Situation entsteht eine Spannung zwischen der Notwendigkeit einer politischen Mobilisierung zu europapolitischen Themen und dem Risiko, das europäische Projekt durch die entstehende Politisierung (der europäischen Integration selbst) zu gefährden (siehe Hix/Bartolini 2006).

Dieses doppelte Problem betrifft den nationalen Repräsentationskanal der EU in besonderer Weise: Parlamentarier beklagen die wachsende und schwer zu überwindende „Unzufriedenheit ihrer Bürger mit der EU" und beobachten gleichzeitig eine „paradoxe Apathie der Bürger gegenüber EU-Themen sowie das mangelnde

Interesse der Medien an parlamentarischen EU-Aktivitäten" (Auel 2013: 17, meine Übersetzung). De Wilde und Raunio haben gezeigt, dass das EWS (in seiner aktuellen Form) diesem Problem nicht in nennenswerter Weise entgegenwirkt, da die EWS-Verfahren „nur von einer kleinen Nischenöffentlichkeit von ohnehin schon sehr interessierten Personen" wahrgenommen werden, „ohne dass sie in den Massenmedien breitere Resonanz finden" (De Wilde/Raunio 2016: 318, meine Übersetzung). Vor diesem Hintergrund könnten Regionalparlamente auf zweierlei Weise dazu beitragen, der beschriebenen Spannung zwischen öffentlichem Diskurs und euroskeptischer Mobilisierung zu begegnen: Indem sie mit ihrer regionalen Wählerschaft zu europapolitischen Fragen kommunizieren und indem sie Öffentlichkeit und eine öffentliche Debatte über EU-Angelegenheiten in der parlamentarischen Arena schaffen. Ein weiterer Aspekt betrifft die verschiedenen Informations- und Öffentlichkeitsarbeitskampagnen, an denen regionale Parlamente beteiligt sind und sein könnten – entweder im Rahmen der innerstaatlichen EU-Politikkoordination oder in direkter Zusammenarbeit mit den europäischen Institutionen. Neben einer gewissen Virulenz europäischer Themen im politischen Diskurs erfordert die öffentliche Meinungsbildung auch ein gemeinsames Verständnis von Fakten und politischen Verantwortlichkeiten. Die Bekämpfung von Desinformation und die Information der Bürgerinnen und Bürger über die europäische Politik ist ein wichtiger Eckpfeiler des *Democracy Action Plans* der Kommission (EC 2020); Regionalparlamente könnten hier eine instrumentelle Kommunikationsfunktion erfüllen.

4 – Das theoretische Potenzial der Regionalparlamente, Problemen der europäischen Demokratie entgegenzuwirken

Mein analytischer Ansatz geht nun davon aus, dass die drei eben skizzierten Probleme die Aspekte der europäischen Politik erfassen, bei denen regionale Parlamente *theoretisch* eine Rolle spielen können, um den demokratischen Defiziten der EU entgegenzuwirken. Natürlich können wir uns auch andere Verfassungsordnungen für die EU vorstellen, in denen nationale und regionale Parlamente eine deutlich andere Rolle spielen würden. Und wie Gabriele Abels hervorhebt: Regionalisierung ist eine dynamische Angelegenheit; Dezentralisierung und die (Wieder-)Errichtung regionaler Legislativen können politische und institutionelle Interessen verändern und ihre zukünftige und institutionelle Position langfristig beeinflussen (zitiert in AdR 2014: 3). Der analytische Ansatz, den ich bisher skizziert habe, bezieht sich auf ausgewählte Probleme des demokratischen Funktionierens der EU, die den theoretisch möglichen demokratischen Mehrwert von Regionalparlamenten in der heutigen EU erfassen sollen – ungeachtet dieser größeren normativen und langfristigen Fragen. Die Analyse verknüpft die Funktionen der Regionalparlamente, deren (theoretisch) mögliche Einbindung in die europäische Politik und Fragen der demokratischen Legitimität der EU, um jene normativen Ansprüche explizit zu machen, die dem populären Narrativ vom demokratischen Potenzial der Regionalparlamente zugrunde liegen. Tabelle 2 fasst diese Analyse der demokratischen Rolle der regionalen Parlamente zusammen.

Die Tabelle und die bisherige Diskussion könnten den Eindruck erwecken, dass eine ganze Reihe regionalparlamentarischer Funktionen dazu beitragen können, Problemen demokratischer Legitimität in der EU entgegenzuwirken. Die skizzierte Analyse ihres *theoretischen* Potenzials trifft jedoch weder Aussagen über den Realismus noch über das normative Gewicht der einzelnen Funktionen. Beide Aspekte müssten für das gesamte Spektrum der parlamentarischen Funktionen – und die jeweiligen parlamentarischen Aktivitäten, die diese Funktionen ausmachen – theoretisch ins Verhältnis und empirisch untersucht werden. Im letzten Teil des Kapitels möchte ich daher exemplarisch zeigen, wie auf Grundlage des skizzierten Ansatzes allgemeine Aussagen zum demokratischen Potenzial regionaler Parlamente in der EU kritisch differenziert werden können.

Tabelle 2: Regionalparlamentarische Funktionen und ihr theoretischer Beitrag, Probleme der europäischen Demokratie zu begegnen

Funktionen und Aktivitäten der Regionalparlamente	
Exekutivdominanz	• *Parlamentarische Kontrolle* regionaler Exekutiven
	• *Mandatserteilung* und *Sanktionierung* regionaler Regierungen in europapolitischen Anliegen
	• *Indirekte Kontrolle* nationaler Regierungen in zweiter Kammer oder gemeinsamen Ausschüssen
	• *Indirekte Kontrolle* exekutiver Akteure auf EU-Ebene via Foren wie AdR oder CALRE
	• *(Direkte) ex-ante Kontrolle* von Gesetzesvorschlägen der Kommission durch das EWS
	• *Netzwerken* in interparlamentarischen Netzwerken, um Informationen über EU-Politik zu gewinnen
	• *Netzwerken* mit dem Europäischen Parlament und nationalen politischen Akteuren –z.B. über Parteiverbindungen –, um Informationen zu gewinnen
Indirekte Responsivität	• *Aggregieren* regionaler politischer Präferenzen in parlamentarischen Kanälen und *artikulieren* dieser Präferenzen vis-a-vis anderer Akteure im Mehrebenensystem
	• *Politikgestaltung* (shaping policy) indirekt – durch den AdR oder den politischen Dialog mit der Kommission – und direkt auf EU-Ebene – durch Regionalvertretungen in Brüssel oder ad hoc lobbying
Europäische Öffentlichkeit und euroskeptische Mobilisierung	• Schaffen von *parlamentarischer Öffentlichkeit* und öffentlicher Debatte um europapolitische Themen
	• *Informieren* regionaler Wahlkreise zu europapolitischen Themen – Kampagnen, Debatten etc.

Quelle: Eigene Zusammenstellung.

Wenn wir die Idee der stärkeren Einbindung regionaler Parlamente in einzelne Funktionen zerlegen, die theoretisch zu Problemen demokratischer Legitimität passen dann lassen sich grundlegende Unterschiede des (potentiellen), demokratischen Mehrwerts erkennen. Auf diese Weise differenzieren wir die pauschale Idee, dass Regionalparlamente „einen sinnvollen Beitrag zur Legitimität der EU leisten können" (Auel/Hüttmann 2015: 350). Um die Bedeutung dieser Unterschiede im demokratischen Mehrwert zu veranschaulichen, betrachten wir den folgenden Kontrast: das Potenzial der Regionalparlamente, a) Formen der genuinen parlamentarischen Kontrolle von exekutiven Akteuren zu bieten und b) ihr Potenzial Politikinhalte über verschiedene Kanäle und Institutionen im Mehrebenensystem zu einfließen zu lassen bzw. mitzugestalten.

Wenn Regierungshandeln parlamentarisch kontrolliert werden soll, dann ist die Dynamik zwischen Regierung und Opposition. Die „normal processes of political contestation" (Kröger/Bellamy 2016: 143) – in parlamentarischen Ausschüssen und/oder in der öffentlichen parlamentarischen Debatte – ermöglichen aus Perspektive des Parlaments Regierungskontrolle. Die Kombination an parlamentarischen Funktionen, die diesen Modus der Kontrolle begründet, bezieht sich in erster Linie auf die Fähigkeit der Parlamente, exekutive Akteure im öffentlichen Diskurs und im Angesicht demokratischer Wahlen unter Rechtfertigungsdruck zu setzen. Über diesen Rechtfertigungskomplex hinaus können regionale (wie auch nationale) Parlamente die politischen Inhalte der europäischen Politik direkt und indirekt über verschiedene Kanäle zu den Exekutivakteuren auf EU- und auf nationaler Ebene beeinflussen. In diesem letztgenannten Szenario beschränkt sich ihre Rolle jedoch (theoretisch) auf die eines potenziell gut vernetzten Akteurs mit einem besonderen „representative claim" (vgl. Saward 2006), um regionale Anliegen (d. h. Informationen) und Interessen der Bürger in das europäische Mehrebenensystem einzuschleusen – und damit potenziell „feedback loops involving citizens attitudes towards EU policies" (Piattoni 2019: 22) zu verbessern. Eine solche parlamentarische „voice" (ebd.) in Form von (informeller) Politikgestaltung geschieht nicht mit der Autorität der parlamentarischen Öffentlichkeit – und der Dynamik zwischen Regierung und Opposition – und bezieht sich daher nicht auf die Kontrolle exekutiver Dominanz. Der Gegensatz besteht zwischen a) regionalen parlamentarischen Aktivitäten, die im Modus öffentlicher Kontrolle Rechtfertigungsdruck auf Regierungen ausüben und b) Institutionen und Aktivitäten, die regionale politische Interessen in die EU-Politik einfließen lassen. Die „Stärkung" der Regionalparlamente auf die eine oder andere Weise bezieht sich also auf grundlegend unterschiedliche Dimensionen der europäischen Demokratie und entsprechend unterschiedliche Potenziale der Regionalparlamente.

5 – Fazit

Eine problemorientierte Perspektive auf die institutionellen Rollen und Funktionen der Regionalparlamente zwingt uns, die normative Grammatik ihres demokratischen Potenzials in der europäischen Politik explizit zu machen. Die von mir skizzierte Analyse kategorisiert verschiedene Möglichkeiten, wie Regionalparlamente theoretisch dazu beitragen könnten, demokratischen Defizite der EU entgegenzuwirken. Die Analyse begründet jedoch keine klare demokratische Rolle der Regionalparlamente, sondern verweist vielmehr auf die zahlreichen und unterschiedlichen Voraussetzungen, von denen das demokratische Versprechen einer Stärkung der Regionalparlamente in der EU abhängt. Beobachter:innen, die die Erforschung und Stärkung von Regionalparlamenten aufgrund ihres potenziellen „Beitrags zur demokratischen Legitimität" (Högenauer/Abels 2017: 270) in der EU einfordern, sollten sowohl die normative Logik als auch die institutionellen Voraussetzungen dieses Beitrags genauer erläutern. Hier kann der problemorientierte Ansatz dieses Kapitels als analytischer Ansatzpunkt dienen.

Literaturverzeichnis

Abels, G. (2015): Subnational parliaments as 'latecomers' in the EU multi-level parliamentary system. In: Abels, G./Eppler, A. (Hrsg.), *Subnational parliaments in the EU multi-level parliamentary system: taking stock of the post-Lisbon era*, Innsbruck: Studien Verlag, S. 27-36.

Abels, G./Eppler, A. (Hrsg.) (2015): *Subnational parliaments in the EU multi-level parliamentary system: taking stock of the post-Lisbon era.* Innsbruck: Studien Verlag.

Abels, G./Högenauer, A.-L. (2018): *Regional parliaments: effective actors in EU policy-making?* Abingdon; New York: Routledge.

Arribas, G.V. (2015): Europeanization of national parliaments. In: Magone, J. (Hrsg.), *Handbook of Comparative European Politics*, Abingdon: Routledge, S. 366-385.

Auel, K. (2013): De-Parliamentarisation Re-Considered: 'Representation Without Corresponding Communication' in EU Affairs. *Paper prepared for the 13th Biennial Conference of the European Union Studies Association*, Baltimore.

Auel, K. (2015): Europeanization of national parliaments. In: Magone, J. (Hrsg.), *Handbook of comparative politics*, Abingdon; New York: Routledge, S. 366-385.

Auel, K./Benz, A. (2005): The politics of adaptation: The Europeanisation of national parliamentary systems. *The Journal of Legislative Studies*, 11 (3-4), 372-393.

Auel, K./Hüttmann, M. (2015): A life in the shadow? Regional parliaments in the EU. In: Abels, G./Eppler, A. (Hrsg.), *Subnational parliaments in the EU multi-level parliamentary system: taking stock of the post-Lisbon era*, Innsbruck: Studien Verlag, S. 345-356.

Ausschuss der Regionen (AdR) (2014): *Strenghtening the role of regional parliaments in EU affairs (Committee of the Regions Proceedings)*, Brüssel: Ausschuss der Regionen.

Ausschuss der Regionen (AdR) (2018): *Opinion of the European Committee of the Regions on reflecting on Europe: the voice of local and regional authorities to rebuild trust in the European Union.* Brüssel: Committee of the Regions.

Borońska-Hryniewiecka, K. (2017a): Differential Europeanization? Explaining the impact of the early warning system on subnational parliaments in Europe. *European Political Science Review*, 9 (2), 255–278.

Borońska-Hryniewiecka, K. (2017b): A new player in the "multi-level parliamentary field" Cooperation and communication of regional parliaments in the post-Lisbon scenario. In: Cornell A.-J./Goldoni, M. (Hrsg.), *National and regional parliaments in the EU-legislative procedure post-Lisbon*, New York: Hart, S. 137-154.

Borragán, N.P.-S./Smismans, S. (2014): The European Commission and political representation: a new inter-institutional perspective. In: Kröger, S. (Hrsg.), *Political representation in the European Union*, Abingdon; New York: Routledge, S. 125-141.

Bursens, P./Högenauer, A.-L. (2017): Regional parliaments in the EU multilevel parliamentary system. *The Journal of Legislative Studies*, 23 (2), 127-143.

Cooper, I. (2012): A "virtual third chamber" for the European Union? National parliaments after the Treaty of Lisbon. *West European Politics*, 35 (3), 441-465.

Cornell, A.-J./Goldoni, M. (Hrsg.) (2017): *National and regional parliaments in the EU-legislative procedure post-Lisbon*. New York: Hart.

Crum, B. (2015): The emergence of an EU "multilevel parliamentary field" – is there a role for subnational parliaments? In: Abels, G./Eppler, A. (Hrsg.), *Subnational parliaments in the EU multi-level parliamentary system*, Innsbruck: Studien Verlag, S. 63-89.

Crum, B./Curtin, D. (2015): The challenge of making European Union executive power accountable. In: Piattoni, S. (Hrsg.), *The European Union: democratic principles and institutional architecture in times of crisis*, Oxford: Oxford University Press, S. 63-87.

Curtin, D./Egeberg, M. (2008): Tradition and innovation: Europe's accumulated executive order. *West European Politics*, 31 (4), 639-661.

De Schoutheete, P./Micossi, S. (2013): On political union in Europe: the changing landscape of decision-making and political accountability. *CEPS Essay No. 4*, Brüssel.

De Wilde, P./Raunio, T. (2016): Redirecting national parliaments: setting priorities for involvement in EU affairs. *Comparative European Politics*, 16 (2), 310-329.

De Wilde, P./Zürn, M. (2012): Can the politicization of European integration be reversed? *Journal of Common Market Studies*, 50 (1), 137-153.

Eppler, A. (2013): Zusammenarbeit von Parlamenten zur Stärkung der parlamentarischen Kontrollfunktion? In: Eberbach-Born, B./ Kropp, S./ Stuchlik, A./Zeh, W. (Hrsg.), *Parlamentarische Kontrolle und Europäische Union*, Baden-Baden: Nomos, S. 317-340.

Euroäische Kommission (EC) (2020): *Communication on the European Democracy Action Plan*. Brüssel: Europäische Union.

Europäische Union (EU) (2016): Konsolidierte Fassungen des Vertrags über die Europäische Union und des Vertrags über die Arbeitsweise der Europäischen Union (C 202/01). *Official Journal of the European Union*.

Europäische Union (EU) (2022): *Conference on the Future of Europe. Report on the final outcome*. Brüssel: Europäische Union.

Finke, B. (2007): Civil society participation in EU governance. *Living Reviews in European Governance*, 2 (2): http://www.europeangovernance-livingreviews.org/Articles/lreg-2007-2/download/lreg-2007-2Color.pdf

Føllesdal, A./Hix, S. (2006): Why there is a democratic deficit in the EU: a response to Majone and Moravcsik. *Journal of Common Market Studies*, 44 (3), 533-562.

Fossum, J. (2015): Reflections on the role of subnational parliaments in the European Multilevel Parliamentary Field. In: Abels, G./Eppler, A. (Hrsg.), *Subnational parliaments in the EU multi-level parliamentary system: taking stock of the post-Lisbon era*, Innsbruck: Studien Verlag, S. 357-372.

Fossum, J./Crum, B. (2012): The EU polity and its pattern of representation – the multilevel parliamentary field. In: Eriksen, E.O./Fossum, J. (Hrsg.), *Rethinking democracy and the European Union*, Abigdon; New York: Routledge, S. 74-92.

Grimm, D. (2017): *The constitution of European democracy*. Oxford: Oxford University Press.

Hix, S. (2007): The EU as a new political system. In: Caramani, D. (Hrsg.), *Comparative politics*, Oxford: Oxford University Press, S. 573-601.

Hix, S./Bartolini, S. (2006): Politics: The Right or the Wrong Sort of Medicine for the EU? *Notre Europe Policy Paper No. 19*, Paris.

Hobolt, S. (2020): Representation in the European Union. In: Rohrschneider, R./Tomassen, J. (Hrsg.), *The Oxford Handbook of Political Representation in Liberal Democracies*, Oxford: Oxford University Press, S. 621-636.

Högenauer, A.-L./Abels, G. (2017): Conclusion: regional parliaments – a distinct role in the EU? *The Journal of Legislative Studies*, 23 (2), 260-273.

Höpcke, F. (2014): *Funktionsmuster und -profile: Subnationalstaatliche Parlamente im Vergleich*. Baden-Baden: Nomos.

Kindermann, P. (2021): Assessing the role of regional parliaments in the EU: Parliamentary

functions and problems of democratic legitimacy. In: Abels, G. (Hrsg.), *From Takers to Shapers? Challenges for Regions in a Dynamic EU Polity*. Occasional Papers Nr. 43, Tübingen: Europäisches Zentrum für Föderalismus-Forschung Tübingen (EZFF), S. 45-71.

Kröger, S./Bellamy, R. (2016): Beyond a constraining dissensus: The role of national parliaments in domesticating and normalising the politicization of European integration. *Comparative European Politics*, 14 (2), 131-153.

Lafont, C. (2020): *Democracy without shortcuts*. Oxford: Oxford University Press.

Lodge, J. (1996): The European Parliament. In: Svein, A./Kjell, E. (Hrsg.), *The European Union: How democratic is it?*, London: Sage, S. 187-213.

Marschall, S. (2018): *Parlamentarismus*. 3. Baden-Baden: Nomos.

Maurer, A. (2020): Das Europäische Parlament in Spannungsfeld seiner Funktionsprofile. In: Becker, P./Lippert, B. (Hrsg.), *Handbuch Europäische Politik*, Wiesbaden: Springer VS, S. 391-427.

Patzelt, W. (Hrsg.) (2003): *Parlamente und ihre Funktionen*. Opladen: Westdeutscher Verlag.

Patzelt, W. (2015): Changing parliamentary roles – what does this mean for subnational parliaments and European integration? In: Abels, G./Eppler, A. (Hrsg.), *Subnational parliaments in the EU multi-level parliamentary system: taking stock of the post-Lisbon era*, Innsbruck: Studien Verlag, S. 327-343.

Piattoni, S. (2019): The contribution of regions to EU democracy. In: Abels, G./Battke, J. (Hrsg.), *Regional governance in the EU*, Cheltenham: Edward Elgar, S. 16-32.

Pollak, J. (2014): Compounded representation in the EU: no country for old parliaments? In: Kröger, S. (Hrsg.), *Political Representation in the European Union*, Abingdon; New York: Routledge, S. 19-35.

Powell, G.B. (2004): The quality of democracy: the chain of responsiveness. *Journal of Democracy*, 15 (4), 91-105.

Raunio, T. (2011): The gatekeepers of European integration? The functions of national parliaments in the EU political system. *Journal of European Integration*, 33 (3), 303-321.

Reutter, W. (2013): Transformation des 'neuen Dualismus' in Landesparlamenten: Parlamentarische Kontrolle, Gewaltengliederung und Europäische Union. In: Eberbach-Born, B./Kropp, S./Stuchlik, A./Zeh, W. (Hrsg.), *Parlamentarische Kontrolle und Europäische Union*, Baden-Baden: Nomos, S. 255-283.

Reutter, W. (2015): The quandary of representation in multilevel system and German Land parliaments. In: Abels, G./Eppler, A. (Hrsg.), *Subnational parliaments in the EU multi-level parliamentary system*, Innsbruck: Studien Verlag, S. 211-229.

Risse, T. (2010): *A community of Europeans? Transnational identities and public spheres*. Ithaca: Cornell University Press.

Risse, T. (2015): Introduction. In: Risse, T. (Hrsg.), *European Public Spheres – Politics is Back*, Camebridge: Cambridge University Press, S. 1-26.

Saward, M. (2006): The representative claim. *Contemporary Political Theory*, 5, 297-318.

Scharpf, F. (1997): Economic integration, democracy and the welfare state. *Journal of European Public Policy*, 4 (1), 18-36.

Scharpf, F. (1998): *Governing in Europe. Effective and democratic?* Oxford: Oxford University Press.

Scharpf, F. (2014): After the crash: a perspective on multilevel European democracy. *European Law Journal*, 21 (3), 384-405.

Schmidt, V. (2005): Democracy in Europe: The impact of European Integration. *Perspectives on Politics*, 3 (4), 761-779.

Schmidt, V. (2020): *Europe's crisis of legitimacy.* Oxford: Oxford University Press.

Schneider, C. (2018): *The responsive Union.* Cambridge: Cambridge University Press.

Schneider, E./Rittberger, B./Wonka, A. (2013): Adapting to Europe? Regional MPs' Involvement in EU Affairs in Germany. *Regional and Federal Studies*, 24 (4), 407-427.

Sprungk, C. (2013): A New Type of Representative Democracy? Reconsidering the Role of National Parliaments in the European Union. *Journal of European Integration*, 35 (5), 547-563.

Straub, P./Hrbek, R. (Hrsg.) (1998): *Die europapolitische Rolle der Landes- und Regionalparlamente in der EU.* Baden-Baden: Nomos.

Van Gruisen, P./Huysmans, M. (2020): The Early Warning System and policymaking in the European Union. *European Union Politics*, 23 (2), 451-473.

White, J. (2015): Authority after emergency rule. *Modern Law Review*, 78 (4), 585-610.

Der AdR als Repräsentant regionaler Parlamente in der EU? Perspektiven regionaler Abgeordneter auf den Ausschuss der Regionen

Simon Lenhart

Kommunen und Regionen galten in den Politikwissenschaften und EU-Studien bis in die 1980er Jahre hinein kaum als Akteure im EU-Integrationsprozess. Diese fehlende Einbindung der subnationalen Ebene in die europapolitische Politikgestaltung ist in den Politikwissenschaften als „regional blindness" diskutiert worden (Weatherill 2005). Mit der Ausweitung europäischer Kompetenzen griff die EU in Politikfelder ein, die innerhalb mancher EU-Mitgliedsstaaten in die Zuständigkeit der subnationalen Ebene gefallen sind. Als Reaktion auf diese Entwicklungen forderten subnationale Akteure stärkere Mitwirkungsrechte in der Europapolitik auf mitgliedstaatlicher Ebene sowie auf EU-Ebene (Jeffery 2005). Mit der Gründung des Europäischen Ausschusses der Regionen (AdR) im Zuge des Vertrags von Maastricht 1992 sollte der subnationalen Ebene ein formeller Einflusskanal zur Mitwirkung in der EU ermöglicht werden. Seit seiner Gründung nimmt der AdR dabei eine doppelte Rolle ein: Zum einen beratend als Sprachrohr für die Interessen subnationaler Gebietskörperschaften auf EU-Ebene (Piattoni/Schönlau 2015) und zum anderen repräsentierend als Bindeglied zu Bürger:innen in den Kommunen und Regionen der EU (Schönlau 2017). Dem AdR wird attestiert, sich durch seine Förderung von Mehrebenen-Governance und der Verteidigung des Subsidiaritätsprinzips als Fürsprecher für die Einbeziehung subnationaler Gebietskörperschaften in die europäische Politik etabliert zu haben (Schönlau 2017); er erhebt einen Repräsentationsanspruch gegenüber subnationalen Gebietskörperschaften und Bürger:innen (Abels 2022).

Regionen, so das Selbstverständnis des AdR, fungieren als wichtige „Brücke" zwischen politischen Akteuren im EU-Mehrebenensystem und den europäischen Bürger:innen (AdR 2020). In dem im März 2022 verabschiedeten Manifest von Marseille im Rahmen des „Europäischen Gipfeltreffens der Regionen und Städte" heißt es: „Das Fundament der Demokratie in der EU bilden die 240 Regionen und die 90 000 Gemeinden in Europa sowie die über 1,2 Millionen lokalen und regionalen Mandatsträgerinnen und Mandatsträger, die 450 Millionen Menschen vertreten. Der Fortbestand der vor etwa 2 500 Jahren in der ‚Polis' geborenen Demokratie ist nur dann gesichert, wenn sie tief vor Ort verwurzelt ist und Tag für Tag in der Praxis gelebt wird" (AdR 2022). Dieser vom AdR vertretene Repräsentationsanspruch bildet den Ausgangspunkt für die häufig postulierte Forderung, dass subnationale Gebietskörperschaften stärker in die Europapolitik einbezogen werden sollen (AdR 2020). Diese Forderung wird auch im Hinblick auf die Rolle *regionaler Parlamente* in der EU artikuliert. Denn verschiedene Kommentator:innen sehen in einer Aufwertung der institutionellen Mitwirkungsrechte regionaler Parlamente das Potenzial, die demokratische Legitimation der EU zu stärken (Abels 2015; Auel/Große Hüttmann 2015; Bursens/Högenauer 2017; Crum 2015) und das EU-Demokratiedefizit zu verringern (Högenauer/Abels 2017; Piattoni 2019). Andere Beiträge hinterfragen diese Annahmen von einem normativen Standpunkt aus und bewerten die Rolle regionaler Parlamente in der EU zurückhaltender (Patzelt 2015). Abseits dieser normativen Debatte postuliert die politikwissenschaftliche Forschung eine graduelle Aufwertung der regionalen Parlamente in der EU-Politikgestaltung (Borońska-Hryniewiecka 2017).

In diesem Zusammenhang konzentriert sich die empirische Forschung auf die Aktivitäten regionaler Parlamente und ihrer Rolle in der Europapolitik, die für den Zweck dieses Beitrags nur kurz skizziert werden können. Regionalen Parlamenten stehen so im Wesentlichen drei Wege offen, um sich an der EU-Politikgestaltung zu beteiligen (Bursens/Högenauer 2017): Sie können versuchen, politische Entscheidungsprozesse der EU-Institutionen zu beeinflussen

(Abels/Eppler 2011). Regionale Parlamente können aber auch darin tätig werden, die mitgliedstaatlichen und regionalen Regierungen in ihren europapolitischen Aktivitäten zu kontrollieren (Bursens et al. 2015; Högenauer 2017; Randour/Wolfs 2017). Außerdem können sich regionale Parlamente mit anderen legislativen oder exekutiven Akteuren vernetzen, um gemeinsam die EU-Gesetzgebung zu beeinflussen oder um ihre jeweiligen Exekutiven zu kontrollieren (Eppler 2015; Eppler/Maurer 2017). Des Weiteren stehen auf EU-Ebene regionalen Parlamenten mit Legislativkompetenzen die Mitwirkung am Frühwarnmechanismus zur Subsidiaritätskontrolle offen (Abels 2015; Fromage 2017; Högenauer 2019). Schließlich kann der AdR als Sprachrohr regionaler und lokaler Interessen fungieren, der *auch* regionale Parlamente vertritt. Daher soll sich der vorliegende Beitrag ausschließlich auf die Rolle des AdR als Repräsentations- und Interessenkanal für regionale Abgeordnete fokussieren.

Da der AdR den Repräsentationsanspruch gegenüber regionalen Parlamenten vertritt und *weil* der (stärkeren) Einbindung regionaler Parlamente in die EU-Politikgestaltung seitens des AdR und einiger Kommentator:innen ein demokratisches Potenzial zugeschrieben wird, soll der vorliegende Beitrag herausarbeiten, *wie* regionale Abgeordnete im AdR repräsentiert sind und *wie* sie die Arbeit des AdR wahrnehmen. Denn bislang ist wenig darüber bekannt, wie die Arbeit des AdR von denjenigen Akteuren wahrgenommen und bewertet wird, für die der AdR einen Repräsentationsanspruch vertritt. So sind wenige Beiträge vorhanden, die eine empirische Evidenz hinsichtlich der Erfüllung des Repräsentationsanspruchs des AdR nachweisen können. Bisherige Beiträge untersuchen regionale Einflusskanäle und den Stellenwert verschiedener Akteure, u.a. der des AdR, in europapolitischen Kontakten von Regionalbüros (Tatham 2015; Tatham 2018). Weitere Beiträge untersuchen die Rolle des AdR und die Sichtbarkeit seiner Stellungnahmen als das wichtigste zur Verfügung stehende politische Instrument, indem der Rat und das EU-Parlament befragt wurden (Hönnige/Panke 2013; Hönnige/Panke 2016). Wie jedoch AdR-Mitglieder und Vertreter:innen subnationaler Gebietskörperschaften auf den AdR blicken, bleibt bislang noch wenig erforscht. Einen Anfang soll der vorliegende Beitrag leisten, indem herausgearbeitet wird, wie regionale Abgeordnete im AdR repräsentiert sind und welchen Stellenwert der AdR für die europapolitische Arbeit der Abgeordneten einnimmt.

Die leitende Fragestellung dieses Beitrags lautet daher: Kann der AdR seinen Repräsentationsanspruch, den er gegenüber regionalen Parlamenten in der EU erhebt, einlösen? Dieser Beitrag soll das Repräsentationsverständnis des AdR, den er u.a. gegenüber regionalen Parlamenten erhebt, auf Basis empirischen Datenmaterials hinterfragen. Die empirische Analyse stützt sich auf quantitative und qualitative Befragungen von regionalen Abgeordneten in mehreren EU-Mitgliedstaaten. Alle in dieser empirischen Untersuchung verwendeten Datenquellen wurden im Rahmen des REGIOPARL-Projektes erhoben. Zur Beantwortung der Fragestellung erfolgt eine Aufteilung in drei Unterfragen, die jeweils drei Teilaspekte thematisieren: (1) Wie sind Vertreter:innen regionaler Parlamente im AdR repräsentiert? (2) Welchen Stellenwert nimmt der AdR in den europapolitischen Kontakten von regionalen Abgeordneten ein, wenn es darum geht, EU-Entscheidungsprozesse im regionalen Interesse zu beeinflussen? (3) Welche Rolle sehen regionale Abgeordnete für den AdR im politischen System der EU?

Die erste Teilfrage nimmt die Zusammensetzung des AdR in den Blick. Quantitative Daten der *European Regional Democracy Map* (ERDM, siehe Kindermann et al. in diesem Band) geben Aufschluss über die Zusammensetzung des AdR und verdeutlichen, wie die Gruppe regionaler Abgeordneter im AdR vertreten ist. Um die Teilfragen zwei und drei zu beantworten, werden Individualdaten verwendet. Für die Beantwortung der zweiten Teilfrage wird auf quantitative Daten einer in sieben EU-Mitgliedstaaten durchgeführten Abgeordnetenbefragung zurückgegriffen. Dieser Survey verdeutlicht, welche europapolitischen Kontakte regionale Abgeordnete im EU-Mehrebenensystem nutzen, um politische Entscheidungsprozesse zu beeinflussen. Schließlich werden qualitative Daten auf Basis semistrukturierter Interviews mit regionalen Abgeordneten in drei EU-Mitgliedstaaten herangezogen, um die dritte Teilfrage zu beantworten. So kann die Relevanz und Rolle des AdR in der EU-Politikgestaltung aus Perspektive regionaler Abgeordneter deutlich gemacht werden.

Zum Abschluss dieser Einführung folgen noch wenige Worte zur Struktur dieses Artikels. Der erste Abschnitt beleuchtet die institutionellen Merkmale und Kompetenzen sowie den Forschungsstand zum AdR. Die Beschreibung von Merkmalen und Kompetenzen gibt einen Überblick über den AdR als EU-Akteur, der oft geringe Aufmerksamkeit in der medialen und akademischen Debatte erfährt. Zum anderen soll der Überblick zeigen, über welche institutionellen Handlungsmöglichkeiten der AdR als beratender EU-Ausschuss verfügt. Der zweite Abschnitt thematisiert das institutionelle Selbstverständnis des AdR auf Basis von ausgewählten AdR-Dokumenten sowie Zuschreibungen aus der Forschungsliteratur zum AdR. Es wird argumentiert, dass der AdR einen Repräsentationsanspruch gegenüber regionalen Parlamenten in der EU vertritt. Um empirisch herauszuarbeiten, ob dieser postulierte Repräsentationsanspruch des AdR eingelöst werden kann, widmet sich der empirische Teil der explorativen Datenanalyse quantitativer und qualitativer Daten, die im Rahmen des REGIOPARL-Projektes erhoben wurden. Der erste Schritt der empirischen Untersuchung behandelt die Zusammensetzung des AdR, basierend auf Erhebungen für die ERDM. Ziel ist es herauszufinden, wie regionale Abgeordnete im Verhältnis zu anderen Akteuren im AdR vertreten sind. Der zweite Schritt konzentriert sich auf die Frage, welchen Stellenwert der AdR in den europapolitischen Kontakten regionaler Abgeordneter einnimmt. Als Datenquelle wird hier die REGIOPARL-Abgeordnetenbefragung herangezogen. Der dritte und letzte Schritt des empirischen Teils greift auf Interviews mit regionalen Abgeordneten zurück und soll Perspektiven auf die Rolle des AdR in der EU-Politikgestaltung näher darstellen. Zum Abschluss dieses Artikels erfolgt eine Zusammenfassung der wichtigsten Ergebnisse sowie ihre Einordnung im Hinblick auf die leitende Fragestellung.

1 – Europäischer Ausschuss der Regionen

1.1 Institutionelle Merkmale und Kompetenzen

Der folgende Abschnitt gibt einen Überblick über institutionelle Merkmale und Kompetenzen des AdR. Bei der Zusammensetzung des AdR spielen die mitgliedstaatlichen Regierungen die maßgebliche Rolle. Die Ernennungsverfahren variieren dabei je nach EU-Mitgliedstaat deutlich. Jeder Mitgliedstaat benennt die Mitglieder:innen seiner Wahl, die in einer qualifizierten Mehrheitsentscheidung des Rates für eine Amtsdauer von fünf Jahren ernannt werden. Die Mitglieder:innen müssen gewählte Vertreter:innen subnationaler Gebietskörperschaften sein (Art. 300.3 AEUV). Das AdR-Mandat stellt somit ein Nebenamt dar, da die Mitglieder ihr Hauptmandat auf lokaler oder regionaler Ebene haben. Dem AdR stehen derzeit 329 Mitglieder sowie in gleicher Anzahl stellvertretende Mitglieder zur Verfügung (Art. 350 AEUV).[1] Die Zusammensetzung des AdR ist heterogen, denn die Mitglieder setzen sich aus Kommunen und Regionen sowie aus Exekutiv- und Legislativorganen zusammen (vgl. Abschnitt 3.1. dieses Kapitels).

Die Mitglieder des AdR organisieren sich in nationale Delegationen und können sich einer der sechs Fraktionen anschließen.[2] Von wichtiger Bedeutung für die Arbeit der AdR-Mitglieder sind die sechs verschiedenen Fachkommissionen.[3]

---

[1] Die 329 Mitglieder teilen sich wie folgt auf die Mitgliedstaaten auf: 24 für Deutschland, Frankreich und Italien; 15 für Rumänien; 21 für Spanien und Polen; 12 für Österreich, Belgien, Bulgarien, Tschechien, Griechenland, Ungarn, Niederlande, Portugal und Schweden; 9 für Kroatien, Dänemark, Finnland, Irland, Litauen und Slowakei; 7 für Lettland, Estland und Slowenien; 6 für Zypern und Luxemburg; 5 für Malta.

[2] Folgende Fraktionen sind im AdR vertreten: Die Europäische Volkspartei (EVP), die Sozialdemokratische Partei Europas (SPE), Renew Europe, die Fraktion der Europäischen Allianz (EA), die Fraktion der Europäischen Konservativen und Reformer (EKR) und Die Grünen.

[3] Der AdR hat folgende Fachkommissionen: CIVEX (Citizenship, Governance, Institutional and External Affairs), COTER (Territorial Cohesion Policy and EU Budget), ECON (Economic Policy), ENVE (Environment, Climate change and Energy), NAT (Natural Resources) und SEDEC (Social Policy, Education, Employment, Research and Culture).

Den wichtigsten Einflusskanal des AdR bildet die Erarbeitung von Stellungnahmen. Beteiligt wird der AdR im Zuge der ersten Lesung des ordentlichen Gesetzgebungsverfahrens (Hönnige/Panke 2020). Vorgesehen sind drei Verfahrensarten, über die der AdR im EU-Gesetzgebungsprozess involviert ist (ebd): Er kann obligatorische, fakultative und freiwillige Stellungnahmen erarbeiten. Kommission, Rat und Parlament sind *nicht* dazu verpflichtet die Stellungnahmen des AdR im weiteren Gesetzgebungsprozess zu berücksichtigen. In folgenden Politikfeldern ist eine obligatorische Stellungnahme des AdR notwendig: Allgemeine und berufliche Bildung und Jugend, Kultur, Gesundheitswesen (Art. 165-68 AEUV), transeuropäische Netze für Verkehr, Energie und Telekommunikation (Art. 172 AEUV), Verkehr (Art. 91 AEUV) wirtschaftlicher, sozialer und territorialer Zusammenhalt (Art. 175, 177-78 AEUV), Umwelt (Art. 192 AEUV), Energie (Art. 194 AEUV), Leitlinien für Beschäftigungspolitik (Art. 148-49 AEUV), sozialer Dialog (Art. 153 AEUV), Europäischer Sozialfonds (Art. 164 AEUV). In allen anderen Politikbereichen kann der AdR von Kommission, Rat und Parlament fakultativ angehört werden. Freiwillige Stellungnahmen erfolgen auf Initiative des AdR selbst. Dem AdR wurde mit dem Vertrag von Lissabon das Klagerecht vor dem Europäischen Gerichtshof (EuGH) (Art. 263 AEUV) eingeräumt, von dem der AdR bislang noch keinen Gebrauch machte (Nicolosi/Mustert 2020).[4]

1.2 Rolle des AdR in der EU-Politikgestaltung

Dieser Abschnitt fasst den Forschungsstand zur Rolle des AdR in der europäischen Politikgestaltung kurz zusammen. Dies bildet die Grundlage, um anschließend auf das institutionelle Selbstverständnis einzugehen und so das Repräsentationsverständnis des AdR herauszuarbeiten.

---

[4] Dieses Klagerecht ist in zwei Fällen möglich: (1) wenn der AdR von einem EU-Organ hätte konsultiert werden müssen, dies aber nicht erfolgte, und wenn (2) Subsidiaritätsbelange der nationalen und subnationalen Regierungen vernachlässigt wurden.

Es existieren nur wenige Studien zu den internen Entscheidungsprozessen und den zentralen Akteuren innerhalb des AdR – wie den nationalen Delegationen oder politischen Fraktionen. Hier liegt der Fokus auf Spannungsfelder bei der internen Entscheidungsfindung, die aus der heterogenen Zusammensetzung des Gremiums aus kommunalen, regionalen sowie exekutiven und legislativen politischen Akteuren resultieren. Die Konsequenz dieser heterogenen Zusammensetzung sind oftmals politische Kompromisse auf Basis des kleinsten gemeinsamen Nenners (Brunazzo/Domorenok 2008; Hönnige/Kaiser 2003; Vandamme 2013).

Die aus dem Mandat resultierende Schwäche des AdR werde nach Piattoni/Schönlau (2015) als Stärke aufgefasst: Weil der AdR ein schwaches Mandat hat, wird dessen Schwäche durch die Stärke in seiner beratenden Rolle kompensiert. Denn in seiner Funktion als EU-Repräsentant für subnationale Interessen versuche der AdR als „policy shaper from below" (Piattoni/Schönlau 2015) in seiner beratenden Rolle einen Beitrag zur europäischen Politik zu leisten. Die Rolle als „policy-shaper" werde wahrgenommen, indem der AdR politische Lösungen vorschlage, die Umsetzung und Auswirkungen politischer Maßnahmen für die subnationale Ebene verfolge (Piattoni/Schönlau 2015) und verschiedene Akteure und Netzwerke miteinbeziehe (Piattoni 2019).

Ein wesentlicher Einflusskanal des AdR zur Repräsentation subnationaler Interessen in EU-Entscheidungsprozessen sind, wie im vorigen Abschnitt beschrieben, die verschiedenen Arten von Stellungnahmen, die den Kern des politischen Geschäfts des AdR ausmachen. Dabei lässt sich der Einfluss von AdR-Stellungnahmen auf Kommission, Rat und Parlament empirisch nur schwierig nachweisen (Farrows/McCarthy 1997; Hönnige/Panke 2013; Hönnige/Panke 2016; Panke et al. 2015). Die Studienergebnisse zeigen, dass der AdR über „Voice, but no Vote" (Panke et al. 2015) verfügt. Der Einfluss des AdR im EU-Gesetzgebungsprozess gilt vor allem bei Rat und Parlament als begrenzt, sei aber vorhanden. Um diesen Einfluss innerhalb des gegenwärtigen institutionellen Mandats zu erhöhen, müssen strukturelle Herausforderungen überwunden werden. Hönnige/Panke (2020) attestieren dem AdR folgende Schwächen: 1) Die heterogene Zusammensetzung des AdR, die eine interne Entscheidungsfindung erschwert; 2) die rechtzeitige Erarbeitung von Stellungnahmen mit limitierten Ressourcen und das richtige Timing beim Einbringen dieser Positionen; 3) die Erarbeitung qualitativ hochwertiger Stellungnahmen.

1.3 Repräsentationsverständnis des AdR

Der folgende Abschnitt illustriert das Repräsentationsverständnis des AdR gegenüber der subnationalen Ebene auf Basis ausgewählter AdR-Dokumente und Zuschreibungen aus der Forschungsliteratur. An dieser Stelle können nicht alle Facetten des Repräsentationsverständnisses beleuchtet werden, daher erfolgt eine Selektion im Hinblick auf regionale Parlamente. Eine wesentliche Referenz bildet das politische Programm des AdR (2020-2025) sowie die „Reden zur Lage der EU" des ehemaligen AdR-Präsidenten Lambertz. Denn gemäß der leitenden Fragestellung dieses Artikels soll dargestellt werden, ob der AdR seinen Repräsentationsanspruch gegenüber den regionalen Parlamenten einlösen kann.

Man schrieb dem AdR in der Gründungsphase zu, dass er sich in einer „search of identity" befand (Domorenok 2009). Aufgrund der heterogenen Zusammensetzung der AdR-Mitglieder attestierte man dem AdR eine Fragmentierung der internen Entscheidungsprozesse, die die Arbeit des AdR als Sprachrohr subnationaler Gebietskörperschaften behindert hätten (Christiansen 1996; Hönnige/Kaiser 2003). Mittlerweile jedoch schreibt man dem AdR ein gefestigtes, institutionelles Selbstverständnis zu, was die Ausübung repräsentativer, beratender und symbolischer Funktionen umfasst (Carroll 2011). In diesem Artikel liegt der Fokus auf die Ausübung der repräsentativen Rolle des AdR im Hinblick auf die regionalen Parlamente in der EU. Ein Referenzpunkt in der politischen Arbeit des AdR stellt das Programm der politischen Prioritäten dar, das Auskunft über die strategischen Ziele gibt (AdR 2020). Dem aktuellen Programm

(2020-2025) ist zu entnehmen, dass der AdR drei politische Ziele verfolgen möchte (AdR 2020): a) Mehrebenen-Governance, b) Subsidiarität und c) Bürgernähe. So gilt der AdR als Initiator der politischen
Debatte über Subsidiarität und Mehrebenen-Governance im EU-
System (Rowe/Jeffery 2017). Das in den 1990er Jahren entwickelte
Konzept der Multi-Level-Governance soll das europapolitische Engagement subnationaler Gebietskörperschaften erfassen (Hoo-
ghe/Marks 1996; Hooghe /Marks 2001). Der AdR nutzt das Konzept
der Mehrebenenpolitik als ein politisches Leitbild für seine Aktivitäten und als „blue-print for a reformed European Union in
which the CoR itself, and the local and regional authorities repre-
sented in it, would play a more prominent role in order to increase
the legitimacy and effectiveness of EU policy making" (Schönlau
2017: 1175).

Ein Report mit dem Titel „Towards a European Senate of the Regions" zum 20-jährigen Bestehen des AdR (AdR 2014) sowie das politische Programm (2020-2025) (AdR 2020) mit Titel „Europas Bürgernähe stärken" verweisen auf mehrere, teils ambitionierte politische Ziele, die auf der strategischen Agenda des AdR stehen. Für
den vorliegenden Beitrag wird allerdings nur auf die Passagen in
dem Report eingegangen, die einen Bezug zu Parlamenten im EU-
Mehrebenensystem aufweisen. Zu Beginn der Reports zum 20-jähri-
gen Bestehen des AdR reklamiert der AdR die Rolle aus Subsidiaritätswächter im EU-Mehrebenensystem: „CoR's tasks and prerogati-
ves have increased and it has became entrusted with the role of gu-
ardian of the subsidiarity principle" (AdR 2014: 3). Betont wird auch
der Ausbau interinstitutioneller Kooperation mit nationalen und regionalen Parlamenten: „Engage more with both national and regional parliaments by organising ‚interparliamentary assembly mee-
tings' on topical EU issues of joint interest [...]" (AdR 2014: 7). Bekräftigt wird auch der Anspruch als zentrales Repräsentationsorgan
für die subnationale Ebene: „CoR members represent local and regional government and parliaments" (AdR 2014: 23). Das Programm
der politischen Prioritäten betont, dass der AdR „[d]ie demokratische Architektur der EU verbessern" und „Synergien zwischen

regionalen und nationalen Parlamenten & dem Europaparlament"
intensivieren möchte (AdR 2020: 16). Die EVP-Fraktion im AdR verweist im Programm der politischen Prioritäten auf den Ausbau der
interinstitutionellen Synergien zwischen den Parlamenten im EU-
Mehrebenensystem und hebt die Rolle als Subsidiaritätswächter
hervor, denn „eine stärkere Interaktion mit den regionalen Parlamenten und subnationalen Gebietskörperschaften werden uns dabei
helfen, die europäische Politik auf der Grundlage von Fakten zu gestalten, die anhand der Gegebenheiten vor Ort überprüft werden"
(AdR 2020: 31). Die SPE-Fraktion verweist in jenem Report als über-
greifendes politisches Ziel des AdR auf die Wahrung von „Subsidiarität, Solidarität und einer bedingungslosen Achtung der europäischen Grundwerte und Grundfreiheiten" (AdR 2020: 33). Die EA-
Fraktion führt die politische Expertise von Politiker:innen auf subnationaler Ebene an, da diese, so die Fraktion, die politischen Gegebenheiten vor Ort am besten beurteilen können: „Regionalpräsidenten, Bürgermeister und Mitglieder von Regional- und Gemeinderä-
ten in ganz Europa verfügen über einen reichen Wissens- und Erfah-
rungsschatz, der weitergegeben werden kann und in die aktuelle
und künftige Politik der EU einfließen sollte" (AdR 2020: 39).

Eine stärkere Zusammenarbeit des AdR mit anderen Parlamenten im EU-Mehrebenensystem, wie bereits zuvor in diesem Abschnitt beschrieben, wurde bereits in der „Rede zur Lage der EU: die
Perspektive der Regionen und Städte" aus dem Jahr 2017 durch den
ehemaligen AdR-Präsidenten Lambertz angekündigt: „Wir müssen
auch die Debatten in unseren lokalen und regionalen Versammlungen intensivieren, da die Stimme der Mandatsträger einen wertvol-
len Beitrag zur Zukunft Europas leistet" (Lambertz 2017: 5). Denn
nur so könne dem institutionellen Verständnis des AdR folgend die
„Stimme der Städte und Regionen" gehört werden (Lambertz 2017:
4). Wichtigstes Ziel sieht Lambertz darin, dass der AdR „im EU-Gefüge verankert bleiben und gleichzeitig in allen Gemeinden, Städten
und Regionen noch fester Fuß fassen" muss (Lambertz 2018: 7).

Schließlich nimmt das Thema Bürger:innennähe eine herausgehobene Stellung im Repräsentationsverständnis des AdR ein. So ging Lambertz in seiner Rede von 2017 auch auf den Aspekt Bürger:innennähe ein: „Die Regionen, die Städte und die Gemeinden sind vornehmlich die Orte, an denen sich das Leben von 510 Millionen EU-Bürgern abspielt" (Lambertz 2017: 3). In der Rede zur Lage der EU im darauffolgenden Jahr betont Lambertz, dass der AdR „im Sinne der Subsidiarität den Bürgerinnen und Bürgern am nächsten" sei (Lambertz 2018: 8). In der gleichen Rede wird dieser Repräsentationsanspruch des AdR gegenüber den Bürger:innen der EU bekräftigt, indem der AdR innerhalb der EU-Architektur auf gleiche Ebene mit dem EU-Parlament gesetzt wird: „Auf europäischer Ebene atmet die Demokratie mit zwei Lungenflügeln. Da ist zum einen das Europäische Parlament, dessen Mitglieder in den Gebieten gewählt werden. Und da ist zum anderen der Europäische Ausschuss der Regionen, in dem die Mandatsträger der Gebiete, von der kleinsten Gemeinde bis zur größten Region, im Dienste der Europäerinnen und Europäer und des europäischen Einigungswerks arbeiten" (Lambertz 2018: 7).

Zuletzt im Rahmen der Konferenz zur Zukunft Europas gründete der AdR in Kooperation mit regionalen Regierungen und Parlamenten sowie der CALRE (Conference of European Regional Legislative Assemblies) eine „Allianz der Regionen für Demokratie in Europa". Gebilligt wurde eine gemeinsame Erklärung, die „den politischen Einfluss der Regionen auf die Entscheidungsfindung der Union in Bereichen stärken [soll], die für die Arbeit der lokalen und regionalen Gebietskörperschaften von unmittelbarer Bedeutung sind" (AdR 2021). Im Rahmen der Unterzeichnung dieser Erklärung sagte die Präsidentin der Bayerischen Landtags Ilse Aigner: „Den Regionen und ihren politisch Verantwortlichen muss künftig in Europa genügend Gestaltungsspielraum zugestanden werden. Denn der Rückhalt der Bürgerinnen und Bürger für die europäische Idee ist nur dann da, wenn sie stärker beteiligt werden – die Regionalparlamente als Volksvertretungen nehmen dabei als Gesetzgeber und als Vermittler europäischer Politik eine zentrale Rolle ein" (AdR 2021). Im

Rahmen des „Europäischen Gipfeltreffens der Regionen und Städte" im März 2022 wurde das Manifest von Marseille ratifiziert, das wesentliche Forderungen des AdR zum Ende der Konferenz zur Zukunft Europas erneut deutlich machte. Hinsichtlich der Rolle regionaler Parlamente heißt es in dieser Erklärung, dass „Regionalparlamenten unter genau festgelegten Umständen eine formelle Rolle bei der Vorlage von EU Rechtsvorschriften eingeräumt wird" (AdR 2022).

Abschließend kann für diesen Abschnitt folgendes Fazit gezogen werden: Verschiedene Dokumente des AdR, also Berichte, Reden, strategische Papiere und Pressemitteilungen, geben Auskunft über den Repräsentationsanspruch des AdR gegenüber subnationalen Gebietskörperschaften. In diesem Beitrag lag jedoch der Fokus vorwiegend auf den Repräsentationsanspruch gegenüber regionalen Parlamenten in der EU und wurde anhand ausgewählter Dokumente illustriert. Festhalten lässt sich, dass der AdR überwiegend von „regionalen und lokalen Gebietskörperschaften" spricht (AdR 2022), seltener jedoch *explizit* den Verweis auf regionale Parlamente und ihrer Rolle in der EU-Politikgestaltung macht. Wenn dieser Verweis erfolgt, dann meist in einem Zusammenhang mit der Einhaltung des Subsidiaritätsprinzips, der besseren Rechtssetzung von EU-Recht oder der häufig für die subnationale Ebene reklamierten Bürger:innennähe.

2 – Zwischen Anspruch und (empirischer) Wirklichkeit

In den vorherigen Abschnitten wurden die institutionellen Merkmale und Kompetenzen des AdR sowie die Rolle des AdR in der EU-Politikgestaltung beschrieben. Danach wurde anhand illustrierender Beispiele das Repräsentationsverständnis des AdR gegenüber regionalen Parlamenten erläutert. Mit diesem Abschnitt beginnt nun der empirische Teil dieses Artikels, der das Repräsentationsverständnis des AdR gegenüber regionalen Parlamenten auf Basis von empirischem Datenmaterial hinterfragt, das im Rahmen des REGI-OPARL-Projektes erhoben wurde.

Der überwiegende Teil der Forschung zur subnationalen Mobilisierung in der EU und zum AdR untersucht institutionelle Mitwirkungsrechte und ermöglicht damit Einblicke zum europapolitischen Handeln. Um jedoch das europapolitische Handeln einer Institution besser verstehen zu können, sollte auf Grundlage des Makro-Mikro-Makro Modells der sozialwissenschaftlichen Erklärung empirisches Datenmaterial auf individueller Ebene verwendet werden (Bauer/Pitschel 2008; Greve et al. 2009). Dieses Kapitel hinterfragt gemäß der leitenden Fragestellung sowie der Teilfragen das Repräsentationsverständnis des AdR im Hinblick auf regionale Parlamente. Zuerst wird auf die die Zusammensetzung der AdR-Mitglieder eingegangen. Anschließend wird die REGIOPARL-Abgeordnetenbefragung herangezogen, um die Relevanz des AdR in den europapolitischen Kontakten regionaler Abgeordneter zu zeigen. Zum Schluss greifen semistrukturierte Interviews mit regionalen Abgeordneten verschiedene Aspekte zum Repräsentationsverständnis des AdR auf.

2.1 Zusammensetzung des AdR nach ERDM-Daten

Im Rahmen der Datenerhebung für die ERDM erfolgte eine Erhebung der Mitglieder des AdR (Stand: 30.05.2022). Während Beiträge zum AdR immer wieder die Heterogenität des Gremiums betonen, liegen mit der ERDM Daten vor, die detailliert Aufschluss über jedes AdR-Mitglied geben. Die Informationen zu den AdR-Mitgliedern wurden auf der Homepage des AdR sowie in einzelnen Fällen durch Kontaktaufnahme zu den nationalen Delegationen gesammelt. Der Datensatz enthält insgesamt 313 Mitglieder von 329.[5] Die Prozentwerte beziehen sich auf die erhobene Anzahl von AdR-Mitgliedern.

---

[5] Die Daten wurden von Gunnar Placzek erhoben und für den vorliegenden Beitrag zusammengestellt. Erste Ergebnisse zu Repräsentationsmustern im AdR wurden in einem Blogbeitrag von Placzek (2022) veröffentlicht.

Tabelle 1: Zusammensetzung der Mitglieder des AdR

	Kommunale Ebene	*Regionale Ebene*	*Σ*
Exekutive	117 (37,4%)	100 (31,3%)	217 (68,7%)
Legislative	53 (17,6%)	43 (13,7%)	96 (31,3%)
Σ	170 (55%)	143 (45%)	313 (100%)

Quelle: Eigene Darstellung nach Placzek (2022).

Etwas weniger als ein Drittel der AdR-Mitglieder (31,4%) sind Vertreter:innen regionaler Exekutiven (siehe Tabelle 1). Der Anteil regionaler Legislativen ist im Vergleich zu den Exekutiv-Vertreter:innen wesentlich geringer und beträgt etwa 14%. Das bedeutet, dass lediglich etwas mehr als jedes zehnte AdR-Mitglied ein parlamentarisches Mandat ausübt. Bei einem Blick auf die nationalen Delegationen der Mitgliedstaaten zeigen sich zudem deutliche Unterschiede in der Vertretung regionaler Abgeordneter im AdR. So könne man annehmen, dass „starke" Regionen mit Legislativkompetenzen zu einem größeren Anteil im AdR repräsentiert sind als „schwache" Regionen ohne Legislativkompetenzen. Diese „starken" Regionen sind in föderalen und regionalisierten EU-Mitgliedstaaten vorzufinden (Deutschland, Österreich, Belgien, Italien, Spanien). Denn regionale Parlamente aus den „starken" Regionen verfügen oftmals über erhebliche europapolitische Mitwirkungsrechte auf mitgliedstaatlicher Ebene, verfügen über Gesetzgebungsbefugnisse auf regionaler Ebene und sind so in das Frühwarnsystem zur Subsidiaritätskontrolle eingebunden. Diese Annahme trifft jedoch nur zum Teil zu (siehe auch Anhang): Während in Belgien jedes zweite AdR-Mitglied aus regionalen Parlamenten stammt, ist das im Fall von Deutschland etwas mehr als ein Drittel (36,4%); in Italien sind knapp 17% der AdR-Mitglieder regionale Abgeordnete, während in Spanien sogar kein einziges Mitglied aus einem regionalen Parlament kommt. Demgegnüber überrascht die teilweise hohe Repräsentation regionaler Abgeordneter aus EU-Mitgliedstaaten, die über „schwache" mitgliedstaatliche Stellung von Regionen und regionalen Parlamenten verfügen. Am deutlichsten sticht Ungarn hervor, wo jedes zweite AdR-Mitglied aus regionalen Parlamenten stammt. Auch die schwedische Delegation weist einen im Vergleich betrachteten hohen Anteil regionaler Abgeordneter von rund einem Drittel seiner AdR-Mitglieder auf. Es scheint, dass die mitgliedstaatliche Stellung von Regionen und regionalen Parlamenten keine große Rolle bei der Zusammensetzung der nationalen Delegationen im AdR einnimmt.

Hinsichtlich der Frage, wie im AdR regionale Abgeordnete repräsentiert sind, lassen die Befunde folgende Schlussfolgerungen zu: Im AdR dominiert die politische Exekutive, sowohl von regionaler als auch kommunaler Ebene, gegenüber der Legislative. Dieser Befund fügt sich in das Bild der Exekutivdominanz im EU-Mehrebenensystem ein (Curtin/Egeberg 2008): „However, despite its representative ambitions, both the design and day-to-day political practice of the EU are characterized by dominance of executive actors, at each of its governmental layers" (Bursens 2019: 178). Interpretieren lässt sich die marginale Rolle regionaler Abgeordneter im AdR auf unterschiedliche Weise: Zum einen könnte man argumentieren, dass das Repräsentationsmuster regionaler Abgeordneter im AdR bloß die Benachteiligung regionaler Parlamente im EU-Mehrebenensystem widerspiegelt (Abels/Eppler 2011; Bursens/Högenauer 2017). Zum anderen lässt sich aber auch anführen, dass regionale Exekutiven ihrer Mitgliedschaft im AdR eine hohe Bedeutung beimessen und die Mitwirkung an der EU-Politikgestaltung „Chefsache" ist. Denn oftmals wird die regionale Mitwirkung an der innerstaatlichen Koordination im Feld der Europapolitik durch regionale Regierungen dominiert. Regionale Regierungen waren auch diejenigen Akteure auf subnationaler Ebene, die direkte Einflusskanäle wie Regionalbüros in Brüssel schufen (Hooghe/Marks 1996; Studinger 2013) oder sich für die Einrichtung des Ausschusses der Regionen einsetzten (Jeffery 2004; Wassenberg 2020), um auf EU-Entscheidungsprozesse in ihrem Interesse einwirken zu können.

2.2 Abgeordnetenkontakte zum AdR

Welchen Stellenwert nimmt der AdR in den Kontakten regionaler Abgeordneter ein, wenn es darum geht, EU-Entscheidungsprozesse im regionalen Interesse zu beeinflussen? Im Rahmen des REGIO-PARL Projekts wurden regionale Abgeordnete in sieben EU-Mitgliedstaaten (Deutschland, Österreich, Spanien, Polen, Tschechien, Italien und Frankreich) in einer standardisierten Online-Befragung zu ihren parlamentarischen Aktivitäten sowie zur Mitwirkung in der Europapolitik befragt.[6] Für den vorliegenden Beitrag werden nur die Items diskutiert, die regionale Abgeordnete zu ihren Kontakten mit anderen Akteuren im EU-Mehrebenensystem befragen. Während das erste Item die Kontakthäufigkeit misst,[7] misst das zweite Item den Zweck der Kontakte.[8] Es stand eine Übersicht aus 11 politischen Institutionen im EU-Mehrebenensystem zur Verfügung, aus der die Befragten auswählen konnten.[9]

Die Analyse der Kontakthäufigkeit regionaler Abgeordneter zu politischen Akteuren im EU-Mehrebenensystem zeigt, dass die Befragten (sehr) häufig mit Akteuren auf subnationaler Ebene kooperieren (siehe auch Anhang). Die Abgeordneten bevorzugen den

---

[6] Folgende Themenbereiche standen im Zentrum der Befragung: Nutzung parlamentarischer Instrumente, Rollenvorstellungen regionaler Abgeordneter, Interaktion mit der Wählerschaft, Kooperation mit Akteuren zwecks Beeinflussung von EU-Entscheidungsprozessen, Einstellungsfragen zur EU-Integration und Rolle von Regionen in der EU.

[7] Die Frage lautete wie folgt: „Wie häufig kooperieren Sie mit folgenden Akteuren/Institutionen, wenn Sie politische Prozesse in der EU im Sinne Ihrer Region beeinflussen wollen? Bitte geben Sie von 1-5 an, ob Sie 1=sehr oft, 2=oft, 3=manchmal, 4=selten und 5=nie mit diesen Akteuren/Institutionen kooperieren".

[8] Die Frage lautete wie folgt: „Wie gestaltet sich der Kontakt mit den eben genannten Akteuren, wenn Sie politische Prozesse in der EU beeinflussen wollen? Ich habe Kontakt mit…". Aus der Übersicht mit 15 Akteuren wie bei dem Item zuvor konnten die Befragten zwischen folgenden Antwortmöglichkeiten wählen, wo auch eine Mehrfachnennung möglich war: „Ich habe Kontakt mit… … damit ich Informationen bekomme, … damit ich Informationen weitergebe, … damit meine Anliegen weitergeleitet werden, … damit meine Anliegen durchgesetzt werden".

[9] *Lokale und regionale Akteure* (Gemeindevertreter:innen, Andere Regionalparlamente, Regionalparlamente in anderen Mitgliedstaaten, Behörden und Verwaltung in der Region, Regionalregierung, Regionalbüro in Brüssel); *Nationale Akteure* (Nationales Parlament, Nationale Regierung); *Europäische Akteure* (AdR, Mitglieder der Europäischen Kommission, Mitglieder des Europäischen Parlaments).

Kontakt zur regionalen Regierung ihrer Region, die regionale öffentliche Verwaltung sowie zu Vertreter:innen der Kommunen. Von besonderem Interesse ist für den vorliegenden Beitrag der Stellenwert des AdR für die Arbeit der Abgeordneten. Nur wenige gaben an, (sehr) häufig Kontakt mit dem AdR zu haben. Die Kontakthäufigkeit liegt in einem Spektrum zwischen 3 % und 16 % (Mittelwert: 10 %) in allen Mitgliedstaaten, in denen der Survey durchgeführt wurde. Der höchste Anteil von Kontakten zum AdR ist, wenngleich auf einem niedrigen Niveau, noch in Österreich und Deutschland vorhanden. Es scheint, dass der AdR für die Abgeordneten einen untergeordneten Stellenwert in ihrer europapolitischen Arbeit einnimmt. Diese Einschätzung kann auch im Hinblick auf den Zweck der Kontakte bestätigt werden. Über alle Kategorien hinweg betrachtet wird der AdR von einem vergleichsweise geringeren Anteil an Abgeordneten zu den abgefragten kontaktiert („Informationen einholen": 36 %; „Informationen weitergeben": 17 %; „Anliegen weitergeben": 13 %; „Anliegen durchsetzen": 10 %).

Diese Ergebnisse der Befragung legen nahe, dass dem AdR in der europapolitischen Arbeit regionaler Abgeordneter eine geringe Relevanz zukommt. Im Vergleich zu den anderen Akteuren im europäischen Mehrebenensystem zeigt sich, dass der AdR am untersten Ende des Akteursspektrums rangiert und für die Abgeordneten einen geringen Stellenwert in den europapolitischen Kontakten einnimmt. Der AdR dient aus Sicht der Befragten weder dem Informationserhalt und der Informationsweitergabe noch der Weitergabe und Durchsetzung politischer Anliegen.[10] Die Abgeordneten haben einen deutlich häufigeren Kontakt zu anderen Akteuren vor allem im jeweiligen EU-Mitgliedstaat, wenn es darum geht, EU-Entscheidungsprozesse im regionalen Interesse zu beeinflussen. Dass der AdR eine geringe Priorität im europapolitischen Engagement regionaler Abgeordneter einnimmt, kann mehrere Gründe haben. Wie

---

[10] Zum Vergleich der Anteil der Abgeordneten (Mittelwert über alle Mitgliedstaaten), die mit Mitgliedern des Europäischen Parlaments Kontakt zum jeweiligen Zweck angegeben haben: 61 % zum Erhalt bzw. 37 % zur Weitergabe von Informationen, 26 % zur Weiterleitung bzw. 21 % zur Durchsetzung von Anliegen.

weitere Daten des REGIOPARL-Surveys veranschaulichen, ist europapolitisches Engagement für die Befragten oftmals zeit- und ressourcenintensiv und es werden zu wenig *wirkungsvolle* Einflussmöglichkeiten auf EU-Ebene gesehen, sodass europapolitisches Engagement einen lediglich begrenzten Erfolg haben kann.[11] Darüber hinaus verfügt der AdR, wie bereits zu Anfang dieses Artikels geschildert, ein beratendes Mandat. Dies macht den AdR zu einem schwachen EU-Akteur, sodass regionale Abgeordnete es vorzuziehen scheinen, mit anderen Akteuren im Feld der Europapolitik zu kooperieren, die über ein stärkeres Mandat und Einflussmöglichkeiten verfügen als der AdR.

2.3 Rolle des AdR aus Sicht der Abgeordneten

Nachfolgend geben in einem letzten Schritt in der empirischen Analyse semistrukturierte Interviews mit Abgeordneten darüber Aufschluss, welche Rolle die regionalen Abgeordneten für den AdR im politischen System der EU sehen. Dies soll zusätzlich zu den bereits im empirischen Part zuvor thematisierten Aspekten weitere Facetten der Repräsentationswirklichkeit der AdR aus Perspektive der Abgeordneten sichtbar machen.

Semistrukturierte Interviews mit regionalen Abgeordneten wurden in drei EU-Mitgliedstaaten (Frankreich, Italien und Portugal) im Zeitraum Mai 2021 bis November 2021 erhoben. Die Fallauswahl inkludiert einen regionalisierten EU-Mitgliedstaat, in dem regionale Parlamente mit Legislativkompetenzen vorhanden sind (Italien), sowie einen weiteren Staat, in dem zwei autonome Regionen über Legislativbefugnisse verfügen (Portugal). Im letzten Fall verfügen Regionen über eine schwache institutionelle Stellung und regionale Parlamente haben keine Gesetzgebungsbefugnisse (Frankreich). Pandemiebedingt wurden diese Interviews virtuell durchgeführt.

---

[11] Das Item mit Mehrfachnennung lautete: „Auf welche Schwierigkeiten treffen Sie in Ihrem Arbeitsalltag, wenn Sie sich in europapolitischen Fragen engagieren wollen?". Antworten: „Ich habe zu wenig Zeit" (27,1%), „Ich habe zu wenig Personal" (18,5%), „Ich habe zu wenig wirkungsvolle Einflussmöglichkeiten auf europäischer Ebene" (37,7%).

Die Interviews wurden alle zwecks niedrigschwelligen Zugangs in der jeweiligen Landessprache geführt und anschließend ins Deutsche übersetzt. Der Interviewleitfaden deckte folgende Themenbereiche ab: 1) Institutionelle Architektur der EU, 2) Kompetenzverteilung im EU-Mehrebenensystem, 3) Zukunftsszenarien und die Konferenz zur Zukunft Europas sowie 4) die Rolle von Regionen in EU-Mehrebenensystem. Insgesamt wurden für die Interviewreihe 19 Einzelinterviews mit regionalen Abgeordneten in folgenden Regionen erhoben: Portugal (2 Madeira, 7 Azoren), Italien (1 Trentino-Südtirol, 1 Emilia-Romagna, 1 Venetien, 3 Aostatal) und Frankreich (1 Bretagne, 1 Grand Est, 1 Centre-Val de Loire, 1 Île-de-France).[12] Die Auswertung der Interviews erfolgte inhaltsanalytisch (Gläser/Laudel 2009). Hinsichtlich der Fragestellung, wie regionale Abgeordnete das Verhältnis zum AdR betrachten, fokussierte sich die Analyse auf jene Textstellen, die die subnationale Ebene und insbesondere den AdR adressieren.

Der AdR wird von den interviewten Abgeordneten als ein Diskussionsforum wahrgenommen, bei dem sich subnationale Gebietskörperschaften über ihre jeweiligen Probleme austauschen und die Aufmerksamkeit auf bestimmte Aspekte lenken können (Interview L): *„Diese Art Forum ist sehr wichtig, weil es da im Grunde gelingt, manchmal, über Probleme zu sprechen, die ähnlich sind und die auch sehr ähnliche Lösungen haben mögen."* Die meisten Abgeordneten sind sich jedoch über die begrenzten Einflussmöglichkeiten des AdR als beratende EU-Einrichtung bewusst. Betont wird hier der symbolische Charakter des AdR (Interview K): *„In der Praxis gibt es absolut gar nichts, wo man sagt: „ah, das ist im, im Ausschuss der Regionen entschieden worden, in jener Versammlung, und ist jetzt durchgesetzt worden."* Auf der anderen Seite versuchen andere Abgeordnete wiederum den Eindruck zu vermeiden, dass es sich beim AdR um eine wenig relevante Institution im politischen System der EU handelt. Der nachfolgende Interviewausschnitt nutzt ein bestimmtes

---

[12] Der Verweis auf die Interviews erfolgt für diesen Beitrag in anonymisierter Form (für eine Übersicht der geführten Interviews siehe Anhang).

sprachliches Bild zur Veranschaulichung (Interview L): *„Es ist wie: „ach, das ist da der Ausschuss der Regionen, das ist ihre Sache da." Und es scheint, es gibt der Klub der, der Erwachsenen und die Kinder sitzen eben im Ausschuss der Regionen – und so ist es nicht."* Kritisiert wird der geringschätzende Blick anderer EU-Akteure auf den AdR. Während die EU-Politik in den „großen" EU-Institutionen Europäischer Rat, Kommission, Rat und Parlament entschieden wird („Klub der Erwachsenen"), beschäftigen sich die subnationalen Gebietskörperschaften („Kinder") mit den weniger wichtigen EU-Fragen im AdR und können im „Klub der Erwachsenen" (zumindest noch) nicht mitspielen. Hervorgehoben wird, dass der Nutzen des AdR als Diskussionsforum darin liegt, Aufmerksamkeit auf für die subnationale Ebene besonders relevante Politikfelder zu lenken. Die Abgeordneten ziehen einen Vergleich mit dem Lobbying von Interessenorganisationen. Hier muss der AdR über *„bedeutsame Lobbys agieren"* (Interview D), um Aufmerksamkeit für seine Interessen als beratendes EU-Organ zu erhalten.

Die Abgeordneten skizzieren auch ihre Vorstellungen, wie subnationale Gebietskörperschaften und damit auch der AdR eine institutionelle Aufwertung im EU-Mehrebenensystem erfahren können. Legitimiert wird die Aufwertung durch das Narrativ der Bürger:innennähe subnationaler Gebietskörperschaften sowie mit Übernahme des AdR-Narratives etwa *„eine Millionen Mitglieder von lokalen und regionalen Exekutiven und Legislativen"* (Interview B) zu repräsentieren. Dagegen soll die Anzahl von Repräsentanten und Repräsentantinnen der Mitgliedstaaten im Rat oder der Mitglieder des Parlaments marginal erscheinen. Der Repräsentationsanspruch subnationaler Gebietskörperschaften wird nachdrücklich bekräftigt. Das Spektrum von Ideen zu einer Aufwertung des AdR reicht von eher vagen Vorstellungen zur stärkeren Mitsprache über die Ausübung eines Vetorechts in ausgewählten Politikbereichen bis hin zur Einrichtung des AdR als weiterer gesetzgebender Akteur in EU-Entscheidungsprozessen. Diese Vorschläge sind nicht neu, denn sie waren schon zum Zeitpunkt der Gründung des AdR vorhanden. Am deutlichsten wird die Vorstellung eines „Senats der Regionen" bzw.

einer „Dritten Kammer" thematisiert, bei der eine Gesetzgebungskompetenz für die Kammer subnationaler Gebietskörperschaften vorhanden ist und so die weitreichendste Forderung im Hinblick auf eine institutionelle Aufwertung des AdR darstellt (Interview D): *„Ein Senat der Regionen würde aus regionaler Sicht eine bedeutende Stärke erlangen und könnte sich folglich im europäischen Rahmen besser positionieren."*

Zudem thematisieren die Abgeordneten, dass (regionale) Exekutiven über bessere Handlungsräume in der Europapolitik verfügen als (regionale) Parlamente. Die regionalen Regierungen würden einen Informationsvorsprung gegenüber den Regionalparlamenten haben und die Parlamente können von ihren parlamentarischen Kontrollrechten nur begrenzt Gebrauch machen. Um der Benachteiligung von regionalen Parlamenten entgegenwirken zu können, gehen die Abgeordneten auf den Aspekt der interparlamentarischen Kooperation ein. Hier werfen jedoch die Abgeordneten ein, dass die interparlamentarische Kooperation eine höhere Koordination auf der Ebene der regionalen Parlamente erforderlich macht. Nicht zuletzt weisen die Abgeordneten darauf hin, dass begrenzte oder gar fehlende institutionelle Strukturen und Ressourcen eine wirksame parlamentarische Kontrolle erschweren. Diese strukturelle Benachteiligung legislativer Institutionen spiegelt sich in der Perspektive der Abgeordneten und auch in der Zusammensetzung der Mitglieder im AdR wider. Die Interviewpartner:innen kritisieren, dass regionale Abgeordnete im AdR unterrepräsentiert sind. Als Lösung schlagen die Abgeordneten vor, dass bei der Ernennung neuer AdR-Mitglieder auf eine ausgewogene Balance zwischen Exekutive und Legislative geachtet werden soll.

Außerdem wünschen sich die Abgeordneten eine Stärkung von Kooperationsformaten des AdR in Form eines regelmäßigen Austausches zwischen AdR und regionalen Parlamenten, z.B. durch mehr gemeinsame Veranstaltungen, Seminare und Konferenzen. Die Abgeordneten finden, dass regionale Parlamente stärker mit dem AdR zusammenarbeiten sollten, um gegenseitig *„effektivere und* *direktere Verbindungen*" (Interview D) herzustellen. Als Instrument kann man sich auch eine *„regelmäßige Berichterstattung an die Versammlungen [regionale Parlamente]*" (Interview I) in der Ausgestaltung einer Rechenschaftspflicht des AdR gegenüber den regionalen Parlamenten vorstellen. Auf diese Weise ließen sich die institutionellen Verbindungen zwischen AdR und regionalen Parlamenten stärken. Die Forderung nach einer Stärkung der Netzwerkaktivitäten des AdR erfolgt vor dem Hintergrund, dass die interviewten Abgeordneten bei vielen ihrer Kolleg:innen auf lokaler und regionaler Ebene Informationsdefizite beobachten können. Diese Informationsdefizite beziehen sich auf ein (oftmals) unzureichendes Verständnis zur Arbeit- und Funktionsweise von EU-Institutionen und -Politik, wozu auch der AdR gezählt wird. Diese Defizite würden nach Ansicht der Interviewpartner:innen nicht nur das Potenzial regionaler Mitwirkung in der Europapolitik verringern, sondern auch den AdR als (ohnehin schon schwaches) Sprachrohr auf EU-Ebene schwächen (Interview E): *„Es wäre wichtig, dass alle Regionalversammlungen besser verstehen, was der Ausschuss der Regionen ist und was er tun kann, um Planungs- und Programmelemente zu stärken. Durch das Nachdenken über gemeinsame Instrumente für alle Regionen, könnten man diesen auch das Gefühl vermitteln, dass sie relevante Akteure in diesem Ausschuss sind und nicht nur Komparsen.*" Dieser Vorschlag zielt darauf ab, die Handlungsfähigkeit von Abgeordneten zu steigern, zumindest in den Regionen, in denen regionale Parlamente über eine schwache institutionelle Stellung, über geringere Ressourcen und über keine spezialisierten EU-Fachausschüsse verfügen. Regionale Abgeordnete wären so nicht nur *„Komparsen*", also Darstellende mit untergeordneter Bedeutung in der EU-Politik, sondern *„relevante Akteure*" in der EU. Die institutionelle Schwäche des AdR ist dann nicht nur in seinen schwachen formellen Kompetenzen zu verorten, sondern auch durch Wissensdefizite in europapolitischen Angelegenheiten sowie zum AdR bei politischen Vertreter:innen auf subnationaler Ebene und bei der Wählerschaft. Forderungen zu einer Aufwertung des AdR (vgl. „Senat der Regionen") würden neben der fehlenden Reformbereitschaft auf EU-Ebene auch verhallen, wenn nicht in einem ausreichenden Maße Legitimität der subnationalen Ebene und insbesondere der regionalen Parlamente vorhanden ist, für die der AdR seinen Repräsentationsanspruch bekräftigt.

Des Weiteren sprechen insbesondere die italienischen Abgeordneten Herausforderungen im Hinblick auf eine Aufwertung von Regionen im EU-Mehrebenensystem an. Sie erkennen zwar an, dass Regionen mehr Mitwirkungsrechte erhalten sollen, weisen aber zugleich darauf hin, dass die Mitgliedstaaten weiterhin eine zentrale Bedeutung einnehmen sollten. So solle der Mitgliedstaat durch den Rat seine *„Vorrangstellung"* (Interview N) behalten und der AdR seine beratende Rolle weiterhin in Form eines *„aggregierenden Instruments"* (Interview D) ausführen wie bisher. Eine zentrale Bedeutung nimmt die Auseinandersetzung mit dem Subsidiaritätsprinzip ein. Die einen fordern eine strikte Einhaltung des Subsidiaritätsprinzips (Interview C): *„Ich finde, dass das Subsidiaritätsprinzip die allgemeine Richtschnur in diesen Dingen sein sollte. Obwohl es sich um ein bewährtes Prinzip handelt, wird es aber in Wirklichkeit oft nicht berücksichtigt."* Politikgestaltung soll so innerhalb einer hierarchischen Ordnung *bottom-up* gelöst werden. Andernfalls wird die Gefahr einer Politikverflechtungsfalle zwischen den politischen Ebenen befürchtet, da es *„zu Unklarheiten im Entscheidungsprozess"* (Interview D) kommen kann. Eine Aufwertung des AdR würde aus Sicht einiger italienischer Interviewpartner:innen der subnationalen Ebene ein derartiges Gewicht verleihen, was die korrekte Einhaltung des Subsidiaritätsprinzips verletzten würde. Denn die subnationalen Gebietskörperschaften würden in ihrem Lobbying die mitgliedstaatliche Ebene umgehen bzw. überspringen (Interview D): *„In Wirklichkeit sollte sich jeder um die eigene Kompetenzebene kümmern und insofern stellt der Ausschuss der Regionen, der das Parlament überspringt, aus institutioneller Sicht eine Anomalie dar. Ich kann verstehen, dass dies geschieht, weil keine direkte Repräsentation besteht und Logiken der Konkurrenz am Werk sind, vielleicht ergibt sich diese Dynamik auch aus einem gewissen Pragmatismus. Aber es sollte nicht so sein."* In diesem Interviewausschnitt wird beim Aspekt der Aufwertung des AdR die starke Begrifflichkeit „Anomalie" verwendet. Demgemäß würde der eine Unregelmäßigkeit in der EU-Polity darstellen, die zu einer Fehlentwicklung innerhalb des politischen Systems der Union führen kann.

3 – Schlussbetrachtung

Eine Reihe von Beiträgen sehen in der Stärkung regionaler Parlamente in der Europapolitik einen Weg, um die demokratische Legitimität der EU zu erhöhen. Dieser Beitrag lenkte den Fokus auf die Repräsentation regionaler Abgeordneter im AdR und untersuchte die Perspektiven regionaler Abgeordneter auf den AdR im Hinblick auf seine Rolle in der EU-Politikgestaltung. Ziel dieses Beitrages war es, den Repräsentationsanspruch des AdR gegenüber regionalen Parlamenten zu hinterfragen. Beiträge in der bestehenden Forschung attestieren dem AdR eine Rolle als Fürsprecher oder Sprachrohr subnationaler Gebietskörperschaften. In einer zusammenfassenden Betrachtung der Ergebnisse lassen sich folgende Schlussfolgerungen ziehen: Wenngleich zentrale Forderungen des AdR darauf abzielen, subnationale Gebietskörperschaften stärker an der EU-Politikgestaltung zu beteiligen, muss die Rolle des AdR als Sprachrohr *regionaler Parlamente* nuancierter betrachtet werden. Die explorative Analyse dieses Beitrags zeigt, dass der AdR einen geringen Stellenwert für regionale Abgeordnete einnimmt. In Hinblick auf die leitende Fragestellung dieses Beitrags kann der AdR seinen Repräsentationsanspruch gegenüber regionalen Parlamenten nur in begrenzter Form einlösen.

Zum einen sind regionale Abgeordnete im Vergleich zu anderen Akteursgruppen im AdR zu einem deutlich geringeren Anteil repräsentiert. Die Exekutivdominanz im EU-Mehrebenensystem spiegelt sich auch in der Zusammensetzung des AdR wider. Mögliche Gründe für diesen Befund wurden in diesem Beitrag skizziert, bedürfen jedoch noch einer Validierung durch weitere Arbeiten. Inwiefern sich auch die Zusammensetzung der verschiedenen Akteursgruppen (Legislative und Exekutive; Kommunen und

Regionen) innerhalb des AdR auf die Politikgestaltung des Gremiums auswirkt, bleibt ebenso eine Frage für zukünftige Forschung.

Zum anderen verweisen die Daten aus der Abgeordnetenbefragung darauf, dass der AdR kaum als Akteur gesehen wird, wenn es darum geht, Einfluss auf die EU-Politikgestaltung zu nehmen. Dies deckt sich mit der Einschätzung der befragten Abgeordneten, dass diese zu wenig wirkungsvolle Einflussmöglichkeiten auf europäischer Ebene sehen. Der AdR stellt für die Abgeordneten ein Einflusskanal von untergeordneter Bedeutung dar. Vielmehr ziehen es die Abgeordneten vor mit anderen Akteuren in ihrer jeweiligen Region und mit Akteuren auf mitgliedstaatlicher Ebene zu kooperieren. In den Interviews nimmt die Thematisierung des mangelnden Einflusses des AdR aufgrund seines beratenden Mandats eine hohe Relevanz für die Abgeordneten ein.

Die Interviews vertiefen Aspekte, die bereits in den Daten zur ERDM und der Abgeordnetenbefragung angedeutet wurden. Dies bildet die Grundlage dafür, welche Herausforderungen die Abgeordneten im Handeln des AdR sehen und welche Entwicklungsperspektiven sie für den AdR sehen. Neben der geringen Repräsentation regionaler Abgeordneter in der Zusammensetzung des AdR weisen die interviewten Abgeordneten auf den geringen Stellenwert des AdR hin, den der AdR für die Abgeordneten in der Kooperation mit verschiedenen politischen Akteuren einnimmt. Über die Forderung einer institutionellen Aufwertung des AdR hinausgehend nimmt der AdR trotz schwacher formaler Kompetenzen auch eine symbolische Bedeutung ein, da der AdR als eine Diskussionsarena aufgefasst wird, wo man „unter sich" mit Vertreter:innen der subnationalen Ebene aus anderen EU-Mitgliedstaaten beraten kann. Ferner wird für weitere Maßnahmen des AdR darauf verwiesen, Kooperationsformate und Netzwerkaktivitäten zwischen AdR und regionalen Parlamenten auszuweiten. Forderungen seitens des AdR zur stärkeren Zusammenarbeit mit anderen parlamentarischen Akteuren stoßen bei den regionalen Abgeordneten auf Unterstützung. Die Interviews deuten an, dass der Kooperationsbedarf zwischen

AdR und regionalen Parlamenten vorhanden ist. Die Abgeordneten verweisen auf mehrere Herausforderungen, die sowohl der AdR als auch die regionalen Parlamente bewältigen müssen, damit der AdR sein Mandat zur Repräsentation regionaler Parlamente auf EU-Ebene erfüllen kann und der AdR im „EU-Gefüge verankert bleibt und gleichzeitig in allen Gemeinden, Städten und Regionen noch fester Fuß fassen" kann (Lambertz 2018: 7). Der Ausbau der interinstitutionellen Verbindungen mit anderen Parlamenten wurde auch bereits in den Reden zur Lage der EU unter dem ehemaligen AdR-Präsidenten Lambertz aufgegriffen, die u.a. darauf hinwiesen „Synergien" (AdR 2020) zwischen verschiedenen Parlamenten zu intensivieren. Ein weiterer Baustein in der Verstetigung von Kooperationsformaten mit Parlamenten liegt darin, nicht nur den Bekanntheitsgrad des AdR zu erhöhen, sondern auch etwaigen Wissensdefiziten zu EU-Akteuren, Strukturen und Prozessen auf subnationaler Ebene entgegenzuwirken und ein höheres Bewusstsein und Verständnis für EU-Politik auf regionaler Ebene zu erzeugen.

Im Hinblick auf die Grenzen des vorliegenden Beitrags lässt sich festhalten, dass die Ergebnisse aus den Interviews weiterer Validierung bedürfen. Zum einen muss darauf hingewiesen werden, dass im Interviewleitfaden der AdR lediglich ein Themenfeld unter mehreren darstellte. Ziel der Interviews war es nicht primär die Mitwirkung der subnationalen Ebene in der EU-Politikgestaltung zu beleuchten. Der Fokus lag darauf, regionale Perspektiven zur zukünftigen Entwicklung der EU zu erschließen. Die Einbindung von Regionen in die Europapolitik und die Rolle des AdR wurden je nach Interview unterschiedlich stark thematisiert. Um mehr zur Einbindung von Regionen und regionalen Parlamenten in die Europapolitik und zur Rolle des AdR in der EU zu erfahren, sind weitere Interviews nötig, die sich ausschließlich auf die Rolle der subnationalen Ebene in der EU fokussieren. Zum anderen kamen die interviewten Abgeordneten lediglich aus Regionalparlamenten in Portugal, Frankreich und Italien, gleichwohl die Ergebnisse dieser Interviews die Befunde aus der ERDM-Erhebung und der Abgeordnetenbefragung bestätigen. Eine Kontrastierung dieser Interviews mit solchen aus föderalen EU-Mitgliedstaaten wäre interessant, da in den Föderalstaaten Deutschland, Österreich und Belgien regionale Parlamente über eine deutlich stärkere institutionelle Stellung als Parlamente in anderen EU-Mitgliedstaaten verfügen. Ferner konnten in den Interviews lediglich die Perspektiven der Abgeordneten hinsichtlich der Rolle des AdR nachgezeichnet werden, ohne, dass diese Unterschiede durch das zur Verfügung stehende Interviewmaterial erklärt werden konnten. Zukünftige Forschungsbeiträge könnten versuchen, mögliche Regionen-, Länder- und Parteiunterschiede in den Perspektiven regionaler Abgeordneter auf den AdR stärker herauszuarbeiten und an die bisherige Forschung zur Mitwirkung subnationaler Politik in der EU-Politikgestaltung anzubinden.

Literaturverzeichnis

Abels, G. (2015): Subnational parliaments as 'latecomers' in the EU multi-level parliamentary system. In: Abels, G./Eppler, A. (Hrsg.), *Subnational Parliaments in the EU Multi-Level Parliamentary System: Taking Stock of the Post-Lisbon Era*, Innsbruck/Wien: StudienVerlag, S. 23–60.

Abels, G. (2022): The Economic and Social Committee and the Committee of Regions: Consultative Institutions in a Multichannel Democracy. In: Hodson, D./Puetter, U./Saurugger, S./Peterson, J. (Hrsg.), *The Institutions of the European Union*, Oxford: Oxford University Press, S. 369–390.

Abels, G./Eppler, A. (2011): Auf dem Weg zum »Mehrebenenparlamentarismus«? In: Ebd. (Hrsg.), *Auf dem Weg zum Mehrebenenparlamentarismus? Funktionen von Parlamenten im politischen System der EU*, Baden-Baden: Nomos, S. 17–40.

AdR (2020): Europas Bürgernähe stärken. Die politischen Prioritäten des Europäischen Ausschusses der Regionen 2020–2025. (Bericht): https://cor.europa.eu/en/engage/brochures/Documents/Bringing%20Europe%20closer%20to%20people%20-%20The%20political%20priorities%20of%20the%20European%20Committee%20of%20the%20Regions%202020-2025/4325%20Political%20Priorities%20Brochure%20DE.pdf (aufgerufen am 01.10.22).

AdR (2021): Regionalpolitiker schmieden Allianz um ihren politischen Einfluss auf EU-Ebene zu stärken. (Pressemitteilung vom 29.06.2021): https://cor.europa.eu/de/news/Pages/ALLIANCE-REGIONS-EUROPEAN-DEMOCRACY.aspx (aufgerufen am 01.10.2022).

AdR (2022): Manifest von Marseille der Kommunal- und Regionalpolitiker: „Europa beginnt in den Regionen, Städten und Gemeinden". (Erklärung): https://cor.europa.eu/en/engage/brochures/Documents/The%20Marseille%20Manifesto%20of%20local%20and%20regional%20leaders%20-%20Europe%20starts%20in%20its%20regions,%20cities%20and%20villages/cor-2022-00926-00-01-info-tra-de.pdf (aufgerufen am 01.10.2022).

Auel, K./Große Hüttmann, M. (2015): A Life in the Shadow? Regional Parliaments in the EU. In: Abels, G./Eppler, A. (Hrsg.), *Subnational*

Parliaments in the EU Multi-Level Parliamentary System: Taking Stock of the Post-Lisbon Era, Innsbruck/Wien: StudienVerlag, S. 345–356.

AEUV (2012): Vertrag über die Arbeitsweise der Europäischen Union (konsolidierte Fassung) (2012 C 326/47). *Amtsblatt der Europäischen Union:* https://eur-lex.europa.eu/LexUriServ/LexUriServ.do?uri=CELEX:12012E/TXT:de:PDF (aufgerufen am 01.10.2022).

Bauer, M.W./Pitschel, D. (2008): Akteurspräferenzen: Schlüssel zur Erklärung subnationaler Mobilisierung. In: Europäisches Zentrum für Föderalismus-Forschung Tübingen (Hrsg.), *Jahrbuch des Föderalismus 2007,* Baden-Baden: Nomos, S. 74–85.

Borońska-Hryniewiecka, K. (2017): Regional parliamentary empowerment in EU affairs. Building an analytical framework. *The Journal of Legislative Studies,* 23 (2), 144–161.

Brunazzo, M./Domorenok, E. (2008): New Members in Old Institutions: The Impact of Enlargement on the Committee of the Regions. *Regional & Federal Studies,* 18 (4), 429–448.

Bursens, P. (2019): The EU's multilevel parliamentary system: escaping from the trilemma of market integration, national democracy and national sovereignty. In: Abels, G./Battke, J. (Hrsg.), *Regional Governance in the EU: Regions and the Future of Europe,* Cheltenham, UK: Edward Elgar Publishing, S. 177–193.

Bursens, P./Högenauer, A.-L. (2017): Regional parliaments in the EU multilevel parliamentary system. *The Journal of Legislative Studies,* 23 (2), 127–143.

Bursens, P./Maes, F./Vileyn, M. (2015): Belgian Regional Assemblies in EU Policy-making – The More Parliaments, the Less Participation in EU Affairs? In: Abels, G./Eppler, A. (Hrsg.), *Subnational Parliaments in the EU Multi-Level Parliamentary System: Taking Stock of the Post-Lisbon Era,* Innsbruck/Wien: StudienVerlag, S. 175–192

Carroll, W.E. (2011): The Committee of the Regions: A Functional Analysis of the CoR's Institutional Capacity. *Regional & Federal Studies,* 21 (3), 341–354.

Christiansen, T. (1996): Second Thoughts on Europe's „Third Level": The European Union's Committee of the Regions. *Publius,* 26 (1), 93–116.

Crum, B. (2015): The emergence of an EU 'multilevel parliamentary field' – is there a role for subnational parliaments In: Abels, G./Eppler, A. (Hrsg.), *Subnational Parliaments in the EU Multi-Level Parliamentary System: Taking Stock of the Post-Lisbon Era,* Innsbruck/Wien: StudienVerlag, S. 63–89.

Curtin, D./Egeberg, M. (2008): Tradition and innovation: Europe's accumulated executive order. *West European Politics,* 31 (4), 639–661.

Domorenok, E. (2009): The Committee of the Regions: in Search of Identity. *Regional & Federal Studies,* 19 (1), 143–163.

Eppler, A. (2015): Interparliamentary Relations of Subnational Parliaments – Delayed or Different? In: Abels, G./Eppler, A. (Hrsg.), *Subnational Parliaments in the EU Multi-Level Parliamentary System: Taking Stock of the Post-Lisbon Era.* Innsbruck/Wien: StudienVerlag, S. 289–307.

Eppler, A./Maurer, A. (2017): Parliamentary scrutiny as a function of interparliamentary cooperation among subnational parliaments. *The Journal of Legislative Studies,* 23 (2), 238–259.

EUV (2012): Vertrag über die Europäische Union (konsolidierte Fassung) (2012 C 326/13). *Amtsblatt der Europäischen Union.* (Vertrag): https://eur-lex.europa.eu/resource.html?uri=cellar:2bf140bf-a3f8-4ab2-b506-fd71826e6da6.0020.02/DOC_1&format=PDF (aufgerufen am 01.10.2022)

Farrows, M./McCarthy, R. (1997): Opinion formulation and impact in the committee of the regions. *Regional & Federal Studies,* 7 (1), 23–49.

Fromage, D. (2017): Regional Parliaments and the Early Warning System: An Assessment and Some Suggestions for Reform. In: Cornell, A.J./Goldoni, M. (Hrsg.), *National and Regional Parliaments in the EU-Legislative Procedure Post-Lisbon: The Impact of the Early Warning Mechanism,* Oxford/Portland, Oregon: Hart Publishing, S. 117–136.

Gläser, J./Laudel, G. (2009): *Experteninterviews und qualitative Inhaltsanalyse als Instrumente rekonstruierender Untersuchungen.* Wiesbaden: VS Verlag für Sozialwissenschaften.

Greve, J./Schnabel, A./Schützeichel, R. (2009): Das Makro-Mikro-Makro-Modell der soziologischen Erklärung – zur Einleitung. In: Ebd. (Hrsg.),

Das Mikro-Makro-Modell der soziologischen Erklärung. Wiesbaden: VS
Verlag für Sozialwissenschaften, S. 7–17.

Högenauer, A.-L. (2017): Regional parliaments questioning EU affairs. *The
Journal of Legislative Studies,* 23 (2), 183–199.

Högenauer, A.-L. (2019): Regions and the parliamentarisation of EU governance: is the Early Warning System the solution? In: Abels,
G./Battke, J. (Hrsg.), *Regional Governance in the EU: Regions and the Future of Europe.* Cheltenham, UK: Edward Elgar Publishing, S. 194–210.

Högenauer, A.-L./Abels, G. (2017): Conclusion: regional parliaments – a
distinct role in the EU? *The Journal of Legislative Studies,* 23 (2), 260–273.

Hönnige, C./Kaiser, A. (2003): Opening the Black Box: Decision-Making
in the Committee of the Regions. *Regional & Federal Studies,* 13 (2), 1–29.

Hönnige, C./Panke, D. (2013): The Committee of the Regions and the European Economic and Social Committee: How Influential are Consultative Committees in the European Union? *JCMS: Journal of Common
Market Studies,* 51 (3), 452–471.

Hönnige, C./Panke, D. (2016): Is anybody listening? The Committee of
the Regions and the European Economic and Social Committee and
their quest for awareness. *Journal of European Public Policy,* 23 (4), 624–
642.

Hönnige, C./Panke, D. (2020): Herausforderungen und Einflusschancen
beratender Institutionen in der Europäischen Union - Der Ausschuss
der Regionen und der Europäische Wirtschafts- und Sozialausschuss.
In: Becker, P./Lippert, B. (Hrsg.), *Handbuch Europäische Union,* Wiesbaden: Springer VS, S. 481–490.

Hooghe, L./Marks, G. (1996): „Europe with the Regions": Channels of Regional Representation in the European Union. *Publius,* 26 (1), 73–91.

Hooghe, L./Marks, G. (2001): *Multi-level governance and European integration.* Lanham: Rowman & Littlefield.

Jeffery, C. (2004): Regions and the constitution for Europe: German and
British impacts. *German Politics,* 13 (4), 605–624.

Jeffery, C. (2005): Regions and the European Union: Letting them In, and
Leaving them Alone. In: Weatherill, S./Bernitz, U. (Hrsg.), *The Role of*

Regions and Sub-National Actors in Europe, Portland: Hart Publishing, S. 33–46.

Lambertz, K.-H. (2017): Die Lage der Europäischen Union: die Perspektive der Regionen und Städte. (Rede): https://cor.europa.eu/de/our-work/Documents/SOTREG/Seeing-Europe-from-the-local-perspective-DE.pdf (aufgerufen am 01.10.22).

Lambertz, K.-H. (2018): Die Lage der Europäischen Union: die Perspektive der Regionen und Städte. (Rede): https://cor.europa.eu/en/about/president/Documents/The%20State%20of%20the%20European%20Union%20-%20the%20View%20of%20Regions%20and%20Cities%202018/SOTREG18_Broch_adress_DE_web.pdf (aufgerufen am 01.10.22).

McCarthy, R.E. (1997): The Committee of the Regions: an advisory body's tortuous path to influence. *Journal of European Public Policy,* 4 (3), 439–454.

Mittag, J. (2020): Ausschuss der Regionen. In: Weidenfeld, W./Wessels, W./Tekin, F. (Hrsg.), Europa von A bis Z. Taschenbuch der europäischen Integration, Wiesbaden: Springer VS, S. 75-78.

Nicolosi, S.F./Mustert, L. (2020): The European Committee of the Regions as a watchdog of the principle of subsidiarity. *Maastricht Journal of European and Comparative Law,* 27 (3), 284–301.

Panke, D./Hönnige, C./Gollub, J. (2015): *Consultative Committees in the European Union.* Colchester, UK: ECPR Press.

Patzelt, W. (2015): Changing parliamentary roles – what does this mean for subnational parliaments and European integration? In: Abels, G./Eppler, A. (Hrsg.), *Subnational Parliaments in the EU Multi-Level Parliamentary System: Taking Stock of the Post-Lisbon Era,* Innsbruck/Wien: StudienVerlag, S. 327–343.

Piattoni, S. (2019): The contribution of regions to EU democracy. In: Abels, G./Battke, J. (Hrsg.), *Regional Governance in the EU: Regions and the Future of Europe,* Cheltenham, UK: Edward Elgar Publishing, S. 16–32.

Piattoni, S./Schönlau, J. (2015): Shaping EU policy from below. Cheltenham, UK/ Northampton, MA, USA: Edward Elgar Publishing.

Placzek, G. (2022): Diversität und Disbalancen: Repräsentationsmuster im Europäischen Ausschuss der Regionen. *REGIOPARL Blog.* (Blog-Beitrag): https://www.regioparl.com/diversitaet-und-disbalancen-repraesentationsmuster-im-europaeischen-ausschuss-der-regionen/ (aufgerufen am 01.10.2022).

Randour, F./Wolfs, W. (2017): Belgian regional parliaments and the European Union: an analysis of parliamentary scrutiny in agricultural and environmental policies. *The Journal of Legislative Studies*, 23 (2), 221–237.

Rowe, C./Jeffery, C. (2017): Social and regional interests: The Economic and Social Committee and the Committee of the Regions. In: Hodson, D./Peterson, J. (Hrsg.), *Institutions of the European Union,* Oxford: Oxford University Press, S. 378–400.

Schönlau, J. (2017): Beyond mere 'consultation': Expanding the European Committee of the Regions' role. *Journal of Contemporary European Research,* 13 (2), 1166–1184.

Siso, R.L.V. (2014): Towards a European Senate of the Regions. *Report on the Future of the Committee of the Regions.* (Bericht): https://cor.europa.eu/en/engage/brochures/Documents/Towards%20a%20European%20Senate%20of%20the%20Regions/2276%20president%20report%20-%2050%20recommendations%20EN%20BAT.pdf (aufgerufen am 01.10.2022).

Studinger, P. (2013): *Wettrennen der Regionen nach Brüssel.* Wiesbaden: Springer Fachmedien Wiesbaden.

Tatham, M. (2015): Regional Voices in the European Union: Subnational Influence in Multilevel Politics. *International Studies Quarterly,* 59 (2), 387–400.

Tatham, M. (2018): The Rise of Regional Influence in the EU – From Soft Policy Lobbying to Hard Vetoing. *Journal of Common Market Studies,* 56 (3), 672–686.

Vandamme, T. (2013): Still the Committee of 'Legislative Regions'? *Amsterdam Law School Legal Studies Research Paper No. 2013-15* (Paper): https://papers.ssrn.com/sol3/papers.cfm?abstract_id=2229734 (aufgerufen am 01.10.22).

Wassenberg, B. (2020): *The History of the Committee of the Regions.* Brüssel: Ausschuss der Regionen.

Weatherill, S. (2005): The Challenge of the Regional Dimension in the European Union. In: Weatherill, S./Bernitz U. (Hrsg.), *The Role of Regions and Sub-National Actors in Europe.* Portland: Hart Publishing, S. 1–32.

Anhang

Tabelle A1: Zusammensetzung AdR-Delegationen

EU-Mitgliedstaat	Größe Delegation	Erhobene Mitglieder	Exekutive regional	Exekutive lokal	Legislative regional (%)[#]	Legislative lokal
Belgien	12	12	5	0	6 50,0%	1
Bulgarien	12	12	0	12	0 0,0%	0
Dänemark	9	5	0	3	1 20,0%	1
Deutschland	24	22	9	3	8 36,4%	2
Estland	7	6	0	2	0 0,0%	4
Finnland	9	9	0	2	2 22,2%	5
Frankreich	24	23	5	7	7 30,4%	4
Griechenland	12	12	5	6	1 8,3%	0
Irland	9	9	0	1	0 0,0%	8
Italien	24	24	11	5	4 16,7%	4
Kroatien	9	6	2	3	1 16,7%	0
Lettland	7	7	0	0	0 0,0%	7
Litauen	9	9	1	7	0 0,0%	1
Luxemburg	6	6	0	3	0 0,0%	3
Malta	5	4	2	2	0 0,0%	0
Niederlande	12	11	5	6	0 0,0%	0
Österreich	12	11	8	2	1 9,1%	0
Polen	21	21	10	8	0 0,0%	3
Portugal	12	12	3	8	1 8,3%	0
Rumänien	15	15	6	9	0 0,0%	0
Schweden	12	12	0	1	4 33,3%	7
Slowakei	9	9	4	4	1 11,1%	0
Slowenien	7	7	0	7	0 0,0%	0
Spanien	21	20	17	3	0 0,0%	0
Tschechien	12	11	5	6	0 0,0%	0
Ungarn	12	12	0	5	6 50,0%	1
Zypern	6	6	0	2	0 0,0%	4
Gesamt	329	313	98	117	43 13,7%	55

#*Bezieht sich auf die erhobenen AdR-Mitglieder, nicht die eigentliche Größe der Delegation.*
Quelle: Eigene Zusammenstellung basierend auf Daten der ERDM, https://www.europeanregionaldemocracy.eu/.

Tabelle A2: Anteil von Abgeordneten mit (sehr) häufigen Kontakten zu jeweiligen Akteuren

Kontaktakteure	AT	DE	PL	ES	CZ	IT	FR	Mittelwert
Regionalregierung	51%	57%	36%	41%	33%	56%	45%	45%
Behörden und Verwaltung in der Region	43%	43%	39%	27%	34%	54%	44%	41%
Gemeindevertreter:innen	46%	35%	52%	36%	39%	44%	29%	40%
Nationales Parlament	20%	39%	23%	16%	6%	25%	7%	19%
Mitglieder des Europäischen Parlaments	25%	30%	18%	21%	5%	21%	16%	19%
Regionalparlamente innerhalb des Mitgliedstaates	19%	22%	13%	12%	9%	34%	19%	18%
Nationale Regierung	18%	13%	19%	10%	3%	18%	11%	13%
Regionalbüro in Brüssel	12%	15%	13%	11%	15%	6%	5%	11%
Ausschuss der Regionen	**16%**	**14%**	**10%**	**9%**	**3%**	**6%**	**10%**	**10%**
Regionale Parlamente in anderen Mitgliedsstaaten	3%	6%	5%	4%	2%	15%	6%	6%
Mitglieder der EU-Kommission	3%	5%	5%	5%	0%	6%	5%	4%
Mittelwert	23%	25%	21%	17%	14%	26%	18%	21%
N	246	279	84	154	117	68	114	1062

AT=Österreich, DE=Deutschland, PL=Polen, ES=Spanien, CZ=Tschechien, IT=Italien, FR=Frankreich.
Quelle: Eigene Zusammenstellung basierend auf REGIOPARL-Abgeordnetenbefragung.

Tabelle A3: Zuordnung der Interviews zu Regionen

Interview	Region
A	Trentino-Südtirol
B	Venetien
C	Aostatal
D	Aostatal
E	Aostatal
F	Emilia-Romagna
G	Bretagne
H	Île-de-France
I	Grand Est
J	Centre-Val de Loire
K	Azoren
L	Azoren
M	Azoren
N	Azoren
O	Azoren
P	Azoren
Q	Madeira
R	Madeira

Der Ausschuss der Regionen in der *Konferenz zur Zukunft Europas*[1]

Sarah Meyer & Simon Lenhart

In den letzten Jahrzehnten konnten Kommunen und Regionen eine größere Rolle in der Europapolitik gewinnen (Abels/Battke 2019). Sowohl auf mitgliedstaatlicher als auch auf EU-Ebene wurden Maßnahmen getroffen, um die subnationale Ebene stärker in die europapolitische Politikgestaltung zu involvieren. Gemäß dem Leitbild „Europa mit den Regionen" konnte die subnationale Ebene ihre Position stärken, wenngleich das Entscheidungsmonopol bei den mitgliedstaatlichen Regierungen und den EU-Institutionen liegt (Abels 2019).

Auf EU-Ebene stellt der Ausschuss der Regionen (AdR) einen wesentlichen Einflusskanal für subnationale Gebietskörperschaften dar. Als lediglich beratendes Gremium ist der AdR seit seiner Gründung darum bemüht, seine Kompetenzen zu erweitern und damit die Rolle subnationaler Gebietskörperschaften in der EU-Politikgestaltung aufzuwerten (Schönlau 2017). Für die seit Maastricht erfolgten Vertragsänderungen ist dies auch gelungen, denn die Anhörungsrechte des AdR wurden im Laufe der Zeit auf immer mehr Politikfelder ausgeweitet (Mittag 2020). Sein langfristiges Ziel war stets, sein lediglich beratendes Mandat durch echte Mitentscheidungsbefugnisse zu ersetzen. Mit jeder Vertragsänderung bot sich dem AdR eine Gelegenheit, diese zentrale Forderung in den Diskussions- und Verhandlungsprozess einzubringen. Mit der *Konferenz*

---

[1] Das Kapitel basiert auf den Überlegungen von Abels et al. (2022) zur Rolle des AdR in der Vorbereitungsphase der *Konferenz zur Zukunft Europas* und ergänzt diesen um die Analyse der eigentlichen Konferenzphase und ersten Monate des Follow-up. Wir danken dem Europäischen Zentrum für Föderalismus-Forschung für die freundliche Genehmigung zur Verwertung und teilweisem Nachdruck von Abels et al. (2022).

zur Zukunft Europas (in Folge auch EU-Zukunftskonferenz oder Konferenz) hatte der AdR jüngst erneut eine solche Möglichkeit.

Seit der Ankündigung einer EU-Zukunftskonferenz durch die (damals noch designierte) EU-Kommissionspräsidentin Ursula von der Leyen im Jahr 2019 beteiligte sich der AdR aktiv an der darauffolgenden Debatte und verlangte die konsequente Einbindung subnationaler Gebietskörperschaften in die Konferenzstrukturen und -prozesse. Der vorliegende Beitrag untersucht, inwieweit der AdR die EU-Zukunftskonferenz als Gelegenheitsfenster wahrnehmen konnte, um seinen langjährigen Forderungen nach einer Aufwertung seiner Rolle im EU-Institutionengefüge sowie einer stärkeren Beteiligung subnationaler Gebietskörperschaften im EU-Entscheidungsprozess Gehör zu verschaffen.

Als heuristische Brille für die Analyse der AdR-Aktivitäten im Rahmen der Konferenz greifen wir auf die Konzepte politischer Gelegenheitsstrukturen („opportunity structures", Tarrow 2000) und des institutionellen Aktivismus (Howarth/Roos 2017) zurück, die – nach einer kurzen Darstellung der Zusammensetzung und Kompetenzen des AdR – im Kontext der europäischen Mehrebenenpolitik (Hooghe/Marks 2001) diskutiert werden. Der Hauptteil des Beitrags widmet sich der Analyse der Forderungen, Initiativen und Aktivitäten des AdR im Rahmen der Konferenz widmet. Berücksichtigt werden dabei (a) die Vorbereitungsphase zur Konferenz, die den Zeitraum Winter 2019 bis Frühjahr 2021 umfasst, (b) der einjährige Konferenzprozess selbst (Mai 2021 bis Mai 2022) und (c) die im followup zur Konferenz diskutierten, von den Konferenzgremien vorgelegten Abschlussdokumente und erste Reaktionen der drei EU-Institutionen (Parlament, Rat und Kommission) darauf (Juni bis einschließlich September 2022). Der Beitrag schließt mit einem Fazit, das die wesentlichen Erkenntnisse zusammenfasst und einordnet sowie mögliche künftige Entwicklungen bezüglich der vom AdR erhobenen politischen Forderungen diskutiert.

1 – Der Ausschuss der Regionen im Kurzüberblick

Als Folge der zunehmenden Übertragung nationaler oder subnationaler Kompetenzen an die europäische Ebene in den 1980er und 1990er Jahren forderten politische Vertreter der Regionen die Einrichtung eines Gremiums auf EU-Ebene, das die Interessen subnationaler Gebietskörperschaften in den europäischen Entscheidungsstrukturen repräsentieren sollte. Mitunter wurde gar die Schaffung einer dritten Kammer – neben Parlament und Rat – mit entsprechenden Legislativbefugnissen gefordert (Domorenok 2009). Mit dem Vertrag von Maastricht wurde schließlich der Europäische Ausschuss der Regionen (AdR) als institutionalisierte Interessenvertretung kommunaler und regionaler politischer Entscheidungsträger auf EU-Ebene eingerichtet. Ihm wurde vertraglich ein lediglich beratendes Mandat übertragen, die Hoffnung auf echte Mitentscheidungsbefugnisse erfüllte sich aufgrund des Widerstands einiger Mitgliedstaaten und auch Regionen somit nicht (Wassenberg 2020). Bis heute liegen die Kernkompetenzen des AdR in seinen Anhörungsrechten gegenüber Kommission, Parlament und Rat, auch wenn die Zahl der Politikfelder, in denen dieses Recht besteht, im Laufe der Zeit gestiegen ist.

Die obligatorische Anhörung des AdR umfasst heute eine Vielzahl unterschiedlicher Bereiche.[2] Hier muss der AdR im Zuge des Gesetzgebungsverfahrens gehört werden, seine Stellungnahmen haben aber keinerlei Bindungswirkung. Bei bereits verabschiedeten Rechtsakten in diesen Bereichen hat der AdR zudem die Möglichkeit, Klage beim Europäischen Gerichtshof (EuGH) zu erheben, wenn er in dem Rechtsakt eine Verletzung des Subsidiaritätsprinzips sieht, d.h. der Meinung ist, dass eine Regelung auf europäischer Ebene unzulässig ist.

---

[2] Die Bereiche umfassen allgemeine und berufliche Bildung und Jugend, Kultur, Gesundheitswesen (Art. 165-68 AEUV), transeuropäische Netze für Verkehr, Energie und Telekommunikation (Art. 172 AEUV), Verkehr (Art. 91 AEUV) wirtschaftlicher, sozialer und territorialer Zusammenhalt (Art. 175, 177-78 AEUV), Umwelt (Art. 192 AEUV), Energie (Art. 194 AEUV), Leitlinien für Beschäftigungspolitik (Art. 148-49 AEUV), sozialer Dialog (Art. 153 AEUV), Europäischer Sozialfonds (Art. 164 AEUV).

Die Zusammensetzung des AdR ist äußerst heterogen, Voraussetzung ist gemäß Art. 300 (3) AEUV lediglich, dass sie gewählte VertreterInnen einer subnationalen Gebietskörperschaft bzw. einer gewählten Versammlung politisch verantwortlich sind (BürgermeisteInnen, Abgeordnete lokaler oder regionaler Versammlungen, Regierungsmitglieder aus Regionen bzw. Bundesländern etc.). Derzeit besteht das Plenum des AdR aus 329 Mitgliedern und der gleichen Zahl stellvertretender Mitglieder, die von den Mitgliedstaaten vorgeschlagen und vom Rat mit qualifizierter Mehrheit für eine Periode von fünf Jahren ernannt werden.[3] Innerhalb der Mitgliedstaaten gibt es unterschiedliche Regularien für die Zusammenstellung der jeweiligen mitgliedstaatlichen Delegation.[4]

Innerhalb des AdR sind die Mitglieder in nationalen Delegationen organisiert, die alle AdR-Mitglieder eines Mitgliedstaates repräsentieren, und können sich einer der sechs Fraktionen anschließen.[5] Das Aufgabenspektrum der Fraktionen umfasst die Formulierung von Arbeitsplänen und der politischen Agenda, die Beratung vor Plenarsitzungen des AdR und die Erarbeitung und Debatte von Stellungnahmen. Eine wesentliche Funktion neben dem Plenum haben die sechs Fachkommissionen (sinngemäß: Ausschüsse) des AdR, die parteiübergreifend besetzt sind und thematisch entlang jener Politikbereiche strukturiert sind, bei denen der AdR über beratende Kompetenzen verfügt.

---

[3] Die Anzahl der Mitglieder ist abhängig von der Bevölkerungsgröße des Mitgliedstaates. Die derzeit 329 Mitglieder teilen sich wie folgt auf die Mitgliedstaaten auf: 24 für Deutschland, Frankreich und Italien; 15 für Rumänien; 21 für Spanien und Polen; 12 für Österreich, Belgien, Bulgarien, Tschechien, Griechenland, Ungarn, Niederlande, Portugal und Schweden; 9 für Kroatien, Dänemark, Finnland, Irland, Litauen und Slowakei; 7 für Lettland, Estland und Slowenien; 6 für Zypern und Luxemburg; 5 für Malta.

[4] In Österreich beispielsweise regelt dies Artikel 23c(4) BVG, wonach die Ernennung der Mitglieder und Stellvertreter durch die Bundesregierung erfolgt, basierend auf den Vorschlägen der Länder, die je ein Mitglied und dessen StellvertreterIn vorschlagen, sowie von Gemeinde- und Städtebund, die die übrigen Mitglieder und deren Stellvertreter gemeinsam vorschlagen.

[5] Folgende Fraktionen sind im AdR vertreten: Die Europäische Volkspartei (EVP), die Sozialdemokratische Partei Europas (SPE), Renew Europe, die Fraktion der Europäischen Allianz (EA), die Fraktion der Europäischen Konservativen und Reformer (EKR) und Die Grünen.

Wenngleich der AdR formell lediglich über beratende Funktionen verfügt, konstatieren manche Beobachter eine Stärkung seiner Position seit seiner Gründung (Schönlau 2017). Durch seinen Ruf als „schwaches" Gremium suchte der AdR nach Möglichkeiten, durch „extracurriculares Engagement" seine in den Verträgen festgeschriebene Rolle informell auszubauen, was teilweise auch gelang, wenn auch nicht immer gleichermaßen sichtbar (Hönnige/Panke 2013; Hönnige/Panke 2016; Abels 2022). So positionierte er sich etwa als wichtiges Sprachrohr der Kommunen und Regionen auf europäischer Ebene und Policy-Experte, der über für die EU-Institutionen wichtiges know how in die Kommunen und Regionen betreffenden Sachfragen verfügt. Ihm wird insofern auch eine gewisser Beitrag zur EU-Politikgestaltung zugeschrieben, als „policy shaper from below" (Piattoni/Schönlau 2015).

2 – Mehrebenenpolitik, politische Gelegenheitsstrukturen und institutioneller Aktivismus

Die Rolle subnationaler Gebietskörperschaften in der EU wird seit den 1980er und 1990er Jahren politisch – und politikwissenschaftlich – diskutiert, was zur Entstehung des politischen Leitbildes eines „Europa der Regionen" führte und mit Hoffnungen verknüpft war, das politische Entscheidungsmonopol in die Hände von Regionen zu legen (Elias 2008). Angesichts der Mehrebenenstruktur europäischer Politikgestaltung, in der nichtsdestotrotz die nationale Ebene eine gewichtige Stellung einnimmt, scheint es lohnender, von einem „Europa *mit* den Regionen" zu sprechen (Abels 2019; Battke/Abels 2019), das vielfältige Möglichkeiten für subnationale Mobilisierung eröffnet. Akteure der subnationalen Ebene nutzen dabei unterschiedliche Zugänge und Kanäle, um auf die EU-Politikgestaltung ihrer mitgliedstaatlichen Regierungen und der EU-Institutionen politischen Einfluss zu nehmen (Hooghe/Marks 2001). Mit der EU-Zukunftskonferenz und den eigens für sie geschaffenen Strukturen und Prozessen wurde eine weitere – zeitlich begrenzte –

Mitwirkungsmöglichkeit geschaffen, die auch subnationalen Akteuren, repräsentiert u.a. durch den AdR, eine Beteiligung an der europäischen Politikgestaltung ermöglichen sollte. Die Konferenz wurde damit Teil der politischen Gelegenheitsstruktur („political opportunity structure", vgl. McAdam et al. 2001), die subnationale Akteure im europäischen Mehrebenensystem vorfinden (Marks/McAdam 1996). Der Ansatz politischer Gelegenheitsstrukturen stammt aus der Forschung zu sozialen Bewegungen, deren (Mobilisierungs-)Aktivitäten der Einflussnahme auf politische Entscheidungsprozesse dienen (McAdam et al. 2001; McAdam et al. 2008; Tarrow 2008; Tarrow 2011). Für das kollektive Handeln von Bewegungen, so das zentrale Argument des Konzeptes, sind Mobilisierungsstrukturen relevant, also „those collective vehicles, informal as well as formal, through which people mobilize and engage in collective action" (McAdam et al. 2008: 3). Eine politische Gelegenheitsstruktur wird verstanden als „consistent – but not necessarily formal or permanent – dimension of the political environment that provide incentives for collective action by affecting peoples' expectations for success or failure" (Tarrow 2000). Studien, die sich auf dieses Konzept stützen, untersuchen zum einen, wie ein Wandel innerhalb politischer Systeme strukturell neue Anreize für die Einflussnahme durch (nichtstaatliche) Akteure erzeugt und wie aufnahmebereit ein politisches System für die Forderungen solcher Akteure ist. Verschiedene Faktoren können die Empfänglichkeit eines Systems für politische Forderungen von Bewegungen und anderen Akteuren beeinflussen und damit günstige oder weniger günstige Gelegenheitsstrukturen schaffen. Dazu zählen etwa die öffentliche Meinung, die individuellen Präferenzen politischer Akteure, die (Un-)Einigkeit unter EntscheidungsträgerInnen oder wichtige, auch disruptive, Ereignisse (Princen/Kerremans 2008). Ob bestehende Gelegenheitsstrukturen auch genutzt werden (können), ist von den verfügbaren Ressourcen und Handlungsfähigkeiten eines Akteurs abhängig (McAdam et al. 2008). Nicht zuletzt müssen Akteure bestehende Gelegenheitsstrukturen überhaupt als solche wahrnehmen und als Handlungschance verstehen, um ihre entsprechenden Handlungsstrategien zu erarbeiten (Gamson/Meyer 2008).

Die EU-Zukunftskonferenz wird im Folgenden als politisches Ereignis verstanden, das in den Gelegenheitsstrukturen des EU-Mehrebenensystem für kollektive Akteure mit politischer Agenda zeitlich begrenzt neue Beteiligungs- und Einflusssphären schuf. Der AdR als kollektiver Akteur ist zwar keine soziale Bewegung oder NGO, jedoch mit ähnlichen Herausforderungen konfrontiert, seine Forderungen in die formalen Entscheidungsstrukturen einzubringen. Eines seiner wesentlichen Ziele besteht in der Aufwertung seiner eigenen Rolle durch einen Ausbau seiner Kompetenzen in den EU-Entscheidungsstrukturen und -prozessen. Um dies zu erreichen, bedient er sich vielfältiger Mobilisierungsformen, auch außerhalb seiner formalisierten Kompetenzen (siehe Abschnitt 1). Dieses Akteursverhalten lässt sich an das politikwissenschaftliche Konzept des „institutionellen Aktivismus" rückbinden (Howarth/Roos 2017). Es kann definiert werden als „a particularly energetic effort on the part of an entity to fulfil an expansively defined understanding of its officially prescribed powers and goals and / or an effort, explicitly or implicitly, to expand these powers and goals" (Howarth/Roos 2017: 1010).

Während sich die EU-Forschung intensiv mit der Ausweitung formeller Kompetenzen der EU-Institutionen im Verlauf des Integrationsprozesses befasst hat, bleiben die Instrumente und Mobilisierungsstrategien, die auf eine Expansion der jeweiligen institutionellen Kompetenzen abzielen, weniger beleuchtet (ebd.). Durch die Brille des institutionellen Aktivismus betrachtet zeigt sich im politischen Handeln des AdR sehr deutlich das Streben nach Aufwertung seiner formellen Kompetenzen in EU-Entscheidungsprozessen sowie seiner Rolle im komplexen EU-Institutionengefüge. Die stetige, wenn auch langsame und begrenzte, Stärkung des AdR im Zuge vergangener Vertragsreformen zeigt, dass diese Bemühungen zumindest teilweise erfolgreich waren (Hönnige/Panke 2020). Ob und wie der AdR die EU-Zukunftskonferenz als Gelegenheitsfenster erkannt und genutzt hat, um seine Forderungen nach institutioneller Aufwertung erfolgreich zu verfolgen, beleuchten wir in den folgenden Abschnitten.

3 – Positionen und Aktivitäten des AdR im Rahmen der EU-Zukunftskonferenz

3.1 Eckpunkte zur Konferenz

In ihrer Bewerbungsrede für das Amt der Kommissionspräsidentin sowie in den Leitlinien für die Europäische Kommission (2019-2024) stellte Ursula von der Leyen im Herbst 2019 ihre ambitionierte Vision einer Zukunftskonferenz vor (von der Leyen 2019).

Nach langwierigen Verhandlungen zwischen Kommission, Parlament und Rat über Ziele, Inhalte und Mandat dieser Konferenz sowie ihre Zusammensetzung konnte im März 2021 schließlich Einigung über eine Gemeinsame Erklärung der Präsidenten der drei EU-Organe erzielt werden, die den Weg für den offiziellen Start der Konferenz am 9. Mai 2021 ebnete. Statt der ursprünglich vorgesehenen zwei Jahre wurde die Konferenzdauer um ein Jahr reduziert. Ein Jahr später endete die Konferenz mit der Übermittlung eines Abschlussdokuments (CoFoE 2022) an Kommission, Parlament und Rat, das eine Reihe von Empfehlungen und Vorschlägen für Maßnahmen enthält. Noch im Mai und Juni 2022 folgten die ersten Reaktionen der drei Institutionen.

Konferenzstrukturen: Die Konferenz wurde von den Aktivitäten ihrer vier wesentlichen „institutionellen" Säulen getragen (CoFoE 2022; EP 2021) – der *gemeinsamen Präsidentschaft*, des *Exekutivausschusses*, der *Plenarversammlung* sowie der *Europäischen Bürgerforen*. Der gemeinsamen Präsidentschaft bestehend aus den PräsidentInnen von Kommission, Parlament und Rat oblag die übergeordnete Leitung. Sie wurde unterstützt durch den Exekutivausschuss, zuständig für Entscheidungen über die Arbeit der Konferenz, ihre Verfahren und Veranstaltungen sowie das laufende Monitoring der

Konferenz und die Vor- und Nachbereitung der Plenarsitzungen und Bürgerforen. Parlament, Rat und Kommission waren im Exekutivausschuss mit jeweils drei Mitgliedern paritätisch vertreten. Zusätzlich gab es weitere, nicht stimmberechtigte Beobachter, darunter der AdR.

In der Plenarversammlung der Konferenz sollten die Empfehlungen der nationalen und europäischen Bürgerforen sowie die auf der Digitalplattform vorgebrachten Beiträge debattiert und auf deren Basis von Konsens getragene Vorschläge an den Exekutivausschuss durch das Plenum erarbeitet werden. Die Plenarversammlung bereitete die Arbeit durch neun thematische Arbeitsgruppen vor und erarbeitete im Konsens Vorschläge für den Exekutivausschuss. Sie setzte sich aus insgesamt 450 Delegierten zusammen: 108 Delegierten des EU-Parlaments, 108 Delegierten nationaler Parlamente, 108 BürgerInnen aus den Europäischen Bürgerforen und nationalen Bürgerforen, 54 VertreterInnen des Rates (2 pro Mitgliedstaat), 18 Delegierten des Ausschusses der Regionen, 12 VertreterInnen der kommunalen und regionalen Politik, 18 Delegierten des Wirtschafts- und Sozialausschusses, 12 VertreterInnen der Sozialpartner, 8 VertreterInnen von Organisationen der Zivilgesellschaft, 3 VertreterInnen der Europäischen Kommission und 1 VertreterIn des Europäische Jugendforums zusammensetzen.[6] Herzstück der Konferenz sollten die Europäischen Bürgerforen sein, in denen jeweils 200 zufällig ausgewählte BürgerInnen aus allen 27 Mitgliedstaaten jene Themen diskutierten, die im Vorfeld auf einer mehrsprachigen Digitalplattform, zu der alle BürgerInnen in der EU Zugriff hatten, vorgeschlagen worden waren. Die Bürgerforen richteten ihre Empfehlungen an die Plenarversammlung. Vier solcher Europäischen Bürgerforen wurden eingesetzt, jedes mit einem anderen thematischen Schwerpunkt. Zwischen September 2021 und Januar 2022 trat jedes thematische Forum zu vier Sitzungen zusammen (digital und in

---

[6] Die Plenarversammlung beschäftigte sich mit folgenden Themenbereichen: Klimawandel und Umwelt, Gesundheit, eine stärkere Wirtschaft, soziale Gerechtigkeit und Beschäftigung, die EU in der Welt, Werte und Rechte, Rechtsstaatlichkeit, Sicherheit, digitale Transformation, Demokratie in Europa, Migration, Bildung, Kultur, Jugend und Sport sowie Weiteres.

unterschiedlichen europäischen Städten: Straßburg, Brüssel, Warschau, Florenz).[7] Neben diesen vom Exekutivausschuss organisierten Europäischen Bürgerforen konnten zusätzliche Bürgerforen von
den Mitgliedstaaten auf nationaler, regionaler oder kommunaler
Ebene sowie von anderen Akteuren (zivilgesellschaftliche Organisationen, Sozialpartnern oder auch einzelne BürgerInnen) organisiert
werden. Hier beteilige sich der AdR mit einer eigenen Serie von Bürgerforen auf subnationaler Ebene (Bertelsmann 2022).

3.2 AdR-Forderungen in der Vorbereitungsphase zur Konferenz

Im Folgenden werden die Vorbereitungen und Forderungen des
AdR bis zum offiziellen Beginn der Zukunftskonferenz im Mai 2021
nachgezeichnet und beleuchtet, wie der AdR schließlich in die Konferenzstrukturen und -prozesse formell eingebunden war.

Konferenzvorbereitung des AdR: Bereits im Dezember 2019 startete innerhalb des AdR die Vorbereitung auf die Konferenz, auch in
regem Austausch mit Mitgliedern des Europäischen Parlaments.
Auf der politischen Agenda des AdR nahm die Zukunftskonferenz
eine prioritäre Stellung ein, der AdR widmete sich ihr in zahlreichen
Plenar- und Ausschuss- bzw. Fachkommissionssitzungen sowie bei
anderen öffentlichen Veranstaltungen. Im betreffenden Zeitraum
wurde zudem eine Entschließung zur Konferenz verabschiedet und
eine Beratungsgruppe eingesetzt, auf die in Folge eingegangen wird.
Seitens des AdR wurde von Beginn an betont, dass die Konferenz
nur durch seine entsprechende Beteiligung sowie jene der von ihm
repräsentierten subnationalen Gebietskörperschaften ein Erfolg
werden könne.

Im Februar 2020 verabschiedete das Plenum des AdR seine erste
Entschließung zur Konferenz. Diese befasste zum einen mit proze-
duralen und institutionellen Fragen rund um das Konferenzformat,

---

[7] Die Europäischen Bürgerforen setzen sich mit folgenden Themenfeldern auseinander: a) De-
mokratie in Europa / Werte und Rechte, Rechtsstaatlichkeit, Sicherheit; b) Klimawandel und
Umwelt / Gesundheit; c) eine stärkere Wirtschaft, soziale Gerechtigkeit und Beschäftigung /
Bildung, Kultur, Jugend und Sport / digitaler Wandel; d) die EU in der Welt / Migration.

einschließlich der Einbindung subnationaler Akteure und des AdR. In diesem Zusammenhang begrüßte der Text den Vorschlag des Europäischen Parlaments nach einer zweigliedrigen Konferenzstruktur mit einem Plenum auf institutioneller Ebene einerseits sowie Bürgerforen und damit verbundenen dezentralen Aktivitäten andererseits. Im Plenum, so eine weitere Forderung, sollte der AdR mit mindestens acht Mitgliedern vertreten sein, auch im geplanten Lenkungsausschuss (später: Exekutivausschuss) wurde die Vertretung durch ein AdR-Mitglied verlangt. Weiters sah der AdR die Notwendigkeit einer gleichberechtigten Vertretung der zweiten Kammern der nationalen Parlamente, da diese oftmals aus RepräsentantInnen regionaler Gebietskörperschaften bestünden. Viel Platz räumte die Entschließung auch dem Thema Bürgerbeteiligung ein – auch über die Konferenz hinausgehend, indem etwa die Schaffung einer ständigen Struktur für den Dialog mit BürgerInnen gefordert und auf entsprechende Erfahrungen und Expertise aus den Kommunen und Regionen verwiesen wurde. Neben den Forderungen zu Struktur und Verfahren der Konferenz wurden, zum anderen, auch thematische Präferenzen artikuliert, dies allerdings in weit geringerem Ausmaß. Präferiert wurde eine „klare Fokussierung auf die wichtigsten Herausforderungen", die sodann allerdings ein recht breites Themenspektrum umfassen: Umwelt- und Klimaprobleme, soziale Gerechtigkeit, nachhaltige Entwicklung, digitaler Wandel, Migration, europäische Wertegemeinschaft, Wirtschaft und Beschäftigung, territorialer Zusammenhalt und institutionelle Fragen, einschließlich der Rolle lokaler und regionaler Demokratie und Selbstverwaltung. Für eine adäquate Umsetzung der Konferenzergebnisse dürften, so der Tenor, eine Änderung der EU-Verträge nicht a priori ausgeschlossen werden. Vielmehr solle es mit Blick auf einen künftigen Konvent klares Konferenzziel sein, „konkrete Legislativvorschläge für Änderungen der EU-Verträge auszuarbeiten" (AdR 2020a). Insgesamt äußerte sich der AdR sehr positiv über die Initiative zur Konferenz, kritisierte aber auch die bisherigen Standpunkte von Kommission und Rat, „denen es an Klarheit und Ehrgeiz mangelt" nicht nur hinsichtlich des Anwendungsbereichs und Verfahrens der

Konferenz, sondern auch „insbesondere der Einbeziehung der lokalen und regionalen Gebietskörperschaften (...) sowie des Ausschusses der Regionen" (ebd.).

Während die Anfang 2020 aufkommende Covid19-Pandemie sowie Uneinigkeiten über die Konferenzziele insbesondere zwischen Rat und Parlament den Beginn der Zukunftskonferenz in weitere Ferne rückten, setzte der AdR seine umfassenden Aktivitäten fort, u.a. mit zahlreichen Debatten in der Fachkommission CIVEX unter Beiziehung externer ExpertInnen und VertreterInnen der EU-Institutionen:[8] Die Fachkommission startete ihren Konferenzfokus im Februar 2020 mit einer Debatte über europäische Werte, Bürgerschaft und Demokratie (AdR 2020b), im Februar 2021 über den AdR als Sprachrohr subnationaler Gebietskörperschaften in der EU, im März 2021 zur Bedeutung deliberativer Elemente (AdR 2021c) und im Mai 2021 zur Rolle der Regionalparlamente (AdR 2021e).

Zur Unterstützung in der Konferenzvorbereitung wurde im Dezember 2020 die Einrichtung einer „Hochrangigen Gruppe für Demokratie" unter dem Vorsitz von Herman van Rompuy (ehemaliger Präsident des Europäischen Rats und früherer belgischer Ministerpräsident) angekündigt, die im März 2021 zu ihrer Eröffnungssitzung zusammentraf (AdR 2020d). Dieses aus sieben europäischen „weisen Männern und Frauen" bestehende Beratungsgremium[9] sollte den AdR in seinen Aktivitäten im Rahmen der Zukunftskonferenz unterstützten und entsprechende Maßnahmen beraten. Ihr Mandat umfasste die Anregung von Debatten zur Zukunft der europäischen Demokratie und eine Bewertung der Rolle, die die subnationale Ebene in EU-Entscheidungsprozessen spielen kann. Anlässlich der Präsentation betonte AdR-Präsident Apostolos

---

[8] CIVEX ist die Fachkommission des AdR für Unionsbürgerschaft, Regieren, institutionelle Fragen und Außenbeziehungen.
[9] Neben Van Rompuy besteht die Gruppe aus Joaquin Almunia, ehemaliger EU-Kommissar; Tomasz Grzegorz Grosse, Professor an der Universität Warschau; Rebecca Harms, ehemaliges MdEP; Silja Markkula, Präsidentin des Europäischen Jugendforums; Maria João Rodrigues, ehemalige portugiesische Ministerin und MdEP; Androulla Vassiliou, ehemalige EU-Kommissarin.

Tzitsikostas die Bedeutung der Hochrangingen Gruppe für die Aktivitäten des AdR im Rahmen der Zukunftskonferenz und verwies auf die Einzigartigkeit des demokratischen Systems der EU, das er als „Europäisches Haus der Demokratie" bezeichnete und wie folgt skizzierte: „Dieses Haus verfügt über starke Mauern – die Mitgliedstaaten – und ein schützendes Dach – die Europäische Union. Die lokalen und regionalen Gebietskörperschaften bilden sein Fundament und sein Sicherheitsnetz" (AdR 2020d). Dieses „Europäische Haus der Demokratie" müsse mit *all* seinen Komponenten durch die Zukunftskonferenz gestärkt werden.

Weitere Initiativen umfassten die Planung eigener Bürgerpanels auf lokaler und regionaler Ebene, die in Kooperation mit der Bertelsmann-Stiftung im Herbst 2021 durchgeführt werden sollten. Gemeinsam mit CALRE (Conference of European Regional Legislative Assemblies) wurde die Bildung einer „Allianz der Regionen für Demokratie in Europa" beschlossen.[10] Diese sollte das Ziel verfolgten, den politischen Einfluss der subnationalen Ebene in der EU zu erhöhen (AdR 2021g).

Gemeinsame Erklärung & AdR-Reaktion: Ein wichtiges Ereignis in den Debatten zur Vorbereitung der Zukunftskonferenz markiert die Gemeinsame Erklärung von Rat, Kommission und Parlament vom 10. März 2021 (EP 2021). Nach langwierigen interinstitutionellen Verhandlungen konnten sich die drei federführenden EU-Institutionen mit ihren jeweiligen Führungsspitzen auf eine gemeinsame Position zu Mandat und Struktur der Konferenz einigen (siehe auch Abschnitt 3.1). Die Ausverhandlung der Details zur genauen Zusammensetzung der Gremien wurde an den Exekutivausschuss delegiert. Nach dessen Entscheidung erhielt der AdR im Exekutivausschuss Beobachterstatus und war im Konferenzplenum zunächst mit 18 Mitgliedern vertreten. Allerdings gelang es später, diese Zahl

---

[10] Bereits im November 2019 starteten der AdR und die CALRE das gemeinsame Projekt „Input aus politischen Debatten in Regionalparlamenten" (AdR 2019a). Ziel dieser Initiative war es die Einbindung regionaler Parlamente mit Legislativkompetenzen in EU-Entscheidungsprozessen zu stärken.

um weitere zwölf VertreterInnen aus lokalen und regionalen Gebietskörperschaften (d.h. jeweils sechs) zu erhöhen, die ebenfalls vom AdR nominiert wurden.

In seiner ersten Reaktion begrüßte AdR-Präsident Tzitzikostas die Gemeinsame Erklärung und die Einbeziehung der subnationalen Ebene (AdR 2021a) und rief die AdR-Mitglieder, die Vertreter aller subnationalen Gebietskörperschaften sowie Akteure aus Wirtschaft und Zivilgesellschaft dazu auf, sich an der Zukunftskonferenz aktiv zu beteiligen. Neuerlich bediente Tzitzikostas das Bild vom „Haus der europäischen Demkratie", das er bereits im Zusammenhang mit der Gründung der Hochrangigen Gruppe im Dezember 2020 verwendet hatte und bei der ersten Sitzung des Exekutivausschusses am 24. März 2021 wiederholte (AdR 2021b).

3.3 Der Konferenzprozess

Das vielfältige Engagement des AdR im Rahmen der Zukunftskonferenz lassen sich in drei Kategorien strukturieren, nämlich (1) Vertretung des AdR bzw. lokaler und regionaler Interessen in den Gremien der Konferenz (Exekutivausschuss und Plenarversammlung), (2) Aktivitäten des AdR-Plenums, der Fachkommissionen sowie des Beratungsgremiums der Hochrangingen Gruppe zur europäischen Demokratie und (c) Outreach-Aktivitäten wie Veranstaltungen und Bürgerpanels auf subnationaler Ebene in Zusammenarbeit mit der Bertelsmann-Stiftung. Auf die ersten beiden wird in Folge detaillierter eingegangen.

Vertretung des AdR bzw. lokaler/regionaler Interessen in den Konferenzgremien: In das Leitungsgremium der Konferenz, den Exekutivausschuss, entsendete der AdR seinen Präsidenten als Beobachter. Die Plenarversammlung der Konferenz tagte zwischen Juni 2021 und April 2022 und trat insgesamt zu sechs Plenarsitzungen zusammen, um zu den Empfehlungen der Bürgerpanels und Vorschlägen von BürgerInnen auf der Digitalplattform der Konferenz Stellung zu nehmen sowie den Entwurf des Abschlussberichts im April 2022 zu debattieren. Petzold (2022: 64) zufolge lag die

Teilnahmequote der AdR-Delegation an den Sitzungen der Plenarversammlung bei durchschnittlich etwa 70 % und die Delegierten gaben mehr als 60 Erklärungen während der Plenardebatten ab. Die wesentliche, vorbereitende Arbeit zu den Plenarsitzungen erfolgte in neun etwa 50 Mitglieder umfassenden Arbeitsgruppen zu verschiedenen Politik- und Themenbereichen, die im Zeitraum Oktober 2021 bis April 2022 in der Regel vor den Plenarsitzungen tagten. Diese Arbeitsgruppensitzungen waren für die AdR-Delegation von besonderer Bedeutung, um ihre Ideen und Vorschläge für den Abschlussbericht einzubringen (ebd.). Unterstützt wurde die AdR-Delegation von der AdR-Administration und einer AdR-internen Taskforce bestehend aus Administration und Fraktionen (ebd.).

Aktivitäten innerhalb der AdR-Strukturen: Während der Konferenzphase 2021 und 2022 wurden in allen sechs Fachkommissionen des AdR regelmäßige Debatten und Veranstaltungen zur Zukunftskonferenz durchgeführt, konkret insgesamt 24 Debatten mit knapp 50 ExpertInnen und 15 Stellungnahmen zu Konferenzthemen (ebd.). Besonders aktiv war hierbei die CIVEX-Kommission, die ihr Engagement zu Konferenzfragen bereits frühzeitig startete (siehe oben). In ihren Sitzungen führte sie insgesamt 15 Debatten zur Zukunftskonferenz und bereitete sechs Stellungnahmen vor. Weiters wurden zwei externe Studien in Auftrag gegeben, um die Tätigkeiten und Positionierung des AdR in der Zukunftskonferenz zu unterstützen bzw. entsprechend einzubetten.[11]

Die intensive Beschäftigung mit der Zukunftskonferenz mündete in drei weitere Resolutionen, die der AdR seit Konferenzbeginn im Mai 2021, Januar 2022 und – nach Konferenzende – im Juni 2022 verabschiedete. Die erste dieser Entschließungen wurde am 7. Mai 2021 und damit unmittelbar vor dem offiziellen Konferenzstart (9. Mai 2022) verabschiedet (AdR 2021d). Der Resolutionstext bekräftigt die

---

[11] Die erste Studie mit dem Titel „The Conference on the Future of Europe: Putting Local and Regional Authorities at the Heart of European Democratic Renewal" wurde im Oktober 2021 veröffentlicht (AdR 2021h). Die Veröffentlichung der zweiten Studie mit dem Titel „The territorial dimension of the Conference on the Future of Europe and its follow-ups" erfolgte nach Beendigung der Konferenz im Juni 2022 (AdR 2022g).

bereits in seiner Resolution vom Februar 2020 dargelegten Standpunkte und fordert angesichts des verzögerten Konferenzstarts und der verkürzten -dauer eine „Verdoppelung des Arbeitseinsatzes" (AdR 2021d). In diesem Zusammenhang begrüßt der AdR den Verweis auf die subnationale Ebene in der Gemeinsamen Erklärung und bekräftigt seinen Repräsentationsanspruch gegenüber der subnationalen Ebene mit dem Verweis, „die größte und bürgernächste demokratische Vertretung in der EU" zu sein, wobei neuerlich das Framing der EU als „europäisches Haus der Demokratie" mit den subnationalen Gebietskörperschaften als Fundament bedient wird. Diese Ebene würde „einen wesentlichen Beitrag zur Verwirklichung der politischen Ziele der EU" leisten (AdR 2021d) beiträgt. Wiederholt betont der AdR die Wichtigkeit der Einbindung der subnationalen Ebene für den Erfolgt der Konferenz.

Während in der ersten Resolution noch die Rede von möglichen Vertragsänderungen war, spricht der AdR nun in seiner zweiten Resolution von einem „ergebnisoffenen Ansatz im Hinblick auf die Reform der Politikbereiche und der Organe und Einrichtungen" (AdR 2021d). Der Text skizziert weiters, wie sich der AdR in die Konferenzgremien einbringen und welche weiteren Aktivitäten er setzen werde, u.a. eigene lokale Bürgerdialoge sowie Kooperationen mit wichtigen Partnern wie z.B. CALRE und den Europe-Direct-Zentren. Abschließend mahnt der AdR frühzeitig eine Umsetzung der Konferenzergebnisse ein, um das Vertrauen der Öffentlichkeit nicht zu verspielen. Der Erfolg der Konferenz werde maßgeblich davon abhängen, „dass die Bürgerinnen und Bürger feststellen, dass ihre Stimme auch gehört wurde und sie zur Gestaltung der Zukunft der EU beigetragen haben" (ebd.).

Am 27. Januar 2022 nahm der AdR eine weitere Resolution „zum Beitrag der lokalen und regionalen Gebietskörperschaften zu der Konferenz zur Zukunft" Europas an (AdR 2022a). Der AdR verweist eingangs darauf, den Debatten in den Konferenzgremien eine „territoriale Dimension" verliehen zu haben erklärt, dass seine in den Konferenzgremien vorgebrachten Ideen „auf allgemeine Zustimmung" gestoßen seien (AdR 2022a). Die Entschließung deckt in weiterer Folge die AdR-Positionen und Forderungen entlang der in der Konferenz behandelten Themengebiete ab, darunter auch die für den AdR zentralen Bereiche „Europäische Demokratie" sowie „Aktive Subsidiarität und Verhältnismäßigkeit" in der europäischen Beschlussfassung.[12] Dazu wird neuerlich das Framing der EU als „Haus der europäischen Demokratie" bedient, „das sich auf eine dreidimensionale Legitimierung auf europäischer, nationaler, regionaler und lokaler Ebene stützt, um der immer lauteren Forderung der Bürgerinnen und Bürger nach Abbau des Demokratiedefizits nachzukommen". Eine wichtige Legitimationsquelle in Europa erwächst laut AdR vor allem „aus gelebter Subsidiarität", wobei einer aktiven Mitwirkung lokaler und regionaler Akteure auf europäischer Ebene eine besondere Bedeutung zukomme (ebd.). Neben neuerlichen Forderungen nach entsprechender Teilhabe durch die BürgerInnen und der Schaffung eines „ständigen ortsbezogenen Dialogs mit den Bürgerinnen und Bürgern" und einer stärkeren Einbindung von BürgerInnen in die EU-Politik artikuliert der AdR auch – unterschiedlich konkrete – Forderungen bezüglich seiner eigenen Rolle: Erstmals in einer Entschließung im Konferenzkontext ruft er etwa dazu auf, der AdR möge in zentralen Politikbereichen mit territorialer Auswirkung „schrittweise von einer beratenden Einrichtung zu einem Mitentscheidungsorgan" der EU weiterentwickelt werden. Kommission, Rat und Parlament sollten zudem zur Erörterung von AdR-Stellungnahmen verpflichtet werden und eine Begründung vorlegen müssen, wenn Stellungnahmen nicht berücksichtigt werden. Ferner fordert der AdR einen Zugang zu Trilogen und die Möglichkeit, den gesetzgebenden Organen Kompromisse vorzuschlagen sowie seine Einbeziehung in Arbeitsorgane von Rat und Parlament sowie in das Komitologieverfahren. Schließlich spricht sich der AdR in dieser Entschließung für „hinreichend

---

[12] Weitere in der Entschließung genannte Themenbereiche, auf die hier nicht näher eingegangen wird, sind „Europäische Werte und Rechtsstaatlichkeit", „Jugend, Bildung und Kultur", „Klima, Umwelt und Resilienz", „Gesundheitsunion", „Wirtschaft, soziale Gerechtigkeit und Beschäftigung", „Digitaler Wandel" und „Migration".

begründete Vertragsänderungen", betont aber gleichzeitig, „dass der bestehende Vertragsrahmen durch bessere Synergien zwischen den verschiedenen Regierungs- und Verwaltungsebenen besser genutzt werden kann". Konkret unterstützt der AdR etwa Vertragsänderungen zur Vertiefung von EU-Zuständigkeiten im Gesundheitsbereich sowie im Protokoll Nr. 2 über die Anwendung der Grundsätze der Subsidiarität und der Verhältnismäßigkeit, um den Grundsatz der aktiven Subsidiarität zu stärken.[13]

Bereits nahe am Endspurt der Konferenz verabschiedete der AdR am 4. März 2022 das „Manifest von Marseille der Kommunal- und Regionalpolitiker" mit dem Titel „Europa beginnt in den Regionen, Städten und Gemeinden" (AdR 2022d). Hier bekräftigt er seine in der oben genannten Resolution dargelegten Forderungen in Hinblick auf seine institutionelle Aufwertung in der EU-Politikgestaltung. Auch in dieser Erklärung bezeichnet der AdR die subnationale Ebene – und damit implizit sich selbst als ihren Repräsentanten auf europäischer Ebene – als „Fundament der Demokratie in der EU". Daher sei es notwendig, dass „im Rahmen der derzeitigen Vertragsbestimmungen oder im Zuge einer künftigen Vertragsänderung" subnationale Gebietskörperschaften „zu festen Akteuren des EUBeschlussverfahrens [sic!] werden" (AdR 2022d).

Ebenfalls im Januar 2022 legte die vom AdR eingesetzte Hochranginge Gruppe „Europäische Demokratie" ihren Abschlussbericht (AdR 2022b) vor, die gemäß ihrem Mandat Wege zur Stärkung der europäischen Demokratie und der Rolle lokaler und regionaler Gebietskörperschaften und des AdR erarbeiten sollte. Der Bericht unterstreicht demgemäß, dass die Stärkung der europäischen Demokratie von der Basis ausgehen müsse, also durch eine „größere demokratische Teilhabe der Bürger und durch Kommunal- und Regionalpolitiker, denen viele Bürger mehr vertrauen als anderen

---

[13] Konkret gefordert wird hier u.a. eine Verlängerung der Frist für die Subsidiaritätskontrolle auf zwölf Wochen im Rahmen des so genannten Frühwarnmechanismus und die Schaffung einer „grünen Karte", mittels derer nationale bzw. regionale Parlamente EU-Rechtsvorschriften vorschlagen können sollen.

politischen Vertretern" (AdR 2022b: 4). Die Zukunftskonferenz dürfe kein singuläres Ereignis sein, sondern vielmehr die Grundlage für eine „ständige Struktur" in der EU (AdR 2022b: 4). Um die Kluft zwischen BürgerInnen und politischen Entscheidungsträgern zu verringern, brauche es bürgernahe Politik. Hervorzuheben ist die Bewertung durch die Gruppe, dass bürgernahe Politik und Erfüllung der Bürgerinteressen „in erster Linie im Rahmen der geltenden Verträge durch eine dynamische Auslegung der Rechtstexte" zu erreichen sei (AdR 2022b: 4). Im Hinblick auf die Rolle subnationaler Gebietskörperschaften in der EU-Politikgestaltung plädiert der Bericht für eine stärkere und bessere Konsultation „insbesondere zu Beginn von Gesetzgebungsverfahren im Sinne des Subsidiaritätsprinzips" und bessere Einbeziehung bei der Umsetzung der politischen Maßnahmen (AdR 2022b: 5), um „endlich eine echte ‚Multi-Level-Governance'" und aktive Subsidiarität anzuwenden (AdR 2022b: 4). Der Bericht äußert sich auch zur zukünftigen Rolle des AdR in EU-Entscheidungsprozessen. So kommt dem AdR eine „unverzichtbare Rolle als Koordinator und Moderator" zu (AdR 2022b: 5), um bei der „Beschlussfassung, Umsetzung und Rückmeldung in Bezug auf europäische Rechtsvorschriften im Rahmen der geltenden Verträge ehrgeizige Ziele" zu verfolgen. Hierfür benötigt der AdR neue interinstitutionelle Vereinbarungen mit Kommission, Rat und Parlament. Außerdem plädiert der Bericht für eine Reform der internen Arbeitsweise des AdR, um die „Effizienz und Wirkung zu erhöhen" (AdR 2022b: 5). In Hinblick auf die Bemühungen des AdR, sein formelles Mandat durch Co-Entscheidungsbefugnisse zu erweitern (siehe Resolutionen), liest sich der Bericht der Hochrangingen Gruppe zurückhaltend, indem er auf das aus Sicht der Gruppe wahrscheinliche Szenario verweist, wonach es nicht zu Vertragsänderungen kommen werde und der AdR damit „de facto nicht über das bestehende Maß hinaus formal und substanziell am Beschlussfassungsverfahren der EU (etwa im Wege der Mitbestimmung, des Vetorechts, des Zustimmungsverfahrens, einer Dreikammern-Struktur etc.) beteiligt wird" (ebd.: 45). An anderer Stelle wird zudem gewarnt, dass zusätzliche verpflichtende Anhörungserfordernisse hinderlich seien, wolle man die Entscheidungsfähigkeit der EU fördern (ebd.: 42). Stattdessen plädiert die Gruppe dafür, das Potenzial der europäischen Verträge stärker auszuschöpfen und den AdR innerhalb dieses Vertragsrahmens weiterzuentwickeln.

Outreach-Aktivitäten: Eine wichtige Rolle während der Zukunftskonferenz bildeten verschiedene Outreach-Aktivitäten des AdR, worüber ein Bericht vom Februar 2022 Aufschluss gibt (AdR 2022c). Zwischen Ende 2020 und Juni 2022 veranstaltete der AdR zahlreiche öffentliche Veranstaltungen mit BürgerInnen und PolitikerInnen. Der AdR organisierte diese Veranstaltungen gemeinsam mit subnationalen Gebietskörperschaften, territorialen Verbänden und EU-Institutionen. Ziel dieser Veranstaltungen war es einerseits die Teilnehmenden zur Zukunftskonferenz zu informieren und andererseits die Positionen und Aktivitäten des AdR bezüglich der Konferenz sichtbar zu machen. Ideen und Empfehlungen dieser Veranstaltungen wurden auf die Digitalplattform der Konferenz veröffentlicht. Insgesamt wurden mehr als 140 Veranstaltungen durchgeführt. Die Ideen und Empfehlungen dieser Veranstaltungen wurden auf die digitale Plattform der Konferenz hochgeladen. Nachfolgend sollen einige zentrale Veranstaltungen aufgeführt werden.

Parallel zur Eröffnungsveranstaltung der Zukunftskonferenz von Kommission, Rat und Parlament am 9. Mai 2021 veranstaltete der AdR eine eigene Eröffnungsveranstaltung mit der französischen Regierung, der Stadt Straßburg, dem Verband Régions de France, der Versammlung der Départements de France und dem Verband der französischen Bürgermeister. Am 29. Juni 2021 diskutierten Vertreter der EU und 57 nationaler und regionaler Parlamente und Regierungen sowie territorialer Verbände im Rahmen einer Veranstaltung über die Rolle der regionalen Ebene in der EU. Sie verabschiedeten eine Erklärung mit dem Titel „Der Platz der Regionen in der Architektur der Europäischen Union im Hinblick auf die Konferenz zur Zukunft Europas" und forderten die Gründung einer „Alliance on European Democracy". Am 14. Oktober 2021 erfolgte eine

Veranstaltung des AdR gemeinsam mit den Verbänden Eurocities und dem Rat der Gemeinden und Regionen Europas. Am 3. Dezember 2021 erfolgte eine Veranstaltung mit der Hochrangingen Gruppe zur europäischen Demokratie, die während der Konferenz als Beratungsgremium des AdR fungierte. Schließlich fand am 3. und 4. März 2022 das 9. Europäische Gipfeltreffen der Regionen und Städte in Marseille, wo das „Manifest von Marseille" mit weitrechenden politischen Forderungen des AdR verabschiedet wurde (AdR 2022c).

Neben diesen „high level" Veranstaltungen wurden 30 öffentliche Veranstaltungen von AdR-Mitgliedern in ihren jeweiligen Kommunen und Regionen zur Zukunftskonferenz in Zusammenarbeit mit subnationalen Gebietskörperschaften, NGOs und EU-Institutionen abgehalten und erreichten über 2400 Teilnehmende (AdR 2022c). Die Zukunftskonferenz war auch ein wichtiges Thema auf der Europäischen Woche der Regionen und Städte im Oktober und November 2021, in dessen Rahmen 67 Veranstaltungen mit Bezug zur Konferenz durchgeführt wurden.

Eine wichtige Bedeutung für die Aktivitäten des AdR im Rahmen der Zukunftskonferenz nahmen eigene Bürgerdialoge auf subnationaler Ebene ein, wie die Resolutionen verdeutlicht haben. Um dieses Ziel umzusetzen, kooperierte der AdR seit dem Frühjahr 2021 mit der Bertelsmann-Stiftung im Projekt „From local to European" (Bertelsmann 2022). Dieses Projekt sollte Politiker auf subnationaler Ebene einbinden, um Bürgerdialoge auf kommunaler und regionaler Ebene im Zeitraum von September 2021 bis Januar 2022 durchzuführen. Die Bertelsmann-Stiftung wurde zu dieser Kooperation mit dem AdR eingeladen, da diese über entsprechende Erfahrungen und Fachwissen in der Konzeption und Durchführung von Bürgerdialogen verfügen. Insgesamt wurden so 38 Bürgerforen mit etwa 1400 BürgerInnen abgehalten. Beteiligt haben sich 67 Regionen und Städte aus 21 EU-Mitglied- und Kandidatenstaaten (Bertelsmann 2022).

Darüber hinaus gab der AdR eine Umfrage unter den PolitikerInnen der subnationalen Ebene in der EU mit dem Titel „Local politicians of the EU and the future of Europe" in Auftrag (AdR 2021i). Die Erhebung erfolgte zwischen Juli und September 2021. Ein ein Report mit einer zweiten Umfrage zu den Ergebnissen der Zukunftskonferenz sollte im Oktober 2022 veröffentlicht werden (Petzold 2022).

3.4 Die Konferenzergebnisse

Zwischen Dezember 2021 und Februar 2022 debattierten die Mitglieder des Konferenzplenums in den Plenarversammlungen und den neun thematischen Arbeitsgruppen zu den vereinbarten Konferenzthemen und den in den Bürgerforen erarbeiteten Empfehlungen. Diese Konsultationen mündeten in einen Entwurf des Abschlussberichtes am 28. und 29. April 2022, der sodann an die Präsidentschaft der Konferenz (bestehenden aus den drei PräsidentInnen von Kommission, Parlament und Rat) übergegeben und von dieser am 9. Mai 2022 angenommen wurde. Der Abschlussbericht umfasst insgesamt 49 Empfehlungen und 325 – mehr oder weniger konkrete – einzelne Maßnahmen (CoFoE 2022). Tabelle 1 zeigt einen Auszug all jener Maßnahmen und Empfehlungen, die aufgrund ihrer Thematik, ihres territorialen Bezugs oder (Mit-)Zuständigkeit der subnationalen Ebene für den AdR potenziell relevant sind.[14] Im Einklang mit dem Fokus des vorliegenden Beitrags fokussieren wir im Folgenden auf die aus AdR-Sicht relevanten vorgeschlagenen Empfehlungen und Maßnahmen im thematischen Cluster „Europäische Demokratie".

---

[14] Die Ermittlung des subnationalen Bezugs erfolgte durch eine automatisierte Textsuche relevanter Termine, genauer: Committee of the Regions; regional and local authorities; municipal/municipality/municipalities; local/local level; city/cities; regional/region/regions; cross-border; rural; territorial; multilevel; subsidiarity.

Tabelle 1: Maßnahmenauszug aus dem Abschlussbericht der Zukunftskonferenz mit Relevanz für den AdR

Themenfeld	*Maßnahmen mit Relevanz für AdR & subnationale Ebene*
Climate change and environment	• Enhancing role of municipalities in urban planning supporting blue-green infrastructure (2.3) • Recognizing role of local and regional authorities in green transition (3.1) • Supporting public transport in rural and island regions (4.1) • Developing high-speed internet in rural and island regions (4.4) • Urban development programs for greener cities (4.6) • Local consultations (6.3)
Health	• Principle of subsidiarity and key role of local, regional and national players in health matter (10.2) • Health as shared competence between EU and member states (10.3) • Facilitating cross-border cooperation in healthcare and disease management
A stronger economy, social justice and jobs	• Involvement of local and regional authorities in implementation of European Semester (11.3) • Recognizing local and regional product peculiarities (12.3) • Strengthening cross-border cooperation and Fostering European Cross Border Mechanism (12.15) • Enhancing possibilities for cross-border training (12.16) • Access to social housing (14.5) • Ensuring sustainable development and demographic resilience of regions lagging behind (15.9) • Absorption of EU funds at local and municipal level (16.6)
EU in the world	• Affordability of products and reducing dependencies from outside though use of structural and regional policies (17.5) • Strengthening links with citizens and local institutions to improve transparency (22.1) • Stronger citizen participation organized on national, local and European level (22.2)
Values and rights, rule of law, security	• Charter on Fundamental Rights (25.3)
Digital transformation	• Stable internet access in white zones/dead zones, rural areas and remote and peripheral regions (31.2) • Facilitating cross-border interoperability (31.7) • Coordination of cyber security centers (33.3) • Facilitating cross-border digital transactions (35.10)

Themenfeld	*Maßnahmen mit Relevanz für AdR & subnationale Ebene*
European democracy	• Improving and streamlining of citizens' participation mechanisms European, national and local level (36.4)
	• Including regional and local authorities and CoR in participation mechanisms (36.5)
	• Creating system of local EU Councilors (36.6)
	• Structural support for local youth councils (36.8)
	• Bringing Europe closer to citizens through "Houses of Europe" at local level (37.5)
	• Strengthening links between citizens and elected representatives and EU topics in elections (38.4)
	• Better involvement of subnational level and CoR in EU decision-making (39.2)
	• Active subsidiarity and multilevel governance as key principles (40.1)
	• Legislative proposals on EU level by national and regional parliaments with legislative competences (40.2)
	• Reform of CoR and giving enhanced role in institutional architecture (40.3)
	• Systematic use of subsidiarity definition (40.4)
Migration	• Increasing EU logistical, financial and operational support for reception of migrants (43.2)
	• Local and regional authorities' involvement in improving integration policies (45.1)
Education, culture, youth and sport	• Coordination of education programs (46.1)
	• Preparing young people for entering working life through visits (47.3)
	• Avoiding brain drain from socioeconomic weak regions (47.7)
	• Promoting EU exchange programs and key role of CoR (48.1)
	• Protecting European cultural heritage through recognizing local and regional cultural peculiarities (48.4)

Quelle: Eigene Zusammenstellung basierend auf dem Abschlussbericht (CoFoE 2022).

Im Vorschlag zum EU-Entscheidungsprozess (Vorschlag 39) empfiehlt der Abschlussbericht eine stärkere Involvierung u.a. subnationaler RepräsentantInnen und des AdR in EU-Entscheidungsprozesse, die dazu beitragen würde, „den bei der Umsetzung des EU-Rechts gemachten Erfahrungen besser Rechnung zu tragen" (CoFoE 2022: 90). Wie genau dies erfolgen soll, bleibt offen. Weiters wird ein Ausbau der interparlamentarischen Zusammenarbeit und des Dialogs gefordert, obgleich ohne dezidierte Nennung der verschiedenen parlamentarischen Ebenen (ebd.). Ein eigener Punkt ist dem Thema Subsidiarität gewidmet (Vorschlag 40). Aktive Subsidiarität und Multi-LevelGovernance warden als Schlüsselprinzipien und grundlegende Merkmale der Funktionsweise und demokratischen Rechenschaftspflicht der EU verstanden (ebd.: 91). Entsprechend solle der bestehende Mechanismus zur Subsidiaritätskontrolle durch die nationalen Parlamente überprüft und die Möglichkeit für nationale Parlamente geschaffen werden, auf europäischer Ebene eine Gesetzesinitiative vorzuschlagen. Diese Option solle „auch auf alle Regionalparlamente innerhalb der EU ausgeweitet werden, die über Gesetzgebungsbefugnisse verfügen" (ebd.). Auch mit der zukünftigen Rolle des AdR in der EU-Architektur setzt sich der Bericht auseinander, indem er dessen Reformierung empfiehlt, „um adäquate Wege des Dialogs für Regionen, Städte und Gemeinden zu schaffen" und eine „Stärkung der Rolle des AdR innerhalb der institutionellen Architektur in Angelegenheiten mit territorialen Auswirkungen" anregt (ebd.).

Trotz der aus dem Bericht deutlich ablesbaren Befürwortung einer Stärkung lokaler und regionaler Gebietskörperschaften und des AdR sind die Vorschläge insgesamt als wenig präzise zu bewerten. So bleibt etwa offen, welche Aspekte eine AdrR-Reform bzw. Rollenstärkung umfassen und wie eine stärkere Einbindung von AdR und lokalen bzw. regionalen VertreterInnen in EU-Entscheidungsprozesse konkret aussehen sollte.

Nach dem Konferenzende haben die drei relevanten EU-Organe Kommission, Parlament und Rat mit der Nachbereitung begonnen und erste Dokumente vorgelegt. Das Europäische Parlament etwa forderte in einer Resolution vom 4. Mai 2022 seinen AFCO-Ausschuss zur Einleitung des Verfahrens zur Einrichtung eines Konvents zur Änderung der EU-Verträge gemäß Art. 48 EUV auf (EP 2022a). In Hinblick auf die Beteiligung der subnationalen Ebene am Konferenzprozess vertritt das Parlament die Ansicht, „dass die Konferenz zu einer innovativen und erfolgreichen Beteiligung der Unionbürger geführt hat und den Unionsorganen eine zusätzliche

Chance geboten hat, indem sie zu einem umfassenden Dialog zwischen den Bürgern, den nationalen Parlamenten, den regionalen und lokalen Gebietskörperschaften" über die Zukunft der Union geführt habe (EP 2022a). Während das Europäische Parlament seine Absicht bekräftigt, die Zusammenarbeit mit nationalen Parlamenten zu stärken, bleiben die Regionalparlamente (auch jene mit eigenen Legislativbefugnissen) in der Resolution unerwähnt. In einer weiteren Resolution zur Forderung nach einem Konvent benennt das Parlament die Themenbereiche, die aus seiner Sicht eine Änderung der Europäischen Verträge erforderlich machten (EP 2022b). Nach Ansicht des Europäischen Parlaments solle der AdR als Beobachter in einen solchen Konvent geladen werden.

Die Mitgliedstaaten reagierten unterschiedlich auf die Konferenzergebnisse, insbesondere zur von Beginn an strittigen Frage nach Vertragsänderungen. Während eine Gruppe von Mitgliedstaaten eine Vertragsänderung ablehnte, befürwortete ein anderer Teil eine Revision der Verträge (Non Paper 2022). Eine Positionierung des Rats ist nach wie vor ausständig, bislang wurde lediglich eine vorläufige technische Bewertung der Empfehlungen des Abschlussberichts durch das Generalsekretariat des Rates vorgelegt (Rat der EU 2022). Diese Bewertung resümiert, dass „nur eine sehr begrenzte Anzahl konkreter Maßnahmen eine Vertragsänderung erfordern würde, damit sie vollständig umgesetzt werden können" (Rat der EU 2022). Anders verhält es sich mit Blick auf die vorgeschlagene „Ermächtigung der Regionalparlamente, Gesetzesinitiativen auf EU-Ebene einzubringen" sowie die „Änderung und Erweiterung der Befugnisse des Wirtschafts- und Sozialausschusses und des Ausschusses der Regionen", die, wie das Ratssekretariat anführt, allesamt einer Überarbeitung der Verträge bedürften (Rat der EU 2022).

Eine erste Reaktion seitens der Kommission erfolgte mit der Mitteilung über die Folgemaßnahmen vom 17. Juni 2022 (EK 2022a). Im Anhang dieser Mitteilung analysiert die Kommission die Vorschläge und Maßnahmen in Hinblick darauf, ob die diese in der Vergangenheit bereits durch die Kommission in entsprechenden

Maßnahmen aufgegriffen wurden, neue Vorschläge durch die Kommission vorgelegt werden müssen oder ob diese eine Änderung der EU-Verträge erfordern (EK 2022b). Weitere Details zu den Folgemaßnahmen zur Konferenz wurden für die SOTEU-Rede der Kommissionspräsidentin (*State of the European Union*, Rede zur „Lage der Europäischen Union"), die traditionell im September im Europäischen Parlament gehalten wird, angekündigt. Zu diesem Anlass präsentierte von der Leyen neue Initiativen der Kommission als Follow-up zur Konferenz, würdigte die Bedeutung der Konferenz und kündigte die Fortführung der Bürgerforen an, die nunmehr „zu einem regulären Bestandteil unseres demokratischen Lebens" werden sollten (von der Leyen 2022). Lokale und regionale Gebietskörperschaften finden in der Rede keine spezifische Erwähnung, weder im Konferenzkontext noch allgemein zu ihrer Rolle in der EU.

Der AdR reagierte noch am 9. Mai 2022, am Tag der Beendigung der Zukunftskonferenz, mit einem ausführlichen Eintrag auf seiner Website (AdR 2022e). Es sei an der Zeit, dass der AdR „über seine derzeitige berantende Funktion hinaus eine verbindliche Rolle in Bereichen mit eindeutig territorialer Dimension erhalten sollte". Die würde „zu einer besseren Rechtsetzung und einer größeren demokratischen Legitimität in der EU führen". Das Schicksal der europäischen Integration wird in Folge mit der zukünftigen Rolle von Kommunen und Regionen in der EU verknüpft: Ohne eine stärkere Involvierung der subnationalen Ebene in europapolitische Angelegenheiten würden „die Veränderungen von den Bürgerinnen und Bürgern in der Wahlkabine erzwungen werden". So verweist der Text eingangs etwa warnend auf den großen Stimmenanteil für die rechtsextreme Kandidatin bei den letzten französischen Präsidentschaftswahlen. Sollte die Konferenz nicht zu Änderungen führen, werde sie von den BürgerInnen als „weitere Brüsseler Augenauswischerei" und „sinnloses Propagandainstrument" betrachtet werden.

Seine Positionierung zu den Empfehlungen des Abschlussberichts präsentierte der AdR in einer Resolution vom 30. Juni 2022 zu den Ergebnissen der Konferenz und ihren Folgemaßnahmen (AdR

2022f). Der Resolutionstext begrüßt zunächst die Schlussfolgerungen der Konferenz und „unterstützt nachdrücklich die Forderung der Bürgerinnen und Bürger nach einer demokratischeren, transparenteren, faireren und nachhaltigeren EU" (AdR 2022f). Damit verbunden ist die Forderung eines „raschen und effektiven Follow-ups" (AdR 2022f), einschließlich einer „Überarbeitung der Verträge als notwendige Voraussetzung für eine ehrgeizige Reform der Funktionsweise der EU" u.a. zum Zweck der Stärkung der Teilhabe der lokalen und regionalen Gebietskörperschaften. Die Forderung des Europäischen Parlaments nach Einberufung eines Konvents wird begrüßt und eine umfassende Beteiligung der Mitglieder des AdR hierin gefordert. Die Resolution geht anschließend auf zentrale Empfehlungen des Abschlussberichts der Konferenz entlang der jeweiligen Themenbereiche ein. Zu den die Rolle des AdR bzw. Stellung lokaler und regionaler Gebietskörperschaften betreffenden Empfehlungen wird eine Ausweitung der Anhörungsrechte des AdR auf weitere Politikfelder gefordert. Zudem sollten Kommission, Rat und Parlament „eine stichhaltige Begründung vorlegen (...), wenn seine einschlägigen Stellungnahmen nicht berücksichtigt werden" und der AdR Zugang zum Trilogverfahren und in Vorbereitungsgremien der EU-Organe erhalten. Der im Abschlussbericht enthaltenen Empfehlung zur Schaffung einer Möglichkeit zur Gesetzesinitiative auf europäischer Ebene für Regionalparlamente mit Legislativkompetenzen schließt sich der AdR ausdrücklich an, ebenso wie den Forderungen im Bereich Subsidiarität. Der Vorschlag zur Einrichtung eines „Systems lokaler EU-Bürgerbeauftragter" wird begrüßt, ebenso wie jener zur Änderung der Namen der EU-Organe. Dies wird ergänzt durch einen Vorschlaf für eine Namensänderung auch des AdR, „um die politische und rechtliche Verantwortung seiner Mitglieder sowie seine solle als europäische Versammlung der Regionen und Gemeinden besser widerzuspiegeln". Abseits der Positionierung des AdR zu den Empfehlungen des Abschlussberichts in den weiteren Themenbereichen wird das Thema Bürgerbeteiligung neuerlich aufgegriffen und u.a. „die Institutionalisierung neuer Formen der Bürgerbeteiligung auf der Ebene der EU" gefordert.

4 Fazit & Ausblick

Die einjährige EU-Zukunftskonferenz war der erstmalige Versuch, eine Reformdiskussion zur Zukunft Europas unter strukturierter Einbindung der BürgerInnen zu führen. Sie schuf aber auch für institutionalisierte Akteure wie den AdR ein Gelegenheitsfenster, seine eigenen Reformvorstellungen in die bestehenden EU-Strukturen einzubringen. Ob und wie dies gelungen ist, wurde in diesem Kapitel eingehend untersucht. Besonderes Augenmerk unserer Analyse galt den institutionellen Forderungen des AdR, vor allem mit Blick auf seine eigene Rolle und jene der subnationalen Gebietskörperschaften in den EU-Entscheidungsstrukturen und -prozessen.

Das frühzeitige und umfassende Engagement des AdR im Kontext der Konferenz kann als konsequente Fortsetzung seines bereits in der Vergangenheit recht systematisch betriebenen ‚institutionellen Aktivismus' (Howarth/Roos 2017) gedeutet werden: Der AdR lobbyierte von Beginn an nicht nur aktiv für seine umfassende Einbindung in die Konferenzstrukturen, sondern brachte auch eine Reihe von Forderungen zu seiner sowie zur Aufwertung subnationaler VertreterInnen in die EU-Entscheidungsprozesse vor. Die Konferenz wurde damit vom AdR als politisches Ereignis erkannt, das zeitlich begrenzt neue Zugangsmöglichkeiten zu den EU-Strukturen schuf und damit die politische Gelegenheitsstruktur (‚political opportunity structure', McAdam et al. 2001) zumindest zeitlich begrenzt veränderte. Von der Vorbereitung in den eigenen internen Gremien des AdR über die Mitwirkung in den Konferenzgremien hin zu verschiedenen Maßnahmen der Öffentlichkeitsarbeit beteiligte sich der AdR aktiv am Konferenzprozess und an der politischen Diskussion der -themen. Hierfür baute er professionelle interne Strukturen auf und zog umfassend externe Expertise zu Rate. Der institutionelle Aktivismus des AdR kann dabei als durchaus erfolgreich bewertet werden. Er war zum einen von Beginn an in den Konferenzstrukturen entsprechend vertreten und konnte nach dem offiziellen Konferenzbeginn sogar eine Aufstockung der Delegation subnationaler VertreterInnen erwirken. Zum anderen flossen zahlreiche seiner Forderungen in den vom Konferenzplenum verabschiedeten Abschlussbericht (CoFoE 2022) ein. Zur Legitimation seiner Anliegen bemühten seine VertreterInnen wiederholt das Bild vom „Europäischen Haus der Demokratie", dessen Fundament die Kommunen, Städte und Regionen bildeten, deren systematische Einbindung daher wesentlich für die Stärkung der demokratischen Legitimität innerhalb der EU sei.

Eine baldige Implementierung seiner Maximalforderung (nämlich vom Beratungsgremium zum Mitentscheidungsorgan zu werden) mutet aus heutiger Sicht unwahrscheinlich an. Allerdings finden sich im Abschlussdokument und der AdR-Reaktion darauf auch einige weniger weitreichende Forderungen, wie etwa die Ausweitung seiner Anhörungsrechte auf weitere Politikbereiche. So bleibt abzuwarten, ob eine Stärkung des AdR im *Follow-up* zur Zukunftskonferenz womöglich in kleinen Schritten erfolgen wird, wie dies bereits bei vergangenen Vertragsreformen Fall war.

Literaturverzeichnis

Abels, G. (2019): Zurück in die Zukunft? Entwicklungsperspektiven für ein „Europa mit den Regionen". In: Europäisches Zentrum für Föderalismus-Forschung Tübingen (Hrsg.): *Jahrbuch des Föderalismus 2019*, Baden-Baden: Nomos, S. 161-174.

Abels, G./Eppler, A. (Hrsg.) (2015): *Subnational Parliaments in the EU Multi-Level Parliamentary System: Taking Stock of the Post-Lisbon Era.* Innsbruck/Wien: StudienVerlag.

Abels, G./Battke, J. (2019): Regional governance in the EU or: what happened to the 'Europe of the regions'? In: Ebd. (Hrsg.), *Regional Governance in the EU: Regions and the Future of Europe*, Cheltenham: Edward Elgar Publishing, S. 1-14.

Abels, G. (2022): The Economic and Social Committee and the Committee of Regions: Consultative Institutions in a Multichannel Democracy. In: Hodson, D./Puetter, U./Saurugger, S. (Hrsg.), *The Institutions of the European Union*, Oxford: Oxford University Press, S. 369-390.

Abels, G./Große Hüttmann, M./Meyer, S./Lenhart, S. (2022): The Committee of the Regions and the Conference on the Future of Europe. In: Abels, G. (Hrsg.), *From Takers to Shapers? Challenges for Regions in a Dynamic EU Polity.* Occasional Papers Nr. 43, Tübingen: Europäisches Zentrum für Föderalismus-Forschung, S. 23-44.

Battke, J./Abels, G. (2019): Conclusions: a 'Europe with the regions' in the making. In: Abels, G./Battke, J. (Hrsg.), *Regional Governance in the EU: Regions and the Future of Europe*, Cheltenham: Edward Elgar Publishing, S. 231-238.

Börzel, T. (2002): *States and Regions in the European Union: Institutional Adaptation in Germany and Spain.* Cambridge: Cambridge University Press.

Bursens, P./Högenauer, A.-L. (2017): Regional parliaments in the EU multilevel parliamentary system. *The Journal of Legislative Studies*, 23 (2), 127-143.

Domorenok, E. (2009): The Committee of the Regions: in Search of Identity. *Regional & Federal Studies*, 19 (1), 143-163.

Elias, A. (2008): Introduction: Whatever Happened to the Europe of the Regions? Revisiting the Regional Dimension of European Politics. *Regional & Federal Studies*, 18 (5), 483-492.

Eppler, A. (2003): Der Ausschuss der Regionen im Jahr 2002 – die grundlegende „Schwäche" seiner Institution und Diskussionen über seine Aufwertung im Europäischen Konvent. In: Zentrum für Europaforschung der Universität Tübingen (Hrsg.), *Jahrbuch des Föderalismus*, Baden-Baden: Nomos, S. 480-496.

Eppler, A. (2004): Der Ausschuss der Regionen im Jahr 2003 – zwischen politischer Stabilisierung und internen Unregelmäßigkeiten. In: Zentrum für Europaforschung der Universität Tübingen (Hrsg.), *Jahrbuch des Föderalismus*, Baden-Baden: Nomos, 421-436.

Fabbrini, F. (2021): The Conference on the Future of Europe: Process and prospects. *European Law Journal*, 26 (5-6), 1-14.

Fromage, D. (2017): Regional Parliaments and the Early Warning System: An Assessment and Some Suggestions for Reform. In: Cornell, A.J./Goldoni, M. (Hrsg.), *National and Regional Parliaments in the EU-Legislative Procedure Post-Lisbon: The Impact of the Early Warning Mechanism*, Oxford/Portland: Hart Publishing, S. 117-136.

Gamson, W./Meyer, D.S. (2008): Framing political opportunity. In: McAdam, D./McCarthy J.D./Zald, M.N. (Hrsg.), *Comparative Perspectives on Social Movements*, Cambridge: Cambridge University Press, S. 275-290.

Högenauer, A.-L. (2021): Progress at Snail's Pace? Regional Involvement and Treaty Changes since 1990. In: Abels, G. (Hrsg.), *From Takers to Shapers? Challenges for Regions in a Dynamic EU Polity*. Occasional Papers Nr. 43, Tübingen: Europäisches Zentrum für Föderalismus-Forschung, S. 9-21.

Hönnige, C./Panke, D. (2020): Herausforderungen und Einflusschancen beratender Institutionen in der Europäischen Union. Der Ausschuss der Regionen und der Europäische Wirtschafts- und Sozialausschuss. In: Becker, P./Lippert, B. (Hrsg.), *Handbuch Europäische Union*, Wiesbaden: Springer VS, S. 481-490.

Hönnige, C./Panke, D. (2016): Is anybody listening? The Committee of the Regions and the European Economic and Social Committee and their quest for awareness. *Journal of European Public Policy*, 23 (4), 624-642.

Hönnige, C./Panke, D. (2013): The Committee of the Regions and the European Economic and Social Committee: How Influential are Consultative Committees in the European Union? *Journal of Common Market Studies*, 51 (3), 452-471.

Hooghe, L. (1995): Subnational mobilisation in the European union. *West European Politics*, 18 (3), 175-198

Hooghe, L./Marks, G. (2001): *Multi-level governance and European integration*. Lanham: Rowman & Littlefield.

Howarth, D./Roos, M. (2017): Pushing the Boundaries - New Research on the Activism of EU Supranational Institutions. *Journal of Contemporary European Research*, 13 (2), 1007-1024.

Jeffery, C. (2000): Sub-National Mobilization and European Integration: Does it Make any Difference? *Journal of Common Market Studies*, 38 (1): 1-23.

Keating, M. (2004): Regions and the Convention on the Future of Europe. *South European Society and Politics*, 9 (1), 192-207.

Marks, G./McAdam, D. (1996): Social movements and the changing structure of political opportunity in the European union. *West European Politics*, 19 (2), 249-278.

McAdam, D./McCarthy, J.D./Zald, M.N. (2008): Introduction: Opportunities, mobilizing structures, and framing processes - toward a synthetic, comparative perspective on social movements. In: Ebd. (Hrsg.), *Comparative Perspectives on Social Movements*, Cambridge: Cambridge University Press, S. 1-20.

McAdam, D./Tilly, C./Tarrow, S.G. (2001): *Dynamics of contention*. Cambridge: Cambridge University Press.

Mittag, J. (2020): Ausschuss der Regionen. In: Weidenfeld, W./Wessels, W./Tekin, F. (Hrsg.), *Europa von A bis Z. Taschenbuch der europäischen Integration*, Wiesbaden: Springer VS, S. 75-78.

Nicolosi, S.F./Mustert, L. (2020): The European Committee of the Regions as a watchdog of the principle of subsidiarity. *Maastricht Journal of European and Comparative Law*, 27 (3), 284-301.

Ondarza, N./Ålander, M. (2021): The Conference on the Future of Europe. *SWP Comment No. 19* (Kommentar): https://www.swp-berlin.org/10.18449/2021C19/ (aufgerufen am 16.08.2022).

Panke, D./Hönnige, C./Gollub, J. (2015): *Consultative Committees in the European Union: No Vote - No Influence?* Colchester: ECPR Press.

Petzold, W. (2022): The Conference on the Future of Europe and the involvement of the European Committee of the Regions. In: Europäisches Zentrum für Föderalismus-Forschung Tübingen (Hrsg.): *Jahrbuch des Föderalismus 2022. Föderalismus, Subsidiarität und Regionen in Europa.* Baden-Baden: Nomos, S. 63-77.

Piattoni, S./Schönlau, J. (2015): *Shaping EU policy from below: EU Democracy and the Committee of the Regions.* Cheltenham: Edward Elgar Publishing.

Princen, S./Kerremans, B. (2008): Opportunity Structures in the EU Multi-Level System. *West European Politics*, 31 (6), 1129-1146.

Schönlau, J. (2017): Beyond mere 'consultation': Expanding the European Committee of the Regions' role. *Journal of Contemporary European Research*, 13 (2), 1166-1184.

Tarrow, S. (2000): Beyond Globalization: Why Creating Transnational Social Movements is so Hard and When is it Most Likely to Happen. *Global Solidarity Dialogue* (Online Artikel): http://globalsolidarity.antenna.nl/tarrow.html (aufgerufen am 16.08.2022).

Tarrow, S. (2008): States and opportunities: The political structuring of social movements. In: McAdam, D./McCarthy, J.D./Zald, M.N. (Hrsg.), *Comparative Perspectives on Social Movements*, Cambridge: Cambridge University Press, S. 41-61.

Tarrow, S. (2011): *Power in Movement*. Cambridge: Cambridge University Press.

Tatham, M. (2017): Networkers, fund hunters, intermediaries, or policy players? The activities of regions in Brussels. *West European Politics*, 40 (5), 1088-1108.

Tatham, M. (2018): The Rise of Regional Influence in the EU – From Soft Policy Lobbying to Hard Vetoing. *Journal of Common Market Studies*, 56 (3), 672-686.

Wassenberg, B. (2020): *The History of the Committee of the Regions*. Brüssel: Ausschuss der Regionen.

Primärquellen und Rechtsakte

AEUV (2012): Vertrag über die Arbeitsweise der Europäischen Union (konsolidierte Fassung) (2012 C 326/47). *Amtsblatt der Europäischen Union*: https://eur-lex.europa.eu/LexUriServ/LexUri-Serv.do?uri=CELEX:12012E/TXT:de:PDF

AdR (2010): Geschäftsordnung (2010 L 6/14). *Amtsblatt der Europäischen Union*: https://eur-lex.europa.eu/legal-con-tent/DE/TXT/PDF/?uri=CELEX:32010Q0109(01)&from=DE

AdR (2018): REFLECTING on Europe. How Europe is perceived by people in regions and cities. (Bericht): https://cor.eu-ropa.eu/Documents/Migrated/news/COR-17-070_report_EN-web.pdf (aufgerufen am 16.08.2022).

AdR (2019a): Neue Arbeitsweise der EU: Initiative der Regionalparlamente zur Stärkung ihrer Rolle im EU-Rechtsetzungsprozess. (Pressemitteilung vom 22.11.2019): https://cor.europa.eu/de/news/Pages/changing-the-way-the-eu-works.aspx (aufgerufen am 16.08.2022).

AdR (2019b): Beteiligung der Regionen und Städte an Konferenz zur Zukunft Europas. (Pressemitteilung vom 10.12.2019): https://cor.eu-ropa.eu/de/news/Pages/regions-and-cities-will-be-involved-in-the-conference-on-the-future-of-europe.aspx (aufgerufen am 16.08.2022).

AdR (2020a): Entschließung des Europäischen Ausschusses der Regionen zu der Konferenz zur Zukunft Europas (2020/C 141/02). *Amtsblatt der Europäischen Union*: https://eur-lex.europa.eu/legal-con-tent/DE/TXT/PDF/?uri=CELEX:52020XR0192&from=EN

AdR (2020b): Konferenz zur Zukunft Europas: demokratische Grundlagen der Union im Zentrum der Diskussionen mit Bürgerinnen und Bürgern. (Pressemitteilung vom 27.02.2020):

https://cor.europa.eu/de/news/Pages/Conference-Future-Europe-CIVEX-debate.aspx (aufgerufen am 16.08.2022).

AdR (2020c): Konferenz zur Zukunft Europas aufgrund der COVID-19-Krise noch dringlicher. (Pressemitteilung vom 25.06.2020): https://cor.europa.eu/de/news/Pages/COVID-19-crisis-has-made-the-need-for-the-Conference-on-the-Future-of-Europe-even-more-pressing.aspx (aufgerufen am 16.08.2022).

AdR (2020d): Herman Van Rompuy übernimmt Vorsitz der Hochrangigen Gruppe „Europäische Demokratie" des AdR zur Stärkung der regionalen und lokalen Dimension der Konferenz zur Zukunft Europas. (Pressemitteilung vom 10.12.2020): https://cor.europa.eu/de/news/Pages/Future-of-Europe-group.aspx (aufgerufen am 16.08.2022).

AdR (2021a): President Tzitzikostas: Statement on the Joint Declaration on the Conference on the Future of Europe. (Pressemitteilung vom 10.03.2021): https://cor.europa.eu/de/news/Pages/Statement-Joint-Declaration-Conference-Future-of-Europe.aspx (aufgerufen am 16.08.2022).

AdR (2021b): President Tzitzikostas statement at the first meeting of the Executive Board of the Conference on the future of Europe. (Pressemitteilung vom 24.03.2021): https://cor.europa.eu/de/news/Pages/President-Tzitzikostas-statement-first-meeting-Conference-future-Europe-.aspx (aufgerufen am 16.08.2022).

AdR (2021c): Lokale und regionale Entscheidungsträger*innen wollen gemeinsam mit dem Europäischen Parlament, der Europäischen Kommission und der Bertelsmann-Stiftung die Konferenz zur Zukunft Europas voranbringen. (Pressemitteilung vom 30.03.2021): https://cor.europa.eu/de/news/Pages/Future-of-Europe-group.aspx (aufgerufen am 16.08.2022).

AdR (2021d): Entschließung des Europäischen Ausschusses der Regionen zu der Konferenz zur Zukunft Europas (2021/C 300/01). *Amtsblatt der Europäischen Union*: https://eur-lex.europa.eu/legal-content/DE/TXT/PDF/?uri=CELEX:52021XR1674&from=EN

AdR (2021e): Europäischer Aktionsplan für Demokratie: ein „Demokratie-Impfstoff" gegen Desinformation und Hetze. (Pressemitteilung vom

11.05.2021): https://cor.europa.eu/de/news/Pages/8-CIVEX-Meeting.aspx (aufgerufen am 16.08.2022).

AdR (2021f): Regionalpolitiker schmieden Allianz um ihren politischen Einfluss auf EU-Ebene zu stärken. (Pressemitteilung vom 29.06.2021): https://cor.europa.eu/de/news/Pages/ALLIANCE-REGIONS-EUROPEAN-DEMOCRACY.aspx (aufgerufen am 17.08.2022).

AdR (2021g): The place of regions in the European Union architecture in the context of the Conference on the Future of Europe. (Erklärung vom 29.06.2021): https://cor.europa.eu/en/events/Documents/Declaration%20-%20The%20place%20of%20regions%20in%20the%20EU%20architecture%20-%2029-06-2021.pdf (aufgerufen am 29.06.2021).

AdR (2021h): The Conference on the Future of Europe: Putting Local and Regional Authorities at the Heart of the European Democratic Renewal. *CIVEX-Kommission* (Bericht): https://cor.europa.eu/en/engage/studies/Documents/The%20Conference%20on%20the%20Future%20of%20Europe%20-%20Putting%20Local%20and%20Regional%20Authorities%20at%20the%20Heart%20of%20European%20Democratic%20Renewal/conference-future-of-europe-putting-local-regional-authorities-heart-european-democratic-renewal.pdf (aufgerufen am 16.08.2022).

AdR (2021i): Local politicians of the EU and the future of Europe. *Flash Eurobarometer* (Bericht): https://cor.europa.eu/en/our-work/EURegionalBarometerDocs/Survey%20Report.pdf (aufgerufen am 17.08.2022).

AdR (2022a): Entschließung des Europäischen Ausschusses der Regionen zu der Konferenz zur Zukunft Europas (RESOL-VII/019). *Amtsblatt der Europäischen Union*: https://memportal.cor.europa.eu/Public/Documents/MeetingDocuments?meetingId=2182077&meetingSessionId=2227825 (aufgerufen am 17.08.2022).

AdR (2022b): Bericht der Hochrangigen Gruppe „Europäische Demokratie". (Bericht): https://cor.europa.eu/en/engage/brochures/Documents/Report%20of%20the%20High%20Level%20Group%20on%20European%20Democracy/HLG%20Final%20report%20DE.pdf (aufgerufen am 17.08.2022).

AdR (2022c): Citizens, local politicians and the future of Europe. (Bericht): https://cor.europa.eu/en/engage/brochures/Documents/Citizens,%20local%20politicians%20and%20%20the%20future%20of%20Europe/4666-final%20report%20lowres%20FIN.pdf (aufgerufen am 17.08.2022).

AdR (2022d): Manifest von Marseille der Kommunal- und Regionalpolitiker: „Europa beginnt in den Regionen, Städten und Gemeinden". (Erklärung vom 04.03.2022): https://cor.europa.eu/en/engage/brochures/Documents/The%20Marseille%20Manifesto%20of%20local%20and%20regional%20leaders%20-%20Europe%20starts%20in%20its%20regions,%20cities%20and%20villages/cor-2022-00926-00-01-info-tra-de.pdf (aufgerufen am 17.08.2022).

AdR (2022e): „Die EU muss endlich bürgernäher werden" – eine größere Rolle der lokalen und regionalen Gebietskörperschaften kann dazu beitragen, das Vertrauen in die EU wiederherzustellen. (Pressemitteilung vom 09.05.2022): https://cor.europa.eu/de/news/Pages/time-for-the-EU-to-be-closer-to-its-people.aspx (aufgerufen am 17.08.2022).

AdR (2022f): Entschließung zu den Ergebnissen der Konferenz zur Zukunft Europas und ihren Folgemaßnahmen (RESOL-VII/023): https://memportal.cor.europa.eu/Public/Documents/Meeting-Documents?meetingId=2182079&meetingSessionId=2227831 (aufgerufen am 17.08.2022)

AdR (2022g): The territorial dimension of the Conference on the Future of Europe and its follow-ups. *CIVEX-Kommission* (Bericht): https://cor.europa.eu/en/engage/brochures/Documents/Citizens,%20local%20politicians%20and%20%20the%20future%20of%20Europe/4666-final%20report%20lowres%20FIN.pdf (aufgerufen am 17.08.2022).

Bertelsmann (2022): Europa ganz nah. Lokale, regionale und transnationale Bürgerdialoge zur Zukunft der Europäischen Union. (Bericht): https://www.bertelsmann-stiftung.de/fileadmin/files/Projekte/Demokratie_und_Partizipation_in_Europa_/Europa_ganz_nah.pdf (aufgerufen am 17.08.2022).

Conference on the Future of Europe (CoFoE) (2022): Conference on the Future of Europe. Report on the final outcome. (Bericht):

https://www.europarl.europa.eu/resources/library/media/20220509RES29121/20220509RES29121.pdf (aufgerufen am 17.08.2022).

Europäische Kommission (EK) (2022a): Conference on the Future of Europe. Putting vision into concrete action (COM 2022 404 final): https://ec.europa.eu/info/sites/default/files/communication_1.pdf

Europäische Kommission (EK) (2022b): Conference on the Future of Europe. Putting vision into concrete action. Annex. (COM 2022 404 final): https://ec.europa.eu/info/sites/default/files/annex_0.pdf

Europäisches Parlament (EP) (2021): Gemeinsame Erklärung des Europäischen Parlaments, des Rates und der Europäischen Kommission zur Konferenz über die Zukunft Europas (2021/C 91 I/01). *Amtsblatt der Europäischen Union*: https://eur-lex.europa.eu/legal-content/DE/TXT/PDF/?uri=CELEX:32021C0318(01)&from=DE_(aufgerufen am 17.08.2022)

Europäisches Parlament (EP) (2022a): Folgemaßnahmen zu der Konferenz zur Zukunft Europas. Entschließung des Europäischen Parlaments vom 4. Mai 2022 zu den Folgemaßnahmen zu der Konferenz zur Zukunft Europas (2022/2648(RSP)): https://www.europarl.europa.eu/doceo/document/TA-9-2022-0141_DE.pdf_(aufgerufen am 17.08.2022)

Europäisches Parlament (EP) (2022b): Die Forderung nach einem Konvent zur Überarbeitung der Verträge. Entschließung des Europäischen Parlaments vom 9. Juni 2022 zu der Forderung nach einem Konvent zur Überarbeitung der Verträge (2022/2705(RSP)): https://www.europarl.europa.eu/doceo/document/TA-9-2022-0244_DE.pdf_(aufgerufen am 17.08.2022)

Rat der EU (2022): Vorschläge und damit zusammenhängende konkrete Maßnahmen, die im Bericht über die endgültigen Ergebnisse der Konferenz zur Zukunft Europas enthalten sind: Vorläufige technische Bewertung (10033/22): https://data.consilium.europa.eu/doc/document/ST-10033-2022-INIT/de/pdf_(aufgerufen am 17.08.2022)

Von der Leyen, Ursula (2019): Eine Union, die mehr erreichen will. Meine Agenda für Europa. Von der Kandidatin für das Amt der Präsidentin der Europäischen Kommission. *Politische Leitlinien für die künftige Europäische Kommission 2019-2024*: https://ec.europa.eu/info/sites/default/files/political-guidelines-next-commission_de.pdf (aufgerufen am 16.08.2022).

Von der Leyen, Ursula (2022): State of the Union 2022. A Union that Stands Strong Together. (Rede): https://ec.europa.eu/commission/presscorner/detail/ov/SPEECH_22_5493 (aufgerufen am 05.12.2022).

Paradebeispiel eines europäischen Dilemmas? Die Ergebnisse der EU-Zukunftskonferenz aus regionaler Perspektive

Rosa Beckmann & Gunnar Placzek

Die vergangen zwei Jahrzehnte haben die Europäische Union (EU) immer wieder vor große politische Herausforderungen gestellt. Vor diesem Hintergrund hat auch eine innereuropäische Debatte an Dringlichkeit gewonnen, die umfassende Reformschritte in teilweise entgegengesetzte Richtungen fordert. Im Lichte der Brexit-Erfahrung, erstarkender anti-europäischer politischer Kräfte in mehreren Mitgliedstaaten und fragilen Zustimmungswerten zum europäischen Integrationsprojekt seitens der Bürgerinnen und Bürger ist diese Debatte längst nicht mehr auf den politischen und wissenschaftlichen Raum beschränkt. Vielmehr ist sie mancherorts zu einem Vehikel von Unzufriedenheitsbekundungen mit europäischer Politik geworden und steht insofern nicht nur für eine konstruktive Debatte um politische Erneuerung, sondern auch für die Entfremdung vieler Bürgerinnen und Bürger von der europäischen Politik.

Es ist nicht ungewöhnlich, dass politisches Handeln gerade in Krisenzeiten auch von Rufen nach grundlegender Reform begleitet wird. Im Falle der EU ist dieses Phänomen besonders deutlich beobachtbar, zumal die europäische Krisenbewältigung oftmals als schwerfällig kritisiert wird, da sie in vielen Bereichen Einstimmigkeit unter den Mitgliedstaaten erfordert. Gerade in Krisensituationen erhalten deshalb oft diejenigen Stimmen Zulauf, die eine Reform der Entscheidungsprozesse auf europäischer Ebene fordern, beispielsweise indem die Anzahl möglicher Vetospieler verringert wird oder die Bereiche reduziert werden, in denen das Einstimmigkeitsprinzip zur Anwendung kommt. Gleichzeitig wird im Rahmen der Reformdebatte aber auch die bessere Inklusion *zusätzlicher* Akteure in die europäischen Entscheidungsprozesse gefordert, beispielsweise die organisierte Zivilgesellschaft oder Vertreter:innen aus den Regionen der Mitgliedstaaten.

Ungeachtet des potenziellen Mehrwerts der einzelnen Reformvorschläge offenbart sich in den Reformdebatten damit ein grundsätzlicher Zielkonflikt zwischen der Forderung nach effizienteren Entscheidungsmechanismen und -prozessen einerseits und jener nach größtmöglicher Inklusion vielfältiger Akteure und Interessen in diese Prozesse andererseits.

EU-Zukunftskonferenz und die Rolle der Regionen im Mehrebenensystem der EU: Der angeführte Konflikt wird auch am Beispiel der *Konferenz zur Zukunft Europas* deutlich. Im Rahmen der Konferenz waren europäische Bürger:innen dazu eingeladen, ihre Ideen zur Reformierung der EU und ihrer Politiken zu diskutieren und auf politischer Ebene einzubringen. Im Mai 2022 hat das Konferenzplenum, zusammengesetzt aus Vertreter:innen der EU-Institutionen und ausgewählten Bürger:innen, schließlich einen Abschlussbericht vorgelegt, der 49 Vorschläge zur Reformierung der EU enthält. Der Großteil dieser Vorschläge zur Zukunft der EU bezieht sich auf konkrete Policies und weniger auf strukturelle und konstitutionelle Fragen. Dieses Ergebnis spricht für Konferenzteilnehmende, die sich eine transparente, handlungsfähige und effiziente EU wünschen, die ihrer Verantwortung in transnationalen Politikbereichen wie der Klima- und Gesundheitspolitik, und neuerdings auch der Sicherheits- und Verteidigungspolitik, gerecht wird.

Dort, wo die Ergebnisse des Konferenzprozesses tatsächlich Reformvorschläge zu den Strukturen und rechtlichen Grundlagen europäischer Gesetzgebungsprozesse beinhalten, greifen sie in großen Teilen Forderungen auf, die, wie oben beschrieben, bereits in Politik und Wissenschaft diskutiert werden. So sieht etwa ein Vorschlag vor, das Einstimmigkeitsprinzip im Rat der EU in fast allen Politikbereichen abzuschaffen, sodass integrationshinderliche Vetos und Blockaden einzelner Staaten der Vergangenheit angehören würden

– selbst in der Gemeinsamen Außen- und Sicherheitspolitik. Damit würde die Zahl der institutionellen Veto-Spieler verringert und somit mutmaßlich die Reaktions- und Handlungsfähigkeit der EU gestärkt.

Gleichzeitig beinhaltet der Konferenz-Abschlussbericht auch Forderungen, die weitere Akteure in den europäischen Gesetzgebungsprozess aufnehmen, bzw. ihre Rolle stärken würden. So wird neben der Forderung eines Initiativrechts für nationale und bestimmte regionale Parlamente auch die Relevanz des Subsidiaritätsprinzips bekräftigt, welches das zentrale Instrument europäischer Regionen gegen die „Einmischung" der EU in ihre Belange darstellt. Dass aber regionale Interessen, ausgestattet mit der Möglichkeit der Subsidiaritätsbeschwerde, ebenso einer vertieften Integration im Weg stehen können, wird im Konferenzbericht nicht thematisiert. Umgekehrt zielen zahlreiche der 49 Reformvorschläge explizit oder zumindest implizit auf eine stärkere politische Steuerungs- und Entscheidungskompetenz der EU ab. Bei einer Umsetzung wäre insofern auch vermehrt mit Auseinandersetzungen um die Kompetenzverteilung zwischen europäischer, nationaler und regionaler Ebene zu rechnen. Der eingangs beschriebene Konflikt zwischen effizienteren Entscheidungsprozessen auf der einen Seite und der Einbindung und Stärkung weiterer Akteure in diesen Prozess auf der anderen Seite spiegelt sich somit auch im Ergebnis der *Konferenz zur Zukunft Europas* wider und wird insbesondere am Beispiel jener Vorschläge deutlich, die Europas Regionen und ihre Einbindung auf EU-Ebene betreffen.

Demokratietheoretische Einordnung – Input-, Throughput- und Output-Legitimation: Um diesen Konflikt konzeptionell einzuordnen, bietet sich die Strukturierung der Ergebnisse der Zukunftskonferenz anhand der demokratischen Legitimationstrias von Input-, Throughput- und Output-Legitimation an. Die Kategorisierung geht auf Fritz Scharpfs (1970) Unterscheidung von Input- und Output-Legitimation politischer Systeme zurück, die von Vivien Schmidt (2013) um die dritte Kategorie der Throughput-Legitimation erweitert wurde.

Input-Legitimation resultiert primär aus den politischen Beteiligungsmöglichkeiten der Bürger:innen und ihrer Repräsentation in den demokratischen Institutionen. Neben demokratischen Wahlen als wichtigstem Element zur Herstellung von Input-Legitimation zählen dazu u.a. Petitionen und Bürgerbegehren, direktdemokratische Elemente wie Referenden oder die Möglichkeit, durch Protest oder direkten persönlichen Kontakt auf das Handeln der politischen Repräsentant:innen einzuwirken. In ihrer Gesamtheit stellen diese Instrumente sicher, dass die Präferenzen der Bürger:innen Eingang in den politischen Prozess finden und ihm dadurch Akzeptanz verliehen wird.

Demgegenüber generiert sich Output-Legitimation aus der Kapazität des demokratischen Systems für effektive und effiziente Problemlösung. Die Politik bezieht ihre Akzeptanz aus der Zufriedenheit der Bevölkerung mit getroffenen politischen Entscheidungen und ihren gesellschaftlichen Auswirkungen.

Throughput-Legitimation schließlich bezieht sich auf den politischen Prozess selbst und entsteht, wenn politische Entscheidungen nachvollziehbar, transparent und demokratischen Regeln entsprechend zustande kommen. Entscheidend dabei ist, dass Bürger:innen genügend Informationen über die am politischen Willensbildungsprozess beteiligten Akteure sowie deren Wechselwirkungen erhalten und in der Lage sind, die Verantwortlichkeit für bestimmte politische Entscheidungen auch den tatsächlichen Entscheider:innen zuzuordnen (vgl. Abels 2019: 5-7).

Am Beispiel einer künftigen Rolle für Europas Regionen und den hierzu vorgelegten Vorschlägen im Abschlussbericht der Konferenz zur Zukunft Europas verhandelt dieser Beitrag den bestehenden Konflikt in der europäischen Reformdebatte und ordnet die Ergebnisse der Konferenz vor diesem Hintergrund ein. Dazu erläutern wir im nächsten Abschnitt zunächst Entstehung, Zusammensetzung und Ablauf der Zukunftskonferenz, bevor der Beitrag der Regionen bzw. ihres Vertretungsgremiums, des Ausschusses der Regionen (AdR), umrissen wird. Daran anschließend ordnen wir die Konferenzergebnisse entlang der demokratietheoretischen Unterscheidung von Input-, Output- und Throughput-Legitimation ein und beschreiben das im Abschlussbericht implizite Spannungsverhältnis zwischen dem Ziel vertiefter EU-Integration und regionaler Mitspracherechte. Wir argumentieren, dass die 49 Reformvorschläge einen eindeutigen Fokus auf Output- und Throughput-Legitimation aufweisen, während regionale Mitsprache eher mithilfe der Input-Legitimation begründet wird. Abschließend diskutieren wir, wie eine aktive Rolle der Regionen im europäischen Mehrebenensystem mit dem Ziel einer steuerungs- und handlungsfähigeren EU in Einklang gebracht werden könnte.

1 – Über die *Konferenz zur Zukunft Europas*

1.1 Entstehung, Zusammensetzung und Ablauf

Ursula von der Leyen griff eine Idee des französischen Präsidenten Emmanuel Macron auf, als sie 2019 in ihrer Bewerbungsrede für das Amt der Präsidentin der Europäischen Kommission vor dem Europäischen Parlament eine Konferenz zur Zukunft Europas zu einem Wahlversprechen machte. „I want Europeans to build the future of our Union. (…) I am also open to Treaty change", sagte sie damals, und trug damit einer Debatte Rechnung, deren Ausgangspunkt im Scheitern des Verfassungskonvents 2005 an den negativen Referenden in Frankreich und den Niederlanden lag und die nicht zuletzt durch das Brexit-Votum der Britinnen und Briten vom Juni 2016 in den vergangenen Jahren neuerlich an Fahrt aufgenommen hatte.

Die Konferenz begann im Mai 2021 und endete ein Jahr später, am 9. Mai 2022. Den gemeinsamen Konferenzvorsitz hatten die Präsident:innen der drei EU-Institutionen inne, der Exekutivausschuss setzte sich ebenfalls aus je drei Vertreter:innen aus Parlament, Kommission und Rat zusammen. Im Konferenzplenum, in dem alle Vorschläge diskutiert und schließlich der Abschlussbericht erarbeitet wurden, waren zusätzlich Vertreter:innen aller nationalen Parlamente, Bürger:innen aus den europäischen und nationalen Bürgerforen, sowie die Präsidentin des Europäischen Jugendforums beteiligt. Darüber hinaus nahmen der Ausschuss der Regionen und der Wirtschafts- und Sozialausschuss mit je 18 Vertreter:innen, die regionalen und lokalen Behörden mit je sechs gewählten Vertreter:innen, die Sozialpartner mit 12 und die Zivilgesellschaft mit acht Vertreter:innen teil (siehe auch den Beitrag von Meyer/Lenhart in diesem Band).

Die Einbindung der Bürger:innen im Prozess geschah dabei in unterschiedlichen Formaten: zum einen wurden **vier europäische Bürgerforen** mit jeweils 200 Teilnehmenden (von denen je 20 Personen ins Konferenzplenum entsendet wurden) zu vier Themenblöcken einberufen. Die Teilnehmenden wurden per Zufallsprinzip aus allen 27 Mitgliedstaaten ausgewählt und ihre inhaltlichen Vorschläge als Diskussionsgrundlage ins Konferenzplenum eingespeist. Zusätzlich hatten die Mitgliedstaaten die Möglichkeit, **nationale Bürgerforen** zu organisieren, die ihrerseits inhaltlichen Input lieferten und Delegierte in das Konferenzplenum entsendeten. Ergänzt wurden die Bürgerforen von **diversen Veranstaltungen**, die von Zivilgesellschaft sowie regionalen und lokalen Akteuren und Institutionen organisiert werden konnten und deren Ergebnisse in Form von Plattformberichten in die Plenumsdebatten Eingang fanden. Eine **multilinguale digitale Plattform** lud außerdem alle europäischen Bürger:innen von Beginn des Prozesses an dazu ein, ihre Vorschläge zur Zukunft der Union in den Konferenzprozess einzuspeisen. Von diesem Tool wurde allerdings nur bedingt Gebrauch gemacht (vgl. von Ondarza/Ålander (2022: 3).

Am 9. Mai 2022 endete die Zukunftskonferenz offiziell. Wesentliches Ergebnis ist ein vom Konferenzplenum erarbeiteter

Abschlussbericht, der 49 zum Teil sehr detailliert ausgearbeitete Empfehlungen zur Reform der Europäischen Union beinhaltet.

1.2 Regionale Stimmen im Konferenzprozess

Grundsätzlich ist mit Blick auf die regionale Beteiligung an der Zukunftskonferenz zwischen denjenigen Aktivitäten, die über den Ausschuss der Regionen (AdR) als Vertretung regionaler Interessen auf EU-Ebene kanalisiert waren, und denjenigen, die direkt aus den Regionen kamen, zu unterscheiden. Für letztere, d.h. Veranstaltungen und sonstige Aktivitäten seitens regionaler und lokaler Akteure, bot der AdR auch entsprechende organisatorische Unterstützung an, ohne selbst direkt in Planung und Ablauf involviert gewesen zu sein.[1] Über die Beteiligung des AdR am Konferenzplenum wurde auch der direkten institutionellen Einbindung von Europas Regionen in den Konferenzstrukturen Rechnung getragen. Der Ausschuss der Regionen (AdR) war im gesamten Prozess um die *Konferenz zur Zukunft Europas* sehr aktiv und konnte sich an unterschiedlicher Stelle erfolgreich als Stimme der europäischen Regionen einbringen (siehe auch den Beitrag von Meyer/Lenhart in diesem Band).

Vor einer Bewertung der Rolle von Regionen im Rahmen der Konferenz bedarf es einer wichtigen Differenzierung: Ebendiese Rolle umfasst einerseits Regionen als Akteure mit einem institutionellen Eigeninteresse (nämlich der Stärkung ihrer Position und Rechte im europäischen Mehrebenensystem) und andererseits Regionen als „Ermöglicher", d.h. als Akteure mit ausgezeichneten Kapazitäten zur Ausrichtung von Partizipationsformaten zur direkten Interaktion mit den Bürger:innen. ‚Regionale Forderungen' gliedern sich entsprechend ebenfalls auf in institutionelle Reformvorschläge, welche die Rolle der Regionen auf EU-Ebene stärken würden, und in Policy-bezogene inhaltliche Vorschläge, die nicht notwendigerweise einen dezidierten regionalen Fokus beinhalten müssen, sondern vielmehr die allgemeinen politischen Prioritäten der Menschen in den Regionen widerspiegeln.

---

[1] Siehe AdR, 2021a & Euractiv, 12.05.2021.

2 – Die Ergebnisse der EU-Zukunftskonferenz

2.1 Input, Output oder Throughput?

In den 49 Vorschlägen zur Reform der EU, die das Herzstück im Abschlussbericht zur EU-Zukunftskonferenz bilden, finden die regionale und kommunale Ebene nur begrenzt Erwähnung. Dennoch sind die Konferenzergebnisse für Regionen sehr bedeutsam – und durchaus ambivalent. Einerseits finden sich dezidierte (wenn auch mangelhaft präzise) Forderungen nach einer stärkeren Einbindung des AdR sowie lokaler und regionaler Vertreter:innen in EU-Entscheidungsprozesse (siehe Meyer/Lenhart in diesem Band). Andererseits kann die an vielen Stellen artikulierte Forderung nach schlankeren Entscheidungsstrukturen und -prozessen der EU auch als weiteres Hindernis für die vor allem vom AdR angestrebte stärkere regionale Mitbestimmung im EU-Gesetzgebungsprozess bewertet werden. Dies, da die 49 Reformvorschläge – mit Blick auf das oben beschriebene Dilemma der EU zwischen Handlungsfähigkeit und demokratischer Legitimation – den Fokus deutlich auf eine aktivere und handlungsfähigere EU mit vereinfachten Entscheidungsprozessen und entschlossener politischer Problemlösung widerspiegeln, wie wir in diesem Abschnitt darlegen werden. Der AdR dagegen begründet seine Forderung nach der eigenen institutionellen Aufwertung mit dem Gegenpol der Debatte: Die verstärkte Einbindung von Regionen und Kommunen als bürgernahe Instanzen in die EU-Politik sei essenziell, um die demokratische Legitimation der EU zu steigern (vgl. AdR 2019, Aras/Tzitzikostas 2022).

Eine Einordnung der 49 Reformvorschläge entlang der demokratietheoretischen Kategorien Input-, Output- und Throughput-Legitimation verdeutlicht das skizzierte Spannungsverhältnis: Unsere explorative Analyse der Vorschläge und zugehörigen Maßnahmenpakete aus dem Abschlussbericht der EU-Zukunftskonferenz[2] zeigt

---

[2] Abschlussbericht und weitere Informationen zur Konferenz zur Zukunft Europas sind verfügbar unter: https://ec.europa.eu/info/strategy/priorities-2019-2024/new-push-european-democracy/conference-future-europe_de.

deutlich die klare Priorisierung von Schritten zur Steigerung der Output-Legitimation: In 41 der 49 Vorschläge stehen konkrete Policy-Forderungen im Mittelpunkt. Bemerkenswert ist auch die Bandbreite der Politikfelder, über die sie sich erstrecken: Über acht inhaltliche Themenbereiche verteilt werden konkrete Vorschläge zur Lösung gegenwärtiger Herausforderungen entworfen oder wird eine konsequentere Umsetzung bereits beschlossener Policys gefordert. Aus der vorliegenden Analyse geht demnach ein deutliches Übergewicht jener Maßnahmen hervor, deren Umsetzung auf eine Verbesserung der Output-Legitimation der EU abzielen würde – verwirklicht auch durch eine stärkere politische Steuerungsfunktion der EU, um gegenwärtigen Herausforderungen wie dem Klimawandel, sozialer Ungleichheit und geopolitischen Konflikten begegnen zu können. Damit einher gehen auch Forderungen nach Kompetenzverlagerungen auf die europäische Ebene (etwa in der Sicherheits- und Bildungspolitik) oder der weitgehenden Abschaffung des Einstimmigkeitsprinzips in den betreffenden Politikbereichen (CoFoE 2022: 72, 90, 96-97). Diese strukturellen Reformforderungen zielen allesamt auf eine Stärkung der Handlungsfähigkeit der EU ab, um ebenso rasche wie effektive politische Entscheidungen zu forcieren.

Auch Maßnahmen zur Steigerung der Throughput-Legitimation der EU sind im Konferenz-Abschlussbericht mit einigem Gewicht vertreten. Zahlreiche Vorschläge zu spezifischen Policys enthalten den Zusatz, dass Reformvorhaben von entsprechenden Informationskampagnen begleitet sein sollten, um der Bevölkerung EU-Politik und ihr Zustandekommen besser zu erklären. Des Weiteren befassen sich Vorschläge 37 und 39 dezidiert mit Fragen der Transparenz und der politischen Kommunikation der EU, um Wissen über Struktur und Prozesse ihres politischen Systems zu vermitteln und dadurch ihre allgemeine Akzeptanz zu verbessern (ebd.: 87-88, 90-91).

Auf Input-Legitimation, also eine vermehrte oder verbesserte demokratische Repräsentation und Partizipation der Bürger:innen in der EU-Politik, stellt dagegen nur ein geringer Teil der veranschlagten Maßnahmen ab: So fordern etwa die Vorschläge 22 und 36 eine Steigerung direkter Kontakte zwischen EU-Organen und Bürger:innen – online ebenso wie offline – und die Einführung wiederkehrender Beteiligungsformate, die der Zukunftskonferenz mit zivilen Foren auf europäischer, nationaler und regionaler Ebene ähneln (ebd.: 71, 86-87). Zusätzlich beinhaltet Vorschlag 38 eine Wahlrechtsreform und -harmonisierung für die Wahlen zum Europäischen Parlament sowie die Einführung europäischer Referenden (ebd.: 88-89). Auch die Vorschläge nach einem Recht auf Gesetzesinitiative für das Europäische Parlament, aber auch für die nationalen und bestimmte regionale Parlamente (Vorschlag 40, siehe unten) kann als Forderung für mehr Input-Legitimation europäischer politischer Prozesse und Entscheidungen verstanden werden. Die Steigerung von Input-Legitimation ist somit für die Konferenzteilnehmenden zwar keineswegs irrelevant, rückt aber gegenüber den weit gewichtigeren Output- und auch Throughput-Forderungen klar in den Hintergrund des im Abschlussbericht zusammengetragenen Maßnahmebündels, dessen übergeordnetes Ziel die Befähigung der EU scheint, um auf aktuelle Herausforderungen mit adäquaten politischen Lösungen reagieren zu können.

2.2 Und die Regionen?

Welchen Stellenwert räumt der Abschlussbericht zur EU-Zukunftskonferenz der regionalen Mitsprache in der europäischen Politik ein? Wird sie als expliziter Beitrag zur Stärkung der Input-Legitimation erkannt und insofern auch gegen teils antagonistische Forderungen nach schlankeren und effizienteren Entscheidungsabläufen verteidigt? Oder bleiben die potenziellen Widersprüche unaufgelöst?

Tatsächlich wird die Rolle von Regionen im Konferenzbericht nur vereinzelt und zumeist beiläufig thematisiert: Regionale Besonderheiten kultureller oder wirtschaftlicher Art werden teilweise als Einschränkungen gegen einen *Overreach* europäischer Integration genannt, sie gelte es im Falle fortschreitender Harmonisierungen zu bewahren (z.B. ebd.: 58, 100).

Die aus regionaler Perspektive wichtigsten Forderungen finden sich in den Vorschlägen 39 und 40. So empfiehlt der Abschlussbericht in Vorschlag 39 eine stärkere Involvierung u.a. subnationaler RepräsentantInnen und des AdR in EU-Entscheidungsprozesse, ohne jedoch zu präzisieren, wie genau dies erfolgen sollte (CoFoE 2022: 90). Wichtig ist aus Sicht der Regionen aber vor allem das in Vorschlag 40 ausgeführte Bekenntnis zum Subsidiaritätsprinzip (ebd.: 91) als zentrales Instrument der Regionen, Einspruch gegen eine „Einmischung" der EU in ihre eigenen Kompetenzen zu erheben. Der Vorschlag sieht u.a. vor, dass sowohl dem Europäischen Parlament als auch nationalen sowie regionalen Parlamenten mit Gesetzgebungskompetenzen die Möglichkeit von Gesetzesinitiativen auf europäischer Ebene eingeräumt werden soll.

Dass die Bekräftigung des Subsidiaritätsprinzips zumindest als potenziell widersprüchlich zu den übergeordneten Zielen der 49 Konferenzforderungen gedeutet werden kann, wird indes nicht thematisiert: Einerseits fokussiert der überwiegende Teil des Berichts auf einen Ausbau der politischen Steuerungskompetenz der EU (einschließlich der Stärkung ihrer Kapazitäten zur effektiven Problemlösung durch primärrechtliche Reformen). Andererseits zielt die Stärkung des Subsidiaritätsprinzips auf eine Wahrung der nationalen und eben auch regionalen Interessen bzw. Kompetenzen ab, einschließlich der sowohl den Mitgliedstaaten als auch dem AdR offen stehenden Möglichkeit, beim Europäischen Gerichtshof Klage wegen Verstoßes eines EU-Rechtsakts gegen das Subsidiaritätsprinzip zu erheben. Es bleibt abzuwarten, ob sie von diesem ihrem Recht vermehrt Gebrauch machen, sofern sie ihre Interessen und Kompetenzen durch eine künftig gegebenenfalls stärkere EU-Integration bedroht sehen.

Der unaufgelöste Widerspruch im Abschlussbericht der EU-Zukunftskonferenz zwischen einer zentralisierteren und effektiveren EU-Politik einerseits und der Bewahrung regionaler Beteiligungs-

und Einspruchsrechte andererseits knüpft somit nahtlos an das eingangs beschriebene Dilemma europäischer Politik zwischen Output- und Input-Legitimation an: Der allgemeine Tenor des Berichts priorisiert eine effektive Problemlösung und eine Verschlankung von Entscheidungsprozessen zur Stärkung der Output-Legitimation. Regionale Beteiligung dagegen zielt auf die Stärkung von Input-Legitimation und nimmt im konkreten Fall eine höhere Zahl potenzieller Vetospieler in Kauf, die politische Entscheidungsprozesse langwierig und kompliziert machen können. Thematisiert wurde dieser Zielkonflikt bisher nicht. Selbst der AdR äußert in seinen Stellungnahmen zur Zukunftskonferenz keine Bedenken über die Folgen weiterer Integrationsschritte für die Kompetenzen der Regionen, sondern lobt vielmehr die Konferenz insgesamt und seine eigene Rolle darin als gelungenes Beispiel regional organisierter Bürgerbeteiligung an EU-Politik.[3]

Dabei sind Spannungen zwischen der europäischen und der regionalen Ebene längst kein Zukunftsszenario, wenn es um richtungsweisende Entscheidungen für die EU geht. Das beweist die Blockade des europäisch-kanadischen Freihandelsabkommens CETA durch die belgische Region Wallonien im Jahr 2016. Im dezentralen Belgien war die Zustimmung aller seiner Regionen zu CETA notwendig, Wallonien lenkte erst nach Wochen im Zuge eines Kompromisses ein. Kritiker:innen betrachteten dies keinesfalls als legitime Geltendmachung regionaler Interessen, sondern bemängelten, die Blockade mache die EU international zu einem unzuverlässigen Verhandlungspartner und verhindere Fortschritt.[4] Diese Erfahrung lehrt, dass regionale Einspruchs- und Vetorechte bei der Weiterentwicklung der EU als internationaler Akteurin und handlungsfähigem politischem System mitgedacht und Zielkonflikte ernst genommen werden müssen. Das gilt insbesondere für mögliche Schritte zur Umsetzung der von den Konferenzgremien vorgelegten 49 Reformvorschläge. Deutlich wird dies nicht zuletzt mit

---

[3] Siehe AdR (2021b).
[4] Siehe z.B. Handelsblatt, 21.10.2016.

Blick auf Vorschlag 21, worin u.a. gefordert wird, internationale Freihandelsabkommen schneller zu ratifizieren (vgl. CoFoE 2022: 70).

3 – Fazit und Ausblick

Zusammenfassend setzt sich in der EU-Zukunftskonferenz das bestehende Dilemma europäischer Integration zwischen Partizipation und Handlungsfähigkeit bzw. Input- und Output-Legitimation fort. Im Abschlussbericht, der die von den Konferenzteilnehmenden beschlossenen 49 Reformvorschläge für die EU präsentiert, zeigt sich dieses Dilemma auch als Zielkonflikt zwischen (erweiterter) regionaler Mitsprache auf europäischer Ebene einerseits und einer handlungsfähigeren, aktiveren und stärker integrierten EU andererseits: Der Bericht enthält zwar das Bekenntnis zum Subsidiaritätsprinzip und schlägt ein neues Initiativrecht für regionale Parlamente mit Gesetzgebungskompetenzen vor; im Wesentlichen fordert er jedoch rasche politische Lösungen für spezifische gesamtgesellschaftliche Probleme und eine Verschlankung des EU-Gesetzgebungsprozesses mit weniger beteiligten Vetospielern.

Im vorliegenden Kapitel argumentieren wir, dass die für eine gestärkte Problemlösungskompetenz der EU nötigen Integrationsschritte auch zulasten regionaler Kompetenzen gehen könnte und eine Umsetzung der Konferenzvorschläge bestehende Kompetenzkonflikte zwischen regionaler und europäischer Ebene mutmaßlich verschärfen würde. Unabhängig davon, welche der 49 Reformvorschläge überhaupt realistische Umsetzungschancen haben,[5] bleibt dieses Konfliktpotenzial im Abschlussbericht der EU-Zukunftskonferenz und den Bewertungen der beteiligten Akteure zu wenig thematisiert.

Wie ist unter diesen Bedingungen aus regionaler Perspektive mit den Ergebnissen der Konferenz umzugehen? Der Ausschuss der

---

[5] Für eine Einschätzung hierzu siehe von Ondarza/Ålander (2022).

Regionen strebt aktuell die eigene institutionelle Aufwertung und die Stärkung regionaler Mitsprache auf EU-Ebene an und begründet dies vor allem mit der größeren Bürgernähe regionaler Akteure (vgl. Aras/Tzitzikostas 2020, siehe auch Donat/Placzek in diesem Band), die somit mittelbar der EU zu mehr Input-Legitimation verhelfen könnten. Da jedoch die Konferenzergebnisse der Stärkung der Output-Legitimität eindeutig den Vorrang einräumen, können sie kaum von AdR argumentativ für seine Ambitionen genutzt werden. Vielversprechender für die Steigerung von sowohl Output- als auch Input-Legitimation der EU wäre eine Wandlung im Selbstverständnis des AdR und der Regionen. Die Positionierung als bürgernächste politische Ebene sollte den Regionen weniger als Begründung für die institutionelle Aufwertung des AdR gegenüber den EU-Gesetzgebungsorganen dienen, sondern vielmehr dazu, sich selbst als Ermöglicher von Input-Legitimation zu präsentieren. Während der EU-Zukunftskonferenz sind die Stärken der Regionen und des AdR in diesem Bereich deutlich geworden, da sie zahlreiche Veranstaltungen und Beteiligungsformate auf lokaler und regionaler Ebene organisiert haben, aus denen die Konferenz-Resultate mit hervorgingen. Diese beachtliche organisatorische Leistung sollte im Sinne des Konferenz-Vorschlags 36, der u.a. den Ausbau von Beteiligungsformaten und die Einsetzung lokaler EU-Beauftragter in ganz Europa fordert (vgl. CoFoE 2022: 86), verstetigt werden. Damit wäre ein wichtiger Beitrag für eine stärkere Präsenz der EU im Alltag der Europäer:innen geleistet und dennoch ihr Wunsch ernst genommen, die politische Entscheidungsstruktur der EU zu verschlanken anstatt weiter zu verkomplizieren.

Dies bedeutet nicht, die Regionen in der EU-Politik in eine passive Rolle zu drängen, da die Anhörungen und informellen Aktivitäten des AdR nach wie vor Voraussetzungen dafür sind, dass EU-Politik in der Praxis auf regionaler und kommunaler Ebene anwendbar ist. Dennoch erscheint die wiederkehrende Forderung nach stärkerer Mitsprache in Brüssel aufgrund der eigenen Bürgernähe weder erfolgsversprechend noch zeitgemäß, während eben diese Bürgernähe noch stärker als bisher für die lokale Netzwerk- und

Beteiligungsarbeit mit den Bürger:innen genutzt werden könnte. Eine ernsthafte Auseinandersetzung mit den Ergebnissen der EU-Zukunftskonferenz beinhaltet für alle Beteiligten notwendigerweise die Reflexion der eigenen Rolle im politischen System Europas – auch für die Regionen.

Literaturverzeichnis

o.A. (2016): Warum Wallonien der EU Ärger macht. *Handelsblatt*, 21.10.2016 (Online-Artikel): https://www.handelsblatt.com/politik/international/ceta-warum-wallonien-der-eu-aerger-macht/14720696.html (abgerufen am 27.11.2022).

Abels, G. (2019): Legitimität, Legitimation und das Demokratiedefizit der Europäischen Union. In: Becker, P./Lippert, B. (Hrsg.), *Handbuch Europäische Union*, Wiesbaden: Springer VS, S. 1-19.

Aras, M./Tzitzikostas, A. (2022): Ausschuss der Regionen: „Die EU muss endlich bürgernäher werden". *Euractiv Media Network* (Online-Artikel): https://www.euractiv.de/section/eu-innenpolitik/opinion/ausschuss-der-regionen-die-eu-muss-endlich-buergernaeher-werden/ (abgerufen am 04.08.22).

Europäischer Ausschuss der Regionen (AdR) (2019): Gemeinsam für eine bürgernähere EU. Die Vorschläge des Europäischen Ausschusses der Regionen zur Erneuerung der EU von Grund auf. 2019-2024. (Bericht): https://cor.europa.eu/en/engage/brochures/Documents/Working%20together%20to%20bring%20the%20EU%20closer%20to%20its%20citizens/3975-blueprint-brochure%20DE.pdf (abgerufen am 12.10.2022) .

Europäischer Ausschuss der Regionen (AdR) (2021a): The European Committee of the Regions at the Conference on the Future of Europe (Info-Broschüre). https://cor.europa.eu/en/engage/Documents/CoR%20delegation%20at%20the%20CoFoE%2016%20June%202021.pdf (abgerufen am 02.12.2022).

Europäischer Ausschuss der Regionen (AdR) (2021b): Conference on the Future of Europe: local and regional leaders at the heart of citizens' consultations (Pressemitteilung vom 17.12.2021). https://cor.europa.eu/en/news/Pages/citizens-local-politicians-and-the-future-of-europe-interim-report.aspx (abgerufen am 02.12.2022).

Konferenz zur Zukunft Europas (CoFoE) (2022): Konferenz zur Zukunft Europas. Bericht über das endgültige Ergebnis. (Bericht): https://futureu.europa.eu/rails/active_storage/blobs/redirect/eyJfcmFpbHMiOnsibWVzc2FnZSI6IkJaaHBBBK2RCQVE9PSIsImV4cCI6bnVsbCwicHVyIjoiYmxvYl9pZCJ9fQ==--

4cb59cd4005ce61e98952e56430d964fd9155db5/Book_CoFE_Final_Report_DE_full.pdf (abgerufen am 20.11.2022).

Meyer-Feist, A. (2016): Ein Wallone blockiert die EU. *Tagesschau*, 29.10.2016 (Online-Artikel): https://www.tagesschau.de/wirtschaft/magnette-wallonie-ceta-101.html (abgerufen am 27.11.2022).

Pistorius, M. (2021): AdR fordert regionale und kommunale Beteiligung an der EU-Zukunftskonferenz. *Euractiv,* 12.05.2021 (Online-Artikel): https://www.euractiv.de/section/europakompakt/news/adr-fordert-regionale-und-kommunale-beteiligung-an-der-eu-zukunftskonferenz/ (abgerufen am 02.12.2022).

Scharpf, F. (1970): *Demokratietheorie zwischen Utopie und Anpassung.* Konstanz: Universitätsverlag.

Schmidt, V. (2013): Democracy and Legitimacy in the European Union Revisited: Input, Output and 'Throughput'. *Political Studies*, 61 (1), 2-22.

Von Ondarza, N./Ålander, M. (2022): Von der Zukunftskonferenz zur Reform der EU. *SWP Aktuell*, 44.

Einleitung: Einstellungen, Partizipation & Bürgernähe in Europas Regionen

Elisabeth Donat

Der dritte und letzte Abschnitt dieses Sammelbandes widmet sich der Rolle von regionalen Parlamenten im Mehrebenensystem der EU in Hinblick auf ihre repräsentationsbezogenen Funktionen. Im Mittelpunkt der Beiträge dieses Abschnitts steht das Verhältnis der Parlamente zu ihren Bürger:innen. Zum einen werden Einstellungen der Abgeordneten beleuchtet, wenn es um europapolitische Fragen und die Rolle der Region darin geht und welche Rolle die Wähler:innenschaft dabei spielt (Beitrag Donat/Lenhart). Zum anderen wird auf das Verhältnis der Bürger:innen zu den Abgeordneten verschiedener Parlamente im EU-Mehrebenensystem Bezug genommen, und die Wahrnehmungen und Erwartungen der Bürger:innen an die Parlamente in Hinblick auf ihre repräsentationsbezogenen Aufgaben analysiert (Beitrag Donat/Placzek). Zwei Beträge (Praprotnik/Perlot bzw. Placzek) widmen sich schließlich zwei spezifischen Formen der Partizipation von Bürger:innen (formelle und informelle Partizipation) im Mehrebenensystem der EU. Ein wesentliches verbindendes Element der Beiträge stellt politische Repräsentation und Partizipation im politischen System der EU dar.

Die Institution des Parlaments oder zumindest parlamentsähnlicher Einrichtungen hat sich weltweit als eine wichtige Form der politischen Repräsentation in zahlreichen Ländern bewährt, sodass Parlamente heute als „Erfolgsmodell" (Norton 2002) tituliert werden, bzw. von einem „Siegeszug" (Patzelt 2003) der Parlamente in der Literatur gesprochen wird. Neben regierungsbezogenen Funktionen stellen repräsentationsbezogene Funktionen eine wichtige Aufgabe von Parlamenten dar. Repräsentationsbezogene Funktionen sollen die Vernetzung des Parlaments in alle gesellschaftlichen

Sphären widerspiegeln und glaubhaft machen, dass Meinungen und Bedürfnisse der Wähler:innenschaft und der Gesellschaft wahrgenommen werden und in den politischen Entscheidungsprozess einfließen. Die Umsetzung dieser Wahrnehmungen in politisches Handeln, also responsiv politisch Entscheidungen zu setzen, ist aber nur ein Element der Repräsentation. Ein weiteres wesentliches Element ist nach Patzelt (2003) auch die Kommunikation darüber: den Bürger:innen muss glaubhaft vermittelt werden, dass ihre Anliegen Gehör gefunden haben. Repräsentative Aufgaben von Parlamenten enthalten somit immer auch kommunikative Elemente, im Sinne eines „Tue Gutes und sprich darüber" (ebd). Gerade diese Vernetzungs- und Kommunikationsfunktionen sind es, die ein Repräsentationssystem stabilisieren, so Patzelt (ebd.). Als Parameter einer gelungenen inhaltlichen und sozialen Vernetzung können verschiedene Aspekte herangezogen werden, wie die soziale Herkunft von Abgeordneten eines Parlaments, die Responsivität gegenüber den Wünschen und Forderungen der Bürger:innen, aber auch Kontakte und Interaktionen mit zivilgesellschaftlichen Institutionen können dazu gezählt werden (Brichzin et al. 2018). Das Hineinwirken und Vernetzen in alle Bereiche des gesellschaftlichen Lebens ermöglicht einerseits einen wichtigen Kommunikationsfluss, andererseits zeigt es für viele Bürger:innen auch Präsenz und Alltagsnähe der Abgeordneten.

Repräsentation bedeutet ganz allgemein für andere zu sprechen und zu handeln. Wie eng dieser Auftrag gesehen wird, wird von den Bürger:innen aber auch in verschiedenen politischen Systemen unterschiedlich interpretiert und ausgelegt. Das freie Mandat erlaubt es den Repräsentant:innen dabei *grundsätzlich* nach bestem Wissen und Gewissen zu handeln, auch wenn es Entscheidungen entgegen der Wünsche der Bürger:innen nach sich ziehen könnte (Patzelt 2003). In so einem Fall müssen die Abgeordneten ihrer Wähler:innenschaft den Hintergrund und Mehrwert solcher umstrittener Entscheidungen verdeutlichen oder bei einer Wahl Sanktionierungen in Form einer Abwahl fürchten. Zusätzlich wirken die Vorgaben der eigenen Partei einschränkend auf eine freie Interpretation des

Mandats, da die Abgeordneten auf die Unterstützung durch Parteien im Wahlkampf angewiesen sind. Kongruenz in inhaltlichen Fragen zwischen Repräsentierten und Repräsentant:innen stellt ein zentrales Wahlmotiv dar. Dabei sind Forderungen nach umfassender Kongruenz weder realistisch noch immer wünschenswert, werden aber häufig in populistischen Herangehensweisen an Repräsentation als Ideal herangezogen (Vogel 2018).

Gleichzeitig steigt mit zunehmender Professionalisierung auch die (wahrgenommene) Distanz zwischen Abgeordneten und Bevölkerung, die Reiser (2018) auch als self-fulfilling-prophecy beschreibt: die Bevölkerung nimmt Abgeordnete automatisch als distanter wahr, je länger die Amtsdauer und je höher das Amt der Abgeordneten bzw. damit verbunden die fortschreitende Professionalisierung sind. Zusammenfassend kann festgehalten werden, dass moderne Parlamente in der Umsetzung ihrer repräsentationsbezogenen Funktionen mit einer Vielfalt von Aufgaben in Bezug auf ihre Constituency konfrontiert sind. Sie sollen responsiv auf die Anliegen der Wähler:innenschaft reagieren und ihnen so das Gefühl vermitteln, am politischen Prozess teilhaben zu können. Neben der direkten Arbeit von Abgeordneten in Parlamenten zum Beispiel in Ausschüssen, Plenumsdiskussionen und Abstimmungen, stellt Kommunikation ein zentrales Element der Arbeit von Abgeordneten dar, um diese Responsivität glaubhaft zu vermitteln (Patzelt 2009).

In diesem komplexen Spannungsverhältnis, das durch hohe Erwartungshaltungen seitens der Repräsentierten geprägt ist, finden sich auch die Beiträge in diesem Buchabschnitt wieder. Neue Formen der Partizipation sollen der „Krise der Demokratie" (Brichzin et al. 2018) entgegenwirken, indem Bürger:innen enger mit dem politischen Entscheidungsprozess in Verbindung gebracht werden. Bürger:innenversammlungen oder Konvente bedienen sich dabei klassischer Ausdrucksformen wie Diskussionsformaten. Naturgemäß setzen solche Verfahren eine hohe Informiertheit und Artikulationsfähigkeit voraus und gelten als dementsprechend hochschwellig. Das begleitende Kunstprojekt im Rahmen des REGI-OPARL-Forschungsprojektes zu Regionalparlamenten in der EU setzte dem ein unkonventionelles Format für Beteiligung gegenüber, das nicht nur ‚aufsuchend‘ durchgeführt wurde, indem der Diskurs direkt vor Ort zu den Menschen gebracht wurde, sondern auch über den Kontext der Kunst einen spielerischen Umgang mit Partizipation ermöglichte. Menschen wurden an öffentlichen Plätzen in Europas Regionen dazu eingeladen, ihre Antworten auf die Frage „Was bedeutet es Bürger:in der Europäischen Union zu sein?" über eine Parabolantenne ins Weltall zu senden. Gerade im Kontext der breit angelegten Beteiligungsinitiative *Konferenz zur Zukunft Europas*, die im vergangenen Jahr abgeschlossen wurde, erscheint eine Ergänzung solcher Großformate durch kleinere, niederschwellige Formate gewinnbringend, um Partizipation zu ermöglichen und Politik interessant zu machen.

Konventionelle Beteiligungsformen wie Wahlen bringen die Unzufriedenheit mit gegebenen politischen Verhältnissen zum Ausdruck, wenn Wähler:innen an den Rändern des politischen Spektrums eher zum Wechselwählen bzw. Stimmensplitting auf verschiedenen politischen Ebenen neigen. Eine zunehmende Ausdifferenzierung des Parteienfeldes bei Wahlen erhöht aber auch die Konkurrenz um Stimmen und damit auch die Anforderungen an Politik sich besonders intensiv mit Fragen politischer Repräsentation auseinanderzusetzen. Andererseits begünstigen langwierige Koalitionsverhandlungen aufgrund unklarer Mehrheiten in der Bevölkerung den Eindruck, dass Konsensfindung in der Politik zunehmend erschwert ist und Politik sich auf das Streiten um Macht und Ämter beschränkt. Gegenwärtig zeigt sich in einigen europäischen Demokratien eine Tendenz zu einer solchen Parteienvielfalt auf der einen Seite und zu einer Polarisierung in zwei diametral gegenüberstehende Lager auf der anderen Seite. Beide Tendenzen scheinen den Prozess der politischen Konsensfindung zu erschweren und stellen repräsentative Institutionen wie Parlamente auf die Probe, da sich viele Menschen gänzlich von der Politik abwenden. Niedrige Wahlbeteiligungen sind unter diesen Umständen mehr denn je ein

Schreckgespenst demokratischer Systeme in Europa und darüber hinaus.

Trotz aller Vorgaben und Übereinkünfte in repräsentativen Systemen und Institutionen finden deren Mitglieder, in diesem Fall die regionalen Abgeordneten, einen gewissen Spielraum in der Ausübung ihrer Rollen vor (Patzelt 2009). Formale Spielregeln der ‚Institution Parlament‘ und inhaltliche Vorgaben der Parteien setzen den Rollen der Abgeordneten einen Rahmen; die Akzentsetzung innerhalb dieses Rahmens kann jedoch unterschiedlich ausfallen (Searing 2012; Blomgren/Rozenberg 2012). Einstellungen und subjektive Berichte über das Rollenverständnis, wie sie in der REGIO-PARL-Abgeordnetenbefragung erhoben wurden, können Einblicke in die Rollenauslegung durch Abgeordnete eröffnen. Wie die Abgeordneten ihr Mandat in territorialer Hinsicht interpretieren, also mit welchem Weitblick und für welche Wähler:innenschaft sie ihre Entscheidungen treffen, ist gerade in einem Mehrebenensystem wie der EU von großer Bedeutung. In diesem Sinne geben Aussagen zur Auslegung und zum Fokus des Mandates auch Auskunft über (Teile) des Wertekompasses, der das Handeln der Abgeordneten anleitet. Kosmopolitische Einstellungen können sich zum Beispiel in einer breiten und offenen Auslegung des Mandates äußern, wertkonservative Einstellungen hingegen in einem engen Fokus auf die eigene Region.

Die Frage danach, welche Ebene im Fokus der regionalen Abgeordneten stehen soll, kann auch aus Sicht der Bevölkerung selbst gestellt werden. In der Bevölkerungsbefragung von REGIOPARL geht es daher nicht nur um das ‚Wer?‘, also wer sollte aus Sicht der Bevölkerung repräsentiert werden (die Bewohner:innen der Region, des Staates oder ganz Europas), sondern auch um das ‚Wie?‘, also wie sollten die Abgeordneten ihre repräsentative Arbeit ausüben. Der regionalen (und auch lokalen) Ebene wird in diesem Zusammenhang im öffentlichen Diskurs die Fähigkeit zugesprochen, besonders bürgernah zu sein. Neben den repräsentationsbezogenen Aufgaben haben Parlamente aber auch regierungsbezogene

Aufgaben zu erfüllen und dieses Aufgabenspektrum skaliert sich mit voranschreitender Ebene im Mehrebenensystem der EU bis zu einem gewissen Grad. Es bleibt unter Umständen also weniger Zeit sich direktem Kontakt zu Bürger:innen zu widmen. Ebenso wenig verwunderlich, können direkte Kontakte zu Bürger:innen leichter in einem kleineren territorialem Rahmen verwirklicht werden. Folgt man Patzelt (2003), geht es allerdings nicht nur um konkrete Kontakte und Netzwerkarbeit, sondern auch um eine glaubhafte Vermittlung der Vernetzung, im Sinne eines „Gehört-Werdens" von Anliegen verschiedener Stakeholder. Hier spielt vor allem auch der institutionelle Rahmen eine wichtige Rolle, der politische Prozesse transparent macht und Kontinuität und Berechenbarkeit der Abläufe vermittelt, so Patzelt (2009). Diese Transparenz und Stabilität wirken wiederum auf das Vertrauen, das der Institution von den Bürger:innen entgegengebracht wird.

Nach der Einbettung der Beiträge in den gemeinsamen thematischen Rahmen um Fragen politischer Repräsentation, sollen die einzelnen Beiträge nun abschließend konkret und chronologisch vorgestellt werden.

Elisabeth Donat und Simon Lenhart analysieren in ihrem Beitrag Ziele und Strategien regionaler Abgeordneter in europapolitischen Fragen. Wenngleich regionale Parlamente nicht direkt in das Werben um Fördermittel auf europäischer Ebene eingebunden sind, ist von einer hohen Relevanz der Thematik für Regionen im Allgemeinen auszugehen, die sich auch in Einstellungen, Zielsetzungen und Strategien auf regionaler Ebene niederschlägt. Eine eigens entwickelte Batterie von Fragen diente in der REGIOPARL-Abgeordnetenbefragung der Ermittlung dieser Sichtweisen und Einstellungen. Die Befragungsdaten weisen auf zwei Zielsetzungen in europapolitischen Fragen aus Sicht der regionalen Abgeordneten in sieben europäischen Ländern hin. Eine Strategie des Wettbewerbs stellt die Einwerbung von möglichst vielen Fördermitteln und Vorteilen für die Region in den Mittelpunkt des Handelns; eine Strategie der Kooperation fokussiert auf Zusammenarbeit mit anderen Regionen.

Während die erste Zielsetzung eng auf die Region fokussiert ist und eher mit einer Ablehnung europäischer Integration verbunden ist, kann die Strategie der Kooperation eher mit einem multiplen Repräsentationsverständnis und pro-europäischen Haltungen in Verbindung gebracht werden. Die Ergebnisse dieses Beitrags verweisen somit auf die Problematik eines rein utilitaristischen Zugangs zu europäischer Integration.

Wie bürgernah die regionale Ebene im Vergleich zu den anderen politischen Ebenen der EU ist, fragen Elisabeth Donat und Gunnar Placzek in ihrem gemeinsamen Beitrag. Das von ihnen verwendete Konzept von Bürgernähe beinhaltet in Anschluss an gängige Forschungsliteratur vier Dimensionen: Kongruenz, Vertrauen, Vorstellungen zur Ausübung des Mandats und Kontakte zwischen Bürger:innen und Abgeordneten. Ihre Analyse führen sie anhand von Daten der REGIOPARL-Bevölkerungsbefragung in sechs EU-Mitgliedsländern durch, in denen jeweils in zwei Regionen eine repräsentative Online-Erhebung durchgeführt wurde. Die Ergebnisse zeigen zwei Typen von Bürgernähe unter den Befragten. Ein eher eng gefasstes Verständnis, das den direkten Kontakt zwischen Bürger:innen und Abgeordneten in den Mittelpunkt stellt, und ein eher weit gefasstes Verständnis, das multiple Repräsentationsaufgaben der Abgeordneten thematisiert. Wird Bürger:nähe eng gedacht und mit direktem Kontakt zwischen Bürger:innen und Abgeordneten verbunden, ist die regionale Ebene im Vorteil. Wird Bürgernähe jedoch in einem weiteren Sinn gedacht, ist das Vertrauen in die europäische Ebene vergleichsweise hoch.

Katrin Praprotnik und Flooh Perlot beschäftigen sich in ihrem Beitrag mit formaler politischer Partizipation, dem Wahlverhalten von Bürger:innen. In ihrem Beitrag analysieren sie Ursachen von Stimmensplitting, also unterschiedlicher Parteipräferenzen zu verschiedenen Wahlen in Österreich anhand von Befragungsdaten. Angesichts zunehmender Entfremdung von konventionellen politischen Parteien, einem sich immer stärker ausdifferenzierenden Parteiensystem und zunehmender Volatilität der Wähler:innen, nicht nur im Untersuchungsland Österreich, gewinnt diese Fragestellung stetig an Bedeutung. Präferenzen für ein Stimmensplitting werden in diesem Beitrag am Beispiel einer nationalen Wahl und einer subnationalen Wahl zu einem fiktiven Datum beobachtet. Als theoretischen Rahmen dient die politische Raumtheorie. Die Datenanalyse zeigt, dass Wähler:innen mit einer Präferenz für die politische Mitte seltener dazu neigen, ihre Stimme zu splitten. Obwohl Tendenzen zum Stimmensplitting in keiner besonders hohe Prävalenz in den Daten vorliegen, lässt sich dennoch ablesen, dass Parteipositionen auf nationaler und subnationaler Ebene sehr genau von den Wähler:innen beobachtet und unterschieden werden.

Der Beitrag von Gunnar Placzek stellt ein partizipatives Kunstprojekt vor, das im Rahmen von REGIOPARL durchgeführt wurde. Der *Outer Space Transmitter* (OST), ein Kunstprojekt entwickelt von der Künstlerin Mona Schulzek, ermittelte in einer niederschwelligen Ansprache Ansichten und Wahrnehmungen von Passant:innen zur EU. Die Botschaften der Teilnehmer:innen wurden durch die Künstlerin über eine Parabolantenne über Radiowellen ins Weltall geschickt und in einem Archiv auf der Webseite des OST gespeichert und zugänglich gemacht. Die Teilnahme an solchen Kunstprojekten lädt ein, über kollektive Selbstwahrnehmung zu reflektieren und gibt Hinweise auf ein kollektives Gedächtnis, so der Autor. Als Impulsfrage wurde die Frage gewählt, was es bedeutet Bürger:in der EU zu sein. Die Antworten der Teilnehmenden geben so Auskunft über das eigene Selbstverständnis als Bürger:in der EU, aber auch über kollektiv geteilte Sinnmuster. Niederschwellige Kunstprojekte wie der *Outer Space Transmitter* können so eine wichtige Ergänzung zu breitflächigen, eher hochschwelligen Partizipationsformen wie der *Konferenz zur Zukunft Europas* darstellen.

Literaturverzeichnis

Blomgren M./Rozenberg O. (2012): Legislative roles and legislative studies: the neo-institutionalist turning point? In: Ebd. (Hrsg.), *Parliamentary Roles in Modern Legislatures*, Oxon/New York: Routledge, S. 8-36.

Brichzin, J./Krichewsky, C./Ringel, L./ Schank, L. (2018): Soziologie der Parlamente. Konturen eines Programms. In: Ebd. (Hrsg.), *Soziologie der Parlamente. Neue Wege der politischen Institutionenforschung*, Wiesbaden: Springer VS, S. 1-32.

Norton, P. (2003): *Parliaments and Citizens in Western Europe.* London/Portland: Frank Cass.

Patzelt, W.J. (2003): Parlamente und ihre Funktionen. In: Ebd. (Hrsg.), *Parlamente und ihre Funktionen. Institutionelle Mechanismen und institutionelles Lernen im Vergleich*, Wiesbaden: Westdeutscher Verlag, S. 13–49.

Patzelt, W.J. (2009): Parlamentssoziologie. In: Kaina, V./Römmele, A. (Hrsg.), *Politische Soziologie. Ein Studienbuch*, Wiesbaden: VS Verlag für Sozialwissenschaften, S. 311–351.

Reiser, M. (2018): Abgehoben und entkoppelt? Abgeordnete zwischen öffentlicher Kritik und Professionalisierungslogik. In: Brichzin, J./Krichewsky, D./Ringel, L./Schank, J. (Hrsg.), *Soziologie der Parlamente. Neue Wege der politischen Institutionenforschung*, Wiesbaden: Springer VS, S. 111–134.

Searing, D.D. (1991): Roles, Rules, and Rationality in the New Institutionalism. *The American Political Science Review*, 85 (4), 1239-1260.

Vogel, L. (2018): Die inhaltliche Übereinstimmung zwischen Abgeordneten und Bevölkerung im Spannungsfeld von Repräsentation und Professionalisierung. In: Brichzin, J./Krichewsky, D./Ringel, L./Schank, J. (Hrsg.), *Soziologie der Parlamente. Neue Wege der politischen Institutionenforschung*, Wiesbaden: Springer VS, S. 135–174.

Ziele und Strategien regionaler Politik in europapolitischen Fragen aus Sicht regionaler Abgeordneter

Elisabeth Donat & Simon Lenhart

Wenngleich Regionen noch immer mit begrenzten Einflussmöglichkeiten im Gefüge des europäischen Mehrebenensystems versehen sind, hat sich ihr Handlungsspielraum in den letzten Jahrzehnten doch Schritt für Schritt erweitert (Abels 2019; Abels/Battke 2019). Regionen wurden von bloßen „policy spaces" zu „political actors" (Tatham 2018), die seither diesen Handlungsspielraum zu nutzen versuchen. Gegenstand der bisherigen Forschungen zu diesen Entwicklungen sind die Entstehung und Aktivitäten von Regionalbüros in Brüssel (Marks et al. 2002; Studinger 2013; Tatham 2017), die Institutionalisierung regionaler Mitwirkungsrechte an der mitgliedstaatlichen EU-Politikgestaltung (Abels 2019; Jeffery 2005), die Rolle des Ausschusses der Regionen (AdR) in der EU-Politikgestaltung (Panke et al. 2015; Piattoni/Schönlau 2015; Wassenberg 2020), die Rolle regionaler Parlamente in der Europapolitik (Abels/Eppler 2015; Bursens/Högenauer 2017) und ihrer Mitwirkung am Mechanismus zur Subsidiaritätskontrolle (Borońska-Hryniewiecka 2017; Högenauer 2021).

Mit der Erweiterung des Handlungsspielraumes, und damit des strategischen Rahmens, wurden naturgemäß auch die Zielsetzungen, die regionale Politik in europapolitischen Fragen verfolgen kann, diversifizierter. Unser Beitrag schließt an die Forschung zur Rolle regionaler Parlamente in der EU im Kontext dieses erweiterten Handlungsrahmens an und fragt, wie Abgeordnete Ziele und Strategien regionaler Politik in europapolitischen Fragen beurteilen. Auch wenn der Handlungsrahmen für regionale Parlamente weiterhin überschaubar bleibt, sind sie ein wichtiger politischer Akteur im

EU-Mehrebenensystem, nicht zuletzt auch aufgrund der Bürger:innenähe, die oftmals für die regionale Ebene angenommen wird (Piattoni 2010).[1] Die forschungsleitenden Fragestellungen dieses Beitrags lauten daher: Welche Strategien und Ziele bevorzugen regionale Abgeordnete für regionale Politik im Zusammenhang mit europapolitischen Fragen? Welche Länderunterschiede lassen sich beobachten?

Zur Beantwortung dieser Forschungsfragen greifen wir auf die REGIOPARL-Abgeordnetenbefragung zurück (siehe Wolf/Meyer in diesem Band), in der die Abgeordneten in einer Frage um eine Einschätzung von verschiedenen Zielsetzungen in europapolitischen Fragen gebeten wurden. Verschiedene Zielsetzungen können verfolgt werden, wenngleich das Lukrieren von EU-Fördermitteln eine hohe politische Bedeutung für die subnationale Ebene einnimmt und strategisches Handeln erforderlich macht (Chalmers 2013). So belegen Daten des AdR Flash-Eurobarometers 2021, dass sich über 90% der befragten subnationalen Politiker:innen einen verbesserten Zugang zu EU-Fördermitteln wünschen (AdR 2021). Die Bedeutsamkeit dieses Politikfeldes kann insbesondere in Krisenzeiten, wie sie zum Erhebungszeitpunkt der REGIOPARL-Abgeordnetenbefragung in Form der Corona-Pandemie verschärft vorlagen, gar nicht unterschätzt werden. Eine wesentliche Rolle im regionalen Aufwertungsprozess nahmen die Reformen in der EU-Kohäsionspolitik im Zuge der Europäischen Einheitlichen Akte ein, denn die Finanzmittel aus der Kohäsionspolitik stellen die wichtigsten Fördermittel für die subnationale Ebene dar (Brunazzo 2016). Die Reform der EU-Kohäsionspolitik markierte auch den Ausgangspunkt für die Entstehung des Multi-Level-Governance Ansatzes, da fortan eine Vielzahl an Akteuren an der Kohäsionspolitik beteiligt wurde (Piattoni 2009; Piattoni 2016; Schakel 2020). Während regionale Regierungen als die wesentlichen Akteure auf regionaler Ebene in der

---

[1] Piattoni (2010: 200) konstatiert hierzu mit Blick auf Legitimationsaspekte, dass „thanks to the involvement of lower levels of government, policy-making can more closely reflect local citizens preferences, and, hence, be more legitimate".

EU-Kohäsionspolitik häufiger Gegenstand von Untersuchungen sind, erfuhren *regionale Parlamente* als Akteure im Politikfeld Kohäsionspolitik und im Wettbewerb um EU-Fördermittel bislang eine geringe Aufmerksamkeit in empirischen Studien. Da das Lukrieren von EU-Fördermitteln einen hohen Stellenwert für die regionale Ebene einnimmt, wird weiter unten detaillierter auf den Wettbewerb um EU-Fördermittel als wichtiger Treiber in den europapolitischen Aktivitäten von Regionen eingegangen.

Der Prozess der Politisierung von EU-Themen und insbesondere deren finanziellen und ökonomischen Dimensionen begann allerdings bereits lange vor der Corona-Krise oder dem gegenwärtigen Krieg in der Ukraine und dessen Auswirkungen. Dieser Prozess wurde von Hooghe/Marks (2009) als Wandel von einem „permissive consensus" (Lindberg/Scheingold 1970) hinzu einem „constraining dissensus" beschrieben, in dem die Frage der Europäischen Integration eine breite Politisierung erfuhr und zunehmend auch kontroversiell diskutiert wurde. Nicht zuletzt äußerte besonders die subnationale Ebene Bedenken zu Erweiterungsschritten der EU in den 1990er Jahren (Leconte 2010). Die andauernde Debatte rund um die „Nettozahler" der EU, die in der Wirtschafts- und Finanzkrise seit 2008 zusätzlich angeheizt wurde, fand Niederschlag in euroskeptischen Haltungen auf nationaler und regionaler Ebene und wurde und wird nur allzu bereitwillig von populistischen Kräften instrumentalisiert (Leconte 2015). Debatten dazu finden auch in regionalen Parlamenten statt, wenngleich ihre Einflussmöglichkeiten insgesamt, so wie auch speziell im Feld der EU-Fördermittel begrenzt sind, wie in nachfolgendem Abschnitt nachgezeichnet werden wird. Sich dem Wettbewerb um Fördermittel erfolgreich zu stellen, ist aber zweifelsohne auch eine Erwartungshaltung der Wählerschaft (Dąbrowski et al. 2021; EU-Kommission 2021), und der strategische Weg dorthin von zahlreichen Abwägungen begleitet.

Unser Beitrag untersucht, ob Regionen in ihrer Ziel- und Strategiebildung in europapolitischen Fragen eher den Weg der Kooperation oder den des Wettbewerbs gehen, bzw. auch, ob gemischte

Strategien verfolgt werden. Die Frage der Zielbildung wird dabei aus Sicht von regionalen Abgeordneten beleuchtet, die in der REGI-OPARL-Abgeordnetenbefragung um eine Einschätzung der Relevanz verschiedener politischer Zielsetzungen einer Region in europapolitischen Fragen gebeten wurden. Diese Zielsetzungen wurden als strategische Positionen konzipiert und erheben keinesfalls einen Anspruch auf Vollständigkeit. Vielmehr können sie auch als Versuch gesehen werden, einen Werte- oder ideologischen Rahmen für strategisches Handeln abzustecken, in dem Ziele regionaler Politik in europapolitischen Fragen formuliert und verfolgt werden können. Dazu wurden, entsprechend des Mehrebenensystems der EU, verschiedene Horizonte in die Erstellung der Items eingeschlossen: einige Items fokussieren auf die Region selbst, andere inkludieren die nationale Ebene und wiederum andere adressieren vornehmlich die europäische Ebene, wenn es um Ziele regionaler Politik in europapolitischen Fragen geht. Ausschlaggebend für die Erstellung der Item-Batterie war, ob es ein Phänomen wie „America first" – Donald Trumps berühmter Wahlkampfslogan während der US-Wahlen 2016 (Bierling 2020) – auch auf der regionalen Ebene geben könnte, also Versuche, den Erfolg der Region im Sinne eines „region first" bei gleichzeitiger Außerachtlassung gesamteuropäischer Ziele, zuvorderst zu stellen. Außerdem schließt die Itembatterie an Forschungen an, die eben diese regionalen Ziele und Strategien in den Kontext des Mehrebenensystems setzen und danach fragen, ob Regionen in ihrer Strategienbildung eher versuchen den Nationalstaat zu umgehen (*bypassing*) (Tatham 2010), mit selbigem zu kooperieren (*cooperating*) (Eppler/Maurer 2017) bzw. eine Verteidigungsstrategie (*ring fencing*) (Tatham/Bauer 2014) regionaler Kompetenzen gegenüber der nationalstaatlichen *und* der europäischen Ebene wählen.

Im ersten Abschnitt soll die Genese des Handlungsspielraums von Regionen im EU-Mehrebenensystem kurz historisch beleuchtet werden. Danach wird ein wesentliches politisches Feld, auf das sich auch die Itembatterie der Befragung bezieht, nämlich jenes der ökonomischen Dimension bzw. der EU-Fördermittel und seine

Bedeutung für die subnationale Ebene ausgeleuchtet. Abschließend wird in diesem Abschnitt darüber nachgedacht, welche Faktoren die Wahrnehmung der skizzierten Handlungsspielräume auf der individuellen Ebene der Abgeordneten beeinflussen. Mit diesem Hintergrundwissen wenden wir uns der explorativen Datenanalyse zu, die im daran anschließenden Abschnitt zwei Hauptziele regionaler Politik in europapolitischen Fragen abbildet. In weiterer Folge fragen wir nach dem Repräsentationsverständnis der Abgeordneten im Kontext dieser Zielsetzungen: fokussieren die Abgeordneten auf alle Bürger:innen der Region, alle Bürger:innen der Nation oder alle Bürger:innen Europas bei der Umsetzung ihres europapolitischen Engagements? Abschließend diskutieren wir, wie unsere Forschungsarbeit weiterentwickelt werden könnte und welche Fragen aus unserer Sicht noch zu beantworten wären.

1 – Struktureller Rahmen und Treiber für die Entwicklung von Zielen regionaler Politik in europapolitischen Fragen

Die Verfolgung von Strategien und Zielen ist in ein strukturelles Umfeld von regionaler Politik im mitgliedstaatlichen und europäischen Rahmen eingebettet, das den Handlungsrahmen absteckt und begrenzt. Im Folgenden wird zunächst dieser strukturelle Handlungsrahmen von Regionen in der Europapolitik erläutert, und dabei beschrieben, wie er sich in den vergangenen drei Jahrzehnten etwas erweitern konnte.

Die Europäischen Verträge haben subnationalen Gebietskörperschaften lange Zeit keinen Stellenwert eingeräumt (Weatherill 2005). Als Union der Mitgliedstaaten hat man Kommunen und Regionen nicht als *Akteure* in der Europapolitik angesehen, die auch Mitgestalter des EU-Integrationsprozesses sein können (Schmuck 2020b). Im Verlauf des EU-Integrationsprozesses sind immer mehr Kompetenzen der Mitgliedstaaten und der subnationalen Gebietskörperschaften an die EU abgetreten, und damit mitgliedstaatliche und regionale Souveränität, Handlungs- und Entscheidungsautonomie eingeschränkt worden. Um diesen Eingriff der EU in subnationale Entscheidungskompetenzen (zumindest teilweise) auszugleichen, fordern Kommunen und Regionen immer wieder stärkere Mitwirkungsrechte innerhalb mitgliedstaatlicher Entscheidungsprozesse und auf EU-Ebene (Grasnick 2007; Schmuck 2020a). Vor dem Hintergrund der Politikverflechtung (Scharpf 1999) im EU-Mehrebenensystem muss darauf hingewiesen werden, dass subnationale Gebietskörperschaften eine wesentliche Rolle in der Implementierung von EU-Rechtsakten, vor allem in Angelegenheiten des EU-Binnenmarktes, einnehmen (Borghetto/Franchino 2010).

Wesentliche politische Gelegenheitsstrukturen auf mitgliedstaatlicher Ebene und auf EU-Ebene, die eine stärkere Mitwirkung in der Europapolitik ermöglichten (Abels/Battke 2019; Schakel 2020), eröffneten sich allerdings erst in den 1980er und 1990er Jahren. Regionen konnten in einem Aufwertungsprozess und dem Zugewinn regionaler Autonomie ihre Rolle neu definieren, indem sie sich zunehmend als *Akteure* verstanden (Keating 2008). Galten Regionen bis in die 1970er und 1980er Jahre oftmals bloß als räumliche oder raumplanerische Einheiten, änderte sich dies in Folge mehrerer Dynamiken innerhalb der Mitgliedstaaten und auf EU-Ebene. Infolgedessen wurden Regionen als politisch handelnde Akteure angesehen, die auch in europapolitischen Belangen tätig sein wollten (Tatham 2018). Dieses europapolitische Engagement von Kommunen und Regionen wird als „subnationale Mobilisierung" bezeichnet (Hooghe 1995), die sich auf „das wachsende Engagement subnationaler Entitäten in Bezug auf Institutionen und Prozesse europäischer Politikentscheidungen" (Studinger 2013: 19) bezieht. Wie bereits zuvor genannt, bildeten zwei wesentliche Entwicklungen den Grundstein für die subnationale Mobilisierung im EU-Mehrebenensystem: Zum einen sind *innerstaatlich* Dezentralisierungs- und Regionalisierungsreformen in vielen EU-Mitgliedstaaten anzuführen, die seit den 1970er Jahren die Entscheidungskompetenzen von Regionen in vielen Politikfeldern stärkten (Elias 2008; Tatham 2008). Regionen erlangten durch diese Reformen eine größere politische, finanzielle und institutionelle Autonomie (Abels 2019). Empirisch lassen sich die Entwicklungen zur Dezentralisierung mit den Daten des Regional Authority Index (RAI) von Hooghe et al. 2010 nachzeichnen, der darüber Auskunft gibt, wie die regionale Handlungsfähigkeit in Europa seit den 1970er Jahren zugenommen hat. Zum anderen erfolgten *extrastaatlich* auf EU-Ebene mehrere institutionelle Reformen, infolge derer sich für regionale Akteure neue Handlungsspielräume in der Europapolitik eröffneten (Hooghe 1995; Hooghe/Keating 1994). Zentrale Veränderungen waren die Reform der EU-Strukturfonds in den 1980er Jahren sowie die institutionellen Neuerungen des 1992 unterzeichneten Vertrags von Maastricht (Abels 2019). Hier ist vor allem die Gründung des Europäischen Ausschusses der Regionen (AdR) zu nennen, der Interessen subnationaler Gebietskörperschaften auf EU-Ebene repräsentiert und als Informationsplattform für subnationale Akteure dient (Schönlau 2017).

Wie gezeigt wurde, haben regionale Handlungsspielräume in der Europapolitik langsam, aber kontinuierlich zugenommen. Sowohl im mitgliedstaatlichen Rahmen als auch auf EU-Ebene wurden die formellen Mitwirkungsrechte für Regionen aufgewertet. Im Feld der Europapolitik, das wir Raschke/Tils (2010) folgend als strategisches Umfeld verstehen, stehen Regionen unterschiedlich große Handlungsspielräume zu Verfügung.

1.1 Der Wettbewerb um EU-Fördermittel als wichtiger Treiber des europapolitischen Engagements von Regionen

Wie im vorangegangenen Abschnitt ausgeführt, befasst sich die Literatur zu Regionen in der EU vor allem mit den Auswirkungen des EU-Integrationsprozesses und mit der Vielschichtigkeit, aber auch Begrenztheit, regionaler Handlungsmöglichkeiten in der Europapolitik. Es wurde bereits darauf hingewiesen, dass die Reform der EU-Strukturfonds in den 1980er Jahren einen wesentlichen Treiber für die subnationale Mobilisierung darstellte. In diesem Abschnitt soll die zentrale Bedeutung von EU-Fördermitteln für die regionale Ebene erläutert werden (Chalmers 2013; Pazos-Vidal 2019).

Die Reform der EU-Kohäsionspolitik im Zuge der Einheitlichen Europäischen Akte markierte den Ausgangspunkt für die Entstehung des Multi-Level-Governance Ansatzes (Hooghe/Marks 2001). Gemäß dieses Konzeptes lag die politische Entscheidungsmacht in der Kohäsionspolitik nicht mehr exklusiv bei den mitgliedstaatlichen Regierungen, sondern es wurde fortan eine Vielzahl an Akteuren in dieses Politikfeld eingebunden (Piattoni 2016; Schakel 2020).[2] Denn die Reform der Europäischen Strukturfonds erforderte, dass die Regierungen der EU-Mitgliedstaaten ihre Pläne gemäß des Partnerschaftsprinzips seit 1988 in operationellen Programmen gemeinsam mit der EU-Kommission und regionalen Regierungen erarbeiten mussten (Stephenson 2016). Damit sind Regionen an der inhaltlichen Ausrichtung der durch die EU geförderten Projekte mit beteiligt, indem sie inhaltliche Schwerpunkte in der Konzeptions- und Verhandlungsphase setzen können und an der Verwendung der Finanzmittel beteiligt sind (Bachtler/McMaster 2008; Rodriguez-Pose/Courty 2018). Regionen wurden so zunehmend stärker in die Planung und Implementierung der Mittel aus den Europäischen Strukturfonds involviert (Stephenson 2016). Piattoni (2010) sieht in den Reformen der EU-Kohäsionspolitik eine Opportunitätsstruktur für ein *policy empowerment* und *institutional empowerment* von Regionen in der EU (Piattoni 2010: 128), die es ermöglichen, „Geld aus Brüssel"[3] zu bekommen (Keating 2008; Schakel 2020). Das Monitoring von EU-Födermitteln, auch bezeichnet als „fund seeking", nimmt seit den Reformen der Europäischen Strukturfonds im Zuge

---

[2] Trotz der Aufwertung der regionalen Ebene im Feld der Kohäsionspolitik verweist Schakel (2020) darauf, dass in der Förderperiode 2014-2020 in 19 von 28 EU-Mitgliedstaaten die mitgliedstaatlichen Regierungen für die Verwaltung der Kohäsionsmittel zuständig gewesen sind. Dies verdeutlicht, dass mitgliedstaatliche Regierung in vielen EU-Staaten zentrale Akteure im Feld der Kohäsionspolitik bleiben. Nur in sechs EU-Mitgliedstaaten ist die regionale Ebene vollständig für die Kohäsionspolitik verantwortlich (Österreich, Belgien, Frankreich, Deutschland, Italien, Polen) und in drei EU-Mitgliedstaaten (Finnland, Schweden, Großbritannien) sind Regionen für die Verwaltung und Implementierung der Kohäsionspolitik zuständig.

[3] Das Ziel, EU-Fördermittel zu gewinnen, lässt sich in der Typologie der „sieben Gesichter der Europäischen Union" von Max Haller so am ehesten einer EU als „Futtertrog" zuordnen (Haller 2009: 331).

der Einheitlichen Europäischen Akte einen hohen Stellenwert in der Europapolitik von Regionen ein und ist von strategischem Interesse für regionale Akteure (Rodriguez-Pose/Courty 2018). Schneider et al. (2014) beschreiben diesen Treiber regionalen Engagements in der EU für die deutschen Länder folgendermaßen: „EU policies with a direct impact on Länder competencies, such as the EU's structural and cohesion policies, provide regional political actors with strong incentives to exercise influence in order to receive more regional funding" (Schneider et al. 2014: 408).

Infolge dieser Aufwertung von Regionen in der Kohäsionspolitik richtete sich die Aufmerksamkeit in der Forschung zur subnationalen Mobilisierung auf das Engagement von Regionalbüros, deren Anzahl seit den 1980er Jahren in einem „Wettrennen der Regionen nach Brüssel" kontinuierlich gewachsen ist (Studinger 2013). Für die Verfolgung strategischer Ziele in der Europapolitik erfüllen diese Repräsentationsbüros wichtige Aufgaben vor Ort in Brüssel. Sie stellen den wesentlichen Akteur im Engagement um Finanzmittel auf europäischer Ebene dar, die als Teil der regionalen Exekutive wichtige Informationsdrehscheiben zwischen der regionalen Administration und den EU-Institutionen sind und Lobbyarbeit für ihre Region betreiben (Donas et al. 2014). Neben dem Monitoring von EU-Fördermitteln erstreckt sich das Aufgabenspektrum der Regionalbüros von der Informationssammlung über künftige EU-Gesetzesvorhaben, über das Netzwerken mit anderen Regionen bis hin zur politischen Beeinflussung von EU-Institutionen im Sinne regionaler Interessen (Marks et al. 2002). So können Regionen, je nach Interessenlage, mit anderen Regionen zu verschiedenen Zwecken kooperieren oder ihre Bemühungen auf das „fund seeking" konzentrieren. Das Aufgabenprofil dieser Regionalbüros ist also vielfältig, wobei das Monitoring zum Zugang zu EU-Finanzmitteln einen hohen Stellenwert in den europapolitischen Prioritäten regionaler Akteure einnimmt (Tatham 2017; Tatham 2018). Die EU-Förderungen können dabei ihre Wirkung in zwei Richtungen entfalten: Zum einen können sozioökonomisch schwache Regionen von EU-Fonds angezogen werden (Marks et al. 1996), zum anderen versuchen sozioökonomisch hoch entwickelte Regionen ihren Status zu halten oder sogar zu verbessern (Keating 1999). Die Regionalbüros spielen „not the same game": Während „first league" Regionen, also politisch und/oder ökonomisch starke Regionen primär Einfluss auf EU-Entscheidungsprozesse nehmen wollen und von der EU-Kommission auch eher wahrgenommen werden, seien „second-league" Regionen, also politisch und/oder ökonomisch schwache Regionen, primär am „fund hunting" interessiert (Tatham 2008).

Obwohl regionale Regierungen mit ihren Brüsseler Regionalbüros diejenigen Akteure auf regionaler Ebene sind, die im Feld der EU-Fördermittel neben den mitgliedstaatlichen Regierungen agieren (Jaursch 2014; Kölling 2015), sollten auch regionale Parlamente Interesse an EU-Fördermitteln haben, wenngleich sie mit geringen Handlungsspielräumen in der Europapolitik ausgestattet sind (Bursens/Högenauer 2017). Bislang wurde die Rolle von regionalen Parlamenten zum Thema EU-Fördermittel wenig in Studien beleuchtet. Zum einen ermöglichen die Mittel aus den EU-Strukturfonds die Erhöhung sozioökonomischer Konvergenz und wirtschaftlicher Wettbewerbsfähigkeit einer Region, sodass dies als Anreiz gesehen werden kann, dass Regionen, „aber auch deren Parlamente, sich mit EU-Fördermitteln auseinandersetzen. Masseti/Schakel (2016) betonen in diesem Kontext: „Arguably, the funds distributed to the regions via Cohesion policy represent the most substantive and tangible manifestation of the EU policy for the regions [...]" (Massetti/Schakel 2016: 217). Zum anderen müssen einige EU-Förderprogramme der Europäischen Strukturfonds durch regionale Haushaltsmittel kofinanziert werden (Auel/Große Hüttmann 2015), sodass erwartet werden kann, dass sich auch regionale Parlamente neben der Exekutive mit EU-Fördermitteln beschäftigen müssen. So bemühen sich regionale Parlamente je nach EU-Mitgliedstaat unterschiedlich intensiv darum, Angelegenheiten im Bereich der EU-Förderungen durch parlamentarische Anfragen an die Exekutive zu kontrollieren (Högenauer 2017). Außerhalb der parlamentarischen Arena stellt der Wahlkampf einen wichtigen Aushandlungsort für politische Debatten zur Europapolitik dar, wenngleich auf subnationaler Ebene die Salienz für EU-Themen begrenzt ist. Im Wahlkampf müssen sich Parteien in Wahlprogrammen, oder bei späterer Regierungsbeteiligung in Regierungsprogrammen, gegenüber der eigenen Partei und der Öffentlichkeit positionieren (Massetti/Schakel 2021). Es sind erste Studien vorhanden, die die Politisierung der EU-Kohäsionspolitik im regionalen Wahlkampf beleuchten (Gross 2021; Gross/Debus 2018).

Zusammenfassend lässt sich festhalten, dass die Verfolgung von europapolitischen Strategien für regionale Politik in einen strukturellen Rahmen auf mitgliedstaatlicher und EU-Ebene eingebettet ist. Dieser Rahmen ist zugleich handlungsermöglichend und handlungsbegrenzend. An diesen Handlungsrahmen knüpft ein Item aus der REGIOPARL-Abgeordnetenbefragung an, das nach verschiedenen Zielen und Strategien regionaler Europapolitik fragt. Dabei wurde auch versucht eine Bandbreite von Strategien in der Formulierung des Items mitzudenken, die Regionen in der Europapolitik verfolgen können: So können Regionen eigennützig handeln, indem sie Vorteile für sich erhöhen und viele EU-Fördermittel einwerben möchten. Sie können sich aber auch darum bemühen, den Einfluss einer Region oder generell aller Regionen in der EU zu erhöhen. Zudem können Regionen auch mit anderen Regionen kooperieren. Schließlich kann es auch ein regionales Ziel sein, die Auswirkungen der europäischen Integration auf eine Region oder den Mitgliedstaat zu begrenzen.

1.2 Handlungsspielraum und Ziele aus Sicht regionaler Abgeordneter

Wie bereits zuvor beschrieben, sind Ziele und Strategien regionaler Politik in einen strukturellen Rahmen auf Meso- und Makroebene eingebettet, der Handlungsspielräume ermöglicht oder beschränkt. Da im empirischen Teil dieses Beitrags Individualdaten verwendet werden, sollen am Ende dieses Abschnitts Überlegungen zur Wahrnehmung und Einschätzung von diesen Handlungsspielräumen bzw. daraus resultierenden Zielen auf der individuellen Ebene der Abgeordneten angestellt werden.

Die Festlegung von Zielen regionaler Politik in europapolitischen Fragen erfolgt im zuvor beschriebenen strukturellen Rahmen, der Handlungsspielräume ermöglicht oder begrenzt. Zielsetzungen werden daher immer auf diese Handlungsspielräume Bezug nehmen, und in einem strategischen Rahmen und Umfeld geplant werden. In diesem Umfeld werden Präferenzen und Strategien anderer Akteure antizipiert und Konsequenzen abgewogen. Neben dem strukturellen Rahmen der Makroebene geben Institutionen wie das regionale Parlament selbst oder politische Parteien über Parteiprogramme Orientierungsgrundlagen für die Mikroebene der Abgeordneten. Die Wahrnehmung all dieser Rahmenbedingungen auf der Makroebene bzw. der Mesoebene der Institutionen unterliegt den subjektiven Interpretationen der Abgeordneten (Raschke/Tils 2010), die einen gewissen Gestaltungsspielraum für ihre Ziele und Handlungen vorfinden (Klingelhöfer 2017; Schöne 2018; Siefken 2013). Ziele und Strategien (regionaler) Politik sind insbesondere dann Gegenstand einer intensiven (individuellen) Kalkulation, wenn sie von hoher Relevanz für die Beteiligten sind (Bauer/Pitschel 2007). Parteiprogramme und eigene Werthaltungen geben hier Orientierung. Raschke/Tils (2010) bezeichnen dies als Teil des „strategi-schen Kompass", über den Politiker:innen verfügen. Dieser „strategische Kompass" enthält eigene Wert- und Rollenvorstellungen, lehnt sich aber auch an Leitbilder der eigenen Partei an und speist sich aus der Beobachtung politischer Mitbewerber:innen. Zielkonflikte sind dabei ein Bestandteil politischer Entscheidungsfindung, die rationale Abwägungen erschweren können. Dies wird im empirischen Teil dieses Beitrags deutlich, wenn die beiden ermittelten Strategien zu europapolitischen Aktivitäten der Regionen zwar unabhängig sind, sich aber nicht gegenseitig ausschließen.

Nicht nur die Wahrnehmung der Situation und der institutionellen und strukturellen Rahmenbedingungen unterliegen einer individuellen Interpretation, auch die Interpretation des Mandates durch die Abgeordneten selbst weist einen gewissen Spielraum auf (Patzelt 2009; Searing 1991). Bei der Formulierung der Items zu Zielen regionaler Politik wurde daher auch auf verschiedene

Auslegungen der Repräsentationsrolle (Saalfeld/Müller 1997) Rücksicht genommen, in dem die formulierten Ziele verschiedene politische Ebenen (regionale, nationale und europäische Ebene) berücksichtigen. Damit verbunden ist auch die Frage, für *wen* diese Ziele regionaler Politik verfolgt werden sollen, also welche *constituency* (regional, national, europäisch) im Fokus der Abgeordneten liegt und wie sie ihr repräsentatives Mandat diesbezüglich auslegen (Scully/Farrell 2003). In einer Befragung von Abgeordneten des europäischen Parlamentes haben Farrell et al. (2006) Repräsentationsverständnisse abgefragt, um Aufschluss über den Fokus der Abgeordneten („repräsentational foci", Wessels 2005) hinsichtlich ihrer europapolitischen Ziele und Aktivitäten zu erlangen. Abgeordnete des Europäischen Parlamentes verfügen dabei in großen Teilen über ein multiples Repräsentationsverständnis, in dem sie sich als „agents" für die Anliegen auf allen Ebenen der europäischen Demokratie sehen. Wir folgen Farell et al. (2006) in der Abfrage des Repräsentationsverständnisses, in dem wir eben dieses Item auch in der Befragung der Abgeordneten in einer etwas kürzeren Form verwenden und danach fragen, ob die Abgeordneten sich in ihrem Mandat allen Menschen in der Region, allen Menschen der Nation oder allen Menschen in Europa verpflichtet fühlen. In der empirischen Auswertung kontrastieren wir dieses Repräsentationsverständnis mit den Zielen regionaler Politik in europapolitischen Fragen.

2 – Zwei Ziele regionaler Politik in europapolitischen Angelegenheiten

Die im vorigen Abschnitt entwickelten Fragestellungen werden mittels des REGIOPARL-Datensatzes der Abgeordnetenbefragung explorativ analysiert. Angaben zur methodischen Umsetzung der Befragung sowie zur Stichprobe finden sich im Online-Appendix. Für die folgenden Auswertungen gilt insbesondere zu berücksichtigen, dass das Sample der Befragung als eher pro-europäisch in den einzelnen Ländern charakterisiert werden kann. Während es in Österreich und in Deutschland gelang, das politische Spektrum der

Parteien hinreichend abzubilden, fällt besonders in Polen die unterdurchschnittliche Teilnahme von Abgeordneten der rechtsnationalen, europakritischen PiS-Partei auf. Insbesondere für das polnische Sample ist daher von einer starken pro-europäischen Ausrichtung in den Einstellungen der Befragten auszugehen. Auch für die anderen Länder ist anzunehmen, dass das Thema „Europa" bzw. „EU" als vergleichsweise relevant und wichtig eingeschätzt wird.

Wie zu Beginn diskutiert, verfügen regionale Parlamente und deren Abgeordnete nur über begrenzte Handlungsspielräume im EU-Mehrebenensystem. Dennoch zielte die REGIOPARL-Befragung regionaler Abgeordneter darauf ab, ein Bild dieser Handlungsspielräume und der damit verbundenen Ziele und Strategien zu skizzieren. Am Ende des Fragebogens wurde daher eine Itembatterie angelegt, die die möglichen Vorgehensweisen und Ziele regionaler Politik im Rahmen europapolitischer Aktivitäten abbildet (siehe Tabelle 1). Die Fragen umfassten einerseits enge Ziele, die vor allem das Fortkommen der eigenen Region betreffen, als auch Ziele, die mit der eigenen Nation und deren vorrangigen Interessen verbunden sind, bis hin zu Zielen, die eine erweiterte Perspektive umfassen und Kooperation im Rahmen der EU in den Mittelpunkt stellen. Die Befragten konnten dabei auf einer Skala von 1 (stimme sehr zu) bis 5 (stimme gar nicht zu) ihre Einschätzung und Wertigkeit abgeben.

Ein Vergleich der Mittelwerte der Antworten auf diese Itembatterie zeigt zunächst, dass das Item „Den Einfluss der EU in meiner Region geringhalten" die niedrigste Zustimmung erhält[4] und Items zur Förderung der Zusammenarbeit vergleichsweise hohen Zuspruch in allen Ländern erhalten (Abbildung 1). Zu Auffassungsunterschieden zwischen den Abgeordneten einzelner Länder kommt es vor allem bei den Items „Möglichst viele Vorteile für meine Region erzielen", „Den Einfluss aller Regionen in der EU erhöhen" sowie „Den Einfluss des eigenen Staates in der EU erhöhen". Im Vergleich der einzelnen Länder fällt vor allem Polen mit einer starken

---

[4] Die Antwortmöglichkeiten wurden im Sinne einer leichteren Interpretierbarkeit invertiert, sodass im Folgenden 5 „stimme sehr zu" bis 1= „stimme gar nicht" zu bedeutet.

Zustimmung zu den Aussagen „Möglichst viele Vorteile für meine Region erzielen" und „Den Einfluss des eigenen Staates in der EU erhöhen" auf. Abgeordnete aus Deutschland hingegen haben im Vergleich zu den anderen Ländern weniger oft das Gefühl, der Einfluss aller Regionen bzw. des eigenen Staates müsste in der EU erhöht werden oder die Souveränität des eigenen Staates geschützt werden.

Tabelle 1: Itembatterie Ziele regionaler Politik in europapolitischen Fragen

Antwortoptionen	Fokus
Möglichst viele Vorteile für meine Region erzielen.	Stärkung der eigenen Region
Möglichst viele Fördermittel für meine Region einwerben.	Stärkung der eigenen Region
Den Einfluss der EU in meiner Region geringhalten.	Schutz der eigenen Region gegenüber Einflüssen von „außen"
Den Einfluss meiner Region in der EU erhöhen.	Mitsprache der eigenen Region ausweiten
Den Einfluss aller Regionen in der EU erhöhen.	Mitsprache aller Regionen (inklusive der eigenen Region) stärken
Den Einfluss des eigenen Staates in der EU erhöhen.	Stärkung des eigenen Staates (inklusive der eigenen Region) in der EU
Die Souveränität des eigenen Staates gegenüber der EU schützen	Den eigenen Staat (inklusive der eigenen Region) gegenüber Einflüssen der EU schützen
Die Erfolge der EU in meiner Region sichtbarer machen.	Die EU in der eigenen Region vertreten (advocacy)
Die Zusammenarbeit mit anderen europäischen Regionen vertiefen.	Kooperation (zu welchem Ziel?) der eigenen Region mit anderen Regionen
Bei Entscheidungen einen verstärkten Fokus auf die gesamteuropäische Perspektive legen.	Über einen bloßen regionalen oder nationalen Fokus in der Entscheidungsfindung hinausdenken

Quelle: Eigene Zusammenstellung.

Auf Basis dieser Aussagen wurde im nächsten Schritt eine Faktorenanalyse berechnet, deren Ziel es ist, gemeinsame Dimensionen, also Faktoren, auf denen sich die Items bündeln lassen, herauszufinden. Faktoren sind latente Einstellungsdimensionen und die darauf ladenden Aussagen bilden jeweils ein Syndrom oder im hier vorliegenden Fall so etwas wie ein „Meta-Ziel" ab.

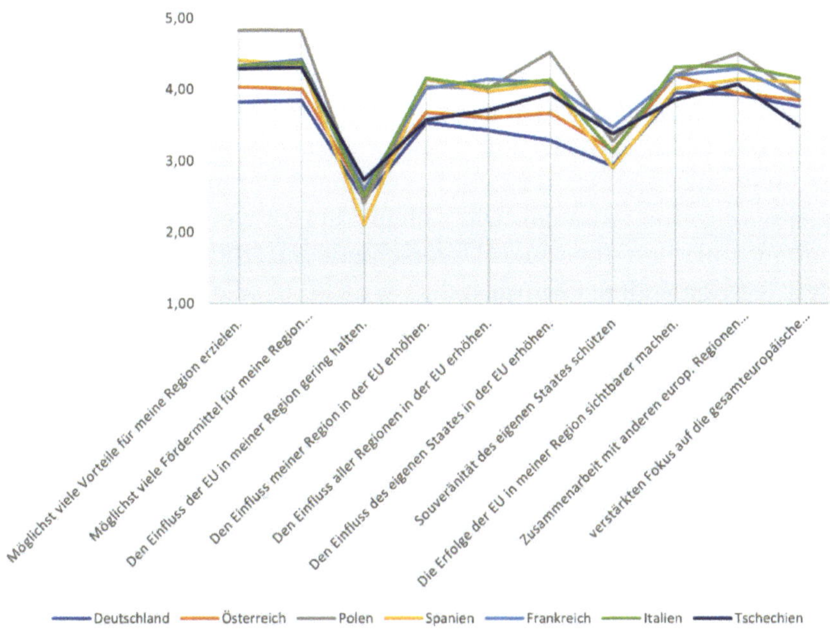

Die Methode der Faktorenanalyse fasst jene Aussagen zusammen, die von den Befragten jeweils ähnlich beantwortet werden, also aus Sicht der Befragten eine Gemeinsamkeit teilen. Da bereits Annahmen über solche „Meta-Ziele" bei der Konstruktion der Itembatterie vorhanden waren, wurde die Hauptachsenanalyse als rechnerisches Verfahren gewählt. In der Berechnung wurde außerdem eine relativ strikte Vorgehensweise angewendet, die Faktoren orthogonal zueinander bestimmt (Varimax Rotation), das heißt davon ausgeht, dass Unabhängigkeit zwischen den Faktoren besteht. Damit wird eine besonders „trennscharfe" Lösung gewährleistet, in der die Faktoren tatsächlich für das stehen, was sie beinhalten bzw. womit sie bezeichnet wurden. Aussagen, die zu wenig Faktorladungen aufgewiesen haben oder eben auf anderen Faktoren Ladungen gezeigt haben, wurden eliminiert (siehe Anhang). Faktorenladungen können in einem Bereich von -1 bis +1 variieren, und geben den Zusammenhang einer Aussage mit dem Faktor an. In den Sozialwissenschaften wird ein Wert von 0,5 als relevant in diesem Zusammenhang interpretiert. In einem sukzessiven Ausschlussverfahren wurde so Schritt für Schritt eine möglichst stringente Lösung erarbeitet. Extrahiert wurden nur Faktoren mit Eigenwerten größer 1, um davon auszugehen, dass ein Faktor mehr Varianz erklären kann als eine einzelne Aussage. Die sieben Länder weisen dabei einige Gemeinsamkeiten aber auch Unterschiede auf, die nachfolgend erörtert werden sollen. Grundsätzlich wurde für alle Länder eine Lösung berechnet, wenngleich zu beachten ist, dass manche Länder über relativ geringe Fallzahlen verfügen.

In der Berechnung haben sich zwei stabile Faktoren ergeben, die in fast allen Ländern die gleiche Zahl von Aussagen aufweisen (Tabelle 2). Besonders der erste Faktor, der als „Interregionaler Wettbewerb" beschrieben und bezeichnet werden kann, weist in allen Ländern durchgehend zwei Aussagen auf: „Möglichst viele Vorteile für meine Region erzielen" und „Möglichst viele Fördermittel für meine Region einwerben". Daneben finden sich noch länderspezifische Variationen, die weitere Aussagen zu diesem Faktor zurechnen. Zwei dieser assoziierten Items sprechen Strategien der Abgrenzung an, wenn es darum geht den Einfluss der EU in der Region möglichst gering zu halten oder die Souveränität des eigenen Staates zu schützen. Zwei weitere Aussagen beziehen sich darauf, als Region oder Nationalstaat in der EU mehr Einfluss zu erlangen. Nur in Polen und Frankreich finden sich keine weiteren Aussagen, die mit „interregionalem Wettbewerb" assoziiert sind. Zusammenfassend kann festgestellt werden, dass der erste Faktor eher Ziele und Strategien anspricht, die nicht auf Zusammenarbeit ausgelegt sind.

Tabelle 2a: Faktorenanalyse Ziele regionaler Politik in europapolitischen Fragen

	Österreich, 2 Faktoren	Deutschland, 2 Faktoren	Polen, 2 Faktoren	Tschechien, 2 Faktoren	Italien, 2 Faktoren
Regionaler Wettbewerb	**Vorteile für Region erzielen.** **Fördermittel für Region einwerben.** Einfluss der EU in Region geringhalten. Einfluss des Staates in EU erhöhen. Souveränität des Staates gg. EU schützen.	**Vorteile für Region erzielen.** **Fördermittel für Region einwerben.** Einfluss des Staates in EU erhöhen.	**Vorteile für Region erzielen.** **Fördermittel für Region einwerben.**	**Vorteile für Region erzielen.** **Fördermittel für Region einwerben.** Einfluss eigener Region in EU erhöhen. *(Den Einfluss aller Regionen in EU erhöhen: cross-loading mit transregionale Kooperation!)*	**Vorteile für Region erzielen.** **Fördermittel für Region einwerben.** Einfluss eigener Region in EU erhöhen. Einfluss der EU in Region geringhalten. Souveränität des Staates ggü. EU schützen.
Trans-regionale Kooperation & EU Awaren-	**Erfolge der EU in Region sichtbarer machen.** **Zusammenarbeit mit anderen Regionen vertiefen.** **Verstärkten Fokus auf gesamteuropäische Perspektive legen.**	**Erfolge der EU in Region sichtbarer machen.** **Zusammenarbeit mit anderen Regionen vertiefen.** **Verstärkten Fokus auf gesamteuropäische Perspektive legen.** Einfluss eigener Region in EU erhöhen. (negativ) Souveränität des eigenen Staates ggü. EU schützen. (negativ)	**Erfolge der EU in Region sichtbarer machen.** **Zusammenarbeit mit anderen Regionen vertiefen.** **Verstärkten Fokus auf gesamteuropäische Perspektive legen.** Einfluss der EU in eigener Region geringhalten. (negativ) Einfluss eigener Region in EU erhöhen. Einfluss aller Regionen in EU erhöhen. Souveränität des eigenen Staates ggü. EU schützen. (negativ)	**Erfolge der EU in Region sichtbarer machen.** **Zusammenarbeit mit anderen Regionen vertiefen.** **Verstärkten Fokus auf die gesamteuropäische Perspektive legen.** Einfluss aller Regionen in EU erhöhen.	**Zusammenarbeit mit anderen Regionen vertiefen.** **Verstärkten Fokus auf die gesamteuropäische Perspektive legen.** Einfluss aller Regionen in EU erhöhen.

Tabelle 2b: Faktorenanalyse Ziele regionaler Politik in europapolitischen Fragen

Faktor	*Spanien, 3 Faktoren*	*Frankreich, 3 Faktoren*
Regionaler Wettbewerb	**Vorteile für Region erzielen.** **Fördermittel für Region einwerben.**	**Vorteile für Region erzielen.** **Fördermittel für Region einwerben.**
Trans-regionale Kooperation & EU Awareness	*(Den Einfluss meiner Region in der EU erhöhen: cross-loading mit transregionale Kooperation)* **Zusammenarbeit mit anderen Regionen vertiefen.** Einfluss eigener Region in EU erhöhen. Einfluss aller Regionen in EU erhöhen.	**Erfolge der EU in Region sichtbarer machen.** **Zusammenarbeit mit anderen Regionen vertiefen.** **Verstärkten Fokus auf gesamteuropäische Perspektive legen.** Einfluss aller Regionen in EU erhöhen.
EU Abgrenzung	Einfluss der EU in Region geringhalten. Souveränität des Staates ggü. EU schützen.	Einfluss der EU in Region geringhalten. Souveränität des Staates ggü. EU schützen. Einfluss des Staates in EU erhöhen.

Quelle: Eigene Zusammenstellung.

Ein weiterer Faktor bzw. Ziel regionaler Politik spricht vor allem Inhalte der Zusammenarbeit und Kooperation an, und inkludiert mit kleineren Abweichungen in den einzelnen Ländern folgende Aussagen: „Die Erfolge der EU in meiner Region mehr sichtbar machen", „Die Zusammenarbeit mit anderen europäischen Regionen vertiefen" und „Einen verstärkten Fokus auf die gesamteuropäischen Perspektive in der Entscheidungsfindung legen". Dieser Faktor wird im Folgenden „Transregionale Kooperation und EU Awareness" benannt. Alle drei Items sind in Österreich, Deutschland, Polen, Tschechien und Frankreich diesem Faktor zuzuordnen. Nur in Spanien und Italien weichen die Lösungen von dieser Zusammenstellung ab. In Italien fehlt jenes Item, das die Bewusstseinsmachung für Erfolge der EU in der Region anspricht. Die Kooperation zu vertiefen und eine gesamteuropäische Perspektive einzunehmen bündeln sich hier mit der Ansicht, dass alle Regionen mehr Einfluss erhalten sollten.

In Spanien ist nur mehr eines der drei für diesen Faktor bestimmenden Items zu finden. Es spricht die Vertiefung der Zusammenarbeit bei gleichzeitiger Stärkung des Einflusses meiner/aller Region(en) an. Hier wäre das Ziel regionaler Politik wohl eher eine verstärkte Einflussnahme der Regionen generell in europapolitischen Fragen zu erreichen. Diese Befunde für Spanien und Italien sind sowohl angesichts der schwierigen Erfahrungen der Wirtschafts- und Finanzkrise ab 2008 im Süden Europas erklärbar als auch im Lichte von Autonomiebestrebungen einiger Regionen in Spanien verständlich.

Auch die Abbildung eines dritten Faktors in Spanien und Frankreich könnte entlang solcher Argumentationen kontextualisiert werden. Dieser dritte Faktor ist durch eine Ablehnung europäischer Integration gekennzeichnet und zieht klare Grenzlinien zwischen der Region und der Nation gegenüber der EU. In Frankreich könnten sich hier die starken regionalen Verwerfungen zwischen den politischen Lagern widerspiegeln, wie sie zuletzt bei der Präsidentschaftswahl 2022 sichtbar wurden (Reisen 2022).

Zusammengefasst ergab die Faktorenanalyse zwei grundlegende Antwortmuster, die allerdings nicht wie ursprünglich entlang territorialer Dimensionen changieren, sondern sich einmal stärker auf eine Wettbewerbsdimension beziehen und einmal stärker Kooperation und Advocacy in den Vordergrund stellen. Die erklärten Varianzen der Faktoren sind durchaus zufriedenstellend und schwanken zwischen 39,2% und 15,4%. Entsprechend der Berechnungsmethode sind diese beiden Hauptziele regionaler Politik als Faktoren unkorreliert (siehe Tabelle 3). Dennoch können sie zugleich verfolgt werden und schließen sich nicht gegenseitig aus, wie Abbildung 2 zeigt. Für die weiterführende Analyse wurden nur jene Länder einbezogen, in denen sich zum einen diese klare Faktorenstruktur reproduzieren ließ, zum anderen aber auch die Fallzahl (gerade noch) einen vertretbaren Umfang aufweist (zu den Fallzahlen siehe Anhang). Spanien und Italien wurden aufgrund dieser Argumente von weiteren Analysen ausgeschlossen. Die beiden Faktoren wurden in additive Indizes umgewandelt und der besseren Interpretierbarkeit wegen in eine Skala von 1 (stimme gar nicht zu) bis 5 (stimme sehr zu) umgewandelt. Abbildung 2 zeigt die Mittelwerte dieser beiden Indizes in den fünf verbleibenden Ländern der Analyse (Deutschland, Österreich, Polen, Tschechien und Frankreich). Zunächst fällt auf, dass in allen Ländern die Zielsetzung bzw. Strategie des „Interregionalen Wettbewerbs" die höchste Zustimmung erfährt. In Deutschland und Österreich findet die Zielsetzung der „Transregionalen Kooperation und EU Awareness" aber ebenfalls hohe Zustimmungswerte. In Tschechien ist die Zustimmung zur Zielsetzung der Kooperation etwas geringer, wenngleich noch immer deutlich über der Mitte der Skala; in Polen ist die Diskrepanz der Zustimmung zu den beiden Indizes hingegen am höchsten.

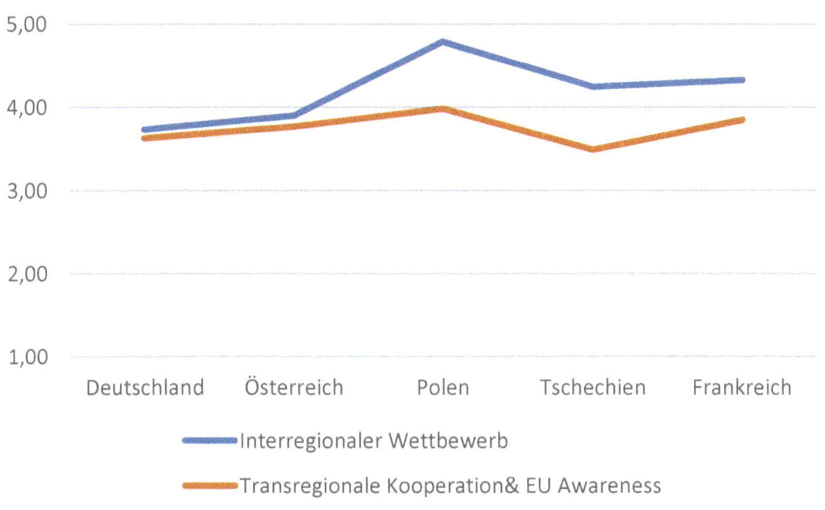

Quelle: Eigene Zusammenstellung.

Zielformulierungen in der Politik inkludieren auch immer einen bestimmten Adressatenkreis (Raschke/Tils 2010), dem in der Itemformulierung indirekt durch die Berücksichtigung der verschiedenen Ebenen (regional, national und europäisch) und deren *constituency* Rechnung getragen wurde. Entsprechend dieser Überlegungen sollen in einem letzten Schritt auch Auffassungen hinsichtlich der eigenen Repräsentationsrolle der Abgeordneten in der Analyse berücksichtigt werden. Die Abgeordneten wurden dazu gefragt, wem sie sich in ihrer Abgeordnetenrolle gegenüber verpflichtet fühlen, und konnten für drei Ebenen (Region, Nation und Europa) auf einer fünfstufigen Skala ihre Zustimmung abgeben. Zur einfacheren Interpretation wurde diese Skala wiederum invertiert, sodass hohe Werte Zustimmung bedeuten und niedrige Werte Ablehnung. Tabelle 3 weist die bivariaten Korrelationen der beiden neu gebildeten Indizes mit eben diesen Aussagen zur Wahrnehmung der Repräsentationsrolle aus. Während der erste Index eine leichte, positive

Korrelation mit der Repräsentation aller Menschen in der Region aufweist, ist der zweite Index der „Transregionalen Kooperation und EU Awareness" besonders hoch mit einer Repräsentation aller Menschen in Europa aus Sicht der Abgeordneten korreliert. Außerdem weist dieser Index leichte Korrelationen mit der Repräsentation aller Menschen der Region und aller Menschen der Nation auf. Obwohl beide Indizes den Erwartungen entsprechend einerseits einen eher engen Horizont (Interregionaler Wettbewerb) und andererseits einen eher weiten Horizont (Transregionale Kooperation und EU Awareness) aufweisen, ist beim zweiten Index sogar von einem multiplen Repräsentationsverständnis auszugehen. Interregionaler Wettbewerb korreliert hingegen negativ mit dem Vertretungsanspruch aller Menschen in Europa.

Tabelle 3: Korrelationen der Indizes Interregionaler Wettbewerb *und* Transregionale Kooperation & EU Awareness *mit Einstellungen zur Repräsentationsrolle*

	Interregionaler Wettbewerb	Transregionale Kooperation & EU Awareness	Allen Menschen Region	Allen Menschen Nation	Allen Menschen Europa
Interregionaler Wettbewerb	1				
Transregionale Kooperation & EU Awareness	-0,003				
Allen Menschen Region	,250**	,146**			
Allen Menschen Nation	0,061	,158**	,447**		
Allen Menschen Europa	-,137**	,512**	,184**	,458**	1

Quelle: Eigene Zusammenstellung.

Ein wichtiger Befund der durchgeführten Analysen ist, dass sich die Ziele regionaler Politik in europapolitischen Fragen aus Sicht der

Abgeordneten nicht entlang territorialer Dimensionen wie Region, Nation und Europa aufschlüsseln, sondern zwei Interessenslagen abbilden, die Wettbewerb und Kooperation adressieren. Zwar scheint es so etwas wie ein Phänomen des „(my) region first" zu geben, aber es schließt sich nicht mit Zielen und Strategien der Kooperation aus. Dennoch ist festzuhalten, dass die Strategie des „Wettbewerbs" einen eher engen regionalen Fokus einnimmt und tendenziell mit EU-kritischen Haltungen assoziiert ist, analysiert man, welche Items noch mit diesem Faktor in verschiedenen Ländern assoziiert werden. Diese utilitaristische Vorgehensweise und Zielsetzung des Wettbewerbs ist für die Abgeordneten aller teilnehmenden Regionen und Länder offensichtlich interessant und relevant. Dies mag einerseits im ohnehin engen Handlungsspielraum von Regionen, und insbesondere deren Legislative, im EU-Mehrebenensystem begründet sein, andererseits durch den Wettbewerb um Fördermittel befeuert werden. Selbst wenn der Handlungsspielraum im Politikfeld der Fördermittel insbesondere für regionale Parlamente eingeschränkt ist, sind monetäre Erfolge ein einfacher und wesentlicher Gradmesser in der Kalkulation von Vor- und Nachteilen, die aus der EU-Mitgliedschaft entstehen. Dies scheint sowohl für die Bevölkerung, aber auch für die regionale Politik, die ja eben auch die Erfolge der EU auf regionaler Ebene kommunizieren muss, zu gelten.

3 – Diskussion

Unsere Analyse hat sich zunächst mit dem engen Handlungsspielraum von Regionen, und insbesondere von regionalen Parlamenten, im Mehrebenensystem der EU auf der konzeptionellen Ebene beschäftigt. Wir haben dabei ein spezielles Handlungs- und Interessensfeld für Regionen, nämlich das der EU-Fördermittel, herausgegriffen und als wesentlichen Treiber für europapolitisches Engagement der Regionen identifiziert. Auch wenn regionale Parlamente nur bedingt Einfluss im EU-Mehrebenengefüge haben, und im Bereich der EU-Fördermittel formal kaum bzw. nur indirekt

Einflussmöglichkeiten haben, ist davon auszugehen, dass sich regionale Parlamente bzw. deren Abgeordnete gerade auch mit diesem Aspekt aufgrund seiner hohen Bedeutsamkeit insgesamt, und den Erwartungen der Wähler:innenschaft an eine „gewinnbringende" Mitgliedschaft in der EU, beschäftigen. Die Itembatterie zu Zielen regionaler Politik in europapolitischen Fragen sollte auch indirekt diese und andere Werthaltungen gegenüber europäischer Integration und Zusammenarbeit erfassen. So zeichnete sich in der Datenanalyse eine eher utilitaristische, enge Zielsetzung basierend auf einer Strategie des Wettbewerbs ab und eine Zielsetzung bzw. Strategie, die eher auf Kooperation setzt. Während erstere Zielsetzung dann tatsächlich auch sehr auf die Region fokussiert ist, ist die zweite Zielsetzung mit einem multiplen Repräsentationsverständnis und einer pro-europäischen Haltung („EU Awareness") verknüpft. Dabei handelt es sich um zwei distinkte Strategien, die aber grundsätzlich von allen Abgeordneten Zustimmung erfahren. Möglichst viel für die Region (und deren Bevölkerung) „herauszuholen" scheint aber vergleichsweise attraktiver aus Sicht der Abgeordneten, besonders für jene aus Polen und Tschechien. Die Logik des „fund seekings" kommt somit auch indirekt bei den Abgeordneten regionaler Parlamente an, und produziert eine merkliche (An)Spannung zwischen Ländern und Regionen, in diesem Feld zu reüssieren.

Aufgrund des begrenzten Handlungsspielraumes auf europäischer Ebene, wie auch begrenzter Ressourcen das Thema Europa auch noch umfassender in die parlamentarische Arbeit zu integrieren (Högenauer/Abels 2017), ist es naheliegend, dass Abgeordnete zunächst einen Fokus auf eher enge Ziele setzen, die unmittelbar mit den Interessen der Region verbunden sind. Je distanter Ziele sind, desto geringer ist ihre unmittelbare strategische Bedeutung und desto weniger intensiv erfolgt vermutlich auch die Auseinandersetzung damit. Ausgehend von diesen kognitiven Strategien der Informationsverarbeitung ist auch anzunehmen, dass die Orientierung für distante Ziele und Themen eher entlang der eigenen Parteiprogramme erfolgt.

Weitere Forschungen sollten sich daher zentral mit der Rolle von Parteizugehörigkeit und dem entsprechenden ideologischen Hintergrund für die Beurteilung von Zielen regionaler Politik in europapolitischen Fragen durch die Abgeordneten beschäftigen. Mehr über die Vereinbarkeit oder Nicht-Vereinbarkeit der beiden Zielsetzungen – oder deren tatsächliche Umsetzung im politischen Alltag – zu erfahren, wäre ebenfalls ein Forschungsdesiderat, das unter Umständen auch durch andere methodische Verfahren wie Tiefeninterviews oder Dokumentenanalyse von Parteiprogrammen und Debatten (besser) ermittelt werden könnte. Zur Umsetzung dieser beiden Hauptziele regionaler Politik durch die Abgeordneten stellen sich unseres Erachtens zum Beispiel folgende Fragen: Wird dabei von den Abgeordneten jeweils nach Policy-Feld unterschieden? Ist das *setting* ausschlaggebend, also ob man sich in direktem Kontakt mit Bürger:innen bzw. im Wahlkampf mit diesen Zielen auseinandersetzt, oder aber, ob die Bearbeitung eher im Rahmen von strategischen Überlegungen unter Ausschluss der Öffentlichkeit erfolgt. Damit könnte sich unter Umständen auch der Rahmen erweitern, in dem wir vorab die Zielsetzungen für diese Befragung durchdacht und formuliert haben, und um Schattierungen und Nuancen ergänzt werden. Nicht zuletzt sind die länderspezifischen Unterschiede von hohem Interesse und bedürfen einer längerfristigen Beobachtung und Kontextualisierung im jeweiligen politischen Geschehen. In jedem Fall bleibt die Beschäftigung mit diesen und anderen Fragen in Bezug auf die Zielsetzungen regionaler Politik in europapolitischen Fragen lohnend bedenkt man, dass die regionale Ebene oftmals ein Experimentierfeld für parteipolitische Koalitionen auf höheren Ebenen (Massetti/Schakel 2021) ist.

Literaturverzeichnis

Abels, G. (2019): Zurück in die Zukunft? Entwicklungsperspektiven für ein „Europa mit den Regionen". In: Europäisches Zentrum für Föderalismus-Forschung Tübingen (Hrsg.), *Jahrbuch des Föderalismus 2019*, Baden-Baden: Nomos, S. 161–174.

Abels, G./Battke, J. (2019): Regional governance in the EU or: what happened to the 'Europe of the regions'? In: Ebd. (Hrsg.), *Regional Governance in the EU: Regions and the Future of Europe*, Cheltenham, UK: Edward Elgar Publishing, S. 1-14.

Abels, G./Eppler, A. (Hrsg.) (2015): *Subnational Parliaments in the EU Multi-Level Parliamentary System: Taking Stock of the Post-Lisbon Era.* Innsbruck/Wien: StudienVerlag.

AdR (2021): Local politicians of the EU and the future of Europe. *Flash Eurobarometer* (Bericht): https://cor.europa.eu/en/our-work/EURegionalBarometerDocs/Survey%20Report.pdf (aufgerufen am 08.08.2022).

Auel, K./Große Hüttmann, M. (2015): A Life in the Shadow? Regional Parliaments in the EU. In: Abels, G./Eppler A. (Hrsg.), *Subnational Parliaments in the EU Multi-Level Parliamentary System: Taking Stock of the Post-Lisbon Era*, Innsbruck/Wien: StudienVerlag, S. 345–356.

Bachtler, J./McMaster, I. (2008): EU Cohesion policy and the role of the regions: investigating the influence of Structural Funds in the new member states. *Environment and Planning C: Politics and Space*, 26 (2), 398–427.

Bauer, M.W./Pischel, D. (2007): Akteurspräferenzen: Schlüssel zur Erklärung subnationaler Mobilisierung. In: Europäisches Zentrum für Föderalismus Forschung (Hrsg.), *Jahrbuch des Föderalismus 2007. Föderalismus, Subsidiarität und Regionen in Europa*, Baden-Baden: Nomos, S. 74–85.

Bierling, S. (2020): *America First – Donald Trump im Weißen Haus. Eine Bilanz.* München: C.H. Beck.

Borghetto, E./Franchino, F. (2010): The role of subnational authorities in the implementation of EU directives. *Journal of European Public Policy,* 17 (6), 759–780.

Borońska-Hryniewiecka, K. (2017): Differential Europeanization? Explaining the impact of the early warning system on subnational parliaments in Europe. *European Political Science Review,* 9 (2), 255–278.

Brunazzo, M. (2016): The history and evolution of Cohesion policy. In: Piattoni, S./Polverari, L. (Hrsg.), *Handbook on Cohesion Policy in the EU,* Cheltenham: Edward Elgar, S. 17–35.

Bursens, P./Högenauer, A.-L. (2017): Regional parliaments in the EU multilevel parliamentary system. *The Journal of Legislative Studies,* 23 (2), 127–143.

Chalmers, A.W. (2013): Regional Authority, Transnational Lobbying and the Allocation of Structural Funds in the European Union. *Journal of Common Market Studies,* 51 (5), 815–831.

Dąbrowski, M./Spaans, M./Fernandez-Maldonado, A.M./Rocco, R. (2021): Cohesion Policy and the citizens' perceptions of the EU: the role of communication and implementation. *European Planning Studies,* 29 (5), 827–843.

Donas, T./Fraussen, B./Beyers, J. (2014): It's not all about the money: Explaining varying policy portfolios of regional representations in Brussels. *Interest Groups & Advocacy,* 3 (1), 79–98.

Elias, A. (2008): Introduction: Whatever Happened to the Europe of the Regions? Revisiting the Regional Dimension of European Politics. *Regional & Federal Studies,* 18 (5), 483–492.

Eppler, A./Maurer, A. (2017): Parliamentary scrutiny as a function of interparliamentary cooperation among subnational parliaments. *The Journal of Legislative Studies,* 23 (2), 238–259.

EU-Kommission (2021): Citizens' awareness and perception of EU regional policy. *Flash Eurobarometer 497* (Bericht): https://ec.europa.eu/regional_policy/sources/docgener/studies/pdf/eurobarometer_2021_report_en.pdf (aufgerufen am 24.08.2022).

Farrell, D.M./Hix, S./Johnson, M./Scully, R. (2006): A Survey of MEPs in the 2004-09 European Parliament. *Annual Conference of the American Political Science* (Paper): https://www.researchgate.net/publication/267774851_A_SURVEY_OF_MEPS_IN_THE_2004-09_EUROPEAN_PARLIAMENT (aufgerufen am 27.07.2022).

Grasnick, J. (2007): *Regionales Regieren in der Europäischen Union - Bayern, Rhône-Alpes und Oberösterreich im Vergleich*. Wiesbaden: Deutscher Universitäts-Verlag.

Gross, M. (2021): Does Anyone Care? Cohesion Policy Issues in Sub-national Politics. *Journal of Common Market Studies*, 60 (6), 1–18.

Gross, M./Debus, M. (2018): Does EU regional policy increase parties' support for European integration? *West European Politics*, 41 (3), 594–614.

Haller, M. (2009): *Die Europäische Integration als Elitenprozess. Das Ende eines Traums?* Wiesbaden: VS Verlag für Sozialwissenschaften.

Högenauer, A.-L. (2021): Progress at Snail's Pace? Regional Involvement and Treaty Changes since 1990. In: Abels, G. (Hrsg.), *From Takers to Shapers? Challenges for Regions in a Dynamic EU Polity*. Occasional Papers Nr. 43, Tübingen: Europäisches Zentrum für Föderalismus-Forschung Tübingen (EZFF), S. 9-21.

Högenauer, A.-L. (2017): Regional parliaments questioning EU affairs. *The Journal of Legislative Studies*, 23 (2), 183–199.

Högenauer, A.-L./Abels, G. (2017): Conclusion: regional parliaments – a distinct role in the EU? *The Journal of Legislative Studies*, 23 (2), 260–273.

Hooghe, L. (1995): Subnational mobilisation in the European union. *West European Politics*, 18 (3), 175–198.

Hooghe, L./Keating, M. (1994): The politics of European union regional policy. *Journal of European Public Policy*, 1 (3), 367–393.

Hooghe, L./Marks, G. (2009): A Postfunctionalist Theory of European Integration: From Permissive Consensus to Constraining Dissensus. *British Journal of Political Science*, 39 (1), 1–23.

Hooghe, L./Marks, G. (2001): *Multi-level governance and European integration*. Lanham: Rowman & Littlefield.

Hooghe, L./Marks, G./ Schakel, A.H. (2010): *The rise of regional authority: A comparative study of 42 democracies*. London: Routledge.

Jaursch, J. (2014): Let's Agree to Agree: Regional Interest Representation in the Negotiations for the 2007–13 and 2014–20 Structural Funds in Germany. *Regional & Federal Studies*, 24 (2), 189–208.

Jeffery, C. (2005): Regions and the European Union: Letting them In, and Leaving them Alone. In: Watherill, S./ Bernitz, U. (Hrsg.), *The Role of Regions and Sub-National Actors in Europe*, Portland: Hart Publishing, S. 33-46.

Keating, M. (1999): Regions and international affairs: Motives, opportunities and strategies. *Regional & Federal Studies*, 9 (1), 1–16.

Keating, M. (2008): Thirty Years of Territorial Politics. *West European Politics*, 31 (1-2), 60–81.

Klingelhöfer, T. (2017): Politische Rollenbilder. In: Tausenpfund, M./Vetter, A. (Hrsg.), *Politische Einstellungen von Kommunalpolitikern im Vergleich*, Wiesbaden: Springer Fachmedien, S. 255–295.

Kölling, M. (2015): Subnational Governments in the Negotiation of the Multiannual Financial Framework 2014 –2020: The Case of Spain. *Regional & Federal Studies*, 25 (1), 71–89.

Leconte, C. (2015): From pathology to mainstream phenomenon: Reviewing the Euroscepticism debate in research and theory. *International Political Science Review*, 36 (3), 250–263.

Leconte, C. (2010): *Understanding Euroscepticism*. Basingstoke: Palgrave Macmillan.

Lindberg, L.N./Scheingold, S.A. (1970): *Europe's would-be polity : patterns of change in the European community*. Englewood Cliffs: Prentice-Hall.

Marks, G./Haesly, R./Mbaye, H.A.D. (2002): What Do Subnational Offices Think They Are Doing in Brussels? *Regional & Federal Studies*, 12 (3), 1–23.

Marks, G./Nielsen, F./Ray, L./Salk, J.E. (1996): Competencies, Cracks, and Conflicts. *Comparative Political Studies*, 29 (2), 164–192.

Massetti, E./Schakel, A.H. (2021): From staunch supporters to critical observers: Explaining the turn towards Euroscepticism among regionalist parties. *European Union Politics*, 22 (3), 424–445.

Massetti, E./Schakel, A.H. (2016): The Impact of Cohesion Policy on Regionalist Parties' Positions on European Integration. In: Piattoni, S./Polverari, L. (Hrsg.), *Handbook on Cohesion Policy in the EU*, Cheltenham: Edward Elgar, S. 217–228.

Panke, D./Hönnige, C./Gollub, J. (2015): *Consultative Committees in the European Union*. Colchester, UK: ECPR Press.

Patzelt, W.J. (2009): Parlamentssoziologie. In: Kaina, V./Römmele, A. (Hrsg.), *Politische Soziologie. Ein Studienbuch*, Wiesbaden: VS Verlag für Sozialwissenschaften, S. 311–351.

Pazos-Vidal, S. (2019): *Subsidiarity and EU Multilevel Governance*. New York: Routledge.

Piattoni, S. (2016): Cohesion policy, multilevel governance and democracy. In: Piattoni, S./Polverari, L. (Hrsg.), *Handbook on Cohesion Policy in the EU*, Cheltenham: Edward Elgar, S. 65–78.

Piattoni, S. (2009): Multi-level Governance: a Historical and Conceptual Analysis. *Journal of European Integration,* 31 (2), 163–180.

Piattoni, S. (2010): *The Theory of Multi-level Governance*. Oxford: Oxford University Press.

Piattoni, S./Schönlau, J. (2015): *Shaping EU policy from below: EU Democracy and the Committee of the Regions*. Cheltenham: Edward Elgar Publishing.

Raschke, J./Tils, R. (2010): Positionen einer politischen Strategieanalyse. In: Ebd. (Hrsg.), *Strategie in der Politikwissenschaft: Konturen eines neuen Forschungsfelds*, Wiesbaden: VS Verlag für Sozialwissenschaften, S. 351–388.

Reisen, H. (2022): Präsidentschaftswahl zeigt Frankreichs Spaltung. *Wirtschaftsdienst,* 102 (5), 408–410.

Rodriguez-Pose, A./Courty, J. (2018): Regional lobbying and Structural funds: Do regional representation offices in Brussels deliver? *Regional & Federal Studies,* 28 (2), 199–229.

Saalfeld, T./Müller, W.C. (1997): Roles in legislative studies: A theoretical introduction. *The Journal of Legislative Studies,* 3 (1), 1–16.

Schakel, A.H. (2020): Multi-level governance in a 'Europe with the regions'. *The British Journal of Politics and International Relations,* 22 (4), 767–775.

Scharpf, F.W. (1999): *Governing in Europe: Effective and Democratic?* Oxford: Oxford University Press.

Schmuck, O. (2020a): Ausschuss der Regionen. In: Weidenfeld, W./Wessels, W. (Hrsg.), *Jahrbuch der Europäischen Integration 2020*, Baden-Baden: Nomos, S. 145–150.

Schmuck, O. (2020b): Regionen und Kommunen in der EU. In: Weidenfeld, W./Wessels, W. (Hrsg.), *Europa von A bis Z*, Wiesbaden: Springer VS, S. 525–529.

Schneider, E./Rittberger, B./Wonka, A. (2014): Adapting to Europe? Regional MPs' Involvement in EU Affairs in Germany. *Regional & Federal Studies*, 24 (4), S. 407–427.

Schöne, H. (2018): Über Konjunkturen der Parlamentsforschung, den Beitrag der Soziologie und das Potenzial mikroanalytischer Perspektiven. In: Brichzin, J./ Krichewsky, L.R./ Schank, J. (Hrsg.), *Soziologie der Parlamente. Neue Wege der politischen Institutionenforschung, Politische Soziologie*, Wiesbaden: Springer VS, S. 35–59.

Schönlau, J. (2017): Beyond mere 'consultation': Expanding the European Committee of the Regions' role. *Journal of Contemporary European Research*, 13 (2), 1166–1184.

Scully, R./Farrell, D.M. (2003): MEPs as Representatives: Individual and Institutional Roles*. *JCMS: Journal of Common Market Studies*, 41 (2), 269–288.

Searing, D.D. (1991): Roles, Rules, and Rationality in the New Institutionalism. *The American Political Science Review*, 85 (4), 1239–1260.

Siefken, S.T. (2013): Repräsentation vor Ort: Selbstverständnis und Verhalten von Bundestagsabgeordneten bei der Wahlkreisarbeit. *Zeitschrift für Parlamentsfragen*, 44 (3), 486–506.

Stephenson, P. (2016): The institutions and procedures of Cohesion policy. In: Piattoni, S./Polverari, L. (Hrsg.), *Handbook on Cohesion Policy in the EU*, Cheltenham: Edward Elgar, S. 36–49.

Studinger, P. (2013): *Wettrennen der Regionen nach Brüssel*. Wiesbaden: Springer Fachmedien Wiesbaden.

Tatham, M. (2008): Going Solo: Direct Regional Representation in the European Union. *Regional & Federal Studies*, 18 (5), 493–515.

Tatham, M. (2010): 'With or without you'? Revisiting territorial state-by-passing in EU interest representation. *Journal of European Public Policy,* 17 (1), 76–99.

Tatham, M. (2017): Networkers, fund hunters, intermediaries, or policy players? The activities of regions in Brussels. *West European Politics,* 40 (5), 1088–1108.

Tatham, M. (2018): The Rise of Regional Influence in the EU – From Soft Policy Lobbying to Hard Vetoing. *Journal of Common Market Studies,* 56 (3), 672–686.

Tatham, M./Bauer M.W. (2014): Competence ring-fencing from below? The drivers of regional demands for control over upwards dispersion. *Journal of European Public Policy,* 21 (9), 1367–1385.

Wassenberg, B. (2020): *The History of the Committee of the Regions.* Brüssel: Ausschuss der Regionen.

Weatherill, S. (2005): The Challenge of the Regional Dimension in the European Union. In: Weatherill, S./Bernitz, U. (Hrsg.), *The Role of Regions and Sub-National Actors in Europe*, Portland: Hart Publishing, S. 1–32.

Wessels, B. (2005): Roles and orientations of members of parliament in the EU context: Congruence or difference? Europeanisation or not? *The Journal of Legislative Studies,* 11 (3-4), 446–465.

Anhang

Tabelle A1: Faktorenladungen, Hauptachsenanalyse, Varimax Rotation: Österreich, Deutschland, Polen, Spanien (finale Lösung)

Österreich, n=236	**28,8%**	**25,7%**
Möglichst viele Vorteile für meine Region erzielen.	0,790	-0,004
Möglichst viele Fördermittel für meine Region einwerben.	0,749	0,019
Den Einfluss der EU in meiner Region geringhalten.	0,534	-0,379
Den Einfluss des eigenen Staates in der EU erhöhen.	0,641	-0,006
Die Souveränität des eigenen Staates gegenüber der EU schützen.	0,584	-0,300
Die Erfolge der EU in meiner Region sichtbarer machen.	0,074	0,725
Die Zusammenarbeit mit anderen europäischen Regionen vertiefen.	-0,068	0,796
Bei Entscheidungen einen verstärkten Fokus auf die gesamteuropäische Perspektive legen.	-0,261	0,812
Deutschland, n=263	**33,2%**	**28,3%**
Möglichst viele Vorteile für meine Region erzielen.	-0,055	0,909
Möglichst viele Fördermittel für meine Region einwerben.	-0,036	0,837
Den Einfluss der EU in meiner Region geringhalten.	-0,694	0,429
Den Einfluss des eigenen Staates in der EU erhöhen.	-0,264	0,501
Die Souveränität des eigenen Staates gegenüber der EU schützen.	-0,568	0,494
Die Erfolge der EU in meiner Region sichtbarer machen.	0,738	-0,039
Die Zusammenarbeit mit anderen europäischen Regionen vertiefen.	0,685	0,007
Bei Entscheidungen einen verstärkten Fokus auf die gesamteuropäische Perspektive legen.	0,873	-0,239
Polen, n=82	**39,2%**	**15,4%**
Möglichst viele Vorteile für meine Region erzielen.	0,138	0,754
Möglichst viele Fördermittel für meine Region einwerben.	-0,017	0,860
Den Einfluss der EU in meiner Region geringhalten.	-0,845	-0,009
Den Einfluss meiner Region in der EU erhöhen.	0,596	-0,005
Den Einfluss aller Regionen in der EU erhöhen.	0,714	0,172
Die Souveränität des eigenen Staates gegenüber der EU schützen.	-0,653	-0,012
Die Erfolge der EU in meiner Region sichtbarer machen.	0,753	0,128

Die Zusammenarbeit mit anderen europäischen Regionen vertiefen.	0,559	0,176	
Bei Entscheidungen einen verstärkten Fokus auf die gesamteuropäische Perspektive legen.	0,789	-0,032	
Spanien, n=143	**23,3%**	**18,4%**	**17,6%**
Möglichst viele Vorteile für meine Region erzielen.	0,799	0,109	0,192
Möglichst viele Fördermittel für meine Region einwerben.	0,891	0,075	0,131
Den Einfluss der EU in meiner Region geringhalten.	0,120	-0,178	0,794
Den Einfluss meiner Region in der EU erhöhen.	0,408	0,594	-0,066
Den Einfluss aller Regionen in der EU erhöhen.	0,027	0,796	-0,011
Die Souveränität des eigenen Staates gegenüber der EU schützen.	0,136	-0,041	0,721
Bei Entscheidungen einen verstärkten Fokus auf die gesamteuropäische Perspektive legen.	0,021	0,500	-0,142

Quelle: Eigene Zusammenstellung.

Tabelle A2: Faktorenladungen, Hauptachsenanalyse, Varimax Rotation: Tschechien, Italien, Frankreich (finale Lösung)

Tschechische Republik, n=106	**31%**	**26,2%**
Möglichst viele Vorteile für meine Region erzielen.	0,845	0,003
Möglichst viele Fördermittel für meine Region einwerben.	0,907	0,067
Den Einfluss meiner Region in der EU erhöhen.	0,543	0,388
Den Einfluss des eigenen Staates in der EU erhöhen.	0,517	0,290
Die Erfolge der EU in meiner Region sichtbarer machen.	0,202	0,601
Die Zusammenarbeit mit anderen europäischen Regionen vertiefen.	0,158	0,787
Bei Entscheidungen einen verstärkten Fokus auf die gesamteuropäische Perspektive legen.	0,008	0,784
Italien, n=67	**31%**	**26,7%**
Möglichst viele Vorteile für meine Region erzielen.	0,869	0,158
Möglichst viele Fördermittel für meine Region einwerben.	0,827	0,215
Den Einfluss der EU in meiner Region geringhalten.	0,614	-0,062
Den Einfluss meiner Region in der EU erhöhen.	0,592	0,441
Den Einfluss aller Regionen in der EU erhöhen	0,081	0,639
Die Souveränität des eigenen Staates gegenüber der EU schützen.	0,548	-0,207
Die Zusammenarbeit mit anderen europäischen Regionen vertiefen.	0,067	0,930
Bei Entscheidungen einen verstärkten Fokus auf die gesamteuropäische Perspektive legen.	-0,066	0,742

Frankreich, n=107	**26,9%**	**21,1%**	**17,8%**
Möglichst viele Vorteile für meine Region erzielen	0,043	0,941	0,129
Möglichst viele Fördermittel für meine Region einwerben.	0,140	0,883	0,108
Den Einfluss der EU in meiner Region geringhalten.	-0,327	0,114	0,542
Den Einfluss aller Regionen in der EU erhöhen.	0,640	0,184	-0,010
Den Einfluss des eigenen Staates in der EU erhöhen.	0,076	0,400	0,524
Die Souveränität des eigenen Staates gegenüber der EU schützen.	-0,243	0,018	0,948
Die Erfolge der EU in meiner Region sichtbarer machen.	0,825	0,119	-0,097
Die Zusammenarbeit mit anderen europäischen Regionen vertiefen.	0,768	0,058	-0,211
Bei Entscheidungen einen verstärkten Fokus auf die gesamteuropäische Perspektive legen.	0,739	-0,082	-0,226

Quelle: Eigene Zusammenstellung.

Wie bürgernah sind Regionalparlamente? Ergebnisse einer Bevölkerungsbefragung in 12 europäischen Regionen

Elisabeth Donat & Gunnar Placzek

In der Debatte um das europäische Demokratiedefizit sind sich Politik und Beobachter:innen längst über die wesentliche Therapieformel einig: Um Akzeptanz und Ansehen der EU in der Bevölkerung zu steigern, brauche es neben Transparenz vor allem mehr Bürgernähe (vgl. Mandt 1997: 2; AdR 2020). Uneinigkeit besteht indes über konkrete Maßnahmen. Trotz einzelner Schritte wie der Stärkung des Europäischen Parlaments gegenüber Kommission und Rat setzt sich die Debatte, wie die EU bürgernäher umgestaltet werden könnte, seit fast 50 Jahren fort und erhält durch Krisen der EU regelmäßig neue Konjunktur.

Vertreter:innen der Regionalpolitik fordern vor diesem Hintergrund eine stärkere Einbindung von Regionen und Kommunen in die europäische Politik, etwa durch eine Stärkung ihres Vertretungsgremiums auf europäischer Ebene, dem Europäischen Ausschuss der Regionen (AdR). Die lokale und regionale Politik sei dem Alltag der Menschen nahe, genieße großes Vertrauen in der Bevölkerung und könne somit durch ihre Beteiligung auch EU-Politik mehr Bürgernähe verleihen, schrieben zum Beispiel Muhterem Aras, Landtagspräsidentin von Baden-Württemberg, und AdR-Präsident Apostolos Tzitzikostas im Mai 2022 in einem Gastbeitrag. Mehr Mitspracherechte des AdR im EU-Gesetzgebungsprozess würden „zu einer besseren Rechtsetzung und einer größeren demokratischen Legitimität in der EU führen. Die 1,2 Millionen lokaler und regionaler Entscheidungsträger werden so die Kluft zwischen der EU und ihren Bürgern besser überbrücken können", so die Autor:innen (Aras/Tzitzikostas 2022).

Die Annahme, die lokale und regionale politische Ebene zeichne sich gegenüber der nationalen und europäischen durch eine größere Bürgernähe aus, wird mitunter auch in der politischen Repräsentationsforschung geäußert (vgl. Piattoni 2010: 200), ohne jedoch ein einheitliches wissenschaftliches Konzept von Bürgernähe zu verwenden. Dies hängt mutmaßlich vor allem damit zusammen, dass der Begriff sich im Alltagsgebrauch zu einem diffusen, positiv besetzten Gegenbegriff zu Technokratie und Zentralisierung entwickelt hat (vgl. Mandt 1997: 8), welcher in der Debatte um eine Reform der EU zum politischen Buzzword wurde[1] (vgl. AdR 2019; Primova et al. 2017). Eine eindeutige wissenschaftliche Definition wird damit erschwert.

Das Forschungsprojekt REGIOPARL hat den Versuch unternommen, mittels einer im Frühjahr 2022 durchgeführten Bevölkerungsbefragung den Grad an Bürgernähe der verschiedenen politischen Ebenen des EU-Mehrebenensystems zu bestimmen. Im Fokus standen dabei jeweils die Parlamente, deren repräsentationsbezogene Funktionen (vgl. Patzelt 2003: 43) wir dem im Begriff der Bürgernähe implizierten Brückenschlag zwischen Politik und Bevölkerung zuordnen. Ziel der Befragung war es einerseits zu testen, ob es tatsächlich Anhaltspunkte dafür gibt, dass regionale (und kommunale) Versammlungen bürgernäher sind als Nationalparlamente oder das EU-Parlament. Andererseits wollten wir herausfinden, welches Verständnis die Bürger:innen selbst von Bürgernähe in der Politik haben, welche Erwartungen sie an ihre Abgeordneten richten und ob diese Erwartungen überhaupt einer realistischen Vorstellung vom Arbeitsumfang der Parlamentarier:innen entsprechen. In Ermangelung einer etablierten wissenschaftlichen Definition haben wir, um Bürgernähe in einer Befragung messbar zu machen, als Heuristik ein vierdimensionales Verständnis von Bürgernähe entwickelt, welches als Annäherung an eine klare und empirisch anwendbare Definition

---

[1] Insbesondere zum Start und Abschluss der EU-Zukunftskonferenz fand sich „Bürgernähe" in zahlreichen journalistischen Schlagzeilen und Teasern wieder (siehe z.B. DLF Kultur 2022; Tagesschau 2022; Tagesspiegel 2021).

zu verstehen ist. Von besonderem Interesse war für uns die Frage, ob unter diesen Dimensionen möglicherweise verschiedene Gruppen von Befragten eigene Schwerpunkte setzen und sich folglich verschiedene Vorstellungen von Bürgernähe offenbaren.

Die Resultate der Befragung werden wir in diesem Beitrag vorstellen. Zunächst möchten wir erläutern, warum ein mehrdimensionales Verständnis von Bürgernähe aus unserer Sicht sinnvoll ist und die vier von uns ausgewählten Dimensionen vorstellen: Kongruenz, Vertrauen, Erwartungen an das politische Mandat, und Interaktionen. Anschließend werden wir das methodische Vorgehen bei der Befragung und die gesammelten Daten vorstellen. Befragt wurden insgesamt 8700 Bürger:innen aus zwölf europäischen Regionen. Hierzu haben wir jeweils zwei sich anhand verschiedener Kriterien voneinander unterscheidende Regionen aus Deutschland, Frankreich, Österreich, Polen, Spanien und Tschechien ausgewählt. Daran anknüpfend präsentieren wir unsere Auswertung der Befragungsdaten entlang der veranschlagten vier Dimensionen von Bürgernähe und schließen mit einem zusammenfassenden Fazit und Ausblick.

Wir glauben, dass unser Ansatz nicht nur einen Vergleich der verschiedenen Ebenen im EU-Mehrebenensystem hinsichtlich ihrer Bürgernähe ermöglicht, sondern auch die Vielschichtigkeit des Phänomens und die verschiedenen Erwartungen an eine bürgernahe Politik aus Sicht der Bürger:innen nachzeichnen kann. Zudem erhoffen wir uns einen Impuls für die theoretische Debatte um politische Repräsentation, sich mit verschiedenen Erscheinungsformen von Bürgernähe auseinanderzusetzen und diese konzeptionell zu reflektieren.

1 – Konzeptioneller Rahmen: Bürgernähe mehrdimensional denken

Der Begriff Bürgernähe war ursprünglich nicht der Politik-, sondern der Verwaltungswissenschaft zuzurechnen. Seine Verbreitung war die Reaktion auf die zunehmende Zentralisierung der öffentlichen Verwaltung und der Standardisierung ihrer Dienstleistungen für die Bürger:innen. Bürgernähe galt somit als Gütekriterium der Bürokratie und erinnerte an die Notwendigkeit der Vertrautheit mit lokalen Gegebenheiten. Peter Schäfer definiert sie als „die Forderung, Planung, Organisation wie Vermittlung öff. [sic!] Leistungen auf die Bedürfnisse und Probleme der Bürger auszurichten" (Schäfer 1984: 81 f.). Wissenschaftliche Forschung über Bürgernähe richtete sich deshalb klassischerweise auf das Verhältnis zwischen Bürger:innen und Verwaltung und nicht auf das zwischen Bürger:innen und Politik (siehe z.B. Larsen 2002).

Unter dem Eindruck demokratischer Legitimitätskrisen hat sich jedoch im allgemeinen Sprachgebrauch eine Bedeutungsverschiebung vollzogen: Bürgernähe wird nun auch als wünschenswerte Eigenschaft von Politiker:innen verstanden, welche verlorenes Vertrauen und verringerte Legitimität des politischen Systems wiederherstellen soll (vgl. Larreta o.D.).

Die genaue Bedeutung des Begriffs bleibt jedoch ebenso vage wie konkrete Maßnahmen, die eine Forderung nach mehr Bürgernähe implizieren sollen. Die deutsche Bundeszentrale für politische Bildung etwa erklärt, Bürgernähe bedeute im Kontext der EU einerseits eine bessere Erklärung von Politik für die Bürger:innen, insbesondere des persönlichen Mehrwerts im Zuge der europäischen Integration für jede:n Einzelne:n. Andererseits beinhalte sie auch stärkere Beteiligungsmöglichkeiten, beispielsweise in Form von Bürgerinitiativen, sowie darüber hinaus eine „transparente Arbeitsweise, offensive Informationspolitik und nachvollziehbare Beschlüsse, Abbau überflüssiger Bürokratie, die Stärkung des Europäischen Parlaments und die Einhaltung des Subsidiaritätsprinzips" (Leiße o.D.). In einer derart breiten Lesart mischen sich unterschiedlichste Ideen, welche politischen Maßnahmen zur Steigerung demokratischer Legitimität beitragen könnten, ohne eine klare Definition anzubieten.

Aus Sicht von Kritiker:innen ist dies symptomatisch für die Verwendung von Bürgernähe als diffusem, positiv besetzten Gegenbegriff zur Technokratie. Dies führe nur dazu, „daß man sich einer näheren inhaltlichen Bestimmung von Bürgernähe enthoben glaubte" (Mandt 1997: 8). In der Debatte um die häufig als zu technokratisch portraitierte EU (vgl. Metz 2013) trete dies besonders zutage. In der Tat ist es unseres Wissens nach bisher nicht gelungen, Bürgernähe als eigenständiges Konzept zu definieren und für die empirische Repräsentationsforschung, also der Untersuchung des Verhältnisses zwischen Bürger:innen und Politik, nutzbar zu machen. Stattdessen wird der Begriff mit anderen Konzepten wie Subsidiarität in Verbindung gebracht oder als bedeutungsgleich mit der Häufigkeit von Kontakten der Politiker:innen mit der Bevölkerung betrachtet (vgl. Mandt 1997: 4; Saalfeld/Dobmeier 2012: 318).

Zusammenfassend stellen wir fest, dass Bürgernähe im wissenschaftlichen und populären Diskurs als wenig konkreter Sammelbegriff zirkuliert, der – abhängig von der jeweils eigenen Vorstellung, mit welchen politischen Maßnahmen demokratische Legitimität gesteigert werden könne – individuell unterschiedlich interpretiert und verwendet wird. Es bedarf aus unserer Sicht eines wissenschaftlichen Konzepts, welches einerseits klar abgrenzbar und empirisch anwendbar ist und andererseits die Vielschichtigkeit, mit der Menschen den Begriff verwenden, abbildet. Der Realität, dass sich in einer populären Vorstellung von Bürgernähe physische Nähe (z.B. durch direkte Kontakte und Erreichbarkeit), inhaltliche Nähe (durch ideologische oder Policy-orientierte Übereinstimmung) und emotionale Nähe vereinen können, werden bisherige Forschungsansätze, welche Bürgernähe als Synonym verstehen, nicht hinreichend gerecht.

Wir plädieren deshalb für ein mehrdimensionales wissenschaftliches Verständnis von Bürgernähe. Als erste Heuristik orientiert sich das Survey-Design unserer Bevölkerungsbefragung an vier

Dimensionen: (1) Kongruenz, (2) Vertrauen, (3) Erwartungen an das politische Mandat und (4) Interaktionen. Diese Auswahl basiert zum einen auf der sogenannten Drei-Komponenten-Definition menschlicher Einstellungen (Rosenberg et al. 1960), die zwischen einer kognitiven, einer emotionalen und einer konativen bzw. verhaltensbezogenen Komponente unterscheidet. Kongruenz korrespondiert zur kognitiven Komponente, Vertrauen zur emotionalen Komponente von Einstellungen. Die Erwartungen an das Mandat adressieren ebenfalls emotionale Aspekte, da sie eng mit dem Vertrauen verknüpft sind, das in die Mandatsträger:innen gesetzt wird. Interaktionen und Kontakte sprechen schließlich ganz klar verhaltensbezogene Aspekte an.

Zum anderen knüpft der Ansatz an die Repräsentations- und Parlamentsforschung an. Unserer Ansicht nach besteht eine große Schnittmenge zwischen den Erwartungen an die Politik, die der Begriff Bürgernähe impliziert, und den repräsentationsbezogenen Funktionen von Parlamenten, wie sie u.a. Patzelt (2003) beschreibt. Dazu gehören die Vernetzung politischer Entscheidungsträger:innen in alle Bereiche der Gesellschaft, die Abbildung und Artikulation von Interessen und Sorgen der Bevölkerung, sowie die Erklärung von Politik gegenüber der Allgemeinheit – dezidiert unterschieden von den regierungsbezogenen Funktionen wie der Regierungskontrolle und der Gesetzgebung. Diese Aufgaben, die zwischen politischem System und Bevölkerung verbinden und vermitteln sollen, fallen Parlamenten als zentralen Orten demokratischer Repräsentation im besonderen Maße zu, weshalb sie auch im Fokus unserer empirischen Untersuchung stehen.

Für die getroffene Auswahl der vier Dimensionen spricht überdies eine anwendungsorientierte Perspektive, da sie für eine Querschnittsanalyse, also die Messung zu einem bestimmten Zeitpunkt, geeignet sind. Prozessorientierte Variablen würden dagegen Zeitreihen- oder Panelanalysen mit mehreren Erhebungsrunden im Zeitabstand erfordern. Sie sind daher nicht inkludiert, um die

Anwendbarkeit unseres Ansatzes nicht von vornherein zu stark einzuschränken.[2]

Zwischen den ausgewählten Dimensionen, die in den nächsten Abschnitten näher erläutert werden sollen, bestehen Überschneidungen und Interdependenzen, deren Ausmaße und Kausaleffekte schwer zu bemessen sind. Dies ist einerseits gewollt, da Bürgernähe im Zusammenspiel der verschiedenen Dimensionen entsteht, andererseits ergeben sich dadurch möglicherweise Herausforderungen in der Operationalisierung. Der Forschungsansatz, den wir als heuristische Annäherung an eine mehrdimensionale Definition von Bürgernähe verstehen, bedarf deshalb selbstverständlich weiterer Auseinandersetzung (und ggf. Ergänzung oder Überarbeitung) aus theoretischer und empirisch-analytischer Perspektive.

1.1 Einstellungskongruenz

Unsere erste Dimension zur Messung von Bürgernähe ist politische Kongruenz, d.h. der Grad an Übereinstimmung zwischen politischen Präferenzen der Bürger:innen einerseits und den Positionen (sowie Handlungen) ihrer gewählten Vertreterinnen und Vertretern andererseits. Sie wird häufig als wichtiges Bewertungskriterium für die Qualität demokratischer Repräsentation herangezogen (vgl. Real-Dato 2017: 87). Wegweisend für die Entstehung eines entsprechenden Forschungsfelds war die Arbeit von Miller und Stokes (1963), die sowohl US-Kongressmitglieder als auch Bürger:innen in den zugehörigen Wahlkreisen zu u.a. geopolitischen Konflikten und der schwarzen Bürgerrechtsbewegung befragten und die Antworten beider Gruppen verglichen. Das Interesse ihrer Forschung bestand in einem „Realitätscheck" der normativen Vorstellung, dass demokratische Politik zuallererst Ausdruck der Wünsche und

---

[2] Als repräsentationsbezogene Parlamentsfunktion gilt bspw. auch Responsivität. Sie ist jedoch definiert als die Anpassung der Politik an veränderte politische Präferenzen in der Bevölkerung (vgl. Meijers et al. 2019: 1724). Eine empirische Anwendung erforderte daher nicht nur den Vergleich über mehrere Survey-Runden, sondern wird üblicherweise auch auf bestimmte Politikfelder bezogen, um politische Reaktionen auf Änderungen in der öffentlichen Meinung konkret nachvollziehen zu können.

Interessen der Bürger:innen sei und möglichst hohe Kongruenzwerte in einer intakten Demokratie erstrebenswert seien (vgl. Deiss-
Helbig 2013: 567).

Miller und Stokes begründeten mit ihrer Studie den ersten von
inzwischen drei Strängen der empirischen Kongruenzforschung,
der sich mit Policy-Kongruenz in einzelnen Politikfeldern befasst,
also der Übereinstimmung zwischen Repräsentierten und Repräsen-
tant:innen in konkreten, politisch relevanten Fragestellungen. Der
zweite Strang behandelt die ideologische Kongruenz, also die Übereinstimmung in grundlegenden Werten oder der Einordnung auf
der Links-Rechts-Achse. Der dritte und jüngste Forschungsstrang
widmet sich der sozialen Kongruenz, also der Frage, inwieweit eine
politische Institution (i.d.R. das Parlament) ein Abbild der Gesellschaft hinsichtlich Altersstruktur, Geschlechterverhältnis, sozialer
Herkunft oder ethnischer Zugehörigkeit ihrer Mitglieder ist (vgl.
ebd.). Policy- und ideologische Kongruenz lassen sich unter dem Begriff Einstellungskongruenz zusammenfassen.

Die normative Debatte um die Frage, welches Maß an Einstellungskongruenz wünschenswert oder erforderlich ist, hält derweil
an. Der o.g. Ansicht, dass mit höherer Kongruenz auch stets bessere
Politik einhergehe, attestiert beispielsweise Real-Dato (2017: 88) ein
populistisches Verständnis von Demokratie. Die Vorstellung degra-
diere gewählte Abgeordnete zu bloßen Ausführenden, die den Willen eines vermeintlich homogenen Volks in Regierungshandeln
übersetzten. Daher hänge die theoretische Relevanz von Einstellungskongruenz zwischen Wähler:innen und Gewählten maßgeblich vom zugrundeliegenden Demokratiemodell ab und könne nicht
auf die Formel „Je mehr, desto besser" reduziert werden. Dennoch
stimmt ein überwiegender Teil der Forschenden mit Wessels (1999:
137) darin überein, dass – als kleinster gemeinsamer Nenner der theoretischen Debatte – es „in einer Demokratie eine gewisse Übereinstimmung geben sollte zwischen den Interessen des Volks und den

Zielen, die seine gewählten Vertreter:innen verfolgen"[3] (siehe u.a. Costello et al. 2012; Dageförde 2016; Luna/Zechmeister 2005; Mattila/Raunio 2006). Dieser Prämisse folgend wird ein sinkendes Kongruenzniveau als Ursache für Phänomene genannt, die als problematisch für Demokratien gelten, zum Beispiel Politikverdrossenheit (vgl. Deiss-Helbig 2013: 566) und wachsender Zuspruch für populistische Parteien (vgl. Teney/Helbling 2014: 258).

In der Tat geben Fallstudien Hinweise auf Kongruenz-Lücken, da politische Eliten zu Themen wie Umweltschutz, Gleichberechtigung und postmateriellen Werten deutlich liberaler eingestellt sind als der Bevölkerungsdurchschnitt (vgl. ebd.). Im Allgemeinen scheint politischer Wettbewerb die Einstellungskongruenz zu stärken: Vogel (2018) stellte am deutschen Beispiel höhere Kongruenzwerte für Politikfelder fest, in denen sich die Parteien klar voneinander abgrenzten. Bei überparteilicher Einigkeit dagegen fiel die Kongruenz schwächer aus.

Eine ähnliche Beobachtung machten mehrere Studien, die im europäischen Vergleich ideologische Kongruenz getrennt für die Dimensionen Links-Rechts-Verortung und EU-Integration gemessen haben: Auf der Links-Rechts-Achse, wo sich die Parteien deutlich unterscheiden, ist der Grad der Kongruenz hoch. In der Frage der EU-Integration, in der die meisten Parteien eine pro-europäische Haltung vertreten, ist die Kongruenz hingegen gering (vgl. Costello et al. 2012; Marsh/Wessels 1997; Mattila/Raunio 2006; Rosema/De Vries 2011). Die ideologische Kluft zwischen durchschnittlich EU-freundlicheren Politiker:innen und EU-skeptischeren Wähler:innen, die sogar über die europäische Schuldenkrise hinweg stabil geblieben ist (vgl. Real-Dato 2017), wird von Rosema und De Vries (2011: 215-217) darauf zurückgeführt, dass Bürger:innen ihre Wahlentscheidungen hauptsächlich anhand ihrer ideologischen Verortung auf der Links-Rechts-Achse treffen: EU-skeptische Wähler:innen der politischen Mitte seien eher bereit, für eine EU-freundliche Partei

---

[3] Eigene Übersetzung.

der Mitte zu stimmen, als für eine zwar EU-skeptischere, aber dafür deutlich weiter links oder rechts stehende Partei.

1.2 Vertrauen

Die zweite gewählte Dimension betrifft das Vertrauen, welches politischen Repräsentant:innen aus der Wählerschaft entgegengebracht wird. Auch hierzu existiert bereits ein umfassendes eigenes Forschungsfeld, das sich in der Regel auf eine den Organisationswissenschaften entlehnte Definition stützt: Demnach bezeichnet Vertrauen die Risikobereitschaft einer Partei A, sich durch die Handlungen einer Partei B verwundbar zu machen, und zwar auf Basis der Erwartung, dass Partei B im Interesse von Partei A handelt, selbst wenn Partei A Partei B beschränkt oder gar nicht überwachen und kontrollieren kann (vgl. Mayer et al. 1995: 712). Auf den politischen Kontext übertragen bedeutet das: die Erwartung der Bürger:innen, dass Akteure oder Institutionen des politischen Systems auch ohne ständige externe Kontrolle ihre Macht dazu einsetzen, Maßnahmen im Interesse der Allgemeinheit zu beschließen und umzusetzen (vgl. Seyd 2014: 74). Ein Mindestmaß an Vertrauen ist somit essenziell für demokratisches Regieren, da es einerseits die Übertragung politischer Verantwortung legitimiert und andererseits dafür sorgt, dass politisch beschlossene Regeln von den Regierten akzeptiert und befolgt werden (vgl. Grimmelikhuijsen/Knies 2017: 586).

Empirische Studien zu diesem Thema befassen sich vor allem mit möglichen Einflussfaktoren, die zur Steigerung von oder Verlust an Vertrauen gegenüber der Politik beitragen und werfen zudem die Frage auf, ab wann ein zu niedriges Vertrauensniveau die Stabilität der Demokratie gefährdet. Gemessen wird Vertrauen in der Regel in Umfragen, in denen Befragte ihr individuelles Maß an Vertrauen gegenüber einzelnen Politiker:innen (Mikro-Level), Institutionen wie dem Parlament oder einer bestimmten Behörde (Meso-Level) oder dem politischen System insgesamt (Makro-Level) angeben (vgl. ebd.: 584 f.).[4]

Einer der am häufigsten genannten Gründe für Veränderungen im Niveau des politischen Vertrauens innerhalb derselben Gesellschaft ist ihre langfristige wirtschaftliche Entwicklung bzw. eine entsprechende Wahrnehmung (siehe z.B. Anderson 2009; Chanley et al. 2000; Kim 2010; Ruelens et al. 2018). Daneben gelten andere, sich unmittelbar auf das Verhalten von Politiker:innen beziehende Faktoren als gut belegte Ursachen für den Rückgang an politischem Vertrauen in vielen Demokratien, etwa das (wahrgenommene) Ausmaß an Korruption (vgl. van der Meer 2010; Torcal 2014). Unterschiede zwischen Staaten im politischen Vertrauensniveau wiederum sind selten auf abweichende wirtschaftliche Entwicklungen zurückzuführen, sondern haben vielfältige Ursachen wie beispielsweise das aktuelle Wahlsystem oder historische Kontinuitäten in jungen Demokratien (vgl. van der Meer 2010; Ruelens et al. 2018). Innergesellschaftlich gibt es zudem Anhaltspunkte dafür, dass politisch interessierte Menschen sowie die Wähler:innen der aktuellen Regierungspartei(en) politischen Institutionen wie dem Parlament stärker vertrauen (vgl. Holmberg et al. 2017).

1.3 Mandat

Die dritte Dimension betrifft das Rollenverständnis politischer Repräsentant:innen, sowohl in der Selbstwahrnehmung als auch aus Sicht der Wähler:innen, und die damit verbundenen Erwartungen an das politische Mandat. Die politische Repräsentationsforschung spricht in diesem Zusammenhang von einem Spannungsverhältnis zwischen zwei Konzepten zur Rollenbeschreibung von Abgeordneten, nämlich dem *Trustee* und dem *Delegate* – im deutschen Kontext

---

[4] Versuche mancher Forschender, Vertrauen in Sub-Indikatoren zu differenzieren (siehe z.B. Grimmelikhuijsen/Knies 2017; van der Meer 2010), bleiben im Forschungsfeld die Minderheit. Kritiker:innen solcher Ansätze merken insbesondere an, dass Vertrauen eine sehr subjektive und emotionsgeleitete Variable sei. Die individuellen Maßstäbe für Vertrauen ließen sich nicht in Form von Sub-Indikatoren verallgemeinern (vgl. Bouckaert/van de Walle 2003: 336).

auch als Unterscheidung zwischen freiem und imperativem Mandat bekannt (vgl. Patzelt 2020: 529 f.). Der Idealtyp des *Trustees* bezeichnet das Handeln von Abgeordneten gemäß der eigenen Urteilskraft und der persönlichen Verantwortung für das Gemeinwohl – unabhängig von der aktuellen öffentlichen Meinung. Als *Delegate* dagegen müssen Abgeordnete ihre Entscheidungen voll und ganz an den Präferenzen der Repräsentierten ausrichten, also der Wähler:innen oder des eigenen Wahlkreises.

Die Erwartungen der Bürger:innen an die Abgeordneten hinsichtlich dieser inhaltlichen und moralischen Quellen bzw. Leitlinien ihrer Arbeit spiegeln somit auch einen gewissen Vertrauensvorschuss wieder, den die Bürger:innen ihren Abgeordneten geben oder eben nicht geben. Wird beispielsweise im Sinne des *Delegate*-Modells eine direkte Rückkoppelung an die Vorstellungen der Wähler:innen bevorzugt, kann das einen starken Kontrollwunsch und geringeres Vertrauen wiederspiegeln. In diesem Zusammenhang wird Bürgernähe augenscheinlich wortwörtlich aufgefasst, in dem die Abgeordneten als Delegierte oder Auftragnehmer:innen der Bürger:innen gesehen werden.

In der Realität findet politische Repräsentation stets im Spannungsverhältnis zwischen diesen Idealtypen, zwischen persönlicher Entscheidung und Ausführung des Willens der Bürger:innen, statt. Je nach Interpretation der eigenen Rolle setzen Abgeordnete allerdings Akzente in die eine oder andere Richtung. Empirische Studien beschäftigen sich daher mit dem Rollenverständnis von Parlamentarier:innen und gleichen dies ggf. mit den Erwartungen der Bürger:innen ab. Am deutschen Beispiel stellt etwa Vogel (2010: 3 f. & 9 f.) fest, dass, obwohl über 40% der Abgeordneten Eigenverantwortung und Interessenvertretung als gleich wichtig einordnen, sich klare Unterschiede hinsichtlich der persönlichen Herkunft und Parteienzugehörigkeit beobachten lassen. Ostdeutsche Politiker:innen und insbesondere Abgeordnete der Linken verstehen sich eher als Sprachrohr der Bürger:innen.

Aufseiten der Bevölkerung deutet die Studie von Bengtsson und Wass (2010) darauf hin, dass diese Präferenz der politischen Linken für das *Delegate*-Modell politischer Repräsentation auch unter links eingestellten Wähler:innen verbreitet ist. Selbiges gilt, laut der in Finnland durchgeführten Studie, auch für junge Menschen sowie Wähler:innen, die im Allgemeinen mit dem Zustand ihres politischen Systems zufrieden sind. In der Gesamtbevölkerung stellen Bengtsson und Wass dennoch fest, dass das *Trustee*- und *Delegate*-Modell in etwa gleich populär und akzeptiert sind.

Eine Krise politischer Repräsentation scheint vielmehr die Wahrnehmung auszulösen, dass Politiker:innen weder eigenverantwortlich noch entsprechend des Wähler:innen-Willens entscheiden, sondern nur noch auf Basis einer strikten, vorgegebenen Parteilinie. Méndez-Lago und Martínez (2002) stellten im Fall Spaniens fest, dass sowohl Politiker:innen als auch Bürger:innen die Einschätzung teilten, dass Parlamentsabgeordnete ihre Rolle in erster Linie als Vertreter:innen ihrer Parteien ausführten. Gleichzeitig sei das allgemeine Vertrauen ins politische System niedrig und die Empfindung verbreitet, Politiker:innen zögen die Interessen der Bevölkerung zu wenig in Betracht. In der Forschung wird daher mitunter die Ansicht vertreten, dass die klassische Unterscheidung zwischen *Trustee* und *Delegate* um einen dritten Idealtypus, nämlich den des *Partisan*, der allein den Interessen und der Linie der Partei verpflichtet ist, ergänzt werden müsse, um die Bandbreite wahrgenommener Leitlinien in der politischen Repräsentation adäquat abzubilden (ebd.: 65).

Neben der Verortung im beschriebenen Spannungsfeld befasst sich ein weiterer großer Teil der Forschung zum Rollenverständnis von Abgeordneten mit der Frage nach den maßgeblichen *Constituencies*, d.h. welchen Bevölkerungsgruppen sich gewählte Mandatsträger gegenüber verantwortlich fühlen. Dies können zum Beispiel nur die eigenen Wähler:innen, die Einwohner:innen des eigenen Wahlkreises oder die Bevölkerung des ganzen Landes sein. Im Fall des Europäischen Parlaments ergab die Untersuchung durch Scully und Farrell (2003), dass sich dessen Mitglieder allen Europäer:innen fast im gleichen Maße verpflichtet fühlen wie den eigenen Wähler:innen oder den eigenen Landsleuten. Demgegenüber konstatieren Ilonszki und Papp (2012) im ungarischen Parlament eine stärkere Verbundenheit der Abgeordneten mit den Bewohner:innen des eigenen Wahlkreises, die in jüngerer Vergangenheit zunahm. Im deutschen Beispiel weisen Vogel und Edinger (2005) auf Unterschiede zwischen Ost und West hin. Direkt gewählte Bundestagsabgeordnete aus Ostdeutschland fühlen sich ihrem Wahlkreis gegenüber stärker verantwortlich, während sich im Westen die Verantwortlichkeit gegenüber dem Wahlkreis einerseits und allen Menschen in Deutschland andererseits die Waage halten. Die Autoren interpretieren dies als Ausdruck der Identifikation ostdeutscher Abgeordneter mit den „Interessen des Ostens", denen es auf bundespolitischer Ebene häufig an Gewicht fehle.

1.4 Interaktionen

Mit den direkten Interaktionen zwischen Abgeordneten und Bürger:innen bildet die vierte in unserer Heuristik verwendete Dimension die konative Komponente von Bürgernähe ab. Sie entspricht einer wortwörtlichen Auslegung des Konzepts als physische Nähe und Erreichbarkeit der Politiker:innen für die lokale Bevölkerung. In der politischen Repräsentationsforschung werden direkte Interaktionen zwischen Repräsentant:innen und Repräsentierten als Teil der *Constituency Work* gefasst, also der Bindungs- und Kontaktpflege gewählter Mandatsträger:innen mit ihrer Basis, die häufig als Gegengewicht zur Arbeit im Parlament wahrgenommen wird (vgl. Brack et al. 2016; Siefken 2016). Dazu zählen öffentliche Sprechstunden ebenso wie z.B. Vorträge, Teilnahmen an Freizeitveranstaltungen, Besuche lokaler Unternehmen und Interessensgruppen oder Auftritte in den Medien (vgl. Ilonszki/Papp 2012: 339; Patzelt 1997).

Die Schwerpunktsetzung in der *Constituency Work* ist sehr individuell und hängt vom persönlichen Stil ebenso wie von institutionellen Anreizen ab. André und Depauw (2013) unterscheiden drei Kategorien von Aktivitäten im Kontakt zwischen Abgeordneten und

der Bevölkerung: *One-to-one*-Kontakte mit einzelnen Bürger:innen
(Sprechstunden, individuelle Fallarbeit), *One-to-a-few*-Kontakte mit
einer begrenzten Gruppe (öffentliche Veranstaltungen, Unterneh-
mensbesuche) und *One-to-many*-Kontakte mit der breiten Masse
(Medienauftritte).

Neben der Erforschung und Unterscheidung verschiedener Formen von Interaktionen lauten weitere Kernfragen empirischer Studien, welche systemischen Anreize zur Schwerpunktsetzung in der
Constituency Work beitragen und welche Rolle direkte Interaktionen
für die Stabilität des politischen Systems spielen. Ein wichtiger Ein-
flussfaktor für Art und Ausmaß der Kontakte ist das vorherrschende
Wahlsystem. Im Fall der wahlkreisbasierten Personenwahl, durch
die jede:r Abgeordnete eindeutig mit einem lokalen Bezirk identifiziert werden kann, suchen Abgeordnete vor allem den Kontakt zur
Bevölkerung im eigenen Wahlkreis, um die Chancen ihrer Wahl
bzw. Wiederwahl zu steigern. Diese Form der lokal begrenzten Interaktion ist besonders ausgeprägt, wenn nationale Abgeordnete in
einer Doppelfunktion gleichzeitig ein politisches Amt auf lokaler
Ebene ausüben, wie es beispielsweise in Frankreich und Ungarn
nicht unüblich ist (vgl. Costa/Poyet 2016: 407; Ilonszki/Papp 2012:
338).

Karlsson (2018) verweist zudem auf den Einfluss der Parteien auf
die *Constituency Work*. So sei in Schweden die Unterstützung der lokalen Parteiorganisation für die Wiederwahl der Abgeordneten von
zentraler Bedeutung, weshalb in umkämpften Bezirken die Kontakte zu Parteimitgliedern vor Ort deutlich ausgeprägter seien als
bei einer als relativ sicher geltenden Wiederwahl. Der Kontrast zur
Situation in Staaten, in denen eine Listenwahl ohne territoriale Repräsentation gilt, wird mit Blick auf Andewegs (2012) Studie in den
Niederlanden deutlich. Nationale Abgeordnete messen dem Kontakt zu Wähler:innen und der Vertretung von Anliegen einzelner
Bürger:innen auch hier eine hohe Relevanz bei, ihre Interaktionen
konzentrieren sich jedoch nicht nur auf einen Bezirk, sondern erstrecken sich auf das gesamte Land.

Der Mehrwert von Interaktionen für die Stabilität der Demokratie erscheint derweil begrenzt. Thomassen und Esaiasson (2006: 229) konstatieren, dass ein enger Kontakt zwischen Abgeordneten und Wähler:innen – oder vielmehr nur der öffentliche Eindruck eines engen Kontakts – vertrauensbildend wirke. Dies sei aber nicht gleichbedeutend mit einer steigenden demokratischen Legitimation des Parlaments oder des politischen Systems an sich. Diese Einschätzung wird durch Studien aus Frankreich (Costa/Poyet 2016) und Deutschland (Saalfeld/Dobmeier 2012) gestützt, wonach das Verhältnis der einzelnen Abgeordneten zur Bevölkerung in ihren jeweiligen Wahlkreisen häufig völlig entkoppelt sei vom nationalen politischen Diskurs. Viele Bürger:innen hätten gleichzeitig hohes Vertrauen in die oder den Abgeordnete:n des eigenen Wahlkreises und dennoch nur geringes Vertrauen in das Parlament insgesamt.

2 – Methode und Daten

Im Rahmen des REGIOPARL-Forschungsprojektes wurde im Zeitraum von 15. März 2022 bis 15. Mai 2022 eine repräsentative Befragung von Bürger:innen zum Thema der „Bürgernähe" im Mehrebenensystem der EU durchgeführt. Um Bürgernähe messbar zu machen und einen Vergleich zwischen den verschiedenen Regierungsebenen zu ermöglichen, wurde der Fragebogen auf Basis der theoretischen Überlegungen zu den vier ausgewählten Dimensionen gestaltet. Bevor wir die Ergebnisse ausführlich vorstellen, beleuchtet dieser Abschnitt zunächst das Vorgehen bei der Befragung, die Auswahl der Regionen, in denen sie durchgeführt wurde, und beschreibt die gewonnene Datenstichprobe hinsichtlich ihrer Repräsentativität.

Die Befragung wurde in sechs Mitgliedsländern der EU durchgeführt und sollte an einigen Stellen – sowohl hinsichtlich der Auswahl der Regionen bzw. Länder als auch von Inhalten – Vergleichsmöglichkeiten zur Befragung von Abgeordneten im Rahmen von REGIOPARL bieten (siehe Kapitel Wolf/Meyer in diesem Band).

Tabelle 1: Auswahl der Regionen für die Bevölkerungsbefragung

Staat	Region	Bevölkerung 2022*	BIP pro Kopf in € 2020**	RAI	Bewohner:innen/ Abgeordnete
Deutschland	Bayern	13,14 Mio.	46.973	27,00	64.000 (205 Abgeordnete)
Deutschland	Sachsen-An-halt	2,18 Mio.	28.950	27,00	22.680 (97 Abgeordnete)
Österreich	NÖ	1,69 Mio.	35.341	23,00	30.000 (56 Abgeordnete)
Österreich	Tirol	760.105	44.157	23,00	20.714 (36 Abgeordnete)
Frankreich	Bretagne	3,39 Mio.	29.672	10,01	40.120 (83 Abgeordnete)
Frankreich	Auvergne-Rhône-Alpes	8,11 Mio.	33.342	10,01	59.902 (204 Abgeordnete)
Polen	Schlesien	4,45 Mio.	13.623	8,00	100.000 (45 Abgeordnete)
Polen	Lebus	996.912	11.215	8,00	33.333 (30 Abgeordnete)
Tschechien	Jihomo-ravský kraj	1,20 Mio.	19.465	9,12	18.000 (65 Abgeordnete)
Tschechien	Kraj Vysočina	508.852	16.845	9,12	11.317 (45 Abgeordnete)
Spanien	Extremadura	1,06 Mio.	18.254	23,65	16.308 (65 Abgeordnete)
Spanien	Katalonien	7,67 Mio.	27.826	23,65	56.667 (135 Abgeordnete)

** https://ec.europa.eu/eurostat/databrowser/view/DEMO_R_PJANGRP3/default/table?lang=de&category=demo.demopreg*
*** https://ec.europa.eu/eurostat/databrowser/view/nama_10r_3gdp/default/table?lang=de*

Die Auswahl der teilnehmenden Regionen erfolgt nach verschiedenen Kriterien (Tabelle 1). Wie auch bei der Abgeordnetenbefragung wurde auf eine geographische Streuung innerhalb der EU geachtet. Für jedes Land wurde außerdem je eine vergleichsweise kleine und eine größere Region anhand der Bevölkerungszahl ausgewählt (als Vergleichsmaßstab wurde die Größe bzw. Bevölkerungszahl der Regionen *innerhalb* eines Landes angewendet). Auch die Wirtschaftskraft (Vergleich wiederum innerhalb eines Landes) wurde als Kennzahl berücksichtigt, ebenso wie der *Regional*

Authority Index[5] (RAI, Hooghe et al. 2016; Shair-Rosenfield et al. 2021). Zur Beurteilung von Fragen der Bürgernähe erschien außerdem das Verhältnis von Bewohner:innen zu Abgeordneten interessant, um eine Vergleichsmöglichkeit zu bekommen wie „schwierig" oder „leicht" gegebenenfalls das direkte Kontakthalten mit Bürger:innen wäre. Nicht zuletzt spielten Überlegungen hinsichtlich der jeweiligen regionalen Identität eine Rolle bei der Auswahl der Regionen, sowie eine Abbildung verschiedener politischer Systeme von zentralistisch geprägten Staaten hin zu stark föderalen Staaten.

Die Befragung wurde als Online-Erhebung durch das Institut Talkonline umgesetzt. Als Grundlage für die Erhebung dienten Online-Panels in den Untersuchungsländern, in denen Personen mittels Einladungen für eine Teilnahme an der Befragung gewonnen wurden. Die Auswahl der Befragten erfolgte dabei nach einer Quotenvorgabe, die sich an der Verteilung von Alter, Geschlecht und Bildung an der Gesamtbevölkerung des jeweiligen Mitgliedslandes orientierte. Innerhalb dieser definierten Quotenstruktur wurden die Befragten zufällig eingeladen. Insgesamt wurden 8.700 Personen befragt (Tabelle 2). Die Quotenvorgaben konnten überall gut erfüllt werden, wenngleich in Polen Befragte mit niedriger Bildung schwieriger für eine Teilnahme gewonnen werden konnten. Der Fragebogen wurde in die jeweiligen Landessprachen übersetzt und umfasst 27 Fragen zu den vier Dimensionen von Bürgernähe sowie Angaben zu den Befragten.

---

[5] Der *Regional Authority Index* bildet das Ausmaß regionaler Autonomie anhand von 10 Indikatoren ab.

356

Tabelle 2: Stichprobenübersicht

	Niederösterreich	Tirol	Jihomoravský kraj	Kraj Vysočina	Bayern	Sachsen-Anhalt	Katalonien	Extremadura	Auvergne-Rhône-Alpes	Bretagne	Lebus	Schlesien
Weiblich	47,0	53,0	49,5	48,0	48,3	46,6	45,3	56,4	46,8	52,7	43,8	48,4
Männlich	53,0	47,0	50,5	52,0	51,7	100,0	54,7	43,6	53,3	47,3	56,2	51,5
Anderes	-	-	-	-	-	-	-	-	-	-	-	0,1
18-29 J	13,8	20,4	14,7	15,6	18,0	15,0	18,9	10,2	13,0	21,4	22,5	12,8
30-39 J	15,4	17,2	17,1	16,8	15,3	17,4	16,0	13,0	18,8	16,3	15,5	20,8
40-49 J	16,6	13,4	20,1	19,8	14,3	16,4	12,9	34,2	18,8	17,7	9,8	22,1
50+ J	54,2	49,0	48,1	47,8	52,4	51,2	52,2	42,6	49,5	44,6	52,3	44,4
Matura -	54,5	41,2	30,5	32,4	69,6	64,8	28,1	35,8	30,5	22,9	9,0	14,2
Matura +	45,5	58,8	69,5	67,6	30,4	35,2	71,9	64,2	69,5	77,1	91,0	85,8
N	1000	500	1000	500	1000	500	1000	500	400	1000	420	880

Tabelle 3: Aufgaben von Parlamenten aus Sicht der Bürger:innen (n=8700)

	Konzentration auf unmittelbare Aufgaben im Parlament (Kontrolle, Gesetze etc.)	Vermittlung zwischen Interessen & Beitrag zu politischer Stabilität	Direkte Kommunikation mit Bürger:innen	Vertretung der Bürger:innen & Einsatz für deren Anliegen
sehr wichtig	42,1	39,2	54,9	65,6
eher wichtig	45,9	47,0	34,3	25,4
eher nicht wichtig	7,9	9,8	7,1	5,6
gar nicht wichtig	4,1	4,0	3,7	3,4
Gesamt	100,0	100,0	100,0	100,0

3 – Zur Bürgernähe lokaler, regionaler, nationaler und europäischer Politik – Einschätzungen der Bürger:innen aus den Regionen

Bevor Ergebnisse zu den einzelnen Dimensionen von Bürgernähe vorgestellt werden, soll zunächst ein allgemeiner Blick auf die Aufgaben von Abgeordneten aus Sicht der befragten Bürger:innen geworfen werden. Untersuchungen bei Abgeordneten hinsichtlich der Wahl ihres Repräsentationsstils haben eine lange Tradition (Fenno 1977), und eine Vielzahl von Faktoren und Kalkulationen diesbezüglich konnten bereits ermittelt werden (Andrè/Depauw 2013). Weniger ist darüber bekannt, wie Bürger:innen die *Constituency Work* als Aufgabe von Abgeordneten im Verhältnis zu anderen Aufgaben priorisieren. Im Rahmen der REGIOPARL-Bevölkerungsbefragung wurden die Befragten daher um eine Bewertung verschiedener parlamentarischer Aufgaben gebeten. Das erste Item aus dieser Itembatterie spricht eine Kernaufgabe von Parlamenten an, nämlich jene der parlamentarischen Kontrolle und der Verabschiedung von Gesetzen. Als zweite Aufgabe von Parlamenten bzw. deren Abgeordneten wurde der Interessensausgleich zwischen verschiedenen Ansichten in der Itembatterie genannt, während das dritte und vierte Item unmittelbar auch die Wähler:innenschaft adressieren, also im Sinne von *Constituency Work* und Repräsentation allgemein gedacht sind. Auf Seiten der Bürger:innen sind die Erwartungen an die Pflege von Kontakten und die Umsetzung der Repräsentationsaufgabe naturgemäß hoch, wie Tabelle 3 illustriert. Auch wenn allen vier Aufgaben hoher Stellenwert beigemessen wird, werden die letzten beiden Aufgaben, die sich *direkt* auf die Repräsentation von Bürger:innen beziehen, am häufigsten priorisiert („sehr wichtig"). Patzelt (1997) stellte in seiner Untersuchung deutscher Landtagsabgeordneter einen Anteil von rund einem Drittel der Arbeitszeit für *Constituency Work* bei den Abgeordneten fest. Die REGIOPARL-Bevölkerungsbefragung deklariert diesbezüglich einen starken Wunsch der Bürger:innen zur Priorisierung dieser Aufgabe. Auf der anderen Seite erscheinen die Erwartungen der Bürger:innen gewissermaßen auch unrealistisch, wenn insgesamt alle vier Aufgaben hoch priorisiert werden, bedenkt man die Aufgabenvielfalt von Abgeordneten.

Im Folgenden sollen nun einzelne Aspekte der Bürgernähe näher beleuchtet werden und anhand unserer Heuristik aus vier Dimensionen (Kongruenz-Vertrauen-Mandat-Interaktionen bzw. Kontakte) dargestellt werden. Die Auswahl der Fragen zur Messung dieser Dimensionen orientierte sich einerseits an bereits vorhandenen Untersuchungen und deren Formulierungen, andererseits auch am Fragebogen der Abgeordnetenbefragung (vergleiche Kapitel Wolf/Meyer in diesem Band), um Vergleichsmöglichkeiten der beiden Befragungen herzustellen.

3.1 Kongruenz

Kongruenz zwischen Bürger:innen und Politiker:innen in Einstellungen, Meinungen und mitunter auch der sozialen Herkunft wird oft als zentraler Indikator für das Funktionieren von repräsentativen Demokratien herangezogen (Vogel 2018). Die REGIOPARL-Bevölkerungsbefragung bietet Möglichkeiten, die Einstellungen von Bürger:innen und Abgeordneten der teilnehmenden Länder zu vergleichen. Zu beachten ist allerdings, dass die Befragung der Abgeordneten jeweils alle Regionen eines Landes umschließt, während die Bevölkerungsbefragung jeweils in zwei ausgewählten Regionen stattgefunden hat. [6] Dennoch soll eine dieser vergleichbaren Fragen im Folgenden kurz adressiert werden. Die Einstellungskongruenz zwischen Abgeordneten und Bürger:innen kann sich auf vielfältige Inhalte und Vorstellungen beziehen. Für die Befragungen im Rahmen des REGIOPARL-Projektes standen Regionen und ihre Rolle im EU-Mehrebenensystem im Mittelpunkt. Ein inhaltlich relevanter, präziser und sparsamer[7] Indikator ist daher der Vergleich der

---

[6] Außerdem erwähnen wir aus Gründen der Vollständigkeit, dass die Befragungen zu etwas unterschiedlichen Zeitpunkten stattgefunden haben, was bedingen kann, dass in der Zwischenzeit Wahlen stattgefunden haben.

[7] Sparsam versteht sich im Sinne von hoher Messgenauigkeit unter Verwendung weniger Stimuli bzw. Fragen.

Einstellungen zum Fortschritt der europäischen Integration aus Sicht der Abgeordneten bzw. Bürger:innen. Wie oben beschrieben legt dieser Indikator zudem für gewöhnlich die deutlichsten Einstellungsdifferenzen offen, da Abgeordnete durchschnittlich integrationsfreundlicher sind als die Bevölkerung.

Abbildung 1: Einschätzung des Fortschritts der Europäischen Einigung

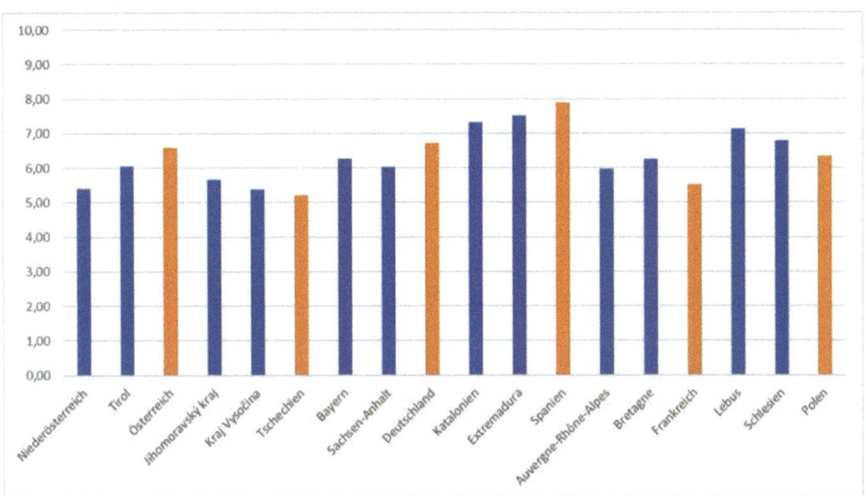

Von 0=Europäische Einigung ist schon zu weit gegangen, 5=der Europäische Einigungsprozess ist zufriedenstellend, bis 10=Europäische Einigung sollte stärker vorangetrieben werden; Mittelwerte; blau: Bevölkerung, orange: Abgeordnete. [8]

Abbildung 3 zeigt zunächst einen Vergleich der Mittelwerte der Bürger:innen in den ausgewählten Regionen mit den Mittelwerten aller regionaler Abgeordneter des jeweiligen Landes. Ganz allgemein zeichnet sich eine vergleichsweise positive Stimmung gegenüber der europäischen Integration bei dieser Frage in Spanien und Polen ab. In Tschechien und Frankreich ist die Einstellung dazu

---

[8] Wortlaut der Frage: „Manche sagen, die Europäische Einigung sollte weiter vorangetrieben werden. Andere sagen, dass sie schon zu weit gegangen ist. Was ist Ihre Meinung zu diesem Thema? 0 bedeutet dabei, die Europäische Einigung ist schon zu weit gegangen, 10 bedeutet die Europäische Einigung sollte stärker vorangetrieben werden und 5 dass der europäische Einigungsprozess ein zufriedenstellendes Niveau erreicht hat."

etwas verhaltener. Im Vergleich der Mittelwerte fällt auf, dass die Abgeordneten in Österreich, Deutschland und Spanien etwas öfter als die befragten Bürger:innen der Meinung sind, dass die europäische Einigung weiter vorangetrieben werden sollte. In Tschechien, Frankreich und Polen spricht sich die befragte Bevölkerung in den Regionen etwas stärker als die regionalen Abgeordneten dafür aus, die europäische Einigung weiter voranzutreiben. Die größten Unterschiede zwischen regionalen Abgeordneten und befragten Bürger:innen gibt es in Österreich und Polen, wobei diese Unterschiede mit Bedacht auf die Verwendung von Mittelwerten und unterschiedlich großen Erhebungspopulationen vorsichtig zu interpretieren sind. Insgesamt unterscheiden sich die Mittelwerte von Bevölkerung und regionalen Abgeordneten hinsichtlich dieser Frage jedenfalls nicht eklatant.

Für einige ausgewählte Regionen, bei denen ein zufriedenstellender Rücklauf von mehr als 30 Abgeordneten oder mehr als 20% der Abgeordneten[9] erreicht werden konnte, kann auch noch ein detaillierter Vergleich zwischen der Bevölkerung und den Abgeordneten der jeweiligen Region vorgenommen werden. Bei der Frage nach dem Stand der europäischen Einigung zeigt sich, dass sich vor allem die Abgeordneten in Niederösterreich, Bayern und Katalonien etwas mehr Integration im Vergleich zur Bevölkerung wünschen.

---

[9] Lediglich für die Bretagne trifft keines der beiden Kriterien bei dieser Frage zu, da hier nur zehn Abgeordnete geantwortet haben. Der Vollständigkeit wegen wird die Bretagne hier als zweite französische Region auch ausgewiesen, die Ergebnisse sind aber mit entsprechender Vorsicht zu interpretieren.

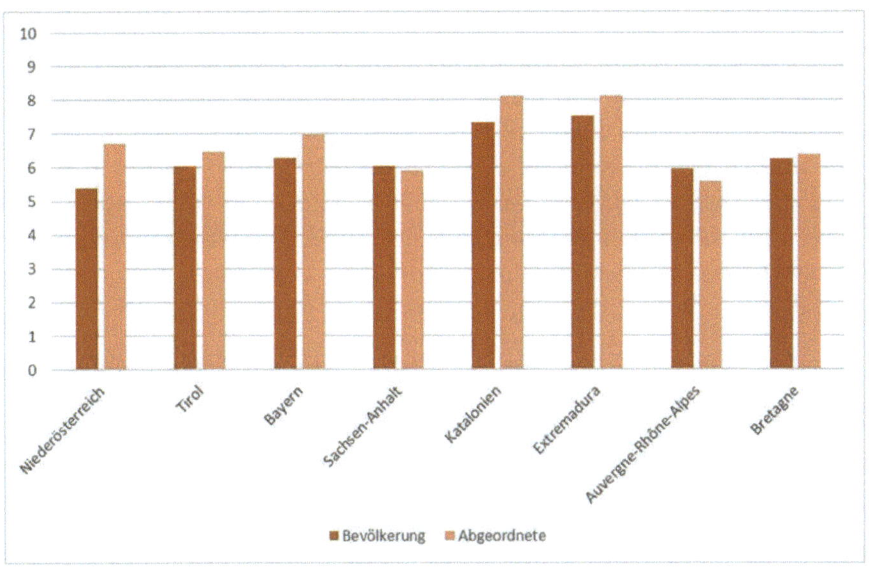

*0=Europäische Einigung ist schon zu weit gegangen, 5=der Europäische Einigungsprozess ist zufrie-
denstellend, bis 10=Europäische Einigung sollte stärker vorangetrieben werden; Mittelwerte für ausgewählte Regionen.*

3.2 Vertrauen

Obwohl sich, wie eingangs beschrieben, selten empirische Untersuchungen finden, die explizit den Begriff der Bürgernähe verwenden, werden insbesondere das Vertrauen in die Politik und die Zufriedenheit mit der Demokratie mitunter als Indikatoren zur Operationalisierung von Bürgernähe verwendet. Große international vergleichende Datenerhebungen wie Eurobarometer, ISSP oder der
World bzw. European Value Survey erheben regelmäßig Indikatoren zum politischen Vertrauen. Im Vergleich der Mittelwerte in Abbildung 4 fällt auf, dass die lokale Ebene im System das größte Vertrauen genießt. Das europäische Parlament weist hingegen vergleichsweise geringe Vertrauenswerte auf, außer in den beiden spanischen Regionen, in denen wiederum das nationale Parlament etwas schlechter beurteilt wird. Die Befragten der beiden spanischen

Regionen beurteilen aber generell das Vertrauen zu den verschiedenen Parlamenten nicht sehr unterschiedlich, weshalb diese Differenzen nicht überbewertet werden sollten. Relativ hohe Unterschiede
in der Beurteilung der verschiedenen Parlamente weisen die tschechischen und österreichischen Regionen auf. Zusammenfassend
kann festgehalten werden, dass das Vertrauen in die unteren Ebenen
des politischen Systems, also lokale und regionale Parlamente, etwas höher ist als dasjenige in die nationale und europäische Ebene.
Besonders in den beiden französischen Regionen werden dem lokalen und dem regionalen Parlament gute Vertrauenswerte ausge-
sprochen.

Abbildung 3: Vertrauen zu verschiedenen Parlamenten (

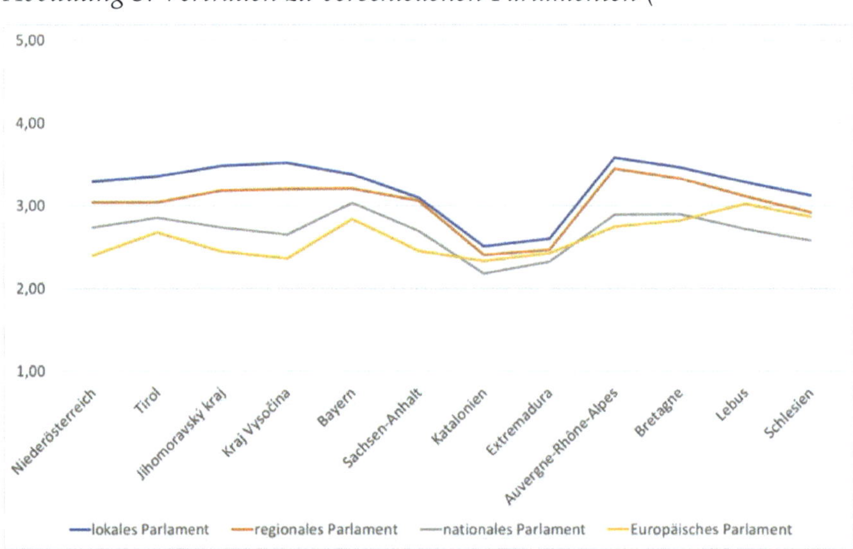

1=gar kein Vertrauen, 5=sehr großes Vertrauen; Mittelwerte.

3.3 Mandat

Wie bereits bei der Abgeordnetenbefragung wurde auch im Rahmen der Bevölkerungsbefragung danach gefragt, wem gegenüber sich regionale Abgeordnete in europapolitischen Fragen mit ihrem Mandat verpflichtet fühlen sollen. Mit der Frage nach dem Fokus des Mandats werden in der REGIOPARL-Bevölkerungsbefragung also auch die Erwartungen der Bürger:innen hinsichtlich des Repräsentationsverständnisses der Abgeordneten untersucht. Abbildung 5 zeigt zunächst, dass es eine hohe Übereinstimmung unter den Befragten gibt, dass alle Menschen der Region im Fokus der regionalen Abgeordneten stehen sollten, wenn es um Fragen geht, in denen Europa eine Rolle spielt. Etwas geringer ist die Zustimmung dazu, dass alle Menschen des Staates und alle Menschen Europas in Fragen, in denen Europa eine Rolle spielt, von den Abgeordneten in ihrer Aufgabenerfüllung berücksichtigt werden sollen. Die geringste Zustimmung fällt auf die Repräsentation aller Menschen Europas, wobei auch hier die Mittelwerte immer über dem Wert 3, also der mittleren Kategorie und somit im Bereich der Zustimmung liegen. Zumindest teilweise sollen also auch alle Menschen Europas in der politischen Arbeit der regionalen Abgeordneten berücksichtigt werden. Besonders die Befragten der beiden polnischen Regionen scheinen ein multiples Repräsentationsverständnis aufzuweisen, in dem alle drei Antwortoptionen (Region/Staat/Europa) hohe Zustimmungswerte erhalten.

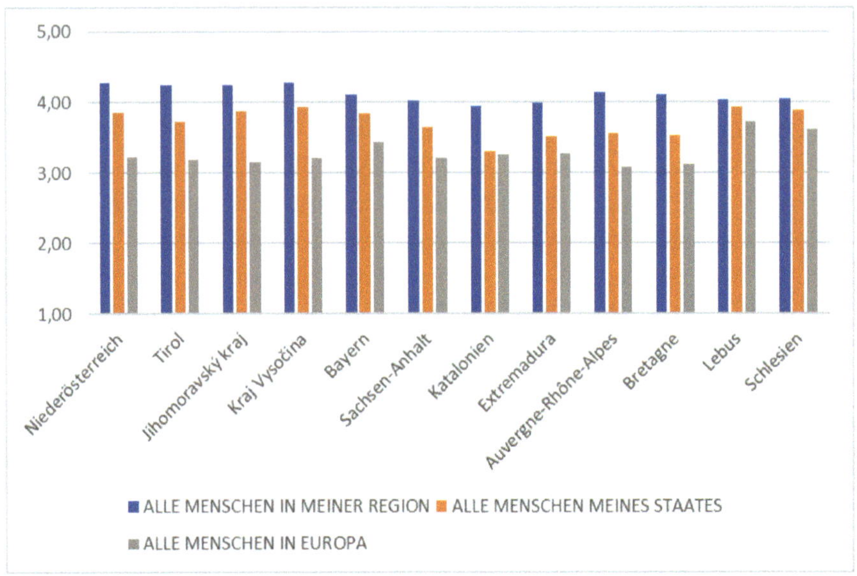

Fragestellung: Wem sollten sich die regionalen Abgeordnete verpflichtet fühlen, wenn es um Fragen geht, in denen Europa eine Rolle spielt? 1=trifft gar nicht zu bis 5=trifft sehr zu; Mittelwerte.

Die Erwartungen der Bürger:innen hinsichtlich des territorialen Repräsentationsverständnisses der Abgeordneten können wiederum mit den Erwartungen an die Quelle ihres Repräsentationsverständnisses kontrastiert werden. Als mögliche Quellen dieses Repräsentationsverständnisse können eigene inhaltliche Vorstellungen bzw. das eigene „Gewissen" der Abgeordneten dienen (*Trustee*), Vorgaben ihrer Partei (*Partisan*) oder direkte Wünsche und Einflussnahmen der Wähler:innen (*Delegate*). Das Modell des *Trustees* ermöglicht es den Abgeordneten, ihre Rolle relativ gesehen freier auszuüben als in den anderen beiden Modellen des *Delegates* oder des *Partisans,* da die Abgeordneten in diesem Repräsentationsverständnis zuvorderst ihrem eigenen Gewissen verpflichtet sind. Zunächst vergleichen wir Repräsentationserwartungen der Bürger:innen nach dem *Trustee-, Delegate-* bzw. *Partisan*-Modell in den einzelnen

Regionen.[10] In diesem Vergleich der Regionen zeigt sich eine Präferenz für das *Delegate*-Modell in allen Regionen (Abbildung 5). Auffallend ist auch, dass in allen Regionen das Vertreten der eigenen Position gleich viel Zustimmung erhält, wie das Repräsentieren der politischen Position der (eigenen) Partei. Die Befragten machen augenscheinlich wenig Unterschied, ob die Abgeordneten ihrem eigenen Gewissen oder der Parteilinie folgen. Insgesamt entspricht der Befund einer überlappenden Wahrnehmung der verschiedenen Repräsentationsrollen der aktuellen Forschungsliteratur (Bengtsson/Wass 2010).

Abbildung 5: Ansprüche an die Repräsentationsrolle aus Sicht der Bürger:innen

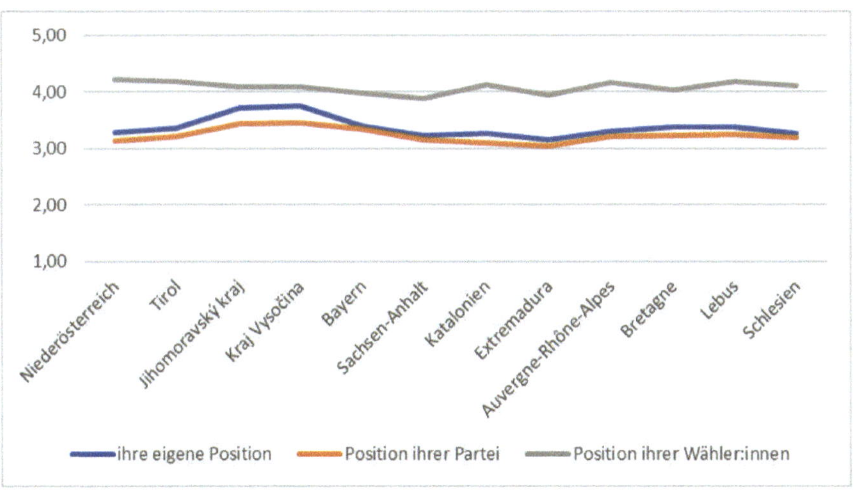

1=stimme gar nicht zu bis 5=stimme sehr zu; Mittelwerte.

---

[10] Wortlaut der Frage bzw. Items: „Welche politische Position sollen die Abgeordneten eines Parlaments primär vertreten: ihre eigene Position, die sie als Abgeordnete haben, die Position ihrer Partei, die Position ihrer Wähler:innen?"

Tabelle 4: Zusammenhänge zwischen den Erwartungen an die Repräsentationsfoci (territorial), an Quellen und Art der Repräsentation bzw. dem Vertrauen in Parlamente (N= 8.700)

	allen Menschen: Region	allen Menschen: Staat	allen Menschen: Europa	eigene Position	Parteiposition	Position Wähler:innen	Index Vertrauen in Parlamente	Direkte Kommunikation mit Bürger:innen
allen Menschen: Region								
allen Menschen: Staat	,541**							
allen Menschen: Europa	,265**	,597**						
eigene Position	,281**	,276**	,236**					
Parteiposition	,265**	,306**	,285**	,530**				
Position Wähler:innen	**,541****	**,375****	,204**	,329**	,358**			
Index Vertrauen in Parlamente	,204**	,215**	,271**	,286**	,321**	,181**		
Direkter Kommunikation mit Bürger:innen	**,426****	**,323****	,206**	,247**	,246**	,450**	,169**	

Da sich die Vorstellungen bezüglich des Fokus und der Quellen der Repräsentation zwischen den Regionen nicht wesentlich unterscheiden, sollen abschließend noch einige Zusammenhänge anhand des *gesamten* Samples aufgezeigt werden. Tabelle 4 weist die bivariaten Korrelationen[11] der beiden Fragen zu Fokus und Quelle des Mandats auf, sowie einen Index zum Vertrauen in Parlamente generell und die Frage nach dem Wunsch nach direkter Kommunikation der Abgeordneten mit den Bürger:innen. Zum Vertrauen in Parlamente generell wurde ein Index durch eine Addition der Einzelfragen erstellt, die das Vertrauen in lokale, regionale, nationale und europäische Parlamente messen. Die Frage zum Wunsch nach direkter Kommunikation mit den Bürger:innen wurde für die Korrelationsanalyse dichotomisiert (0=nicht wichtig; 1=wichtig). Tabelle 4 zeigt dabei in der ersten Spalte ein relativ enges Repräsentationsverständnis auf, in dem der territoriale Fokus auf der Region mit einer starken Präferenz für die Orientierung an den Wähler:innen (*Delegate*-Modell) einhergeht, sowie einem geringen Vertrauen in Parlamente generell und einem starken Wunsch nach direkter Kommunikation mit den Bürger:innen. Bürgernähe und Repräsentation wird in dieser Auffassung mit einem Fokus auf die Region gedacht. Kontrastiert man diese Position mit einem relativ „entfernten" oder weiten Repräsentationsverständnis, nämlich jenem, das auch die Vertretung aller Menschen in Europa inkludiert (Spalte 3), fällt auf, dass Abgeordnete hier sowohl die Rolle des *Trustees*, des *Delegates* als auch des *Partisans* einnehmen können. Die Korrelation dieser Variable mit dem Vertrauen in Parlamente ist vergleichsweise (!) hoch. Der Wunsch nach direkter Kommunikation mit den Bürger:innen

---

[11] Bivariate Korrelationen beschreiben den Zusammenhang zwischen zwei Variablen. Die statistisch berechneten Korrelationswerte können zwischen +1 und -1 liegen, wobei Werte im positiven Bereich einen positiven Zusammenhang wiedergeben (Wenn Variable A steigt, steigt auch Variable B) und Werte im negativen Bereich einen negativen Zusammenhang darstellen (Wenn Variable A steigt, sinkt Variable B). Korrelationen können jedoch keine Aussage über Kausaleffekte treffen, d.h. wir wissen nicht, ob Variable A oder Variable B ursächlich für den beobachteten Zusammenhang ist. Ein Wert von 0 bedeutet, dass es keinen Zusammenhang zwischen den beiden Variablen gibt. In der Sozialwissenschaft werden Korrelationswerte zwischen -1 und -0,3 (negativer Zusammenhang), sowie zwischen 0,3 und 1 (positiver Zusammenhang) als aussagekräftig eingestuft (Benninghaus 2007).

weist zudem eine deutlich geringe Korrelation auf als bei jenen Befragten, die von den Abgeordneten erwarten, die Region zuvorderst zu vertreten. Der Wunsch nach direkter Kommunikation der Abgeordneten mit den Bürger:innen nimmt also ab, je weiter das Repräsentationsverständnis (von allen Menschen der Region über alle Menschen des Staates hinzu allen Menschen Europas) gedacht wird. Im Gegenzug nimmt das Vertrauen zu, während es für die Befragten immer weniger wichtig wird, dass Abgeordnete direkt ihre Wähler:innen repräsentieren, je weiter sie ihr Repräsentationsverständnis (wiederum von der Region bis hin zu allen Menschen in Europa) fassen. Insgesamt gibt die Tabelle ein komplexes Bild von Repräsentationserwartungen wieder, das durchaus auch auf multiple Repräsentationsverständnisse hinweist. Dennoch kristallisieren sich gewisse Muster aus dem Verhältnis von Repräsentation, Vertrauen und Kommunikation heraus, die auf die Existenz von zumindest zwei Typen von Bürgernähe – einem eher engeren und einem weiteren Verständnis – hinweisen.

3.4 Kontakte von Bürger:innen zu Abgeordneten

In einer wortwörtlichen Interpretation des Themas „Bürgernähe" könnte zuletzt auch davon ausgegangen werden, dass Abgeordnete den Bürger:innen besonders „nahe" sind, wenn es zu Kontakten und Interaktionen kommt. In der REGIOPARL-Bevölkerungsbefragung wurde deshalb auch nach Kontakten zwischen Bürger:innen und Abgeordneten gefragt. Die Frage nach Kontakten zu Abgeordneten in den letzten fünf Jahren wurde in einer Studie für den Bayerischen Landtag bereits verwendet (infratest 2014) und in ähnlicher Weise auch in einer Studie zur gegenseitigen Akzeptanz von Bürger:innen und Abgeordneten in Nordrhein-Westfalen (Rauh et al. 2013) abgefragt. Ausgehend von diesen beiden Untersuchungen und der Forschungsliteratur war die Erwartungshaltung bezüglich der Häufigkeit von Kontakten der Bürger:innen zu Abgeordneten niedrig. Auch in dieser Dimension von Bürgernähe lässt sich beobachten, dass mit zunehmender Distanz der politischen Ebene auch die Nähe der Bürger:innen – hier in Form von Kontakten – abnimmt

(Abbildung 6). Während es zu lokalen Parlamenten bzw. deren Abgeordneten in den letzten 5 Jahren erstaunlich viele Kontakte gab, sind es auf der regionalen Ebene in Tirol, Bayern, Sachsen-Anhalt, Lebus und Schlesien nur mehr in etwa halb so viele Befragte, auf die zutrifft, in den letzten 5 Jahren Kontakte zu einem oder mehreren Abgeordneten des regionalen Parlaments gehabt zu haben. In den anderen Regionen hatten noch weniger Befragte Kontakt zu ihren regionalen Abgeordneten. Außer in Extremadura, Auvergne-Rhone-Alpes und der Bretagne gibt in etwa noch jede:r fünfte Befragte an, in den letzten 5 Jahren in irgendeiner Form Kontakt zu einer bzw. einem nationalen Abgeordneten gehabt zu haben. In Lebus und Schlesien geben sogar 40% der Befragten an, dass dies in den letzten 5 Jahren einmal vorgekommen ist. Noch geringer fallen Kontakte zu Abgeordneten des Europäischen Parlaments aus: nur in Bayern, Sachsen-Anhalt, Lebus und Schlesien trifft dies auf einige der Befragten zu. In den anderen Regionen geben hingegen kaum Befragte an, in den letzten 5 Jahren schon einmal in irgendeiner Form Kontakt zu Abgeordneten des Europäischen Parlaments gehabt zu haben.

Zusammenfassend kann festgehalten werden, dass die Befragten in vielen Bereichen die regionale Ebene als bürgernah empfinden, wenn es um kognitive, emotionale und physische Nähe in Form von Kontakten und Interaktionen geht. Dieser Befund sollte allerdings mit Vorsicht interpretiert werden, betrachtet man auch die hohen – fast unrealistischen – Erwartungen an die Aufgabenerfüllung von Abgeordneten generell, die zu Beginn des Ergebnisteils präsentiert wurden. Diese hohe Erwartungshaltung wirft die Frage auf, mit welchem Gradmesser die Arbeit von Parlamenten und Abgeordneten allgemein beurteilt wird, und wie in Hinblick auf Bürgernähe im Speziellen. In einem positiven Framing könnten Parlamente bzw. ihre Abgeordneten gewissermaßen idealisiert gesehen werden, indem ihnen ein hohes Arbeits- und Aufgabenpensum zugetraut bzw. von ihnen erwartet wird. Entsprechend hoch wäre dann die Enttäuschung, wenn diesen Aufgaben nicht gleichermaßen nachgekommen werden kann.

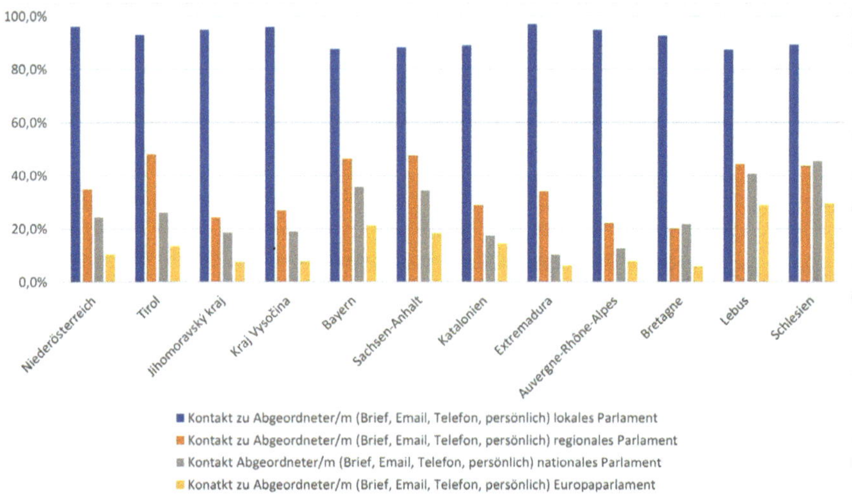

Zweifelsohne ist auf der manifesten Ebene der Kontakte und Interaktionen eine Vorreiterrolle der lokalen und regionalen Ebene festzustellen, was aber auch auf die „district magnitude" (André/Depauw 2013) zurückgeführt werden kann, also die größere Wahrscheinlichkeit, dass hier Kontakte überhaupt zustande kommen können. Vergleicht man die Kontakthäufigkeiten mit dem Vertrauen, das in die verschiedenen Parlamente gesetzt wird, ist das Vertrauen in das Europäische Parlament trotzdem erstaunlich hoch, obwohl sehr wenige Kontakte existieren. Diese Beobachtung legt nahe, dass Vertrauen nicht nur oder nicht alleinig über Kontakte hergestellt werden kann – zumindest für einen Teil der Befragten. Der Wunsch nach direkter Kommunikation ist hingegen besonders bei jenen Befragten hoch, die ein geringes Vertrauen aufweisen und einem engen Repräsentationsverständnis folgen. In diesem Zusammenhang stellt sich die Frage nach Ursache und Wirkung, die in einer Korrelationsanalyse nicht hinreichend beantwortet werden kann: ob nun wahrgenommene fehlende Kontakte und

Kommunikation zu mangelndem Vertrauen führen oder mangelndes Vertrauen (unrealistisch) hohe Erwartungshaltungen generiert, muss an dieser Stelle offengelassen werden. Die Analysen deuten jedenfalls darauf hin, dass es mehr als nur einen Typus von Bürgernähe geben könnte.

4 – Diskussion und weiterführende Fragen

Unser Beitrag analysierte das Konzept der Bürgernähe im Mehrebenensystem der EU und hinterfragte, ob die regionale Ebene tatsächlich immer als bürgernäher beschrieben werden kann. Im Mittelpunkt des Forschungsinteresses stand die Sicht der Bürger:innen auf Parlamente und ihre Bürgernähe im EU-Mehrebenensystem, die mittels einer Bevölkerungsbefragung in zwölf europäischen Regionen erhoben wurde. Als Ausgangspunkt für unsere Erhebungen und Analysen haben wir einen differenzierten Zugang zum Konzept der Bürgernähe gewählt, der sowohl Vorstellungsinhalte, Emotionen als auch Verhalten widerspiegeln sollte. Anhand dieser Heuristik wurden vier Dimensionen von Bürgernähe erarbeitet und zwar die Kongruenz zwischen Bürger:innen und Abgeordneten, das Vertrauen in verschiedene Parlamente, Vorstellungen an die Repräsentationsaufgabe der Abgeordneten sowie Interaktionen zwischen Abgeordneten und Bürger:innen.

Wird Bürgernähe im wortwörtlichen Sinn, also vor allem in Form von physischer Nähe und Interaktionen verstanden, kann tatsächlich die lokale bzw. regionale Ebene als besonders bürgernah beschrieben werden. Ein differenzierterer Blick lohnt sich aber, da die Ergebnisse der Korrelationsanalysen auf verschiedene Verständnisse von Bürgernähe unter den Befragten hinweisen. Die Analyse hebt zwei Gruppen von Befragten mit ähnlichen Antworten hervor, aus denen sich zwei Typen von Bürgernähe ableiten lassen: Vertreter:innen des ersten Typs möchten v.a. die Interessen der eigenen Region (oder ihres Staats) repräsentiert sehen, präferieren eine engere Bindung politischer Entscheidungsträger:innen an den Willen der Bürger:innen und wünschen regelmäßige Kontakte mit Abgeordneten. Das Repräsentationsverständnis dieses Typs ist vergleichsweise eng und auf die Kontrolle der Politiker:innen fokussiert. Dagegen wird gemäß des zweiten Typs Abgeordneten ein größerer Vertrauensvorschuss gewährt und auf direkte Kommunikation mit ihnen weniger Wert gelegt. In diesem weiten Repräsentationsverständnis kann Vertrauen zwischen Politik und Bürger:innen auch über andere Wege als den direkten Kontakt und eine enge Bindung an den Volkswillen hergestellt werden. Zudem wird Repräsentation über regionale und nationale Grenzen hinausgedacht. Setzt man die Vorstellungen des ersten Typs (enges Repräsentationsverständnis) als Gradmesser für Bürgernähe voraus, kann diese von der lokalen bzw. regionalen Ebene am besten – vielleicht sogar ausschließlich – hergestellt werden. Wird das Repräsentationsverständnis hingegen weiter gefasst, ließe sich Bürgernähe auch über andere Mechanismen als direkte Kommunikation, Kontrolle und Interaktion herstellen.

Dieser Befund hat sowohl für die wissenschaftliche Arbeit als auch die politische Praxis Implikationen, da Bürgernähe vielschichtig und mehrdimensional gedacht werden sollte. Die Vorstellung, dass die lokale und regionale Ebene in allen Belangen als besonders bürgernah bzw. die europäische Ebene als eher entfernt von den Bürger:innen gesehen werden kann, ist ambivalent zu bewerten: Ein „Mehr" an Kontakten führt ganz offensichtlich nicht proportional zu steigendem Vertrauen. Würde ein solcher Zusammenhang bestehen, müsste das Vertrauen in die europäische Ebene – angesichts der spärlichen Kontakte, die die Befragten zu dieser Ebene berichten – wesentlich geringer sein als festgestellt. Die Ergebnisse bzw. die beiden beobachteten Gruppen von Befragten mit ähnlichen Antwortmustern weisen darauf hin, dass die verschiedenen Dimensionen von Bürgernähe von den Befragten unterschiedlich gewichtet und priorisiert werden. Weiterführende Analysen sollten versuchen, diese beiden Arten von Bürgernähe weiter zu präzisieren und die jeweils dazugehörige soziale Gruppe zu charakterisieren. Für eine solche Charakterisierung wäre es entsprechend der Forschungsliteratur lohnend, sozioökonomische und ideologische Faktoren in Betracht zu ziehen. Außerdem könnte die politische Informiertheit einen Einfluss auf die Präferenz für ein eher enges oder weites Verständnis von Bürgernähe haben.

In weiterer Folge ist die Begrifflichkeit Bürgernähe an sich in Frage zu stellen, versteht man darunter ausschließlich einen engen (physischen) Kontakt zwischen Bürger:innen und Politiker:innen. Befunde bisheriger Untersuchungen weisen darauf hin, dass es weniger die Quantität von Kontakten zu Bürger:innen ist, als die Qualität bzw. sogar eher eine glaubhafte, sichtbare Vermittlung des Fokus auf die Anliegen von Bürger:innen (McKay 2010). Dies muss nicht unbedingt immer über direkten Kontakt entstehen, sondern kann beispielsweise auch in Form von medialer Präsenz passieren (Norton 2002; Ilonszki/Papp 2012). Der englische Terminus *Constituency Focus* vermag diese Facette und eine größere Bandbreite von Wahrnehmungen und Aktivitäten besser abzubilden als der deutsche Begriff der Bürgernähe.

Der Wunsch nach Bürgernähe in Form von direkter Kommunikation ist nicht zuletzt auch Ausdruck einer (gewissen) Unzufriedenheit mit dem demokratischen System bzw. der Repräsentation durch Abgeordnete. Angesichts der hohen Erwartungshaltung, die die Befragten eingangs äußern, wenn es um die verschiedenen Aufgaben von Parlamenten geht, sollte auch diese Dimension in weiteren Analysen Beachtung finden. Mehr Einblicke in die Arbeit und Aufgaben von Parlamenten könnte enttäuschte Erwartungshaltungen verhindern, denn dann würde deutlich, dass *Constituency Work*, also die direkte Kontaktaufnahme mit Bürger:innen zu verschiedenen Anlässen, nur eine Aufgabe unter vielen ist, die die moderne Politik immer anspruchsvoller werden lassen.

Literaturverzeichnis

AdR (2019): Gemeinsam für eine bürgernähere EU. Die Vorschläge des Europäischen Ausschusses der Regionen zur Erneuerung der EU von Grund auf. 2019-2024. (Bericht): https://cor.europa.eu/en/engage/brochures/Documents/Working%20together%20to%20bring%20the%20EU%20closer%20to%20its%20citizens/3975-blueprint-brochure%20DE.pdf (abgerufen am 12.10.2022)

AdR (2020): Europas Bürgernähe stärken. Die politischen Prioritäten des Europäischen Ausschusses der Regionen 2020-2025. (Bericht): https://cor.europa.eu/en/engage/brochures/Documents/Bringing%20Europe%20closer%20to%20people%20-%20The%20political%20priorities%20of%20the%20European%20Committee%20of%20the%20Regions%202020-2025/4325%20Political%20Priorities%20Brochure%20DE.pdf (abgerufen am 12.10.2022)

Aras, M./Tzitzikostas, A. (2022): Ausschuss der Regionen: „Die EU muss endlich bürgernäher werden". *Euractiv Media Network* (Online-Artikel): https://www.euractiv.de/section/eu-innenpolitik/opinion/ausschuss-der-regionen-die-eu-muss-endlich-buergernaeher-werden/ (abgerufen am 04.08.22)

Anderson, C. D. (2009): Institutional change, economic conditions and confidence in government: Evidence from Belgium. *Acta Politica*, 44 (1), 28-49.

Andeweg, R.B. (2012): A Least Likely Case: Parliament and Citizens in the Netherlands. *The Journal of Legislative Studies,* 18 (3–4), 368–83.

André, A./Depauw, S. (2013): District Magnitude and Home Styles of Representation in European Democracies. *West European Politics*, 36 (5), 986-1006.

Balzer, Vladimir (2022): Lebenswertes Europa. Was muss sich ändern in der EU? *DLF Kultur* (Podcast): https://www.deutschlandfunkkultur.de/was-musss-sich-aendern-in-der-eu-100.html (abgerufen am 12.10.2022)

Bengtsson, Å./Wass, H. (2010): Styles of Political Representation: What Do Voters Expect? *Journal of Elections, Public Opinion and Parties*, 20 (1), 55-81.

Bouckaert, G./Van de Walle, S. (2003): Comparing measures of citizen trust and user satisfaction as indicators of 'good governance': difficulties in linking trust and satisfaction indicators. *International Review of Administrative Sciences,* 69 (3), 329–43.

Brack, N./Costa O./Kerrouche, E. (2016): MPs between territories, assembly and party – Investigating parliamentary behaviour at the local level in France, Belgium and Germany. *French Politics,* 14 (4), 395–405.

infratest dimap (2014): *Bürger und Abgeordnete in Bayern. Eine Studie von infratest dimap im Auftrag des Bayerischen Landtages.* Berlin: infratest dimap.

Chanley, V.A./Rudoplh, T.J./Rahn, W.M. (2000): The Origins and Consequences of Public Trust in Government: A Time Series Analysis. *Public Opinion Quarterly,* 64 (3), 239–256.

Costa, O./Poyet, C. (2016): Back to their roots: French MPs in their district. *French Politics,* 14, 406–38.

Costello, R./Thomassen, J./Rosema, M. (2012): European Parliament Elections and Political Representation: Policy Congruence between Voters and Parties. *West European Politics,* 35 (6), 1226–48.

Dageförde, M. (2016): Concepts of Congruence and European's evaluation of representation. A micro-level-analysis. *Les Cahiers européens de Sciences Po,* 3.

Deiss-Helbig, E. (2013). „Ich bin einer von Euch" – Zur Bedeutung sozialer und politischer Kongruenz von Abgeordneten und Bürgern für das Gelingen von Repräsentation. *Zeitschrift für Parlamentsfragen (ZParl),* 3, 566–80.

Fenno, R. (1977): U.S. House Members in Their Constituencies: An Exploration. *American Political Science Review,* 71 (3), 883-917.

Grimmelikhuijsen, S./Knies, E. (2017): Validating a scale for citizen trustin government organizations. *International Review of Administrative Sciences,* 83 (3), 583–601.

Holmberg, S./Lindberg, S./Svensson R. (2017): Trust in parliament. *J Public Affairs,* 17, e1647.

Hooghe, L./Marks, G./Schakel, A.H./Niedzwiecki, S./Chapman Osterkaz, S./Shair-Rosenfield S. (2016): *Measuring Regional Authority: A Postfunctionalist Theory of Governance,* Volume I. Oxford: Oxford University Press.

Ilonszki, G./Papp Z. (2012): The Paradoxes of Parliament – Citizen Connections in Hungary: A Window on the Political System. *The Journal of Legislative Studies,* 18 (3-4), 334-350.

Karlsson, D. (2018): Putting Party First: Swedish MPs and their Constituencies. *Representation,* 54 (1), 87–102.

Kim, S. (2010): Public Trust in Government in Japan and South Korea: Does the Rise of Critical Citizens Matter? *Public Administration Review,* 70 (5), 801-810.

Larreta, H.R. (o.D.): Proximity to Citizens is Key. *Open Government Partnership* (Online-Artikel): https://www.opengovpartnership.org/trust/proximity-to-citizens-is-key/ (abgerufen am 12.10.2022)

Larsen, C.A. (2002): Municipal Size and Democracy: A Critical Analysis of the Argument of Proximity Based on the Case of Denmark. *Scandinavian Political Studies,* 25 (4), 317–32.

Leiße, O. (o.D.): Bürgernähe. *Das Europalexikon* (Online-Lexikon): https://www.bpb.de/kurz-knapp/lexika/das-europalexikon/176740/buergernaehe/ (abgerufen am 12.10.2022)

Luna, J.P./Zechmeister, E.J. (2005): Political Representation in Latin America. A Study of Elite-Mass Congruence in Nine Countries. *Comparative Political Studies,* 38 (4), 388–416.

Mandt, H. (1997): Bürgernähe und Transparenz im politischen System der Europäischen Union. *Zeitschrift für Politik,* 44 (1), 1-20.

Marsh, M./Wessels, B. (1997): Territorial representation. *European Journal of Political Research,* 32 (2), 227–241.

Mattila, M./Raunio, T. (2006): Cautious Voters - Supportive Parties. Opinion Congruence between Votersand Parties on the EU Dimension. *European Union Politics,* 7 (4), 427–49.

Mayer, R.C./Davis, J.H./Schoorman, F.D. (1995): An Integrative Model of Organizational Trust. *The Academy of Management Review,* 20 (3), 709–34.

McKay, L. (2020): Does constituency focus improve attitudes to MPs? A test for the UK. *The Journal of Legislative Studies,* 26 (1), 1-26.

Meier, A. (2021): Zukunftskonferenz der EU: Eine Chance für mehr Bürgernähe. *Tagesspiegel* (Online-Artikel): https://www.tagesspiegel.de/politik/eine-chance-fur-mehr-burgernahe-4748374.html (abgerufen am 12.10.2022)

Meijers, M.J./Schneider, C.J./Zhelyazkova, A. (2019): Dimensions of input responsiveness in the EU: actors, publics, venues. *Journal of European Public Policy,* 26 (11), 1724–36.

Méndez-Lago, M./Martínez, A. (2002): Political Representation in Spain: An Empirical Analysis of the Perception of Citizens and MPs. *The Journal of Legislative Studies,* 8 (1), 63-90.

Metz, J. (2013): Die Expertengruppen der EU-Kommission und das Paradigma der Brüsseler Technokratie. *Zeitschrift für Politikberatung (ZPB),* 6 (1), 15–23.

Miller, W.E./Stokes, D.E. (1963): Constituency Influence in Congress. *The American Political Science Review,* 57 (1), 45-56.

Norton, P. (2002): Introduction: Linking Parliaments and Citizens. In: Ebd. (Hrsg.), *Parliaments and Citizens in Western Europe,* London/Portland, OR: Frank Cass, S. 1-18.

Ueberbach, S., (2022): Vorschläge der Zukunftskonferenz. Wie die EU handlungsfähiger werden soll. *Tagesschau* (Online-Artikel): https://www.tagesschau.de/ausland/eu-zukunftskonferenz-reform-vorschlag-101.html (abgerufen am 12.10.2022)

Patzelt, W.J. (1997): German MPs and their roles. *The Journal of Legislative Studies,* 3 (1), 55–78.

Patzelt, W.J. (2003): Parlamente und ihre Funktionen. In: Patzelt, W.J. (Hrsg.), *Parlamente und ihre Funktionen,* Wiesbaden: VS Verlag für Sozialwissenschaften, S. 13-49.

Patzelt, W.J. (2020): Die Gründergeneration des ostdeutschen Parlamentarismus. Teil 1: Persönlicher Hintergrund und Amtsverständnis. *Zeitschrift für Parlamentsfragen (ZParl)*, 51 (3), 509-533.

Piattoni, S. (2010): *The Theory of Multi-level Governance*. Oxford: Oxford
University Press.

Primova, R./Leidreiter, A./Preuss, M. (2017): Bringing Europe Closer to
its Citizens - a Regional Approach to Achieving a European Renewable
Energy Union. *Heinrich Böll Stiftung* (Online Artikel):
https://eu.boell.org/en/2017/06/19/bringing-europe-closer-its-citi-
zens-regional-approach-achieving-european-renewable-energy (abgerufen am 12.10.2022)

Rauh, C.A./Alemann, U./Klewes, J./Riegel, S./Taske, M. (2013): *GAP-
Studie: Gegenseitige Akzeptanz von Politikern und Bürgern. Ergebnisbericht
für die Landeszentrale für politische Bildung NRW*. Dahmetal: Change
Centre Consulting GmbH.

Real-Dato, J. (2017): Citizens-Respresentatives Congruence Concerning
the European Union: Evolution During the Eurozone Crisis. *Corvinus
Journal of Sociology and Social Policy*, 8, 85–112.

Rosema, M./Aarts, K./Denters, B. (2011): How Democracy Works: An Introduction. In: Ebd. (Hrsg.), *How Democracy Works. Political Representation and Policy Congruence in Modern Societies. Essays in Honour of Jacques
Thomassen*, Amsterdam: Pallas Publications - Amsterdam University
Press, S. 9-17.

Rosema, M./De Vries, C.E. (2011): Assessing the Quality of European Democracy. Are voters voting correctly? In: Rosema, M./Aarts, K./Dent-
ers, B. (Hrsg.), *How Democracy Works. Political Representation and Policy
Congruence in Modern Societies. Essays in Honour of Jacques Thomassen*,
Amsterdam: Pallas Publications - Amsterdam University Press, S. 199-
219.

Rosenberg, M.J./Hovland, C.I./McGuire, W.J./Abelson, R.P./Brehm, J.W.
(1960): *Attitude organization and change: An analysis of consistency among
attitude components. (Yales studies in attitude and communication.)*. New
Haven: Yale University Press.

Ruelens, A./Meuleman, B./Nicaise, I. (2018): Examining Macroeconomic Determinants of Trust in Parliament: A Dynamic Multilevel Framework. *Social Science Research*, 75, 142–53.

Saalfeld, T./Dobmeier, R. (2012): The Bundestag and German Citizens: More Communication, Growing Distance. *The Journal of Legislative Studies*, 18 (3-4), 314-333.

Schäfer, P. (1984): Bürgernähe. In: Voigt, R. (Hrsg.), *Handwörterbuch zur Kommunalpolitik, Studienbücher zur Sozialwissenschaft (Band 50)*, Opladen: Westdeutscher Verlag, S. 81-84.

Scully, R./Farrell, D.M. (2003): MEPs as Representatives: Individual and Institutional Roles. *Journal of Common Market Studies*, 41 (2), 269-88.

Seyd, B. (2014): How do Citizens Evaluate Public Officials? The Role of Performance and Expectations on Political Trust. *Political Studies*, 63 (1), 73-90.

Shair-Rosenfield, S./Schakel, A.H./Niedzwiecki, S./Marks, G./Hooghe L./ Chapman-Osterkatz, S. (2021): Language difference and regional authority. *Regional & Federal Studies*, 31 (1), 73–97.

Siefken, S.T. (2016): At the grassroots of representation: District work of MPs in Germany. *French Politics*, 14 (4), 469–85.

Teney, C./Helbling, M. (2014): How Denationalization Divides Elites and Citizens. *Zeitschrift für Soziologie*, 43 (4), 258–71.

Thomassen, J./Esaiasson. P. (2006): Role Orientations of Members of Parliament. *Acta Politica*, 41, 217–31.

Torcal, M. (2014): The Decline of Political Trust in Spain and Portugal: Economic Performance or Political Responsiveness? *American Behavioral Scientist*, 58 (12), 1542–1567.

Van der Meer, T. (2010): In what we trust? A multi-level study into trust in parliament as an evaluation of state characteristics. *International Review of Administrative Sciences*, 76 (3), 517–36.

Vogel, L. (2010): Politische Repräsentation in der Demokratie. *Bundeszentrale für Politische Bildung* (Bericht): https://www.bpb.de/system/files/pdf/JJG2G7.pdf (abgerufen am 12.10.2022)

Vogel, L. (2018): Die inhaltliche Übereinstimmung zwischen Abgeordneten und Bevölkerung im Spannungsfeld von Repräsentation und Professionalisierung. In: Brichzin, J./Krichewsky, D./Ringel, L./Schank, J. (Hrsg.), *Soziologie der Parlamente*, Wiesbaden: Springer VS, S. 135–74

Vogel, L./Edinger, M. (2005): Role Perceptions, Party Cohesion and Political Attitudes of East and West German Parliamentarians. Findings from the Jena Parliamentary Survey (2003-4). *Sociologický časopis / Czech Sociological Review,* 41 (3), 375–99.

Wessels, B. (1999): System Characteristics Matter: Empirical Evidence from Ten Representation Studies. In: Miller, W.E./Pierce, R./Thomassen, J./Herrera, R./Holmberg, S./Esaiasson, P./Wessels, B. (Hrsg.), *Policy Representation in Western Democracies*, New York: Oxford University Press, S. 137-161.

Wählen in politischen Mehrebenensystemen: Stimmensplitting in Österreich

Katrin Praprotnik & Flooh Perlot

Die meisten der heutigen europäischen Demokratien sind repräsentative Demokratien. In einem bestimmten Zeitraum steht den Bürger:innen das Recht zu, politische Parteien zu wählen, die während ihrer Amtszeit für den größten Teil der öffentlichen Politik verantwortlich sind. Zudem sind die meisten europäischen Demokratien heutzutage Mehrebenen-Demokratien. Das bedeutet, dass Bürger:innen nicht nur eine, sondern mehrere Legislativen und letztendlich Regierungen wählen. Jede Regierungsebene verfügt über politische Macht und hat direkten Einfluss auf das tägliche Leben der Bevölkerung. Aufgrund der Schlüsselposition, die Wahlen bei der Legitimation politischer Instanzen zukommen, überrascht es nicht, dass sich in der politischen Literatur viele Beiträge zum Wahlverhalten im Allgemeinen (u.a. Fisher et al. 2017) und insbesondere zum Stimmensplitting finden (u.a. Burden/Helmke 2009).

Laut Burden und Helmke (2009) ist bei einer Wahl eine Stimme dann gesplittet, „if voter i votes for a party j in contest r and votes for party ~j in some other contest". Diese Definition beinhaltet sowohl das horizontale als auch das vertikale Stimmensplitting. Das horizontale Stimmensplitting bezieht sich dabei auf die Wahl verschiedener Parteien auf einer politischen Ebene. Hingegen liegt ein vertikales Stimmensplitting dann vor, wenn Wähler:innen verschiedenen Parteien auf unterschiedlichen politischen Ebenen eine Stimme geben. Wegweisenden Studien zu Analysen der „straight- and split-voters" bei Präsidentschafts- und Kongresswahlen stammen aus den Vereinigten Staaten (Campbell/Miller 1957; Fiorina 1996). In den letzten Jahrzehnten begannen Wissenschaftler:innen jedoch vermehrt, auch europäische Beispiele zu untersuchen. Diese

Studien konzentrieren sich insbesondere auf das horizontale Stimmensplitting in gemischten Wahlsystemen, die es Wähler:innen ermöglichen, sowohl eine Kandidat:innen- als auch eine Parteienstimme abzugeben (Gschwend et al. 2003; Gschwend/Van der Kolk 2006; Johnston/Pattie 2002; Moser/Scheiner 2009). In Hinblick auf das vertikale Stimmensplitting fokussieren sich Studien vor allem auf das Stimmensplitting von Wähler:innen zwischen nationalen und sub-nationalen sowie europäischen Wahlen (Brady/Douglas 1997; Elklit/Kjaer 2009; Heath et al. 1999; Lohmann et al. 1997; Rallings/Thrasher 2005; Sanz 2008; Van Aelst/Lefevere 2012; Willocq/Kelbel 2018).

Im vorliegenden Beitrag wird der Versuch unternommen, die bestehende Literatur zum Stimmensplitting auf zweierlei Weise zu erweitern. Erstens führen wir das räumliche Modell des Parteienwettbewerbs in die Literatur zu Stimmensplitting ein (Downs 1957; Enelow/Hinich 1984; Hotelling 1929). Zur Beantwortung der Forschungsfrage, warum Wähler:innen auf verschiedenen politischen Ebenen abweichende Wahlentscheidungen treffen, argumentieren wir, dass eine unterschiedliche Bewertung der Parteipositionen auf regionaler und nationaler Ebene ein Stimmensplitting wahrscheinlicher macht. Wir gehen darüber hinaus davon aus, dass sich dieser Effekt auch zeigt, wenn Wähler:innen sich selbst in der politischen Mitte positionieren (d.h. mehr Wechseloptionen in beide Richtungen haben) und keine starke Identifikation mit einer bestimmten Partei besteht. Zweitens fügen wir der Literatur mit dem Fall Österreich ein neues, europäisches Beispiel hinzu.

Die Daten der vorliegenden Studie stammen aus einer breit angelegten Bevölkerungsumfrage, welche im Herbst 2019 durchgeführt wurde (N=4.506). Da wir uns für das vertikale Stimmensplitting interessieren, wurden die Befragten nach ihrer Wahlentscheidung bei der letzten Nationalratswahl – die einige Wochen zuvor stattgefunden hatte – sowie nach ihrer beabsichtigten Wahlentscheidung bei einer fiktiven Landtagswahl befragt. Ihre Entscheidungen wurden mittels binärer logistischer Regressionsmodelle untersucht.

Die Ergebnisse bestätigen, dass zunehmende Unterschiede in der Positionseinschätzung der Parteien sowie eine schwach ausgeprägte Parteiidentifikation die Wahrscheinlichkeit erhöht, dass Wähler:innen ihre Stimme aufteilen. Die Positionierung der Wähler:innen in der politische Mitte hat jedoch nicht den erwarteten Effekt gezeigt. Hier scheint die Wahrscheinlichkeit des Stimmensplittings zwischen Personen des linken und des rechten politischen Spektrums zu variieren.

1 – Räumliches Modell des Parteienwettbewerbs und Stimmensplitting

In der ökonomischen Demokratietheorie von Downs (1957) skizziert der Autor ein räumliches Modell des Parteienwettbewerbs, das aus Parteien und Wähler:innen besteht, die in einem eindimensionalen politischen Raum agieren („spatial voting theory", siehe auch Hotelling 1929; Enelow/Hinich 1984). Ähnlich wie Konsument:innen der freien Marktwirtschaft zielen demnach Parteien und Bürger:innen als rationale Akteure auf die Maximierung ihres eigenen Nutzens ab. Im Fall der Parteien besteht dieser Nutzen im Zugang zu Regierungsämtern. Wähler:innen hoffen indes darauf, dass ihre politischen Präferenzen von ihren künftigen politischen Vertreter:innen umgesetzt werden. Vor diesem Hintergrund nimmt jede Partei im Vorfeld einer Wahl jene Position im eindimensionalen Raum ein, von der sie glaubt, dass diese ihren Stimmenanteil maximieren wird. Die Wähler:innen geben hingegen jener Partei ihre Stimme, die ihrer eigenen Position im politischen Raum am nächsten kommt. Die Überlegung dabei ist, dass die Wahl einer Partei auf Grundlage dieser inhaltlichen Kongruenz die Chance erhöht, dass die Parteien im Sinne der Wähler:innen handeln (Pitkin 1967) und die gewünschte Politik umsetzten.

Wie jedes Modell reduziert Downs' Modell die Komplexität und vereinfacht den Parteienwettbewerb der realen Welt (was der Autor in seiner Arbeit selbst einräumt). Dennoch haben seine

Überlegungen weiterhin Berechtigung. Die Forschung zur Wähler:innen-Parteien-Kongruen bestätigt wiederholt, dass Wähler:innen ideologische Nähe auf der Links-Rechts-Achse in ihren Wahlentscheidungen berücksichtigen. Innerhalb des amerikanischen Zweiparteiensystems stellen Shor und Rogowski (2018) beispielsweise fest, dass die räumliche Nähe die Wahlentscheidungen bei den Kongresswahlen 2008 und 2010 in den USA erheblich beeinflusst hat. Ähnlich zeigt Simas (2013), dass die relative Entfernung zur Kandidatin bzw. zum Kandidaten ein wichtiger Faktor bei den Wahlen des Repräsentantenhauses 2010 war. Selbst in europäischen Mehrparteiensystemen wurden ähnliche Schlussfolgerungen gezogen – sowohl auf nationaler (Belchior 2012; Costello et al. 2020; Dolný/Baboš 2015) als auch auf europäischer Ebene (Belchior 2010; Costello et al. 2012; Dalton 2017; Roosema/De Vries 2011) lassen sich zahlreiche Belege für die ähnliche Positionierung von Parteien und Wähler:innen finden.

Diese Studien forderten jedoch Downs' klassische Annahme des eindimensionalen Links-Rechts-Spektrums auch heraus und untersuchten die Kongruenz ebenfalls auf einer Vielzahl anderer Dimensionen. Dalton (2017) beispielsweise untersuchte die Nähe zwischen Bürger:innen und Kandidat:innen für das Europäische Parlament sowohl bei verschiedenen innenpolitischen Themen als auch bei der allgemeinen Dimension. Dolný und Baboš (2015) untersuchten die Kongruenz zwischen den Bürger:innen und den politischen Eliten in 15 europäischen Ländern, indem sie eine EU-Integrationsskala mit einer Links-Rechts-Skala verglichen. Obwohl diese Studien zu den Ergebnissen kommen, dass die Kongruenz in anderen Dimensionen wie der sozioökonomischen (Dalton 2017) oder der EU-Integration (Dolný/Baboš 2015) stark ausgeprägt ist, besitzt auch die Links-Rechts-Dimension durchgehend ein hohes Maß an Kongruenz. Eine aktuelle Studie von Costello et al. (2020: 17) hilft, dieses Ergebnis besser zu verstehen: Costello et al. zeigen, dass die Kongruenz bei Themen, die die Parteien betonen, hoch ist. Da die Links-Rechts-Dimension ein stark betontes Thema ist, ist es auch ein sehr kongruentes Thema. Somit bleibt die Links-Rechts-Dimension trotz aller Kritik ein „superissue" (Marks/Steenbergen 2002; Pierce 1999), das den modernen politischen Wettbewerb adäquat subsumiert und Relevanz bei der Wahlentscheidung besitzt (Van der Brug/Van der Eijk 1999). Darüber hinaus sind Bürger:innen in der Lage, sich selbst sowie politischen Parteien auf dieser leicht zu erfassenden allgemeinen Dimension zu positionieren. Diese Schlussfolgerung findet Unterstützung in der Literatur zum „richtigen" Wählen (Lau et al. 2008; Lau/Redlawsk 1997). Bei der Untersuchung von 69 Wahlen in 33 Demokratien berichten Lau et al. (2014: 252), dass rund 72 Prozent korrekt gewählt haben (d.h. die Partei auf der Links-Rechts-Dimension gewählt haben, die ihnen ideologisch am nächsten stand).

Unter Berücksichtigung des räumlichen Modells des Parteienwettbewerbs von Downs und der empirischen Ergebnisse der Literatur zur ideologischen Nähe können wir nun deren Auswirkungen auf eine unterschiedliche Stimmabgabe bei nationalen und regionalen Wahlen diskutieren. Wir beginnen mit der politischen Angebotsseite und damit mit den Parteien, die auf beiden politischen Ebenen Wahlkampf betreiben. Diese Parteien sind vertikal organisiert, und je nach Land sind ihre subnationalen Organisationen mehr oder weniger unabhängig. Wie die nationalen Parteien sind auch die subnationalen Akteure rationale Nutzenmaximierer:innen, die danach streben, öffentliche Ämter zu besetzen. Sie legen ein politisches Programm vor, von dem sie glauben, dass es ihren Stimmenanteil maximiert. Die politische Zuständigkeit der subnationalen Ebene, der spezifische Wahlkontext der aktuellen Wahl und die Geschichte einer subnationalen Partei beeinflussen jedoch ihre Entscheidungen. Dies kann zu einem Programm führen, welches unterschiedliche Schwerpunkte setzt, bestimmte Vorschläge abändert oder sogar in einem Widerspruch zur nationalen Parteilinie steht. Ein subnationaler Akteur in der Regierung wird sich beispielsweise auf seine eigenen Errungenschaften konzentrieren und seine nationale Parteiorganisation vernachlässigen, die zum Zeitpunkt einer Regionalwahl vielleicht gerade in der Opposition ist. Folglich können die Positionen der Parteien auf subnationaler Ebene von den Positionen der nationalen Partei abweichen. Wir wenden uns nun der politischen

Nachfrageseite und damit den Wähler:innen bei einer Wahl zu. Erinnern wir uns daran, dass die Wähler:innen in dem Sinne rational handeln, als dass sie ihre bevorzugte Politik umgesetzt sehen wollen. Sie werden jene Partei wählen, die ihnen ideologisch am nächsten steht. Wenn also die Wähler:innen den ideologischen Standpunkt einer Partei je nach Ebene unterschiedlich wahrnehmen, könnte ein Stimmensplitting das Ergebnis ihrer rationalen Abwägung sein. Somit lautet unsere erste Hypothese:

H1. Je größer die wahrgenommene Distanz der Parteipositionen zwischen der nationalen und der regionalen Ebene, desto höher ist die Wahrscheinlichkeit des Stimmensplittings.

Fiorina (1996, 1988, 1981), sowie Alesina und Rosenthal (1996) haben die Theorie des räumlichen Wählens um eine institutionelle Komponente erweitert und argumentieren, dass einige Wähler:innen in den Vereinigten Staaten die Aufteilung politischer Macht auf mehr als eine Partei vorziehen. Die Autoren zeigen, dass insbesondere gemäßigte Wähler:innen, die den Wettbewerb zwischen republikanischer und demokratischer Partei als polarisiert wahrnehmen, eine Aufteilung der parteipolitischen Kontrolle von Präsidentschaft und Kongress zwischen den beiden Parteien bevorzugen werden („divided government"). Diese gemäßigten Wähler:innen erwarten, dass die Notwendigkeit eines politischen Kompromisses zu einer gemäßigten Politik führt, die ihrem Ideal näher kommt als die Politik zu Zeiten einer „unified government", in der die politische Macht von Präsidentschaft und Kongress bei einer Partei vereint ist. Folglich werden sie bei Kongress- und Präsidentschaftswahlen ihre Stimmen strategisch aufteilen.

Die „policy-balancing"-Theorie war der Auslöser für zahlreiche empirische Studien in den USA, deren Ergebnisse ein relevantes Ausmaß an strategischem Stimmensplitting bestätigten (Carsey/Layman 2004; Garand/Lichtl 2000; Lacy/Paolino 1998; Lacy et al. 2019; Mebane Jr. 2000; siehe außerdem Burden/Kimball 1998; Sigelman et al. 1997). Lewis-Beck und Nadeau (2004: 101) haben zum

Beispiel gezeigt, dass ein Fünftel der amerikanischen Wählerschaft ihre Stimmen bewusst aufteilt.

Das Argument des strategischen Ausgleichs lässt sich auch auf europäische Mehrebenensysteme übertragen (Carrubba/Timpone 2005; Kedar 2006; siehe außerdem Carman/Johns 2010). Carrubba und Timpone (2005) kamen bei ihrer Analyse des Wahlverhaltens bei nationalen Parlamentswahlen im Vergleich zu Wahl zum Europäischen Parlament zu dem Schluss, dass gemäßigte Wähler:innen mit größerer Wahrscheinlichkeit eine unterschiedliche Partei bei der nationalen als bei der europäischen Wahl wählen. In föderalen Systemen können Wähler:innen ihre Stimme auf subnationaler Ebene dazu nutzen, ein parteipolitisches Gegengewicht zur nationalen Regierung herzustellen. Von besonderem Interesse für die vorliegende Studie ist die Analyse von Kedar (2006), die den Fall Deutschland analysiert hat. Er untersuchte das vertikale Stimmensplitting bei nationalen und subnationalen Wahlen. Auch in dem föderalen Kontext bestätigten die Ergebnisse das Phänomen der strategischen Stimmabgaben bei Landtagswahlen, um die Macht der Bundesregierung auszugleichen. Wir untersuchen den Effekt der Positionierung von Wähler:innen in der politischen Mitte in unserer zweiten Hypothese:

H2. Je näher Wähler:innen sich selbst in der politischen Mitte positionieren, desto höher ist die Wahrscheinlichkeit des Stimmensplittings.

Im Gegensatz zu den Ergebnissen von Fiorina (1996) zu den gemäßigten Wähler:innen zeichnen einige europäische Studien jedoch ein differenzierteres bis sogar widersprüchliches Bild. Willocq und Kelbel (2018) analysierten die gleichzeitig stattfindenden belgischen Wahlen auf regionaler, föderaler und europäischer Ebene. Sie zeigten, dass gemäßigte Wähler:innen bei den regionalen und nationalen Wahlen eher dieselbe Partei wählen, bei den Europawahlen jedoch eine andere. Moderat zu sein, machte jedoch alle anderen Stimmensplittings nicht wahrscheinlicher. Der Schlüssel liegt laut europäischen Studien in der Parteibindung. Stimmensplitting kommt bei Wähler:innen mit geringer Parteibindung sowohl in horizontalen (Carmen/Johns 2010; Gschwend 2007; Gschwend/Leuffen 2005;

Karp et al. 2002; Riera/Bol 2017) als auch vertikalen Kontexten (Rallings/Thrasher 2003) häufiger vor. Auch neuere Studien in den USA widersprechen den bisherigen Erkenntnissen zu moderaten Wähler:innen und kommen zu dem Ergebnis, dass hinsichtlich ihrer Parteibindung indifferente (Davis 2015) oder ambivalente (Mulligan 2011) Personen mit höherer Wahrscheinlichkeit ihre Stimme splitten. Vor diesem Hintergrund testen wir zusätzlich zur Hypothese 2 zur Positionierung der Wähler:innen in der politischen Mitte folgende Hypothese 3 zur Parteibindung:

H3. Wenn Wähler:innen keine starke parteipolitische Bindung haben, dann ist die Wahrscheinlichkeit des Stimmensplittings größer.

2 – Daten und Methode

Für unsere Analysen ziehen wir einen Datensatz der vierten Welle des (halbjährlichen) Demokratieradars (unter der Leitung des *Austrian Democracy Lab*)[1] heran. Die Befragung hat sich vertiefend mit dem Thema Föderalismus in Österreich auseinandergesetzt. Die Feldarbeit erfolgte im November und Dezember 2019. Die Daten basieren auf einer Kombination einer Telefon- und einer Online-Befragung (CATI/CAWI) von 4.506 Befragten in Österreich.[2]

Die Daten beider Erhebungen wurden kombiniert und anschließend gewichtet, um den überproportionalen Anteil der jungen Personen und die Überrepräsentation von Personen mit hoher formaler Bildung in der Telefonstichprobe auszugleichen. Darüber hinaus

---

[1] Das *Austrian Democracy Lab* (ADL) erforscht die Demokratie und Demokratiezufriedenheit in Österreich mithilfe unterschiedlicher quantitativer und qualitativer Instrumente wie dem Demokratieradar, einer breit angelegten Bevölkerungsumfrage. Für detaillierte Informationen siehe www.austriandemocracylab.at.

[2] Die Entscheidung eine Telefon- und eine Online-Befragung zu kombinieren wurde getroffen, um in weiteren Analysen Vergleiche zwischen den verschiedenen Erhebungsmethoden zu ermöglichen. Darüber hinaus werden junge Personen (14-19 Jahre) überproportional aufgestockt, eine Gruppe, die online besser zu erreichen ist als per Telefon.

wurden kleinere Anpassungen hinsichtlich der regionalen und beruflichen Verteilung der Befragten vorgenommen.[3]

Abhängige Variable

Unsere abhängige Variable gibt an, ob Personen bei einer bevorstehenden fiktiven Landtagswahl dieselbe Partei wählen würden wie bei der vergangenen Wahl des Nationalrats (ähnlich wie Kjaer 2020).[4] Daten zur letzten Wahlentscheidung – Nationalratswahl am 29. September 2019, etwa einen Monat vor unserer Feldarbeit – stammen aus einer Erinnerungsfrage in der Umfrage (offene Frage, codiert während der Feldarbeit). Die Wahlabsicht auf Länderebene wurde aus zwei Fragen erstellt: 1) Welche Partei würde die/der Befragte im Falle einer Landtagswahl kommenden Sonntag wählen. Falls die befragte Person unschlüssig war, fragten wir 2) nach jener Partei, die sie noch am ehesten wählen würde. Da wir nach der letzten Nationalratswahl und nach einer fiktiven Landtagswahl fragten, behandeln wir unseren Fall als eine Studie zum Stimmensplitting zu zwei nicht zeitglich stattfindenden Wahlen.

Personen, die bei keiner der beiden Wahlen eine Partei genannt haben und Personen, die keine Antwort abgeben wollten, wurden aus der Analyse ausgeschlossen. Jene Befragte, die bei der Nationalratswahl für die Partei Jetzt/Liste Pilz stimmten wurden ebenfalls ausgeschlossen, da diese Partei, nachdem sie die erforderliche Hürde für den Einzug ins Parlament nicht erreicht hatte, ihre Arbeit einstellte. Da die Wahlentscheidung von 2019 die Grundlage der Variable ist, konnten all jene Befragten, die zu diesem Zeitpunkt der

---

[3] Für die Gewichtung der Daten zur Annäherung an die Grundgesamtheit wurde in einem ersten Schritt ein Designgewicht verwendet, um die Überrepräsentation der 14–19-Jährigen auszugleichen. Auf dieser Basis wurde ein weiteres Gewicht (post-stratification) berechnet, um die Verteilung ausgewählter Variablen in der Grundgesamtheit abzubilden (basierend auf den Mikrozensusdaten von Statistik Austria). Die für die Gewichtung verwendeten Variablen waren Alter, Bildung und Geschlecht, Beruf, Beruf und Urbanisierungsgrad des Heimatortes des Befragten sowie Alter und Geschlecht. Das Gewicht hat ein Minimum von 0,26 und ein Maximum von 5,5. Die ungewichteten Ergebnisse finden sich im Anhang.
[4] Die vollständige Liste aller Fragen findet sich im Anhang.

Erhebung nicht wahlberechtigt waren, auch nicht berücksichtigt werden.

Nach diesen genannten Definitionen ergeben sich zwei Gruppen: 481 Befragte haben Stimmensplitting betrieben und damit eine andere Partei bei der vergangenen Nationalratswahl gewählt als sie bei einer kommenden Landtagswahl wählen würden. Hingegen haben 2.320 Befragte angeben, dieselbe Partei zu wählen. Da es sich aber um ein Design handelt, bei dem die beiden Wahlen nicht zeitgleich stattfinden, besteht natürlich die Möglichkeit, dass Personen ihre Parteipräferenz seit der Stimmabgabe bei der Nationalratswahl geändert haben (z.B. aufgrund des Wahlergebnisses). In der Folge könnten sie bei der fiktiven Landtagswahl eine andere Partei wählen und auch bei der nächsten Nationalratswahl diese Partei bevorzugen. Dieses Verhalten wurde nicht als Stimmensplitting gewertet.[5] Diese Bereinigung führte dazu, dass sich die Zahl der Wähler:innen, die ihre Stimme bei einer Nationalrats- und einer Landtagswahl unterschiedlichen Parteien geben, auf 293 (rund 10 Prozent) reduziert. 2.531 (rund 90 Prozent) wählen für dieselbe Partei (siehe hierzu Tabelle 1).

Tabelle 1: Stimmensplitting

	Fälle	Anteil in (%)
Splitting-Wähler:innen	293	10.4
Nicht-Splitting-Wähler:innen	2.531	89.6

Quelle: Perlot et.al (2019).

Verglichen mit aktuellen Daten anderer europäischer Länder scheint der Anteil jener Wähler:innen, die Stimmensplitting ausüben, sehr gering. Beispielsweise berichteten Berg und Oscarsson (2020: 520), dass bei den im Jahr 2018 zeitgleich abgehaltenen regionalen und nationalen Wahlen in Schweden 31 Prozent der

---

[5] Dieser Filter wird auf der Grundlage der Frage berechnet, für welche Partei die/der Befragte stimmen würde, wenn am nächsten Sonntag Nationalratswahlen wären (siehe Anhang).

Wähler:innen ihre Stimme gesplittet haben. Kjaer (2020: 470) präsentierte dänische Daten zum Wahlverhalten bei Regionalwahlen im Jahr 2017 im Vergleich zum Wahlverhalten bei einer hypothetischen nationalen Wahl und fand einen Anteil von Wähler:innen, die Stimmensplitting ausüben würden, von 28 Prozent. Der höhere Anteil an Parteimitgliedern in Österreich im Vergleich zu anderen europäischen Ländern, kann die niedrigere Rate wohl zum Teil erklären (van Biezen/Poguntke 2014: 209). Auch die Parteiensysteme unterscheiden sich deutlich: In Dänemark gibt es beispielsweise doppelt so viele landesweite Parteien wie in Österreich.

Unabhängige Variablen

Entsprechend unserer drei Hypothesen verwenden wir drei unabhängige Variablen und mehrere Kontrollvariablen, um Stimmensplitting zu analysieren (siehe hierzu Tabelle 2 für einen Überblick).

Unterschied in der Einschätzung der Parteipositionen: Um den Unterschied in der Einschätzung der Parteipositionen auf Bundes- und Landesebene zu bemessen (H1), wurden die Befragten gebeten, die politische Position jener Partei, die sie bei der letzten Nationalratswahl gewählt haben, auf einer Skala von 0 (ganz links) bis 10 (ganz rechts) zu bewerten. Zusätzlich wurden die Befragten aufgefordert, diese nationale Partei auch auf regionaler Ebene zu bewerten. Die absolute Differenz zwischen beiden Bewertungen gibt an, ob und wie sehr die Befragten die Positionen der Partei auf Landes- und Bundesebene unterschiedlich einschätzen. Die Variable variiert von 0 (kein Unterschied) bis 10 (größtmöglicher Unterschied). Da unser Fokus auf der individuellen Wahlentscheidung liegt, verwenden wir die subjektive Positionierung der Befragten und keine Eliten-

oder Expert:innendaten.[6] Dieser Ansatz folgt vielen früheren Studien zum Wahlverhalten wie jenen von Kedar (2005), Blais et al. (2001) oder Westholm (1997). Im Rahmen der vorliegenden Studie interessieren uns nicht die „wahren" politischen Positionen der Parteien, sondern die Wahrnehmung durch die Wähler:innen, die schließlich zu ihrer Präferenzbildung führt. Da uns die individuelle Wahlentscheidung interessiert, beschränken wir uns auf die allgemeine Links-Rechts-Skala (im Gegensatz zu feineren, themenbezogenen Dimensionen). Aus der Literatur wissen wir, dass die Links-Rechts-Skala eine wichtige kognitive Abkürzung darstellt (Dalton et al. 2011: 216) und, dass Wähler:innen in der Lage sind, sowohl sich selbst als auch politische Parteien auf dieser Skala einzuordnen (Van der Brug/Van der Eijk 1999).

Die Variable Unterschied in der Einschätzung der Parteipositionen zeigt, dass 64 Prozent der Befragten die Partei auf Bundes- und auf Landesebene ident einstuften. 22 Prozent sahen einen Unterschied von einem Punkt auf der 11-stelligen Skala, acht Prozent einen Unterschied von zwei Punkten und drei Prozent einen Unterschied von drei Punkten. Die wenigen übrigen Antworten wiesen einen größeren Unterschied auf. Die Gruppierung der Variable nach Stimmensplitting und kein Stimmensplitting der Wähler:innen zeigt eine durchschnittliche Differenz in der Gruppe Stimmensplitting von 0,77, in jener ohne Stimmensplitting nur bei 0,59.

---

[6] Im Rahmen der Auswertungen wurde ein Robustheitstest durchgeführt, bei dem das Divergenzmaß der Parteiposition mit den durchschnittlichen Schätzungen der Parteiposition aus der gesamten Stichprobe verglichen wurde (Hooghe/Stiers 2017). Es zeigte sich, dass ein größerer Unterschied das Stimmensplitting wahrscheinlicher machte und das Gesamtergebnis unserer anderen unabhängigen Variablen nicht veränderte. Der Vergleich mit einer Stichprobe unter Personen mit höherer Bildung (Dasonneville et al. 2019) ergab nahezu identische Ergebnisse.

Tabelle 2: Deskriptive Statistik

	Fälle	Bereich	Mittelwert	SD
Positionseinschätzung der Parteien	2,728	0-10	0.62	1.09
Positionierung der Wähler:innen in der polit. Mitte	2,708	0-5	1.53	1.53
Parteibindung	2,824	0-1	0.93	0.25
Kontrolle				
Geschlecht: Weiblich	2,824	0-1	0.51	0.50
Alter	2,824	16-87	47.64	17.21
Höhere Bildung	2,824	0-1	0.32	0.47
Politisches Interesse				
Sehr interessiert	2,812	0-1	0.34	0.47
Etwas interessiert	2,812	0-1	0.48	0.50
Etwas weniger interessiert	2,812	0-1	0.13	0.34
Gar nicht interessiert	2,812	0-1	0.05	0.21
Zeit bis zur nächsten Landtagswahl	2,824	37-1,801	990.5	520.8

Anmerkung: Fälle schließen fehlende Daten aus der abhängigen Variable aus. Der Mittelwert einer dichotomen Variable stellt den Prozentsatz der Fälle dar, die als 1 kodiert wurden. Die Zeit bis zur nächsten Landtagswahl wurde für die Regressionsmodelle auf 0 und 1 umskaliert.

Positionierung der Wähler:innen in der politischen Mitte: Wie bei den Parteibewertungen wurden die Befragten gebeten, sich selbst auf einer Links-Rechts-Skala von 0 (ganz links) bis 10 (ganz rechts) einzustufen. Durch die Selbsteinstufung können wir messen, wie weit oder nah entfernt von der Mitte (5) die Befragten stehen. Der Unterschied wurde absolut gesetzt und reicht von 0 (kein Unterschied, was bedeutet, dass sich die Befragten in der politischen Mitte positionieren) bis 5.

Parteibindung: Verschiedene Studien haben gezeigt, dass die Bindung an eine politische Partei die Wahrscheinlichkeit des Stimmensplittings reduziert (Gschwend 2007; Rallings/Thrasher 2003; Willocq/Kelbel 2018). Die Variablen zur Messung der Parteizugehörigkeit unterscheiden sich in Form und Umfang. In unserem Fall haben wir eine binäre Variable verwendet, die aus der Frage nach dem Wahlverhalten auf nationaler Ebene bei einer künftigen Wahl abgeleitet wurde. Die Frage erlaubte es den Befragten, eine beliebige Partei zu nennen, alle Parteien abzulehnen, ungültig zu wählen, sich ganz zu enthalten oder anzugeben, dass sie es nicht wissen. Alle Befragten, die eine Partei genannt haben, wurden mit 1 (hat Parteibindung) kodiert, alle anderen Befragten mit 0. Diese Variable kann zwar nicht die Stärke der Parteibindung erfassen, aber sie kann zwischen Personen unterscheiden, die eine klare Wahlabsicht haben und solchen, die sich nicht sicher sind. Erstere haben, unserer Ansicht nach, eine gewisse Bindung an diese Partei.[7]

Kontrollvariablen

Ausgehend von den häufig verwendeten soziodemografischen Kontrollvariablen in anderen Studien haben auch wir in unseren Modellen das Geschlecht (*Weiblich*), das *Alter* und *Höhere Bildung* als Kontrollvariablen aufgenommen. Ihre Auswirkungen scheinen jedoch vernachlässigbar oder unschlüssig zu sein. In Hinblick auf das Geschlecht konnten in Studien keine Auswirkungen des Stimmensplittings bei vertikalen Wahlen festgestellt werden (Carrubba/Timpone 2005; Clark/Rohrschneider 2009; Riera/Bol 2017; Willocq/Kelbel 2018). In Bezug auf das Alter der Wähler:innen zeigen einige Studien, dass ältere Wähler:innen eher zu einem Wechsel bereit sind (Carrubba/Timpone 2005; Clark/Rohrschneider 2009), wohingegen andere Studien zu einem gegenteiligen Schluss kommen (Riera/Bol 2017; Willocq/Kelbel 2018). Bei der Bildung der Wähler:innen zeigt sich hingegen, dass Personen mit höheren Bildungsabschlüssen eher bereit sind zu wechseln (Clark/Rohrschneider 2009; Riera/Bol 2017; Willocq/Kelbel 2018).

Darüber hinaus haben wir das politische Interesse kontrolliert und erwarten uns, dass interessierte Personen eher ihr Stimme splitten (siehe aber Willocq/Kelbel 2018). Das politische Interesse wird auf einer vierstufigen Likert-Skala gemessen, die von sehr interessiert bis überhaupt nicht interessiert reicht. Fehlende Fälle wurden ausgeschlossen.

---

[7] Da diese Variable auf einer Frage nach einer Wahl auf nationaler Ebene basiert, haben wir unsere Modelle auch mit einer auf eine Landtagswahl abzielenden Variable und mit einer Kombination aus diesen beiden Variablen getestet, die das Ergebnis nicht wesentlich verändert haben.

Da die Wahlzyklen in Österreich weder horizontal noch vertikal synchronisiert sind, variiert die Zeit bis zur nächsten echten Landtagswahl für die Befragten in unserer Stichprobe zwischen 37 und 1.801 Tagen.[8] Die Wahlentscheidung ist bei näheren Wahlen zweifellos ein präsenteres Thema als bei Wahlen, die Jahre entfernt liegen. Um diesem Umstand Rechnung tragen zu können, haben wir die Variable so umskaliert, dass sie von 0 bis 1 reicht (Zeit bis zur nächsten Landtagswahl).

3 – Analyse

Wir sind nun bereit, uns der Analyse des Stimmensplittings in vertikalen Settings am Beispiel Österreichs zuzuwenden. Da unsere abhängige Variable jene ist, ob ein:e Befragte:r ihre/seine Stimme aufgeteilt hat, haben wir zur Analyse eine logistische Regression durchgeführt. In Tabelle 3 präsentieren wir drei Modelle für jede der unabhängigen Variablen sowie ein kombiniertes Modell. Ausgehend von der Differenz der Positionsschätzungen der Parteien (H1) zeigt das Modell einen signifikanten Effekt dahingehend, dass eine größere Differenz in der Positionsschätzung eine Stimmenteilung wahrscheinlicher macht. Auch die Parteibindung (H3) hat einen signifikanten Effekt: Befragte mit einer Parteibindung teilen ihr Stimmen seltener vertikal. H1 und H3 können daher bestätigt werden.

Auch die Positionierung der Wähler:innen in der politischen Mitte beeinflusst die Wahlentscheidung maßgeblich, jedoch anders als erwartet: Sich in der politischen Mitte zu positionieren, senkt die Chancen, die Stimme zu teilen. Dieses Ergebnis findet sich allerdings nur im Modell der Positionierung der Wähler:innen in der politischen Mitte, alle anderen Ergebnisse gelten auch im kombinierten Modell.

---

[8] Dies wurde anhand des letzten Tages unserer Feldarbeit und des mutmaßlichen nächsten Wahltages in jedem Bundesland berechnet, basierend auf dem letzten Wahltermin. Dies ermöglicht uns den maximal möglichen Zeitrahmen zu berechnen, da Wahlen auch vorzeitig abgehalten werden können.

Tabelle 3: Analyse des vertikalen Stimmensplittings in Österreich bei nicht-zeitgleichen Wahlen

	Positionseinschätzung der Parteien			Positionierung der Wähler:innen in der politischen Mitte			Parteibindung			Kombiniertes Modell		
	b	SE	OR	b	SE	OR	b	SE	OR	b	SE	OR
Positionseinschätzung der Parteien	0.13 **	0.05	1.14							0.16 ***	0.06	1.17
Positionierung der Wähler:innen in der politischen Mitte				-0.08 *	0.05	0.92				-0.08	0.05	0.93
Parteibindung							-1.49 ***	0.18	0.23	-1.55 ***	0.20	0.21
Kontrollvariablen												
Geschlecht: Weiblich	-0.09	0.14	0.92	-0.08	0.14	0.92	-0.08	0.14	0.93	-0.01	0.14	0.99
Alter	0.00	0.00	1.00	-0.01	0.00	0.99	-0.01 *	0.00	0.99	-0.01	0.00	0.99
Höhere Bildung	0.27 *	0.14	1.31	0.28 **	0.14	1.33	0.35 **	0.14	1.42	0.32 **	0.15	1.37
Politisches Interesse												
Sehr interessiert						Reference						
Etwas interessiert	0.08	0.15	1.08	0.09	0.15	1.09	0.04	0.15	1.04	0.02	0.16	1.02
Etwas weniger interessiert	-0.24	0.25	0.78	-0.23	0.25	0.79	-0.28	0.24	0.75	-0.35	0.26	0.71
Gar nicht interessiert	-0.13	0.36	0.88	-0.04	0.38	0.96	-0.34	0.36	0.71	-0.32	0.39	0.73
Zeit bis zur nächsten Landtagswahl	0.34	0.23	1.40	0.30	0.23	1.36	0.33	0.23	1.40	0.36	0.24	1.44
Konstante	-2.35 ***	0.28	0.10	-2.10 ***	0.29	0.12	-0.85 ***	0.32	0.43	-0.81 **	0.35	0.45
Pseudo-R2 (McFadden)	0.052			0.063			0.045			0.111		
N	2,718			2,700			2,812			2,652		

Anmerkung: Binäre logistische Regressionsmodelle: Abhängige Variable=1/(Stimmensplitting)/0 (kein Stimmensplitting) zwischen einer realen und einer fiktiven nicht-aktuellen Wahl; b= unstandardisierte Koeffizienten, SE= Standardfehler, OR= Odds Ratio;
** p<0.10, ** p<0.05, *** p<0.01. Daten gewichtet, siehe Anhang A.2 für ungewichtete Daten.*

Der unerwartete Befund steht im Gegensatz zu früheren Studien (Kedar 2006; Willocq/Kelbel 2018). Ein genauer Blick auf diese früheren Studien könnte die unterschiedlichen Ergebnisse erklären. Im Fall der gleichzeitig stattfindenden Wahlen in Belgien finden Willocq und Kelbel (2018) zwar Unterstützung für die „policy-balancing"-Theorie, aber nur zwischen den (sub-)nationalen Wahlen einerseits und der EU-Ebene andererseits (siehe auch Carrubba/Timpone 2005). Es zeigt sich kein Effekt zwischen der nationalen und der regionalen Ebene. Somit könnten die jeweiligen Wahlen die Wechselbereitschaft der gemäßigten Wähler:innen beeinflussen. Was die Studie von Kedar (2006) über (nicht-)zeitgleiche Wahlen in Deutschland betrifft, so erlaubte die Messung auf der aggregierten Ebene keine umfassende Prüfung der Entscheidungen einzelner Wähler:innen. Dies könnte die unterschiedlichen Ergebnisse erklären. Außerdem könnte sein Ergebnis durch die nicht zeitgleich stattfindenden Wahlen in seiner Stichprobe beeinflusst worden sein. Frühere Studien haben bereits gezeigt, dass Wähler:innen dazu neigen, die Amtsinhaber abzustrafen, je weiter die nationalen Wahlen entfernt liegen (Jeffery/Hough 2003). Wir werden unser Ergebnis zur Positionierung der Wähler:innen in der politischen Mitte weiter unten diskutieren.

Was die Kontrollvariablen anbelangt, so hat eine höhere Bildung einen signifikanten Effekt. Personen mit höherer Bildung sind eher bereit, ihre Stimme aufzuteilen. Dies steht in Einklang mit früheren Studien auf diesem Gebiet (Clark/Rohrschneider 2009; Riera/Bol 2017; Willocq/Kelbel 2018).

Ein einziger signifikanter Effekt lässt sich für das Alter im Modell der Parteibindung feststellen, dies könnte sich auf die geringere Parteibindung jüngerer Menschen im Allgemeinen zurückführen lassen. Im Gesamtmodell lässt sich hingegen kein Effekt finden. Dieser Befund fügt sich in die bestehende Literatur ein, die sich in diesem Punkt nicht einig ist (siehe oben). Wir kommen zu dem Schluss, dass das Alter keine treibende Kraft bei der Entscheidung ist, ob ein Stimmensplitting auftritt. Ebenso haben das Geschlecht, das Politische

Interesse und die Zeit bis zur nächsten Landtagswahl keinen wesentlichen Einfluss auf die Ergebnisse unseres Modells.[9]

Eine Betrachtung der Effektgrößen hilft, die Ergebnisse besser zu verstehen (siehe Abbildung 1). Hier zeigt sich der stärkste Effekt bei der Parteibindung: Wenn man alle anderen Variablen bei ihrem Mittelwert oder Modus belässt, ist die Wahrscheinlichkeit, dass Befragte ohne Parteibindung ihre Stimme aufteilen, mehr als dreimal so hoch als wie bei Personen, die mit einer Partei verbunden sind (0,28 zu 0,08 Prozent). Ähnlich ist der Effekt bei der Positionseinschätzung: Eine Person, die sowohl die Bundes- als auch die Landespartei gleich einschätzt (Differenz = 0), hat eine Wahrscheinlichkeit von etwa 0,07, zwischen unseren (echten und fiktiven) Wahlen die Partei zu wechseln. Wer hingegen der Meinung ist, dass sich die Parteien auf Bundes- und regionaler Ebene dramatisch unterscheiden (Differenz = 10), gibt die Stimme mit einer Wahrscheinlichkeit von etwa 0,27 einer anderen Partei. Natürlich wäre dies ein Extremfall. In einem realistischeren Szenario ist der Effekt viel geringer: Wenn wir einen Wert von 2 für die Differenz wählen (was dem gerundeten Mittelwert aller Werte ohne 0 entspricht), würde die Wahrscheinlichkeit des Stimmensplittings etwa 0,09 betragen. Erst bei einem Differenzwert von mindestens 5 Punkten zwischen Landes- und Bundespartei splitten die Befragten – im Vergleich mit Wähler:innen, die beide Ebenen als identisch wahrnehmen – mit doppelt so hoher Wahrscheinlichkeit (0,14) ihre Stimmen bei Regional- und Nationalwahlen auf. Wie aus den Modellen hervorgeht, scheint die Positionierung der Wähler:innen in der politischen Mitte in unserem Fall so gut wie gar keine Auswirkungen zu haben.

---

[9] Bei der Verwendung ungewichteter Daten hat die Zeit bis zur nächsten Landtagswahl einen signifikanten Effekt: Je länger die Zeit bis zur nächsten Wahl, desto größer die Wahrscheinlichkeit, dass eine Stimme aufgeteilt wird. Dieses Ergebnis ist bei den verschiedenen Wiederholungen der Gewichtungen nicht konsistent. Ansonsten lassen sich nur geringe Veränderungen bei den Kontrollvariablen finden (siehe Anhang).

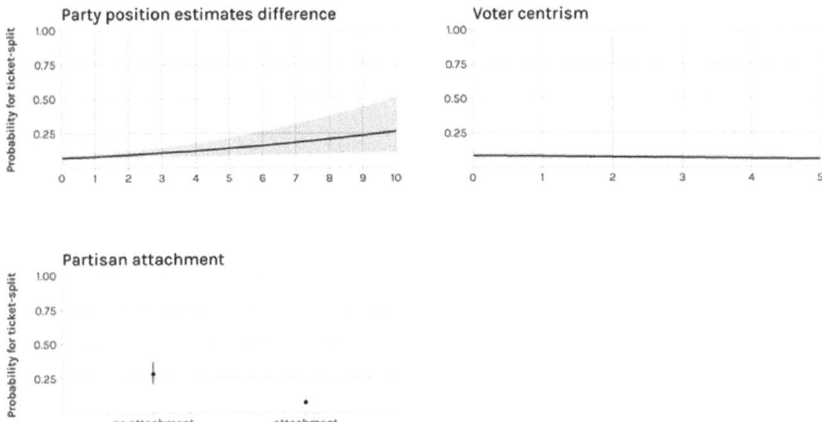

Anmerkung: Die Diagramme zeigen die Ergebnisse des kombinierten Modells, wobei in jedem Diagramm eine der unabhängigen Variablen variiert wird. Alle anderen Variablen werden auf ihrem Modus oder Mittelwert gehalten.

Um den fehlenden Effekt der Positionierung der Wähler:innen in der politischen Mitte weiter zu untersuchen, ließen wir unsere Modelle mit einer anderen Operationalisierung dieser Variablen erneut laufen. Zur Erinnerung, wir haben die Positionierung der Wähler:innen in der politischen Mitte als absolute Differenz zur (numerischen) Mitte einer Skala von 0 bis 10 berechnet. Sodann erhalten wir einen Bereich von 0 (keine Differenz, d. h. die/der Befragte ordnete sich selbst in der politischen Mitte ein) bis 5. Dieser Ansatz erfasst den Unterschied selbst, gibt aber nicht an, ob sich die Befragten eher links oder rechts im politischen Spektrum verorten. Um entsprechend zu differenzieren, berechneten wir für jede:n Befragte:n die Differenz der Selbsteinordnung zur politischen Mitte, die nun mit 0 kodiert wurde. Diese Variable reicht von -5 bis +5 und ist u-förmig, weshalb wir einen zusätzlichen quadratischen Term in das Regressionsmodell aufnahmen.[10]

Abbildung 2: Wahrscheinlichkeit des Stimmensplittings: Positionierung der Wähler:innen in der politischen Mitte links/rechts

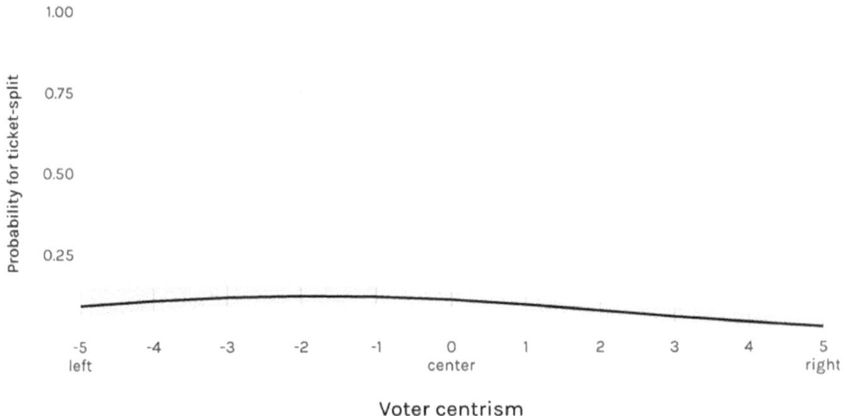

Anmerkung: Alle anderen Variablen wurden auf ihrem Modus oder Mittelwert gehalten; die Darstellung basiert auf dem Positionierung der Wähler:innen in der politischen Mitte. Siehe Anhang A3 für eine Darstellung des kombinierten Modells.

Durch diese Änderung wird die Positionierung der Wähler:innen in der politischen Mitte signifikant (siehe Anhang A3 für die vollständigen Ergebnisse). Entgegen unserer Hypothese ist der Effekt nicht für Befragte in der politischen Mitte am stärksten, sondern für Personen, die sich weiter links einordnen (mit der höchsten Wahrscheinlichkeit für jemanden mit einem Wert von -3; siehe Abbildung 2). Danach nimmt die Wahrscheinlichkeit ein wenig ab, je weiter sie nach links, in die Mitte und vor allem nach rechts reicht. Um das

---

[10] Wir haben dieselbe Logik auf die Differenzvariable der Parteipositionsschätzungen angewandt und den Bereich erweitert, um Abweichungen von der Mitte sowohl nach links als auch nach rechts anzuzeigen. Die Ergebnisse zeigen einen ähnlichen Anstieg der Chancen für ein Stimmensplitting an beiden Enden des Spektrums.

Ausmaß des Effekts zu verdeutlichen: Jemand, der sich bei -2 (Mitte links) einordnet hat eine Wahrscheinlichkeit von 12 Prozent, die Stimme aufzuteilen, jemand bei +5 (ganz rechts) nur von etwa 2,5 Prozent (alle anderen Variablen bleiben bei ihrem Modus oder Mittelwert).

Eine Erklärung für dieses Ergebnis könnte sein, dass auf der linken Seite mehr Parteien zur Auswahl stehen als auf der rechten Seite. Berechnet man den Mittelwert der Platzierung aller Parteien, die in unserer Frage zur fiktiven Landtagswahl zur Verfügung stehen, so gibt es fünf Parteien mit einem linken Wert (unter 5 auf einer Skala von 0 bis 10) und nur zwei mit einem rechten Wert (FPÖ, ÖVP; sonstige Parteien werden nicht mitgezählt). Personen, die sich selbst eher links positionieren, haben also mehr Wahlmöglichkeiten, was ein Stimmensplitting wahrscheinlicher macht. Umgekehrt sehen wir, dass Wähler:innen, die sich als „rechts" bezeichnen, strikter an ihrer Partei festhalten – vielleicht nicht nur, aber auch, weil es weniger Alternativen gibt.

4 – Conclusio

Welche Faktoren erklären das Stimmensplitting in Mehrebenen-Demokratien? Um diese Forschungsfrage beantworten zu können, haben wir den Fall Österreich näher untersucht. Dabei haben wir das jüngste Wahlverhalten bei einer nationalen Wahl mit der Wahlabsicht bei einer fiktiven subnationalen Wahl verglichen. Diese Untersuchung ermöglicht es uns, die Literatur zum Stimmensplitting, welche noch immer von amerikanischen Beispielen dominiert wird, zu erweitern. Darüber hinaus haben wir zu unserem Verständnis des Abstimmungsverhaltens bei verschiedenen Wettbewerben beigetragen, indem wir die Downs' (1957) räumliches Modell des Parteienwettbewerbs in die Literatur zum Stimmensplitting eingeführt haben. Wir gingen davon aus, dass diejenigen, die eine größere Divergenz zwischen ihrer Partei auf nationaler und subnationaler Ebene wahrnehmen, mit höherer Wahrscheinlichkeit

Stimmensplitting durchführen. Dieses Argument wurde neben den Effekten der Positionierung von Wähler:innen in der politischen Mitte und der parteipolitischen Ausrichtung getestet, die wir aus der „policy-balancing"-Theorie abgeleitet haben.

Unsere multivariaten Analysen haben bestätigt, dass Unterschiede in den Einschätzungen der Parteipositionen auf den verschiedenen politischen Ebenen die Bereitschaft der Wähler:innen zur Wahl unterschiedlicher Parteien bei unterschiedlichen Wahlen positiv beeinflussen. Dieser Effekt lässt sich ebenfalls bei der parteipolitische Ausrichtung finden, hingegen konnte der erwartete Effekt bei der Positionierung der Wähler:innen in der politischen Mitte nicht bestätigt werden. Anstatt die Wahrscheinlichkeit für Stimmensplitting zu erhöhen, senkt eine Position in der politischen Mitte die Wahrscheinlichkeit eines Splittings. Die Richtung dieses Effekts wird deutlich, wenn wir zwischen Abweichungen nach rechts und nach links auf dem politischen Spektrum unterscheiden. Im letzteren Fall können wir einen (kleinen) Effekt beobachten, der die Wahrscheinlichkeit erhöht, dass Personen, die sich eher links verorten, ihre Stimme teilen. Wir führen dieses Ergebnis auf die höhere Anzahl verfügbarer Parteien im linken politischen Spektrum zurück.

Diese Ergebnisse wirken sich auf unser Verständnis der politischen Repräsentation in Mehrebenen-Demokratien aus, sowohl in Bezug auf die Wähler:innen als auch auf die Parteien. Einige Wähler:innen nehmen tatsächlich Unterschiede innerhalb der politischen Parteien je nach politischer Ebene wahr. Diese Unterschiede haben relevante Auswirkungen auf ihr Wahlverhalten. Was die Parteien betrifft, so sollten die Ergebnisse das Selbstvertrauen der subnationalen Akteur:innen stärken. Ihr politisches Verhalten ist für die Meinungsbildung der Wähler:innen relevant, ungeachtet der oft behaupteten Dominanz der nationalen Ebene.

Sie haben allen Grund dazu, sich strategisch zu entscheiden, ob sie ihrer nationalen Partei folgen oder sich in mehr oder weniger starker Gegenposition zu ihr verhalten wollen. Dieser Befund sollte als Anlass für Politikwissenschaftler:innen genommen werden, die

Forschung über subnationale Parteien zu verstärken. Darüber hinaus ist Entfremdung der Wähler:innen von Parteien in allen Ländern ein zunehmendes Phänomen, das offensichtlich nicht nur zur Wähler:innenvolatilität im Allgemeinen, sondern auch zum Stimmensplitting im Besonderen führt. Da die Wähler:innen in ihren Entscheidungen unbeständiger werden, müssen die politischen Parteien ihre Anstrengungen verstärken, um sie davon zu überzeugen, dass sie ihre Interessen am besten vertreten. Und schließlich könnte die Zunahme des Stimmenplittings in Verbindung mit der Anzahl der kandidierenden Parteien ein spezifisches Merkmal von Mehrparteiensystemen in der Zukunft sein.

Die Analysen des vorliegenden Beitrags zeigen, dass unsere theoretischen Argumente durch die Daten unterstützt werden. Trotz dieser vielversprechenden Ergebnisse gibt es Raum für zukünftige Forschung, welche die Schwächen der vorliegenden Studie beheben könnte. Erstens vergleichen wir die Wahlentscheidungen bei einer echten nationalen und einer fiktiven subnationalen Wahl. Eine interessante Beobachtung wäre es, wenn eine nationale und eine subnationale Wahl zur gleichen Zeit stattfinden würden. Dies ist jedoch für Österreich unüblich, da nationale und subnationale Wahlen nur selten (und vor allem nicht in allen Bundesländern) gleichzeitig stattfinden. Zweitens könnte die Endogenität in unserem Modell ein Problem darstellen. Die Einschätzung der Parteipositionen ist eine anspruchsvolle Aufgabe, die informierte Wähler:innen besser bewältigen können. Allerdings könnten informierte Wähler:innen auch diejenigen sein, die ihre Stimme eher splitten. Vor dem Hintergrund einer fehlenden Variable zum politischen Wissen der Wähler:innen kontrollieren wir hingegen das politische Interesse (wir wissen aus anderen Studien, dass diese Variablen stark korrelieren). Außerdem haben wir getestet, ob ein objektives Maß – die aus den Wahlprogrammen abgeleiteten Einschätzungen der Parteipositionen – ähnliche Ergebnisse liefert. Aufgrund des verfügbaren Datensatzes messen wir die Parteibindung binär. Eine differenziertere Skala könnte mehr Aufschluss über die Stärke dieses Einflusses geben. Drittens basiert unsere Studie auf einem Einzelfall, der es ermöglicht, ein neues theoretisches Argument empirisch zu testen. Diese ist aber aufgrund der geografischen Reichweite und der damit einhergehenden Verallgemeinerbarkeit begrenzt. Wir würden erwarten, dass ähnliche Effekte in anderen westeuropäischen Ländern mit föderalistischen Strukturen und proportionalen Wahlsystemen zu beobachten wären. Ein empirisches Argument für diese Behauptung ist die Tatsache, dass wir keine Auswirkung der Positionierung der Wähler:innen in der politischen Mitte auf das Stimmensplitting gefunden haben. Da vergleichbare europäische Länder wie Schweden oder Dänemark sogar noch höhere Anteile an Stimmensplitting-Wähler:innen aufweisen, würden wir sogar erwarten, dass die Effekte der Divergenz zwischen den Parteipositionen und der parteipolitischen Ausrichtung in diesen Ländern zunehmen. Diese Erwartung ist jedoch Gegenstand zukünftiger Forschung.

Literaturverzeichnis

Alesina, A./Rosenthal, H. (1996): A Theory of Divided Government. *Econometrica*, 46 (6), 1311-1341.

Arceneaux, K. (2006): The Federal Face of Voting: Are Elected Officials Held Accountable for the Functions Relevant to Their Office? *Political Psychology*, 27 (5), 731-754.

Beck, P.A./Baum, L./Clausen, A.R./Smith, C.E. (1992): Patterns and Sources of Ticket Splitting in Subpresidential Voting. *American Political Science Review*, 86 (4), 916-928.

Beer, S.H. (1978): Federalism, Nationalism, and Democracy in America. *The American Political Science Review*, 72 (1), 9-21.

Belchior, A.M. (2010): Ideological Congruence among European Political Parties. *The Journal of Legislative Studies*, 16 (1), 121-142.

Belchior, A.M. (2012): Explaining Left-Right Party Congruence across European Party Systems: A Test of Micro-, Meso-, and Macro-Level Models. *Comparative Political Studies*, 46 (3), 352-386.

Berg, L./Oscarsson, H. (2020): The Swedish regional elections 2018. *Regional & Federal Studies*, 30 (3), 511-524.

Blais, A./Nadeau, R./Gidengil, E./Nevitte, N. (2001): The Formation of Party Preferences: Testing the Proximity and Directional Models. *European Journal of Political Research*, 40 (1), 81-91.

Burden, B.C./Kimball, D.C. (1998): A New Approach to the Study of Ticket Splitting. *American Political Science Review*, 92 (3), 533-544.

Burden, B.C./Helmke, G. (2009): The comparative study of split-ticket voting. *Electoral Studies*, 28 (1), 1-7.

Campbell, A./Miller, W.E. (1957): The Motivational Basis of Straight and Split Ticket Voting. *American Political Science Review*, 51 (2), 293-312.

Carman, C.J./Johns, R. (2010): Linking coalition attitudes and split-ticket voting: The Scottish Parliament elections of 2007. *Electoral Studies*, 29 (3), 381-391.

Carrubba, C./Timpone, R.J. (2005): Explaining Vote Switching Across First- and Second-Order Elections. Evidence From Europe. *Comparative*

Political Studies, 38 (3), 260-281.

Carsey, T.M./Layman, G.C. (2004): Policy Balancing and Preferences for Party Control of Government. *Political Research Quarterly*, 57 (4), 541-550.

Chandra, K. (2009): Why voters in patronage democracies split their tickets: Strategic voting for ethnic parties. *Electoral Studies*, 28 (1), 21-32.

Clark, N./Rohrschneider, R. (2009): Second-Order Elections versus First-Order Thinking: How Voters Perceive the Representation Process in a Multi-Layered System of Governance. *European Integration*, 31 (5), 645-664.

Committee on Political Parties, American Political Science Association (1950): *Toward a More Responsible Two-Party System*. New York: Rinehart & Company.

Costello, R./Toshkov, D./Bos, B./Krouwel, A. (2020): Congruence between voters and parties: The role of party-level issue salience. *European Journal of Political Research*, 60 (1), 92-113.

Costello, R./Thomassen, J./Rosema, M. (2012): European Parliament Elections and Political Representation: Policy Congruence between Voters and Parties. *West European Politics*, 35 (6), 1226-1248.

Dalton, R.J. (2017): Party representation across multiple issue dimensions. *Party Politics*, 23 (6), 609-622.

Dalton, R.J./Farrell, D.M./McAllister, I. (2011): *Political Parties and Democratic Linkage: How Parties Organize Democracy*. Oxford: Oxford University Press.

Dassonneville, R./Feitosa, F./Hooghe, M./Lau, R.R./Stiers, D. (2019): Compulsory Voting Rules, Reluctant Voters and Ideological Proximity Voting. *Political Behavior*, 41, 209-230.

Davis, N.T. (2015): The Role of Indifference in Split-Ticket Voting. *Political Behavior*, 37, 67-86.

Dolný, B./Baboš, P. (2015): Voter–Representative Congruence in Europe: A Loss of Institutional Influence? *West European Politics*, 38 (6), 1274-1304.

Downs, A. (1957): *An Economic Theory of Democracy*. New York: Harper.

Downs, W.M. (1999): Accountability Payoffs in Federal Systems? Competing Logics and Evidence from Europe's Newest Federation. *Publius: The Journal of Federalism*, 29 (1), 87-110.

Elklit, J./Kjaer, U. (2009): Split-ticket Voting in Times of Sub-national Government Reorganisation: Evidence from Denmark. *Scandinavian Political Studies*, 32 (4), 422-439.

Enelow, J.M./Hinich, J.M. (1984): *The Spatial Theory of Voting: An Introduction.* Cambridge: Cambridge University Press.

Fearon, J.D. (1999): Electoral Accountability and the Control of Politicans: Selecting Good Types versus Sanctioning Poor Performance. In: Przeworski, A./Stokes S.C./Manin, B. (Hrsg.), *Democracy, Accountability, and Representation,* Cambridge: Cambridge University Press, S. 55-97.

Ferejohn, J. (1999): Accountability and Authority: Toward a Theory of Political Accountability. In: Przeworski, A./Stokes S.C./Manin, B. (Hrsg.), *Democracy, Accountability, and Representation,* Cambridge: Cambridge University Press, S. 131-153.

Fiorina, M.P. (1996): *Divided Government. 2.* Needham Heights: Allyn & Bacon.

Fiorina, M.P. (1981): *Retrospective Voting in American National Elections.* Yale: Yale University Press.

Fiorina, M.P. (1988): The Reagan Years: Turning to the Right of Groping Toward the Middle? In: Cooper, B./Kornberg, A./Mishler, W. (Hrsg.), *The Resurgence of Conservatism in Anglo-American Democracies,* Durham: Duke University Press, S. 430-460.

Fisher, J./Fieldhouse, E./Franklin, M.N./Gibson, R./Cantijoch, M./Wlezien, C. (2017): *The Routledge Handbook of Elections, Voting Behavior and Public Opinion.* Oxon/New York: Routledge.

Garand, J.C./Lichtl, M.G. (2000): Explaining Divided Government in the United States: Testing an Intentional Model of Split-Ticket Voting. *British Journal of Political Science*, 30 (1), 173-191.

Grofman, B./Koetzle, W./McDonald, M.P./Brunell, T.L. (2000): A New Look at Split-Ticket Outcomes for House and President: The Comparative Midpoints Model. *The Journal of Politics*, 62 (1), 34-50.

Gschwend, T. (2007): Ticket-splitting and strategic voting under mixed electoral rules: Evidence from Germany. *European Journal of Political Research*, 46, 1-23.

Gschwend, T./Leuffen, D. (2005): Divided We Stand - Unified We Govern? Cohabitation and Regime Voting in the 2002 French Elections. *British Journal of Political Science*, 35 (4), 691-712.

Gschwend, T./Van der Kolk, H. (2006): Split Ticket Voting in Mixed Member Proportional Systems: The Hypothetical Case of The Netherlands. *Acta Politica*, 41 (2), 163-179.

Gschwend, T./Johnston, R./Pattie, C. (2003): Split-Ticket Patterns in Mixed-Member Proportional Election Systems: Estimates and Analyses of Their Spatial Variation at the German Federal Election, 1998. *British Journal of Political Science*, 33 (1), 109-127.

Healy, A./Malhotra, N. (2013): Retrospective Voting Reconsidered. *Annual Review of Political Science*, 16, 285-306.

Heath, A./McLean, I./Taylor, B./Curtice, J. (1999): Between first and second order: A comparison of voting behavior in European and local elections in Britain. *European Journal of Political Research*, 35, 389-414.

Hooghe, M./Stiers, D. (2017): Do reluctant voters vote less accurately? The effect of compulsory voting on party-voter congruence in Australia and Belgium. *Australian Journal of Political Science*, 52 (1), 75-94.

Hotelling, H. (1929): Stability and Competition. *Economic Journal*, 39 (153), 41-59.

Inglehart, R. (1984): The Changing Structure of Political Cleavages in Western Society. In: Dalton, R.J./Flanagan, S.C./Beck, P.A. (Hrsg.), *Electoral Change in Advanced Industrial Democracies: Realignment or Dealignment?*, Princeton: Princeton University Press, S. 25-69.

Jeffery, C./Hough, D. (2003): Regional Elections in Multi-Level Systems. *European Urban and Regional Studies*, 10 (3), 199-212.

Johnston, R.J./Pattie, C. (2002): Campaigning and split-ticket voting in new electoral systems: the first MMP elections in New Zealand, Scotland and Wales. *Electoral Studies*, 21 (4), 583-600.

Karp, J.A./Vowles, J./Banducci, S.A./Donovan, T. (2002): Strategic voting, party activity, and candidate effects: testing explanations for split voting in New Zealand's new mixed system. *Electoral Studies*, 21 (1), 1-22.

Kedar, O. (2005): When moderate voters prefer extreme parties: Policy balancing in parliamentary elections. *American Political Science Review*, 99 (2), 185-199.

Kedar, O. (2006): How voters work around institutions: Policy balancing in staggered elections. *Electoral Studies*, 25 (3), 509-527.

Key, V.O. (1966): *The Responsible Electorate*. Cambridge: Belknap Press.

Kjaer, U. (2020): The 2017 Danish regional elections and the victorious parliamentary parties. *Regional & Federal Studies*, 30 (3), 461-473.

Lacy, D./Paolino, P. (1998): Downsian Voting and the Separation of Powers. *American Journal of Political Science*, 42 (4), 1180-1199.

Lacy, D./Niou, E.M.S./Paolino, P./Rein, R.A. (2019): Measuring Preferences for Divided Government: Some Americans Want Divided Government and Vote to Create it. *Political Behavior*, 41 (1), 79-103.

Ladd, E.C. (1990): Public Opinion and the "Congress Problem". *The Public Interest*, 53, 57-67.

Lau, R.R./Redlawsk, D.P. (1997): Voting Correctly. *American Political Science Review*, 91 (3), 585-598.

Lau, R.R./Andersen, D.J./Redlawsk, D.P. (2008): An Exploration of Correct Voting in Recent U.S. Presidential Elections. *American Journal of Political Science,* 52 (2), 395-411.

Lau, R.R./Patel, P./Fahmy, D.F./Kaufman, R.R. (2014): Correct Voting Across Thirty-Three Democracies: A Preliminary Analysis. *British Journal of Political Science*, 44 (2), 239-259.

Lewis-Beck, M.S./Stegmaier, M. (2000): Economic Determinants of Electoral Outcomes. *Annual Review of Political Science,* 3, 183-219.

Lewis-Beck, M.S./Nadeau, R. (2004): Split-Ticket Voting: The Effects of Cognitive Madisonianism. *The Journal of Politics*, 66 (1), 97-112.

Lohmann, S./Brady, D.W./Douglas, R. (1997): Party identification, retrospective voting, and moderating elections in a federal system: West Germany, 1961-1989. *Comparative Political Studies*, 30 (4), 420-449.

Manin, B./Przeworski, A./Stokes, S.C. (1999): Elections and Representation. In: Przeworski, A./Stokes, S.C./Manin, B. (Hrsg.), *Democracy, Accountability, and Representation*, Cambridge: Cambridge University Press, S. 29-54.

Marks, G./Steenbergen, M. (2002): Understanding Political Contestation in the European Union. *Comparative Political Studies*, 35 (8), 879-892.

McDonald, M.D./Budge, I. (2008): *Elections, Parties, Democracy. Conferring the Median Mandate.* Oxford: Oxford University Press.

Mebane Jr., W.R. (2000): Coordination, Moderation, and Institutional Balancing in American and House Elections. *American Political Science Review*, 94 (1), 37-57.

Moser, R.G./Scheiner, E. (2005): Strategic Ticket Splitting and the Personal Vote in Mixed-Member Electoral Systems. *Legislative Studies Quarterly*, 30 (2), 259-276.

Moser, R.G./Scheiner, E. (2009): Strategic voting in established and new democracies: Ticket splitting in mixed-member electoral systems. *Electoral Studies*, 30 (2), 51-61.

Mulligan, K. (2011): Partisan Ambivalence, Split-Ticket Votung, and Divided Government. *Political Psychology*, 32 (3), 505-530.

Ostrom, V. (2007): *The Political Theory of a Compound Republic. Designing the American Experiment. 3.* Lanham: Lexington Books.

Pappi, F.U./Thurner, P.W. (2002): Electoral behaviour in a two-vote system: Incentives for ticket splitting in German Bundestag elections. *European Journal of Political Research*, 41(2), 207-232.

Perlot, F./Hermann, A./Praprotnik, K./Ingruber, D./Hainzl, C. (2019): *Demokratieradar Wave 3 - Attitudes on federalism*, Krems/Graz.

Pierce, R. (1999): Mass-Elite Issue Linkages and the Responsible Party Model Representation. In: Miller, W.E./Pierce, R./Thomassen, J./Herrera, R./Holmberg, S. (Hrsg.), *Policy Representation in Western Democracies*, Oxford: Oxford University Press, S. 9-32.

Pitkin, H.F. (1967): *The Concept of Representation*. Berkeley, Los Angeles, London: University of California Press.

Przeworski, A./Stokes, S.C./Manin, B. (1999): *Democracy, Accountability, and Representation*. Cambridge: Cambridge University Press.

Rallings, C./Thrasher, M. (2003): Explaining Split-Ticket Voting at the 1979 and 1997 General and Local Elections in England. *Political Studies*, 51 (3), 558-572.

Rallings, C./Thrasher, M. (2005): Not All 'Second-Order' Contests are the Same: Turnout and Party Choice at the Concurrent 2004 Local and European Parliament Elections in England. *The British Journal of Politics and International Relations*, 7 (4), 584-597.

Ranney, A. (1954): *The Doctrine of Responsible Party Government: Its Origina and Present State*. Urbana: The University of Illinois Press.

Riera, P./Bol, D. (2017): Ticket-splitting in mixed-member systems: on the importance of seat linkage between electoral tiers. *West European Politics*, 40 (3), 584-597.

Roberts, A. (2010): *The Quality of Democracy in Eastern Europe. Public Preferences and Policy Reforms*. Cambridge: Cambridge University Press.

Rodden, J./Wibbels, E. (2010): Dual accountability and the nationalization of party competition: Evidence from four federations. *Party Politics*, 17 (5), 629-653.

Roscoe, D.D. (2003): The Choosers of the Choices? Voter Characteristics and the Structure of Electoral Competition as Explanations for Ticket Spliting. *The Journal of Politics*, 65 (4), 1147-1164.

Rosema, M./De Vries, C.E. (2011): Assessing the Quality of European Democracy. Are Voters Voting Correctly? In: Rosema, M./Denters, B./Aarts, K. (Hrsg.), *How Democracy Works. Political Representation and Policy Congruence in Modern Societies*, Amsterdam: Pallas Publications Amsterdam University Press, S. 201-224.

Sanz, A. (2008): Split-ticket voting in multi-level electoral competition: European, national and regional concurrent elections in Spain. In: Van der Eijk, C./Schmitt, H. (Hrsg.), *The Multi-Level Electoral System of the EU*, Mannheim: Connex, S. 101-136.

Schakel, A.H./Jeffery, C. (2013): Are Regional Elections really 'Second-Order' Elections? *Regional Studies*, 47 (3), 323-341.

Shor, B./Rogowski, J.C. (2018): Ideology and the US Congressional Vote. *Political Science Research and Methods*, 6 (2), 323-341.

Sigelman, L./Wahlbeck, P.J./Buell Jr., E.H. (1997): Vote Choice and the Preference for Divided Government: Lessons of 1992. *American Journal of Political Science*, 41 (3), 879-894.

Simas, E.N. (2013): Proximity voting in the 2010 U.S. House elections. *Electoral Studies*, 32 (4), 708-717.

Stiers, D./Hooghe, M./Goubin, S. (2020): Are 16-year-olds able to cast a congruent vote. *Electoral Studies*, 63, 1-14.

Thomassen, J./Van Ham, C. (2014): Failing Political Representation or a Change in Kind? Models of Representation and Empirical Trends in Europe. *West European Politics*, 37 (2), 400-419.

Van Aelst, P./Lefevere, J. (2012): Has Europe got anything to do with the European elections? A study on split-ticket voting in the Belgian regional and European elections of 2009. *European Union Politics*, 13 (1), 3-25.

Van Biezen, I./Poguntke, T. (2014): The decline of membership-based politics. *Party Politics*, 20 (1), 205-216.

Van der Brug, W./Van der Eijk, C. (1999): The Cognitive Basis of Voting. In: Schmitt, H./Thomassen, J. (Hrsg.), *Political Representation and Legitimacy in the European Union*, Oxford: Oxford University Press, S. 129-160.

Van der Eijk, C./Niemöller, B. (2008): Design Issues in Electoral Research: Taking Care of (Core) Business. In: Arzheimer, K./Evans, J. (Hrsg.), *Electoral Behaviour: Debates and Methodology*, Los Angeles: Sage, S. 281-298.

Wagner, M./Johann, D./Kritzinger, S. (2012): Voting at 16: Turnout and the quality of vote choice. *Electoral Studies*, 31 (2), 372-383.

Waldahl, R./Aardal, B. (2000): The Accuracy of Recalled Previous Voting: Evidence from Norwegian Election Study Panels. *Scandinavian Political Studies*, 23 (4), 373-389.

Westholm, A. (1991): Distance Versus Direction: The Illusory Defrat of the Proximity Theor of Electoral Choice. *American Political Science Review*, 91 (4), 865-885.

Willocq, S./Kelbel, C. (2018): Splitting Votes, Splitting Hairs? Rationale for Split-Ticket Voting at the Federal, Regional, and European Elections of May 2014 in Belgium. *Publius: The Journal of Federalism*, 48 (4), 664-685.

Anhang

Tabelle A1: Variablen, die in den multivariaten Modellen verwendet wurden

Variable	Operationalisierung	Wortlaut der Fragestellungen	Ursprüngliche Werte
Abhängige Variable: Stimmensplitting	binär (0/1), 0=kein Stimmensplitting	Which party did you vote for [in the federal election 2019]?	ÖVP, SPÖ, FPÖ, NEOS, Jetzt/Liste Pilz, Greens, others, invalid, did not vote, no answer
		Let's stay for a moment with your state: If there would be state elections next Sunday, which party would you vote for?	ÖVP, SPÖ, FPÖ, NEOS, Liste Pilz/Jetzt, Greens, KPÖ, Liste Fritz, LBL/Liste Burgenland, Team Kärnten/Köfer, other, none, would not vote, would vote invalid, don't know at the moment
		[If you don't know at the moment,] Which party would you vote for most likely?	ÖVP, SPÖ, FPÖ, NEOS, Jetzt/Liste Pilz, Greens, KPÖ, Liste Fritz, LBL/Liste Burgenland, Team Kärnten/Köfer, other, none, would not vote
		If there would be a federal election next Sunday, which party would you vote for?	ÖVP, SPÖ, FPÖ, NEOS, Liste Pilz/Jetzt, Greens, KPÖ, other, none, would not vote, would vote invalid, don't know at the moment
		[If you don't know at the moment,] Which party would you vote for most likely?	ÖVP, SPÖ, FPÖ, NEOS, Jetzt/Liste Pilz, Greens, KPÖ, other, none, would not vote
Positionseinschätzung der Parteien	numerisch (0-10), 0=kein Unterschied	In politics, people often talk about left and right. Where would you place the party you voted for in the federal election 2019 at the time of the election? 0 means far left, 10 means far right.	0-10, no answer
		Lets stay with the party you voted for in the federal election, but think about this party in your state. Where would you place this party in your state between left and right?	0-10, no answer

Fortsetzung Tabelle A1

Variable	Operationalisierung	Wortlaut der Fragestellungen	Ursprüngliche Werte
Parteibindung	binär (0/1), 1=hat eine Parteibindung	Whether you are eligible to vote or not: If there would be a federal election next Sunday, which party would you vote for? [If you don't know at the moment,] Which party would you vote for most likely?	ÖVP, SPÖ, FPÖ, NEOS, Jetzt/Liste Pilz, Greens, KPÖ, other, none, would not vote, would vote invalid, don't know at the moment ÖVP, SPÖ, FPÖ, NEOS, Jetzt/Liste Pilz, Greens, KPÖ, other, none, would not vote
Positionierung der Wähler:innen in der politischen Mitte	numerisch (0-5), 0=center position	In politics, people often talk about left and right. Where would you place yourself? 0 means far left, 10 means far right.	0-10, no answer
Geschlecht	binär (0/1), 0=männlich	Your sex?	male, female, no answer
Alter	numerisch (16-87)	How old are you?	open ended
höhere Bildung	binär (0/1), 0=keine höhere Bildung	Your highest education?	Compulsory school, Apprenticeship, Intermediate technical/vocational school, Academic secondary school and higher technical and vocational school, University
Politische Interesse	sehr interessiert (Referenz), somewhat interested, somewhat not interested, not interested at all	Turning to politics, all in all, are you very interested in politics in Austria, somewhat interested, somewhat not interested or not interested at all?	very interested, somewhat interested, somewhat not interested, not interested at all, no answer

Tabelle A2: Analyse des vertikalen Stimmensplittings in Österreich – ungewichtete Daten

	Positionseinschätzung der Parteien			Positionierung der Wähler:innen in polit. Mitte			Parteibindung			Kombiniertes Modell		
	b	SE	OR	b	SE	OR	b	SE	OR	b	SE	OR
Positionseinschätzung der Parteien	0.12 **	0.05	1.12							0.13 **	0.06	1.14
Positionierung der Wähler:innen in der politischen Mitte				-0.06	0.04	0.95				-0.05	0.05	0.95
Parteibindung							-1.49 ***	0.18	0.22	-1.53 ***	0.20	0.22
Kontrollvariablen												
Geschlecht: Weiblich	-0.10	0.13	0.90	-0.08	0.13	0.93	-0.09	0.13	0.91	-0.03	0.13	0.97
Alter	-0.01	0.00	0.99	-0.01 *	0.00	0.99	-0.01 *	0.00	0.99	-0.01 *	0.00	0.99
Höhere Bildung	0.21 *	0.13	1.24	0.22 *	0.13	1.25	0.30 **	0.13	1.35	0.25 *	0.13	1.29
Politisches Interesse												
Sehr interessiert												
Etwas interessiert	0.00	0.14	1.00	0.03	0.14	1.03	-0.02	0.14	0.98	-0.05	0.15	0.95
Etwas weniger interessiert	-0.34	0.24	0.71	-0.33	0.24	0.72	-0.37	0.23	0.69	-0.45 *	0.25	0.64
Gar nicht interessiert	0.04	0.34	1.04	-0.09	0.37	0.91	-0.13	0.34	0.88	-0.26	0.38	0.77
Zeit bis zur nächsten Landtagswahl	0.56 ***	0.22	1.76	0.48 **	0.22	1.61	0.54 **	0.21	1.71	0.57 **	0.22	1.77
Konstante	-2.32 ***	0.26	0.10	-2.10 ***	0.28	0.12	-0.85 ***	0.30	0.43	-0.84 **	0.34	0.43
Pseudo-R2 (McFadden)	0.055			0.064			0.045			0.116		
n	2,718			2,700			2,812			2,652		

Anmerkung: Binäre logistische Regressionsmodelle: Abhängige Variable=1/ (Stimmensplitting) / 0 (kein Stimmensplitting) zwischen einer realen und einer fiktiven nicht-aktuellen Wahl; b= unstandardisierte Koeffizienten, SE= Standardfehler, OR= Odds Ratio;
** p<0.10, ** p<0.05, *** p<0.01.*

Tabelle A3: Analyse des vertikalen Stimmensplittings in Österreich – Positionierung der Wähler:innen in der politischen Mitte links/rechts

	Positionierung der Wähler:innen in der politischen Mitte			Kombiniertes Modell			
	b		SE	OR	b		SE	OR
Positionseinschätzung der Parteien					0.17 ***	0.06	1.19
Positionierung der Wähler:innen in der politischen Mitte	-0.13 ***	0.04	0.88	-0.15 ***	0.04	0.86
Positionierung der Wähler:innen in der politischen Mitte^2	-0.03 ***	0.01	0.97	-0.03 ***	0.01	0.97
Parteibindung				-1.56 ***	0.20	0.21
Kontrollvariablen						
Geschlecht: Weiblich	-0.11	0.14	0.90	-0.03	0.14	0.97
Alter	0.00	0.00	1.00	-0.01	0.00	0.99
Höhere Bildung	0.22	0.14	1.24	0.24 *	0.15	1.28
Politisches Interesse						
Sehr interessiert			*Referenz*			
Etwas interessiert	0.08	0.15	1.09	0.00	0.16	1.00
Etwas weniger interessiert	-0.22	0.25	0.81	-0.35	0.26	0.71
Gar nicht interessiert	0.03	0.38	1.03	-0.27	0.39	0.76
Zeit bis zur nächsten Landtagswahl	0.29	0.23	1.34	0.34	0.23	1.41
Konstante	-2.13 ***	0.29	0.12	-0.81 **	0.35	0.44
Pseudo-R2 (McFadden)	0.070			0.012		

*Anmerkung: Binäre logistische Regressionsmodelle: Abhängige Variable=1/ (Stimmensplitting) / 0 (kein Stimmensplitting) zwischen einer realen und einer fiktiven nicht-aktuellen Wahl; b= unstandardisierte Koeffizienten, SE= Standardfehler, OR= Odds Ratio; * p<0.10, ** p<0.05, *** p<0.01.*

Europadialog via Kunst: From Europe to Outer Space[1]

Gunnar Placzek

Seit mittlerweile über einem Jahrzehnt befindet sich die Europäische Union fast ununterbrochen im Modus der Krisenbewältigung. Die internationale Finanz- und europäische Schuldenkrise stellte den Zusammenhalt der EU auf eine harte Probe, seitdem reihten sich die sogenannte Flüchtlingskrise, der Aufstieg EU-skeptischer und populistischer Parteien, der Brexit, die Corona-Pandemie, die inhaltliche Spaltung der EU – besonders sichtbar im Streit mit Ungarn und Polen bezüglich rechtsstaatlicher Standards – und jüngst die durch den russischen Angriff auf die Ukraine ausgelöste Energiekrise aneinander. Diese Poly-Krise[2] hat das allgemeine Vertrauen in die effektiven Problemlösungsfähigkeiten der Union beschädigt und somit die wichtigste Quelle ihrer demokratischen Legitimation beeinträchtigt (Grimmel 2020; Patberg 2021; Webber 2018). Die zunehmende Politisierung und Polarisierung der Debatte um die europäische Integration beschrieben Hooghe und Marks (2009) als Diskursverschiebung von einem „permissive consensus" zu einem „constraining dissensus", den die EU von den Bürger:innen auferlegt bekomme.

Um dem verbreiteten Eindruck einer fortschreitenden Entfremdung zwischen der EU und ihrer Bevölkerung zu begegnen, wurden verschiedene Initiativen zur Beteiligung der Bürger:innen am Diskurs über die Zukunft Europas und mögliche Reformen der EU

---

[1] Dieser Beitrag basiert maßgeblich auf einem Entwurf von Sara Kikić, die bis Juli 2022 als wissenschaftliche Mitarbeiterin bei REGIOPARL tätig war. Ihr sei daher an dieser Stelle ausdrücklich und herzlich für ihre Arbeit gedankt.

[2] Eine Wortschöpfung des ehemaligen EU-Kommissionspräsidenten Jean-Claude Juncker in einer Rede auf dem Annual General Meeting of the Hellenic Federation of Enterprises (SEV) am 21.06.2016 in Athen: http://europa.eu/rapid/press-release_SPEECH-16-2293_de.htm.

gestartet. Dazu zählt auch die Konferenz zur Zukunft der EU, die unter Einbezug nationaler und europäischer Bürgerforen 49 EU-Reformvorschläge erarbeitete und im Mai 2022 vorstellte (siehe die Beiträge von Meyer/Lehmann und Beckmann/Placzek in diesem Band). Formate wie die Zukunftskonferenz haben das Potenzial, Ideen, Interessen und Sorgen der EU-Bürger:innen zu sammeln und als Impulse an die europäische Politik weiterzugeben. Sie sind jedoch stark formalisiert, in ihrer Durchführung und äußeren Wahrnehmung von EU-Institutionen und deren inhaltlichen Differenzen dominiert (vgl. von Ondarza/Ålander 2021) und daher möglicherweise nicht ausreichend inklusiv für diejenigen, die sich schon an anderen Formen politischer Partizipation nicht beteiligen wollen oder können, oder aber sehr wenig über EU-Politik informiert sind. Es bedarf daher – als komplementäres Element in der EU-Zukunftsdebatte – innovativer Ansätze, welche die Ansichten und Einstellungen der Bürger:innen in einer direkteren, ungefilterten Art und Weise einfangen und bisher ungehörten Stimmen Gehör verleihen.

Um zu veranschaulichen, wie solch neuartige Formate gestaltet sein können, hat sich das Forschungsprojekt REGIOPARL dazu entschlossen, mittels eines forschungsbegleitenden interaktiven Kunstprojekts in einen kreativen Dialog mit Bürger:innen aus verschiedenen Regionen Europas zu treten. Kunst eröffnet neue Möglichkeiten der Interaktion und Selbstreflexion und kann somit auf unkonventionelle Weise zu politischen Diskursen beitragen. Für REGIOPARL hat die Künstlerin Mona Schulzek den „Outer Space Transmitter" (im Folgenden OST) konstruiert – eine Antenne, mit der Interessierte ihre persönliche Antwort auf die Frage „Was bedeutet es, Bürger:in der EU zu sein?" ins Weltall senden konnten – um dort gegebenenfalls eines Tages von möglichem außerirdischem Leben empfangen zu werden. Die Antenne reiste im Projektzeitraum durch Europa und wurde auf Marktplätzen, in Parks und Fußgängerzonen aufgestellt. Die Begegnung mit Kunst im alltäglichen Leben der Menschen zielte darauf ab, einen spielerischen Zugang zum Thema EU zu finden und über ein niedrigschwelliges Beteiligungsangebot spontane Reaktionen der Passant:innen zu erhalten. Dieses Kapitel soll den

Beitrag, den künstlerische Initiativen zur EU-Zukunftsdebatte leisten können, anhand des OST skizzieren und Erfahrungen aus diesem einzigartigen Projekt teilen.

1 – Die Rolle der Kunst im politischen Diskurs

Um den Mehrwert künstlerischer Ansätze in politischen Diskursen zu bemessen und einzuschätzen, was Kunst zur Debatte um die europäische Integration beitragen kann und was nicht, lohnt ein Blick auf kulturwissenschaftliche Überlegungen zu kulturellen Funktionen der Kunst. Max Fuchs (2005) beschreibt Kunst in erster Linie als Mittel zur Interpretation der Welt und der Sinnstiftung als Individuum sowie als Gesellschaft, dem dadurch gleichzeitig ein politisches Moment innewohnt – entweder herrschaftsaffirmierend oder kritisch und subversiv (vgl. Fuchs 2005: 143-45). Er identifiziert drei universell anwendbare kulturelle Kernfunktionen von Kunst, die im Folgenden knapp erläutert werden: (1) Selbstwahrnehmung und -reflexion, (2) kollektives Gedächtnis, (3) Zeitdiagnose.

Laut Fuchs erzeugen Kunstwerke Referenzpunkte sowohl für die individuelle als auch die kollektive **Selbstwahrnehmung und -reflexion**. Sie unterstützten den einzelnen Menschen im schwierigen Prozess der Persönlichkeitsbildung, indem sie das Subjekt und die Beziehung zu seiner Umwelt künstlerisch thematisierten. Zugleich profitiere die Gesellschaft als Ganzes, wenn Kunst Gemeinsamkeiten und Differenzen zwischen sozialen Gruppen abbilde und so Quellen kollektiver Identitäten schaffe (Fuchs 2003: 53-64).

Die gruppenbezogene Komponente wird auch in der zweiten kulturellen Funktion der Kunst als **kollektives Gedächtnis** oder Erinnerung aufgegriffen. Gemeinschaften vergewissern sich gemäß Fuchs' Ausführungen ihrer Gemeinsamkeiten u.a. durch den Verweis auf geteilte Traditionen, Werte und in gewissem Maße auch Gemeinsamkeiten in der Sicht auf die Welt, die sich in der Vergangenheit entwickelt haben. Dieses Erinnern sei nicht nur Inhalt der Kunst, sondern die Kunst selbst sei eine Ausdrucksform für kollektive Erinnerungen: das Erzählen von Geschichten, die Form der Darstellung in Bildern und das Festhalten der Geschichten durch Verschriftlichung. Die Kunst als Medium habe also die Fähigkeit, diese Form der kollektiven Selbstreflexion und Identitätsbildung dauerhaft festzuhalten. Gleichzeitig bleibe bei der Schaffung und Rezeption von Kunst der individuelle Blickwinkel der:des Schaffenden und jeder:jedes Betrachtenden gewahrt, ohne dass eine bestimmte Interpretation vorgegeben werde (ebd.: 45).

Als dritte kulturelle Funktion benennt Fuchs die **Zeitdiagnose**. Wie der Begriff bereits verdeutlicht, geht es dabei um die Fähigkeit der Kunst, aktuelle gesellschaftliche Tendenzen zu veranschaulichen, und zwar oft aus einer kritischen Perspektive. Ob nuanciert oder pointiert, der gegenwärtige Zustand der Gesellschaft könne auf eine zugängliche Art und Weise widergespiegelt werden, da die Kunst auf persönliche Erfahrungen zurückgreife und somit eine Verbindung zum Individuum herstellen könne. Künstlerische Bewegungen – und insbesondere das Aufkommen einer neuen Bewegung oder Strömung – seien mit Entwicklungen und Veränderungen in der Gesellschaft verbunden. Daher habe die Kunst die Fähigkeit, aktuelle gemeinsame Herausforderungen kritisch zu thematisieren, insbesondere in Krisenzeiten, und eine vielschichtige Beschreibung der Gegenwart abzugeben (ebd.: 65-77).

Mit Blick auf künstlerische Beiträge zu politischen Diskursen bedeutet dies zusammenfassend, dass Kunst unkonventionelle und abstrahierende Zugänge zu teils sehr komplexen Themen und Fragestellungen eröffnen kann. Die Auseinandersetzung mit dem Kunstwerk schafft Raum für persönliche Interpretationen und Erfahrungen. Sie entbindet von den üblichen Rahmensetzungen politischer Debatten – etwa dem Fachvokabular, etablierten Meinungsmustern und Diskursarenen, sowie Verhaltenserwartungen – und senkt somit die Hürden zur Beteiligung. Nicht unbedingt erwartet werden kann von künstlerischen Formaten die Entwicklung von Lösungsansätzen für die thematisierten gesellschaftlichen Herausforderungen. Das Zurücklassen dieses Ziels birgt jedoch auch neue

Chancen zur ungefilterten Äußerung persönlicher Ansichten und Kritik, die nicht immer konstruktiv sein muss.

Im Kontext einer häufig als sehr komplex und vom Alltag der meisten Menschen entfernt wahrgenommenen EU und andererseits der Wiederbelebung der EU-Zukunftsdebatte nach der Europawahl 2019 erscheinen künstlerische Dialogformate daher als lohnende und innovative Zusatzelemente politischer Diskursbeteiligung. Das Forschungsprojekt REGIOPARL verfolgte deswegen von Beginn an das Ziel, selbst ein Beispiel für ein solches Kunstprojekt zu schaffen, das möglichst ungefiltert und niedrigschwellig Meinungen, Sorgen und Kritik der Bürger:innen verschiedener europäischer Regionen zur Frage der europäischen Integration einfangen kann.

2 – Aus Europas Regionen in die Weiten des Alls

Unter diversen eingereichten Vorschlägen im Rahmen einer Ausschreibung hat REGIOPARL schließlich im Frühjahr 2020 das Projekt „Outer Space Transmitter" von Mona Schulzek[3] zur Umsetzung ausgewählt, um selbst in einen künstlerischen Dialog mit EU-Bürger:innen direkt in ihren jeweiligen Regionen zu treten. Die Künstlerin hat anschließend in Zusammenarbeit mit REGIOPARL das Kunstobjekt fertig konzipiert und konstruiert. Danach wurde der OST im Projektzeitraum in neun verschiedenen europäischen Städten öffentlich ausgestellt. Schulzeks künstlerischer Ansatz beruht auf der Verbindung der öffentlichen Debatte über die EU einerseits mit der Kommunikation mit unbekannten Adressaten im Weltall andererseits.

---

[3] https://monaschulzek.de/.

Abbildung 1: Parabolantenne „Outer Space Transmitter"

Foto: Mona Schulzek.

Der OST besteht aus einer voll funktionsfähigen Parabolantenne
(siehe Abbildung 1), mit der Nachrichten als Radiowellensignale ins
All gesendet werden können. Dazu geben Passant:innen ihre individuellen Botschaften vor Ort in ein digitales Terminal ein (siehe Abbildung 2). Als Anregung wird den Teilnehmenden die Frage „Was
bedeutet es, Bürger:in der Europäischen Union zu sein?" gestellt.
Schulzek interpretiert anschließend den Inhalt jeder eingegebenen
Nachricht visuell und erstellt daraus ein besonderes Textbild. Die
Schrift wird dann in einen einzigartigen Zeichensatz (Abbildung 3)
übersetzt, der von der Künstlerin geschaffen wurde.

Foto: Mona Schulzek.

Auf diese Weise werden die persönlichen Botschaften in eine Vielzahl von individuellen Kunstbildern (exemplarisch siehe Abbildung 4) umgewandelt und ins Weltall gesendet – basierend auf den eingegebenen Texten der Bürger:innen über ihren Blick auf die EU und ausgedrückt durch die Sprache der Kunst. Die Arbeitsschritte der Übersetzung der Texte in eine Bildsprache und anschließend in eine Radiowelle ist eingebettet in Schulzeks Verständnis von Kunst als einer universellen Sprache. „Ich versuche, durch die universelle Sprache der Kunst zu kommunizieren, weil ich glaube, dass jede intelligente Zivilisation die Fähigkeit hat, zu reflektieren und zu abstrahieren und als kreative Form des Lebens verstanden zu werden. Deshalb versuche ich, mit Außerirdischen durch elektromagnetische Kunst in Kontakt zu treten", so die Künstlerin.

Abbildung 3: Zeichensatz „Outer Space Transmitter"

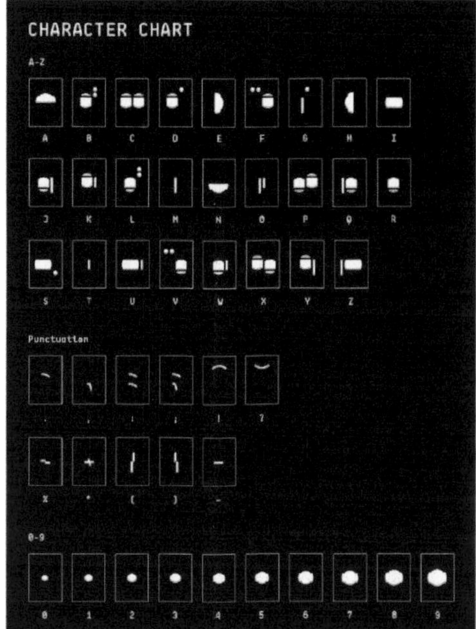

Bild: Mona Schulzek.

Der „Outer Space Transmitter" ist somit in mehrfacher Hinsicht ein dialogisches Kunstwerk. Zu Beginn steht die Begegnung zwischen Bürger:in und dem OST selbst, welcher zunächst technische Assoziationen weckt und erst bei näherer Betrachtung den Bezug zur EU-Zukunftsdebatte aufweist. Damit lädt das Kunstwerk dazu ein, die persönliche Perspektive auf die EU *spontan* auszudrücken und zu teilen. Da die Künstlerin den Inhalt der Botschaften interpretiert und in ihren eigenen künstlerischen Zeichensatz übersetzt, basiert jede geschaffene visuelle Botschaft auch auf einem Dialog zwischen Teilnehmer:in und Künstlerin. Abschließend bleibt es vorerst der Vorstellungskraft überlassen, ob die Botschaften in einem dritten Schritt auch einen Dialog mit unbekannten, außerirdischen Zivilisationen schaffen. Alle Botschaften werden nicht nur ins Universum gesendet, sondern auch gespeichert und in einem digitalen

Archiv auf der Website des Projekts[4] veröffentlicht. Dort ist außerdem einzusehen, in welche Städte und Regionen die Installation im Projektzeitraum gereist und den Bürger:innen vor Ort begegnet ist.

Abbildung 4: Exemplarische Bildbotschaft „Outer Space Transmitter"

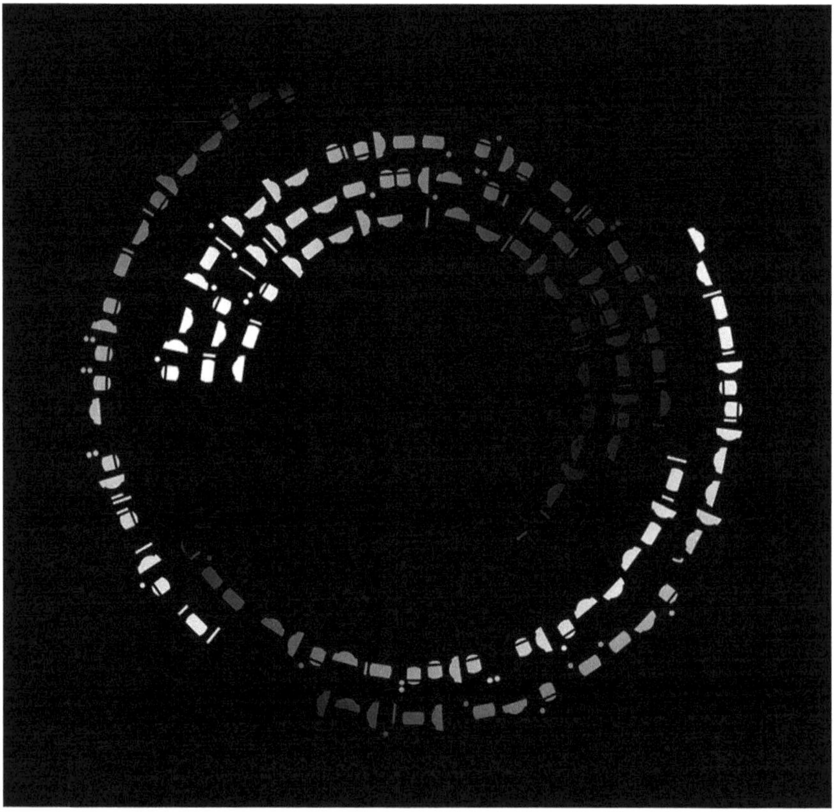

Bild: Mona Schulzek.

---

[4] https://outerspacetransmitter.art/.

3 – Ein Gesamtportrait regionaler Stimmen zu Europa

Der künstlerische Beitrag des OST als ergänzendes Element der gesamtgesellschaftlichen Debatte über die europäische Integration lässt sich unter Bezugnahme auf die oben genannten kulturellen Funktionen der Kunst nach Max Fuchs erkennen. Zunächst bedingt die Verbindung der Debatte über Europa mit dem Senden von Botschaften in den Weltraum einen grundlegenden Perspektivwechsel. Durch den veränderten Blickwinkel auf den Gegenstand der Debatte kann das Kunstwerk als Mittel zur **Selbstreflexion und Selbstwahrnehmung** dienen. Die Vorstellung, ein mit dem irdischen Kontext völlig unvertrautes Wesen zu adressieren, entbindet von den üblichen vorgefassten Meinungen, Diskursregeln und Zielsetzungen. Die Herausforderung besteht eher darin, die eigene Alltagserfahrung mit der Zugehörigkeit zu einem europäischen Gemeinwesen in Bezug zu setzen und zu entscheiden, welche Aspekte davon mit einer fremden Zivilisation teilenswert und aussagekräftig sein können. Die Auseinandersetzung mit dem Unbekannten lädt jede:n Teilnehmer:in dazu ein, Bilder und Erzählungen der Selbstwahrnehmung zu überdenken. Sie könnte einen Anstoß geben, das Selbstverständnis als Individuum und/oder als Gemeinschaft zu verändern. Durch die Beteiligung der Bürger:innen kann dieser doppelte Reflexionsprozess auf individueller und kollektiver Ebene in den verfassten Botschaften zum Ausdruck kommen.

Dies geht Hand in Hand mit der zweiten kulturellen Funktion der Kunst als **kollektives Gedächtnis oder Erinnerung**. Wie bereits erläutert hat die Kunst als Medium die Fähigkeit, kollektive Erinnerungen und damit Identitäten sozialer Gruppen zu spiegeln und gleichzeitig den Blickwinkel der bzw. des Einzelnen zu wahren. Im Fall des OST entspringt jede gesendete Botschaft der individuellen Abwägung, welche Aspekte der Alltagserfahrung als Bürger:in der EU für Außenstehende relevant sind und wie sie sich auf eine kompakte Botschaft herunterbrechen lassen. Sie bilden somit Momentaufnahmen verschiedener Lebensrealitäten ab, können aber durch die Vielfalt von Biografien, Erfahrungen und kulturellen

Hintergründen der Teilnehmenden aus verschiedenen Regionen der EU die Funktion eines kollektiven Gedächtnisses entwickeln. Da Radiowellen eine unendliche Lebensdauer haben, werden die gesendeten Botschaften für die Ewigkeit konserviert, wenn sie ins All geschickt werden – um vielleicht eines Tages als Artefakte unserer Zeit gefunden zu werden, wie auch wir aus historischen Artefakten Rückschlüsse über Alltag und Kultur vergangener Zivilisationen ziehen.

Neben der Bewahrung im Weltall als elektromagnetische Welle werden die Botschaften des OST auch irdisch als digitales Archiv gespeichert und können somit auch die dritte kulturelle Funktion von Kunst erfüllen, nämlich die der **Zeitdiagnose**. Wie eingangs dargelegt musste die Europäische Union als politisches System und als gesamteuropäische Gesellschaft weitreichende Veränderungen durchlaufen und tut dies immer noch. Gerade in krisenbehafteten Zeiten lädt die Kunst im Sinne dieser dritten kulturellen Funktion zum Innehalten und zur Selbstbeobachtung ein, um die Gegenwart zu begreifen und oft auch zu kritisieren und Defizite aufzuzeigen. Die Funktion der Zeitdiagnose bezieht sich auf Kunst, die den Zustand der gegenwärtigen Gesellschaften abbildet, ohne dies notwendigerweise bezwecken zu wollen. Das Erfassen von spontanen Reaktionen kann zu neuen Erkenntnissen darüber führen, wie die EU im Alltag der Bürger:innen wahrgenommen wird und welche Defizite dabei zu bemängeln sind.

4 – Der OST in der Praxis: Erfahrung, Reflexion und Ausblick

Zusammenfassend verdeutlicht der OST als forschungsbegleitendes Kunstprojekt das Potenzial künstlerischer Dialogformate als ergänzendes Element der EU-Zukunftsdebatte. Der Zugang zu einem komplexen und kontroversen Thema wie der europäischen Integration über ein Kunstwerk hat auch in der Praxis den gewünschten Effekt erzielt, den politischen Dialog in den Alltag der Menschen zu bringen und spontane Reaktionen auszulösen und zu sammeln. An den verschiedenen Sendestationen des Projekts begegnete die regionale Bevölkerung dem Kunstwerk mit großer Neugierde und Offenheit. Der Bezug zur EU-Integration offenbarte sich den Passant:innen erst auf den zweiten Blick und im Gespräch mit der Künstlerin oder dem REGIOPARL-Team. Dennoch interessierten sich Bürger:innen über alle Altersgruppen hinweg für die Hintergründe des Projekts und versendeten mit dem OST ihre individuellen Antworten auf die Frage „Was bedeutet es, Bürger:in der EU zu sein?" ins Weltall.

Ein Aufbrechen bestehender Grenzen und Zugangshürden zum politischen Diskurs über die EU konnte mit dem künstlerischen Dialogformat folglich erreicht werden. Dennoch erzeugt der Ansatz notwendigerweise seine eigenen Limitationen, die der Reflexion bedürfen. Beispielsweise berührten erste Assoziationen und Gesprächsbeginne über die Antenne zumeist technische Aspekte, etwa die Bauweise und Funktion der Anlage, Details zur Funktätigkeit oder auch Science-Fiction-Motive. Entsprechend war die Beteiligung am OST unter all jenen, die sich für derlei Themen interessieren, vielleicht überproportional, während weniger technikaffine Personen womöglich eine größere individuelle Beteiligungshürde zu überwinden hatten. Idealerweise würde diese Tendenz durch eine Vielfalt von Kunstprojekten ausgeglichen, die in ganz Europa aus unterschiedlichen Blickwinkeln regionale Stimmen zur EU sammeln und dabei ein möglichst breites Zielpublikum erreichen.

Darüber hinaus könnten künftige Projektansätze noch gezielter auf die Schaffung eines inklusiven Dialogangebots für Gruppen hinwirken, die sich normalerweise am politischen Diskurs über die EU nicht beteiligen können oder wollen. Mit dem OST konnten bereits zahlreiche Stimmen aus verschiedensten Ländern und Regionen der EU eingefangen werden. Jedoch fanden die Installationen aus organisatorisch-praktischen Gründen vorwiegend im urbanen Raum an belebten Plätzen oder Universitäts-Campus statt und trafen dort tendenziell auf ein politisch informiertes und interessiertes

Publikum. Künftige Formate könnten verstärkt den ländlichen Raum oder vulnerable Sozialräume in den Fokus ihres Angebots stellen.

Literaturverzeichnis

Fuchs, M. (2003): *Kulturfunktionen der Künste. Konzepte, Ansätze, Erkenntnisse*. Remscheid: Akademie Remscheid.

Fuchs, M. (2005): *Kunsttheorie und Ästhetik für die Praxis*. Aufbaukurs Kulturpädagogik, Band 2. Remscheid/Essen: Remscheider Arbeitshilfen und Texte – digital.

Grimmel, A. (2020) (Hrsg.): *Die neue Europäische Union: zwischen Integration und Desintegration*. Sonderausgabe für die Bundeszentrale für politische Bildung. Baden-Baden: Nomos Verlag.

Hooghe, L./Marks, G. (2009). A Postfunctionalist Theory of European Integration: From Permissive Consensus to Constraining Dissensus. *British Journal of Political Science*, 39 (1), 1-23.

Patberg, M. (2021): The Democratic Ambivalence of EU Disintegration: A Mapping of Costs and Benefits. *Swiss Political Science Review*, 27 (3), 601-618.

Von Ondarza, N./Ålander, M. (2021): Die Konferenz zur Zukunft Europas. *SWP Aktuell*, 20.

Webber, D. (2018): *European disintegration? The politics of crisis in the European Union*. The European Union Series. London/New York: Red Globe Press.

Verzeichnis der Autorinnen & Autoren

Rosa Beckmann, Projektmitarbeiterin am Berliner Standort des Forschungsprojektes REGIOPARL.

Henning Deters, Senior Post-Doc und Projektleiter am *Centre for European Integration Research* an der Universität Wien, ehemals Projektmitarbeiter im Forschungsprojekt REGIOPARL an der Universität für Weiterbildung Krems.

Elisabeth Donat, Ass.-Prof. am Department für Europapolitik und Demokratieforschung an der Universität für Weiterbildung Krems und Projektmitarbeiterin im Forschungsprojekt REGIOPARL.

Paul Kindermann, Projektmitarbeiter am Berliner Standort des Forschungsprojektes REGIOPARL.

Simon Lenhart, Projektmitarbeiter im Forschungsprojekt REGIOPARL an der Universität für Weiterbildung Krems.

Sarah Meyer, Leitung des Forschungsprojektes REGIOPARL an der Universität für Weiterbildung Krems.

Flooh Perlot, Politikwissenschaftler, ehemals wissenschaftlicher Mitarbeiter des *Austrian Democracy Lab* an der Universität Graz und des Instituts für Strategieanalysen.

Gunnar Placzek, Projektmitarbeiter am Berliner Standort des Forschungsprojektes REGIOPARL.

Katrin Praprotnik, Politikwissenschaftlerin an der Universität Graz, Projektleiterin des *Austrian Democracy Lab* (ADL) und Mitarbeiterin am Institut für Strategieanalysen.

Mario Wolf, Projektmitarbeiter am Berliner Standort des Forschungsprojektes REGIOPARL.